プラグマティズム
Introductory Lectures on Pragmatism
入門講義

仲正昌樹

作品社

[前書き]──今、何故「プラグマティズム」か?

アーレントとプラグマティズム

「プラグマティズム」をテーマにした本の冒頭で言うのはヘンな話だが、最近、どういうわけか、書店の哲学書のコーナーに、「プラグマティズム」を連想させる言葉が直接出ていなくても、中身を読むと、「プラグマティズム」に関連した本が少しずつ増えている。タイトルや副題に「プラグマティズム」を連想させる言葉が直接出ていなくても、中身を読むと、「プラグマティズム」と密接に関係しているものが結構ある。

二〇一三年の九月から翌年にかけて、連合設計社市谷事務所で、本書の元になる連続講義を行ったが、その時は単純に、「アーレントについて講義を行ったから、次はプラグマティズム」という感じで、私が前から持っていた思想史上の直感的興味で、「プラグマティズム」を選んだだけだった。思想史的な常識からすると、「アーレント」と「プラグマティズム」はかなり異質であるが、私の中では〝何となく〟繋がっていた。講義が終わって、テープ起こしをしてもらった記録に手を入れている間に、「プラグマティズム」が今何故再び注目されつつあるのか、改めて考えてみた。

ごく簡単に言えば、それは、「プラグマティズム」が「アメリカ」の歴史と密接に結び付いた形で発展してきた知の形態であり、「プラグマティズム」を理解することが、「アメリカ」を理解することに繋がるからであろう。無論、それは「プラグマティズム」が、アメリカ人特有の実用主義の権化である、といった浅薄な話ではない。「プラグマティズム」が「使える」ことを重視する思想であるのは間違いないが、どういう意味で「使える」のかが肝心である。少なくとも、個人のその場限りの願望や欲望にとって都合がいいものを肯定する思想ではない。本文中で何度か強調するように、「プラグマティズム」が追求するのは、生成変化しながら存続する、国家や地域共同体、学者共同体、専門家共同体など、様々なレベルの「共同体」にとって「使える概念」である。「共同体」にとって「使える」ものであるためには、関連する他の諸概念から成る体系に適合し、一貫性をもって「使える」こと、適宜修正したうえで、新たな事態に対応し得ることが大前提になる。

トクヴィルが『アメリカの民主主義』で示唆したように、西欧諸国が背負っている伝統的制度や価値から相対的に自由な状態に置かれたアメリカの入植者たちは、地域ごとに市民の自発的な結合に基づく政治的共同体の構築を試み、それに成功を収めた。アーレントは、第三の主著『革命について』で、建国期のアメリカにおいて、公的幸福の追求を共通の目的として、自由な市民たちが「構成的権力」として結集し、公的空間を作り上げたことを高く評価している。貧しさからの解放に終始し、「自由な立憲体制」の構成に失敗したフランス革命とは対照的である、という。

そうしたアメリカが、分裂の危機を迎えたのが、南北戦争である。この戦争は、異なった経済・文化・法制度を持つ南北の諸州の間の主導権争いであると同時に、黒人に代表される、非（アングロサクソン系）白人をアメリカの共同体に正規のメンバーとして迎えるべきかをめぐる根源的闘争でもあった。そうした危機の時代に、「プラグマティズム」の主要人物たちは、青少年期を過ごした。そして、彼らによって「プラグマティズム」が、デカルト的合理主義、イギリス経験論、ドイツ観念論などとは違う、アメリカ固有の思想として開花するのは、労働や貧困、公共的インフラ整備、都市計画をめぐって、独立以来のアメリカの政治の基調であった経済的自由主義の変更が取りざたされた、一九世紀から二〇世紀への転換期であった。ルイ・メナンドの『メタフィジカル・クラブ』やコーネル・ウェストの『哲学を回避するアメリカ知識人』等で詳細に叙述されているように、「プラグマティズム」の思想家たちは、法・政治的にも産業・技術的にも大きく変動し、新しい公共的価値が求められていた「アメリカ」において、「哲学」の新しい使命を見出そうと模索し続けた(巻末の読書案内参照)。彼らの思想は一見極めて世俗的・即物的に見えながら、エマソンやホイットマンの精神を引き継いで、伝統的なプロテスタントの信仰とは異なる新しい霊性を追求しているように見えるところもある。

一九八〇年代以降、分析哲学に「プラグマティズム」的な要素――ごく簡単に要約すると、全体論と反基礎付け主義――を取り込んだ、「ネオ・プラグマティズム」を打ち出したローティは、「プラグマティズム」の公共哲学としての側面を強調し続けた。『アメリカ 未完のプロジェクト』は、「アメリカ」の歴史そのものを、「プラグマティズム」的なプロジェクトとして読み解こうとする試みである(これについても巻末の読書案内参照)。二〇一〇年からしばらくの間、日本でブームになった、コミュニタリアンの政治哲学者サンデルは、『民主政の不満』や『公共哲学』で、デューイの民主主義論を、(古典的自由主義と対峙する)共和主義的な公共哲学の系譜の中に位置付けている。多文化的な移民国家である「アメリカ」において、変動し続ける社会的現実に即した、柔軟な「共同性」を確立しようとする試みの中から「プラグマティズム」が生まれ、それを復活する試みとして、「ネオ・プラグマティズム」が登場した、と言っても過言ではないだろう。

日本近代思想史とプラグマティズム

加えて、「プラグマティズム」は、日本の近代思想史とも意外と縁が深い。デューイの民主主義的教育論が戦後の教育改革に取り入れたことや、市民派リベラルの代表的論客として知られる鶴見俊輔を中心に結成された「思想の科学研究会」がプラグマティズム研究を起点としていたことは比較的よく知られている。しかし、それよりも更に遡って、日本における最初の、西欧的な意味での「哲学者」と言うべき、西田幾多郎が——鈴木大拙を経由する形で——ジェイムズの心理学から多大な影響を受けている。初期西田の中心的概念である「純粋経験」は、ジェイムズの影響なしには成立しなかったかもしれない。

先日、日本に研究留学したいというベトナムの若手の哲学者と、Ｓｋｙｐｅとメールを経由して話をする機会があった。プラグマティズムとネオ・プラグマティズムを専門とし、あまり日本思想史と接点がないはずの彼がどうして日本で研究したいのかと思って、詳しく質問してみた。すると、パースやジェイムズより少し年長の福澤諭吉こそが、世界最初のプラグマティストではないかと思っているからだ、という意外な答えが返って来た。日本の近代化をスムーズに進めることに貢献した思想家として福澤がアジア諸国で紹介されているのは、比較的有名な話である。しかし、単なる形容句としてではなく、哲学史的な意味で「プラグマティスト」と位置付けるのは、斬新な感じがする。

彼によると、市民社会の基礎である「権利と義務」を、形而上学的に基礎付けるのではなく、「共同体」と「個人」の関係をより生産的に発展させるための道具として利用した点で、福澤は、デューイ＝ローティに通じている、という。日本人には、急ごしらえで西欧の思想を吸収した福澤の実務家的な大雑把さにしか見えないものが、第三者的な国の研究者には、（アメリカ固有の哲学である）プラグマティズムと同様の脱基礎付け主義的な公共哲学を志向しているように見えるとすれば、非常に興味深い。

「プラグマティズム」を学ぶことは、「日本の近代思想」を再考することでもある。

［目次］

プラグマティズム入門講義

［2013 年 9 月 14 日、当日の講義風景］

本書は、連合設計社市谷建築事務所で行なわれた全六回の連続講義（2013 年 9 月 14 日〜 2014 年 2 月 8 日）に、適宜見出しで区切り、文章化するにあたり正確を期するべく大幅に手を入れた。なお講義の雰囲気を再現するため話し言葉のままとした。また講義内容に即した会場からの質問も、編集のうえ収録した。

講義で、主に取り上げたテクストは、William James, *PRAGMATISM*, 1907（ウィリアム・ジェイムズ『プラグマティズム』）と John Dewey, *RECONSTRUCTION IN PHILOSOPHY*, 1920（ジョン・デューイ『哲学の改造』（岩波文庫））［邦訳のテキストは『プラグマティズム』は、一九五七年の旧版を、『哲学の改造』は二〇〇九年の改版］である。

また、これ以外に、デューイ『民主主義と教育（上・下）』（岩波文庫）、パース『連続性の哲学』（岩波文庫）、ジェイムズ『宗教経験の諸相（上・下）』（岩波文庫）、ローティ『アメリカ　未完のプロジェクト』（晃洋書房）などを、適宜引用・参照した。

本書は、原書の精読を受講生と一緒に進めながら、読解し、その内容について考えていくという趣旨で編集しています。決して“答え”が書いてあるわけではありません。きちんと原書並びに邦訳のテクストをご自分で手に取られ、自分自身で考えるための“道具”になるよう切に願っております。

最後に、来場していただいたみなさま並びにご協力いただいた連合設計社市谷建築事務所スタッフの方々、心より御礼申し上げます。【編集部】

[前書き]——今、何故「プラグマティズム」か？ 001

[講義] 第一回 プラグマティズムの本質——イントロダクション＋ジェイムズ『プラグマティズム』を読む1 013

[講義] 第四回 哲学観の変化――デューイ『哲学の改造』を読む1 205

[講義] 第五回　哲学本来の役割とは？――デューイ『哲学の改造』を読む２　269

［講義］第一回

プラグマティズムの本質

——イントロダクション＋ジェイムズ『プラグマティズム』を読む1

哲学は人間のいとなみのうちもっとも崇高《すうこう》なものであると同時にまたもっとも瑣末《さまつ》なものである。それはごくささやかな片隅《かたすみ》で働くが、またもっとも広大な眺望を展開する。よくいわれるとおり哲学は「一片のパンをも焼きはしない」、しかし哲学はわれわれの心を鼓舞《こぶ》することができる。疑ったり反駁《はんばく》したり、詭弁《きべん》を弄《ろう》したり弁証《べんしょう》したりするその仕振《しぶ》りは一般人には往々《おうおう》厭《いと》うべきものではあるが、しかし哲学が世界のパースペクティヴの上に投ずる遥かかなたを照し出す光線なくしては、われわれは誰ひとり生きてゆくことができないのである。

ウィリアム・ジェイムズ『プラグマティズム』

「プラグマティズム」とは？

この講義では、一九世紀の後半にアメリカで生まれた「プラグマティズム」と呼ばれる哲学について学んでいきます。本題に入る前に、この言葉についての通俗的な理解について述べておきましょう。

「プラグマティズム」という言葉は、いろんなところで見かけますね。「プラグマティズム」を提唱する、あるいは、その弊害を指摘する論壇系の文章をよく見かけますね。本のタイトルやオビの文句等に入っていることもあります。しかし、多くの場合、単に、本質論とか言葉の定義、原則などに拘ることなく、「実用的に物事を考える」ことを良しとする思想傾向のことを、「プラグマティズム」と呼んでいるにすぎません。そういう比喩的な使い方をしているだけであればいいのですが、プラグマティズムの代表的な哲学者とか社会学者とされている人の具体名を挙げて、「〇〇に代表されるプラグマティズムの思想にのっとれば、細かい概念の定義などに拘らず、実用性に即して……」というような言い方をすることもあるので、ややこしくなります。そのため、「プラグマティズム＝実用主義（の哲学）」というような平板な理解がなされがちです。

プラトン主義、カント主義、ヘーゲル主義、ドイツ観念論、ロマン主義、マルクス主義とかについては、そういうことはあまりありませんね。「難しい思想」というイメージが、（ある程度哲学の知識がある）一般の人の間にもある程度定着しているからでしょう。それらに比べると、「プラグマティズム」には、中身が難しいというイメージがありません。そのため、［アメリカの哲学→アメリカ人的な哲学→アメリカ人に特有の思考法→深くなくて単純素朴だけど、割り切っているので、実用的］という、通俗的な連想が働きやすいのでしょう。そのため、「ここはアメリカ人のように割り切って考えるのがいい」、というメッセージを、多少知的な装いで伝えるのに便利です。その意味で、極めて「実用的」な言葉です（笑）。

このことは、〈pragmatism〉の元になった形容詞〈pragmatic〉が、〈practical〉とほぼ同義に、「実用的」「実際的」という意味で使われていることと関係あるのかもしれません。英和辞典にも、〈pragmatism〉を「実用主義」と訳しているのがあります。

「功利主義 utilitarianism」に関しても、似たような傾向がありますね。こちらは、「功利」という漢字の印象から、利益中心主義と思い込む人が少なくありません。昔は、高校の「倫社（倫理社会）」で、「功利主義」を習っていたのですが、最近は必修でなくなったので、この言葉をそれまで聞いたことがない人が増えています。大学の授業で「功利主義」とはどういう意味ですか、と聞くと、利益中心主義とか答える子が多いです（笑）。「功利主義」における正義の原理である「功利性 utility」も、利潤性とか便宜性とかの意味に誤解されがちです。

そういう言葉自体からの連想という問題に加えて、「アメリカの哲学」としての「プラグマティズム」には、「アメリカ」の文化とかイデオロギーを代表しているかのようなイメージが常につきまといます。先ほどの［アメリカ人＝実用主義的］というのもそうですが、一昔前の左翼の人たちは、アメリカを資本主義の権現だと見なしたうえで、アメリカの哲学である「プラグマティズム」には資本主義擁護の哲学だと——多くの場合、プラグマティズムの本など読まないまま——断じていました。日本でプラグマティズムを積極的に紹介していたのが、鶴見俊輔さん（一九二二－　）のような、市民派と呼ばれる非マルクス主義的左派の人たちだったので、マルクス主義的左派にとっては尚更、ごまかしっぽく見えていたようです。

アメリカ人が、形に拘らないで、実用的な思考をするということは一般論としては間違っていないと思いますし、西ヨーロッパに比べてアメリカではマルクス主義あるいは社会主義の影響がかなり限定されていたのは確かですが、それが哲学としての「プラグマティズム」にそのまま反映されているかどうかは、印象や伝聞で決めつけるべきではありません。最初からバイアスを持っていると、「道具主義」とか「実験主義」といったキーワードを聞いて、そういうバイアスが強まってしまって、読まないでも分かった気になってしまいます。「プラグマティズム」に分類されている哲学者の実際の著作を虚心坦懐に読んでみる必要があります。そうすると、「プラグマティズム」について漠然と抱いていた印象とはずいぶん違う側面があることが分かってくると思います。この連続講義では、そうした視点から、「プラグマティズム」の二人の代表的な哲学者の比較的コンパクトにまとまっているテクストを読んでいくことにします。

原点としてのパース

プラグマティズムの哲学者というと、どのような人を思い浮かべますか？　一般的に名前がよく挙がるのが、チャールズ・サンダース・パース（一八三九―一九一四）、ウィリアム・ジェイムズ（一八四二―一九一〇）、ジョン・デューイ（一八五九―一九五二）の三人です。高校の倫理の教科書などで「プラグマティズム」が紹介される際は、大体、この三人が登場します。この三人に共通する哲学観・科学観が、「プラグマティズム」の中核だと考えていいでしょう。

今回読むのはジェイムズとデューイの著作ですが、原点になったのは最年長のパースの思想です。パースは、論理学者・数学者で、論理学・科学哲学の方法論として「プラグマティズム」を提唱しました。〈pragmatism〉という言葉を考案したのもパースです。では、パースは、どのような意味を込めてこの言どうして〈pragmatism〉というのか？
↓
元になった形容詞〈pragmatic〉が〈practical〉とほぼ同義に、「実用的」「実際的」という意味で使われていることと関係ある。

・チャールズ・サンダース・パース（1839－1914）

・ウィリアム・ジェイムズ（1842－1910）

・ジョン・デューイ（1859－1952）

※原点になったのは最年長のパースの思想。パースは、論理学者・数学者で、論理学・科学哲学の方法論として「プラグマティズム」を提唱した。〈pragmatism〉という言葉を考案したのもパース。

で、パースは、どのような意味を込めてこの言葉を使いだしたのか？

ヒント：カントの用語法からこの言葉を思いついた！？

カント『実践理性批判 Kritik der praktischen Vernunft』（1788）

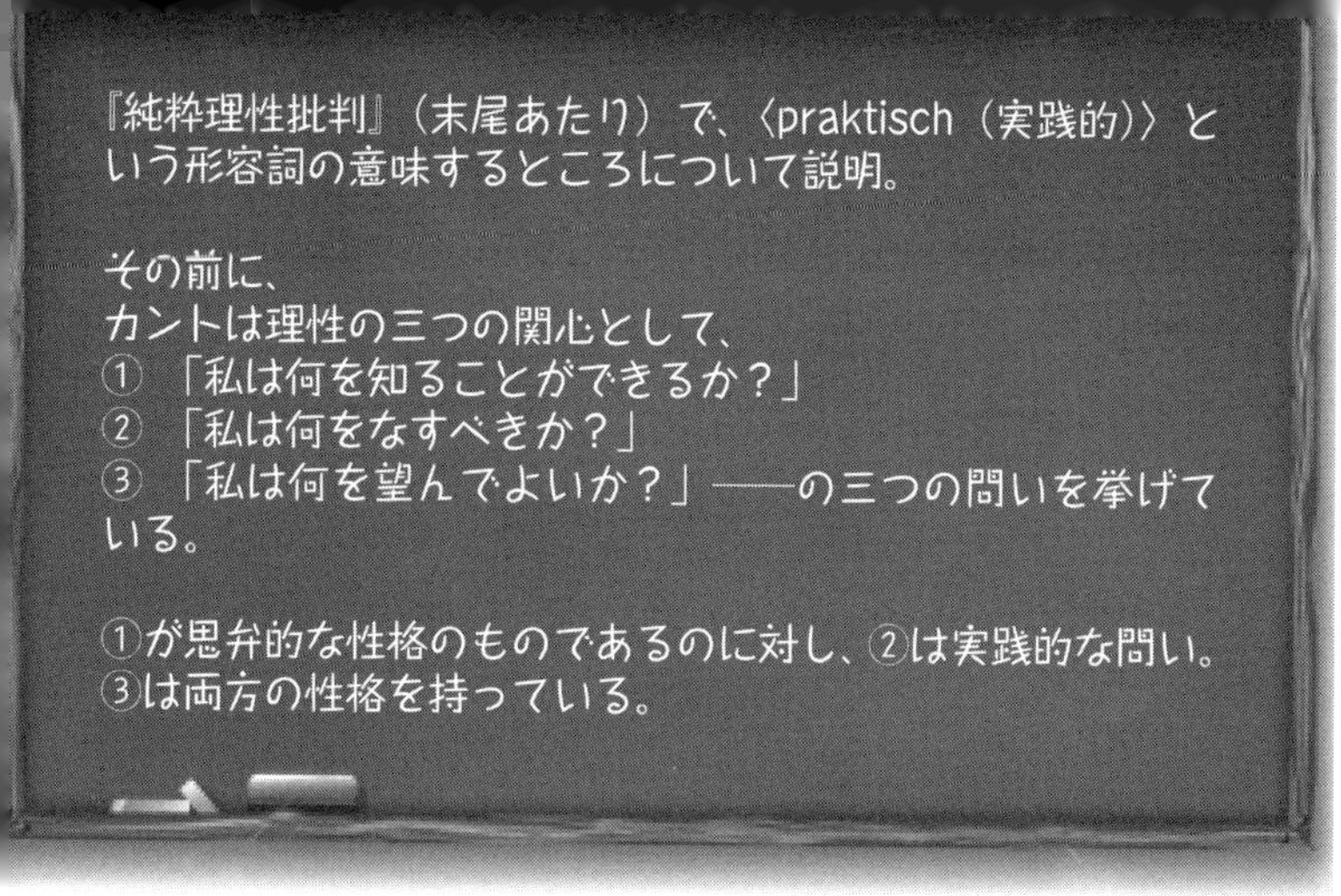
『純粋理性批判』（末尾あたり）で、〈praktisch（実践的）〉という形容詞の意味するところについて説明。
その前に、
カントは理性の三つの関心として、
①「私は何を知ることができるか？」
②「私は何をなすべきか？」
③「私は何を望んでよいか？」――の三つの問いを挙げている。
①が思弁的な性格のものであるのに対し、②は実践的な問い。
③は両方の性格を持っている。

葉を使い出したのか？［プラグマティズム＝アメリカの実用的哲学］という先入観を持っていると、意外な感じがしますが、パースは、カント（一七二四－一八〇四）をよく読んでいて、カントの用語法からこの言葉を思いついたようです。カントに『実践理性批判 Kritik der praktischen Vernunft』（一七八八）という著作があるのはご存知ですね。タイトルに入っている「実践 Praxis」というのは、主体としての私たちが外界に対してどう関わるかをめぐる問題です。『純粋理性批判』（一七八一、八七）で、私たちが、外界からの刺激をどう受け止めるか、それをどのように対象として構成して認識するかという問題が論じられているのに対し、その逆の方向の問題です。そうした「実践」に際しての「理性」の働き方を論じているのが、『実践理性批判』です。「認識」に際しての理性の働きが、受け身で、純理論的であるのに対して、「実践」に際しては、対象との自己との関係を新たに構築するという側面があるので、能動的です。ちょっとややこしいのですが、『純粋理性批判』の中に、〈praktisch（実践的）〉という形容詞の意味するところについて説明されている箇所があります。『純粋理性批判』全体の末尾に近い箇所です。少し遠回りになりますが、どういう話か確認しておきましょう。

　カントは理性の三つの関心として、①「私は何を知ることができるか？」②「私は何をなすべきか？」③「私は何を望んでよい

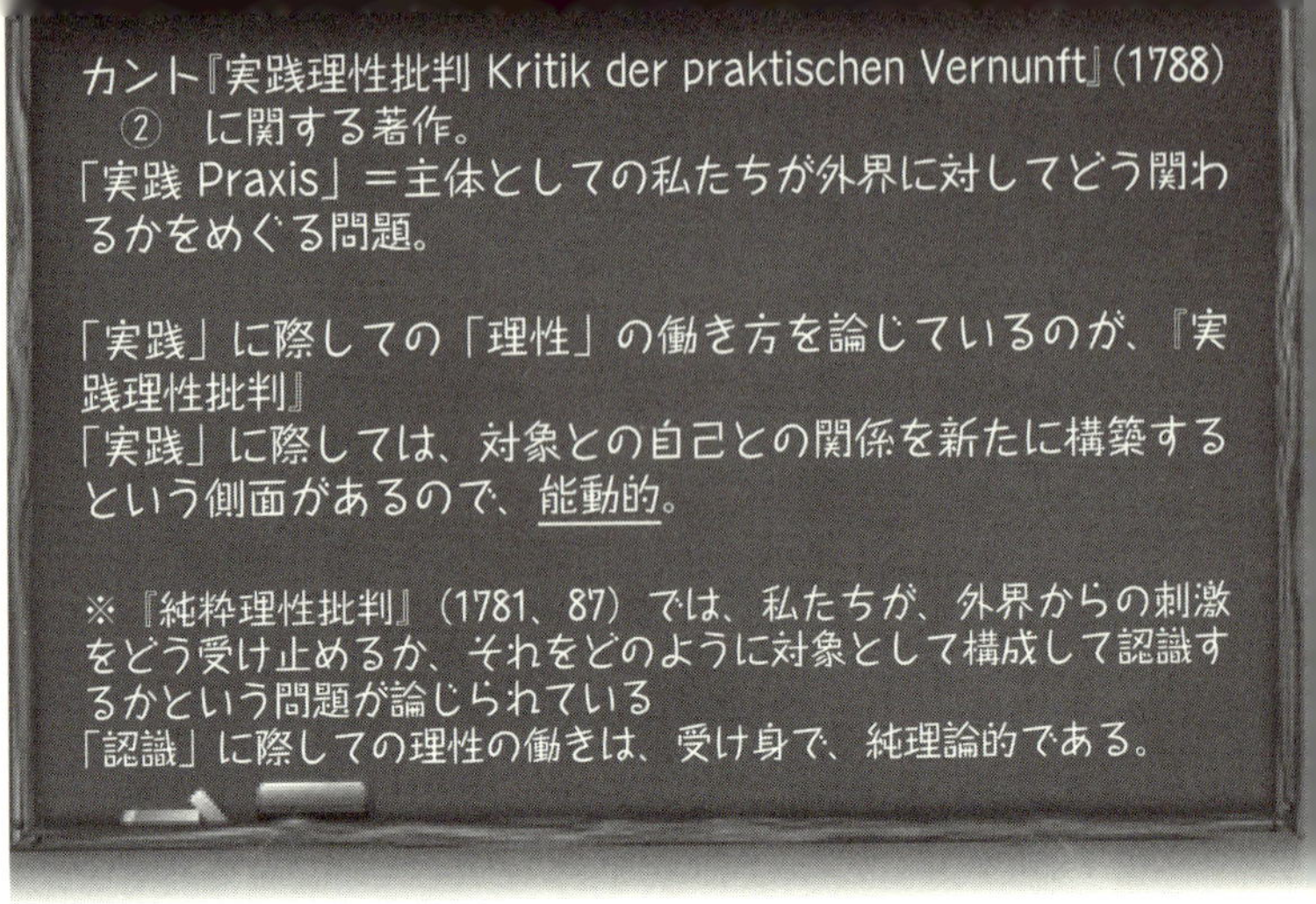
カント『実践理性批判 Kritik der praktischen Vernunft』(1788)
② に関する著作。
「実践 Praxis」＝主体としての私たちが外界に対してどう関わるかをめぐる問題。
「実践」に際しての「理性」の働き方を論じているのが、『実践理性批判』
「実践」に際しては、対象との自己との関係を新たに構築するという側面があるので、能動的。
※『純粋理性批判』(1781、87) では、私たちが、外界からの刺激をどう受け止めるか、それをどのように対象として構成して認識するかという問題が論じられている
「認識」に際しての理性の働きは、受け身で、純理論的である。

か？」――の三つの問いを挙げています。①が思弁的な性格のものであるのに対し、②は実践的な問いです。③は両方の性格を持っている、と言います。

「思弁的 spekulativ」というと、いかにも抽象的な感じがしますが、まさにそうです。自らの内面において理性を最大限に駆使して、当該の現象を理論的に解明しようとする、というような意味合いです。「何を知ることができるか？」であれば、思弁的・理論的に考え抜いて答えを出すしかないですが、②の「何をなすべきか？」や③の「何を望んでよいか？」については、そういうわけにはいきませんね。①については、この『純粋理性批判』という著作の中で明らかにしたので、これから②や③にも取り組む必要があるということ、自分の研究の今後の方向性を予告しているわけです。『実践理性批判』の主題になるのは、②ですが、カントは③について少し込み入った説明をしています。カントは、「何を望んでよいか？」というのは、「幸福 Glückseligkeit」についての問いだとしています。全ての「希望 Hoffen」は「幸福」を目指しているからです。

カントは「幸福」を目指す私たちの行為を規律する法則は二つあるとしています。どういう二つかが肝心です。岩波書店のカント全集第六巻に収められている、有福孝岳（一九三九－　）さんの訳を引用しておきましょう。第二版（B版）の八三四頁です。

カント

幸福という動因に基づく実践的法則を私は実用的（怜悧の規則）と呼ぶ。幸福であるに値すること以外の何ごとも動因としないようなものであるかぎり、その法則を私は道徳的（人倫の法則）と呼ぶ。実用的法則は、われわれが幸福に与ろうとする場合、何をなすべきかを助言する。道徳的法則は、ただ幸福にのみ値するためには、いかにわれわれが振る舞うべきかを命令する。

この箇所の「実用的」の原語が〈pragmatisch〉です。「怜悧の規則 Klugheitsregel」というのは、簡単に言い換えると、賢く振る舞うための規則ということです。「道徳的 moralisch」はどういうことか分かりますね。「幸福」と「幸福に値すること die Würdigkeit, glücklich zu sein」の違いが多少分かりにくいですが、後者は、「幸福になる資格があると誰からも認められるような威厳を備えていること」という意味だと理解して下さい。そうした状態になるには、道徳法則＝人倫の法則に従って振る舞う必要があると、カントは主張しているわけです。

つまり、〈praktisch（実践的）〉という形容詞には、「実用的」と「道徳的」という二つの意味が含まれているわけです。ということは、私たちの「実践」は、賢く振る舞って得をしようとする「怜悧の規則」と、道徳的に正しくあろうとする「人倫の法則 Sittengesetz」の二つのルールに従っている、ということです。実際には、その二つが入り混じって私の意志が規定されているわけです。実用的な「怜悧の規則」は、「～したいなら、～せよ」と命じます。これが「仮言命法 der hypothetische Imperativ」です。道徳的な「人倫の法則」は、無条件に「～せよ」と命じます。これが「定言命法 der kategorische Imperativ」です。

カント自身は『実践理性批判』等の道徳哲学的著作で、仮言命法を排して、定言カントは③について少し込み入った説明をしている。

「何を望んでよいか？」というのは、「幸福 Glückseligkeit」についての問い。なぜなら全ての「希望 Hoffen」は「幸福」を目指しているから。

カントは「幸福」を目指す私たちの行為を規律する法則は二つあると指摘。「幸福という動因に基づく実践的法則」→「実用的」の原語が〈pragmatisch〉。
・「怜悧の規則 Klugheitsregel」＝賢く振る舞うための規則。
⇒「～したいなら、～せよ」と命じる。
「仮言命法 der hypothetische Imperativ」
・「道徳的 moralisch」＝道徳的に正しくあろうとする「人倫の法則 Sittengesetz」に従って振る舞う。
⇒道徳的な「人倫の法則」は、無条件に「～せよ」と命じる。
これが「定言命法 der kategorische Imperativ」。

〈praktisch（実践的）〉という形容詞⇒「実用的」と「道徳的」という二つの意味が含まれている。
▼カント自身は『実践理性批判』等の道徳哲学的著作で、仮言命法を排して、定言命法の形を取る、純粋な「人倫の法則」を追求。
▼パースはそれを意識したうえで、自らの科学の方法論ではむしろ〈pragmatisch〉なものを追求すると立場表明。

命法の形を取る、純粋な「人倫の法則」を追求するわけですが、パースはそれを意識したうえで、自らの科学の方法論ではむしろ〈pragmatisch〉なものを追求するという立場を表明します。〈practical（praktisch）〉という言葉を哲学的な文脈で使うと、「道徳的」という意味合いが含まれることがあるので、そうではなくて、むしろ「実用的」であることを目指しているのだという意味で、〈pragmatic〉という言葉を使おう、というわけです。カント哲学や、アリストテレス（前三八四－三二二）以来の実践哲学の系譜について予備知識がない人間にとっては、どうでもいいだけでなく、かえって混乱させられてしまいます。

「プラグマティズムとは何か」（一九〇五）という論文で、その辺の意図について説明しています。中央公論新社の『世界の名著』シリーズの第四八巻『パース・ジェイムズ・デューイ』（一九六八）に、上山春平さん（一九二一－二〇一二）と山下正男さん（一九三一－　）による訳が収められているので、そこから引用しましょう。上山さんは京大の人文研で教えていた人で、プラグマティズム研究から出発して、仏教とか日本文化論へと研究テーマをシフトしていった人です。山下さんも人文研の先生で、論理学や科学理論を専門としている人です。
この論文でパースは先ず、自分は実験家（experimentalist）であり、実験家的な考え方をする人間であると立場表明します。実際彼は、数学と天文学を専門とする大学教授の息子に生まれ、幼い頃から実験に慣れ親しんでいます。実験家である彼に言わせれば、学問的な「概念 conception」というのは、実験的現象（experimental phenomena）を理性的に把握し、正確に定義するためのものです。それによって、人間の行動に理性的な影響が与えられます。そうした理論のことを「プラグマティズム」と名付けることにした、と述懐しています。プラグマティズムの特徴の一つである「実験主義 experimentalism」は、実際に、実験家の発想から生まれてきたわけです。

以上のような理論にたいして、わたしはプラグマティズムという名称を新しくつくりだした。私の友人の何人かは、プラクティシズムあるいはプラクティカリズムと名づけたほうがよかろうといってくれた。（それというのも、ギリシア語としては、プラグマティコスよりもプラクティコスのほうが由緒正しいことばだからであろう）。しかしわたしのように、カント哲学を学んだものには、哲学を現に研究していたり研究したことがあったりしてカント哲学の用語でものを考えがちな実験家たちのほとんどにとってと同様、プラクティッシュとプラグマティッシュということばは、天と地ほどの相違があるように思えるのである。というのもプラクティッシュとは、実験家タイプの心ではとうてい確認できないようなあやふやな思想領域を意味することばであり、これに反して、プラグマティッシュとは、人間の立てた一定の明白な目的と密接な関係をもつということを指示することばだからである。ところがわたしの新しい説のもっともいちじるしい特徴は、理性的な認識と理性的な目的とが分かれ

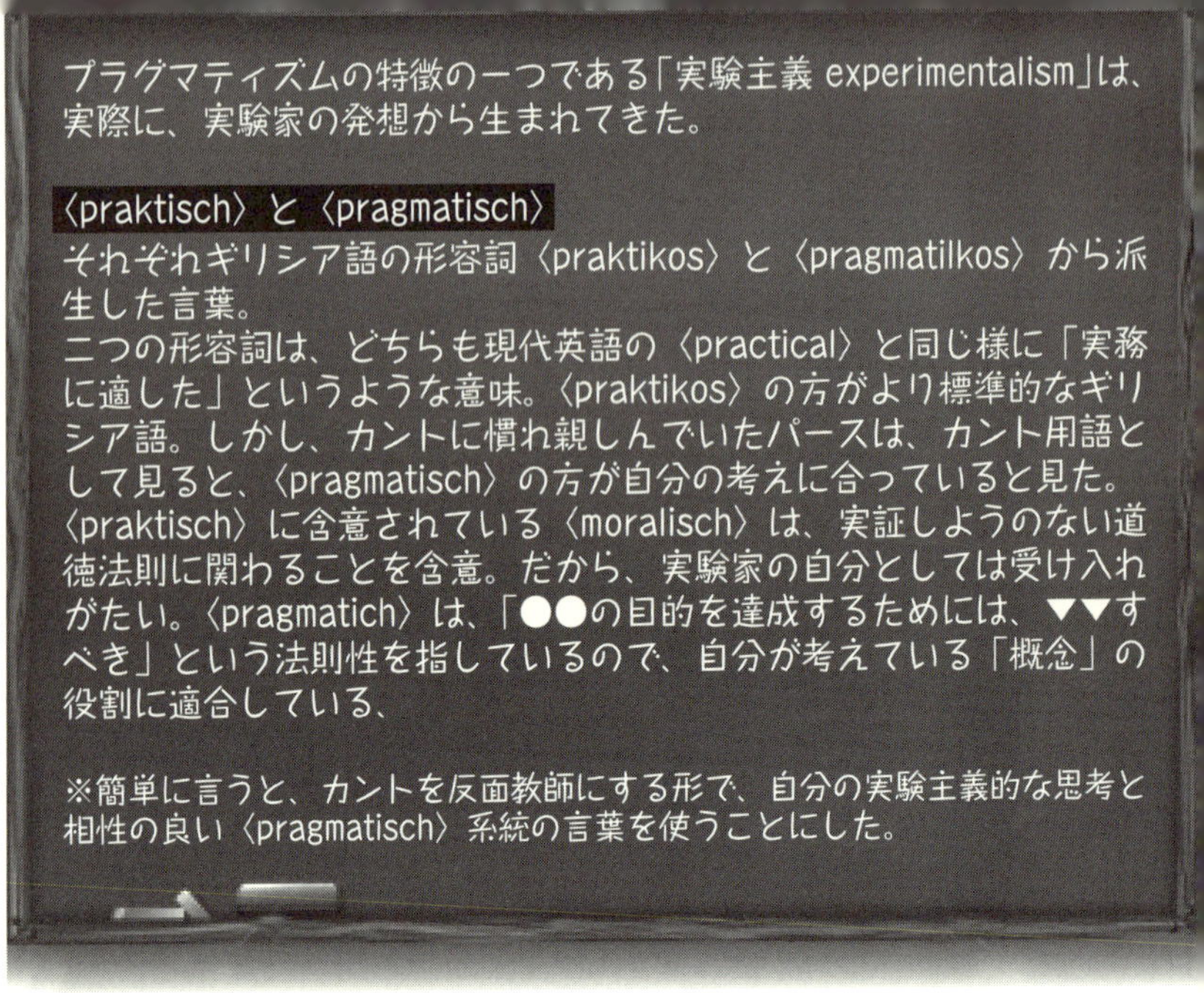
プラグマティズムの特徴の一つである「実験主義 experimentalism」は、実際に、実験家の発想から生まれてきた。

〈praktisch〉と〈pragmatisch〉

それぞれギリシア語の形容詞〈praktikos〉と〈pragmatilkos〉から派生した言葉。

二つの形容詞は、どちらも現代英語の〈practical〉と同じ様に「実務に適した」というような意味。〈praktikos〉の方がより標準的なギリシア語。しかし、カントに慣れ親しんでいたパースは、カント用語として見ると、〈pragmatisch〉の方が自分の考えに合っていると見た。

〈praktisch〉に含意されている〈moralisch〉は、実証しようのない道徳法則に関わることを含意。だから、実験家の自分としては受け入れがたい。〈pragmatich〉は、「●●の目的を達成するためには、▼▼すべき」という法則性を指しているので、自分が考えている「概念」の役割に適合している、
※簡単に言うと、カントを反面教師にする形で、自分の実験主義的な思考と相性の良い〈pragmatisch〉系統の言葉を使うことにした。

がたく結びついているということを強調する点にある。そしてまさしくこういった考慮が、わたしにプラグマティズムということばを選ばせたのである。

〈praktisch〉と〈pragmatisch〉は、それぞれギリシア語の形容詞〈praktikos〉と〈pragmatilkos〉から派生した言葉です。この二つの形容詞は、どちらも現代英語の〈practical〉と同じように「実務に適した」というような意味なのですが、〈praktikos〉の方がより標準的なギリシア語なので、パースの友人たちはこちらに由来する名称を使うべきだと考えていたのに対し、カントに慣れ親しんでいた彼自身は、カント用語として見ると、〈pragmatisch〉の方が自分の考えに合っていると見たわけです。〈praktisch〉に含意されている〈moralisch〉は、実証しようのない道徳法則に関わることなので、実験家の自分としては受け入れがたいが、〈pragmatich〉の方は、「●●の目的を達成するためには、▼▼すべき」という法則を指しているので、自分が考えている「概念」

の役割に適合している、と考えたわけです。簡単に言うと、カントを反面教師にする形で、自分の実験主義的な思考と相性の良い〈pragmatisch〉系統の言葉を使うことにしたわけですね。理論的な諸「概念」を「実用性」の面から捉え直そうと提唱しているわりには、かなりひねくれていますね（笑）。

パースがこうした考え方を最初に表明したのは、一八七〇年代の初頭、パースやジェイムズが参加している「形而上学クラブ the Metaphysical Club」と呼ばれる、ハーバード大学のあるマサチューセッツ州のケンブリッジの若手の知識人たちの集会でのことです。「プラグマティズム」の原点が、「形而上学クラブ」であるというのはすごく皮肉な感じがしますが、形而上学的な考え方を批判的に検討して、それに代わるものを打ち立てるという意味でこういう名前にしたようです。このクラブについては、ルイ・メナンド（一九五二－　）という思想・文学系のライターで、ハーバードで英文学の教授も務めている人による、『形而上学クラブ』（二〇〇一）という本があります。みすず書房から『メタフィジカル・クラブ』という邦題で翻訳が出ています。プラグマティズムの中心人物であったオリヴァー・ウェンデル・ホームズ（一八四一－一九三五）、ジェイムズ、パース、デューイの四人の伝記を通して、プラグマティズムを生み出した当時のアメリカの社会的・文化的背景を描き出している著作です――ホームズについては少し後でお話しします。プラグマティストたちの思想は、一見分かりやすいようで、注意して読んでいると、何でそういう発想が出てくるのか文脈抜きには理解できないようなポイントが結構あるので、こういう文献は貴重です。

パースは論文「私たちの観念を明晰にする方法」（一八七八）で、後に「プラグマティズムの格率 pragmatic maxim」と呼ばれるようになるものを定式化しています。次の頁の黒板を見てください。

この論文も、先ほどの『世界の名著』四八巻に、やはり上山・山下訳が収められているので、そこから訳を引用しておきましょう。

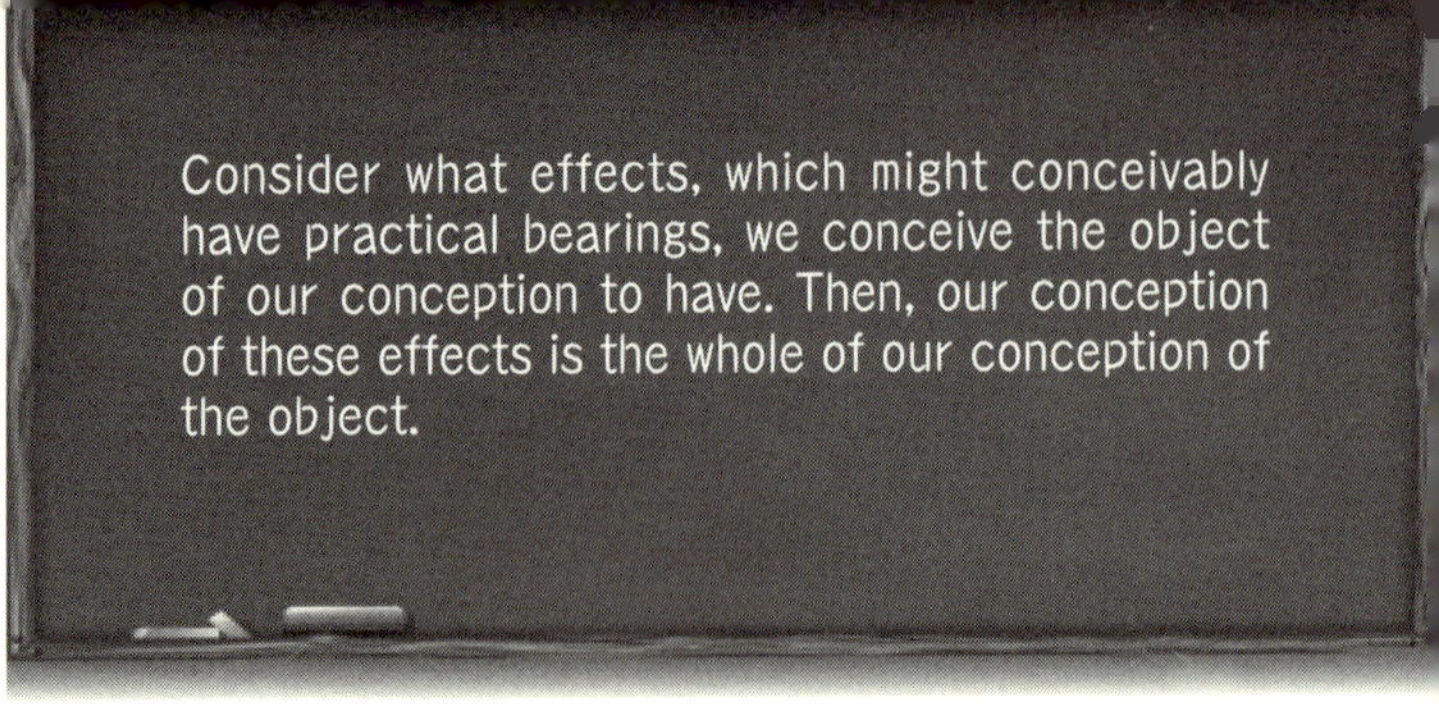
Consider what effects, which might conceivably have practical bearings, we conceive the object of our conception to have. Then, our conception of these effects is the whole of our conception of the object.

ある対象の概念を明確にとらえようとするならば、その対象が、どんな効果を、しかも行動に関係があるかもしれないと考えられるような効果をおよぼすと考えられるか、ということをよく考察してみよ。そうすれば、こうした効果についての概念は、その対象についての概念と一致する。

原文はかなり分かりにくいので、かなり補った訳になっていますが、それでもまだ分かりにくいですね。こういう定式を見ただけで、プラグマティズムに対するイメージがかなり変わると思います。要は、対象についての明晰な「概念 conception」というのは、その対象が、私たちに対してどのような作用（effect）を及ぼし、延いては、それが、その対象との関係で私たちの行動にどのような影響（effect）を及ぼすか、分かるような概念であるということです。逆に言えば、難しくその物の本質を抽象的かつ精密に定義してみても、その対象と私の間の関係に何の影響もなかったら、全く意味がないということです。

パースは「硬さ」や「重さ」といった概念を例にして説明しています。「硬い」というのは、それを何かで引っ掻いても、傷がつかないことが多い、ということです。引っ掻いても傷が付かないという効果をもたらす、というのが「硬さ」の本質です。そういう意味での「硬さ」は、硬い物と柔らかい物をこすり合わせてみないと、現われません。こすり合わせるという行動をしない限り、硬い／柔らかいは意味がないわけです。そうした意味で、何かをした時に生じると考えられる効果＝結果や、私たちの行動との関係で、「硬さ」という概念が決まって来るわけです。ある物体が「重い」というのは、その物体を上に引き上げる力がなければ、下に落ちるということです。その落ちる／落ちないという効果＝結果と、引き上げるという動作との関係がなければ、「重さ」という概念に意味はありません。近代の物理学の発展に重要な役割を果たした「力」という概念も、運動している物体が、私たちの働きかけによってどう変化するか、あるいは、それに接した時に私たちにどういう作用を及ぼすかを本質としているわけです。物理学の難しい概念規定も、そうした実践的な意味から来ているわけです。

つまり、私たちが何もしなければ、「概念」はないわけです。「対象」に対して働きかけて、リアクションが生じたところで「概念」が生じるわけです。このようにして、「概念」をもっぱら経験的なものとして捉え直すという発想は、一九二〇年代にウィーンやベルリンで登場した論理実証主義（logical positivism）あるいは論理経験主義（logical empiricism）と呼ばれる、科学哲学の潮流の先駆けだとされることがあります。論理実証主義は、経験的事実によって検証することが可能な命題、「プロトコル命題」からの推論によってのみ科学的知識は構成されるべき、という立場です。経験的に証明不可能な形而上学的要素を徹底的に排除しようとするわけです。論理実証主義を基盤として、現在英米の哲学の主流になっている分析哲学が生まれ、分析哲学の中から、プラグマティズムの考え方を現代に生かそうとするネオ・プラグマティズムが生まれてきます。循環的な関係にあるわけですね。ただし、論理実証主義にとって重要なのは、経験的に検証可能な「プロトコル命題」に科学を基礎付けることであって、プロトコル命題が、人間の行動にどういう影響を与えるかを直接的に論じているわけではありません。論理実証主義や、ネオ・プラグマティズム以外の分析哲学にとって重要なのは、論理的厳密性であって、実用＝実践性ではありません。また、パースやジェイムズが、宗教と科学が不可分の関係にあると考え、神の存在をめぐる議論を自らの理論に組み込んでいる点は、そういうことを排除しようとする論理実証主義とは相容れないでしょう。

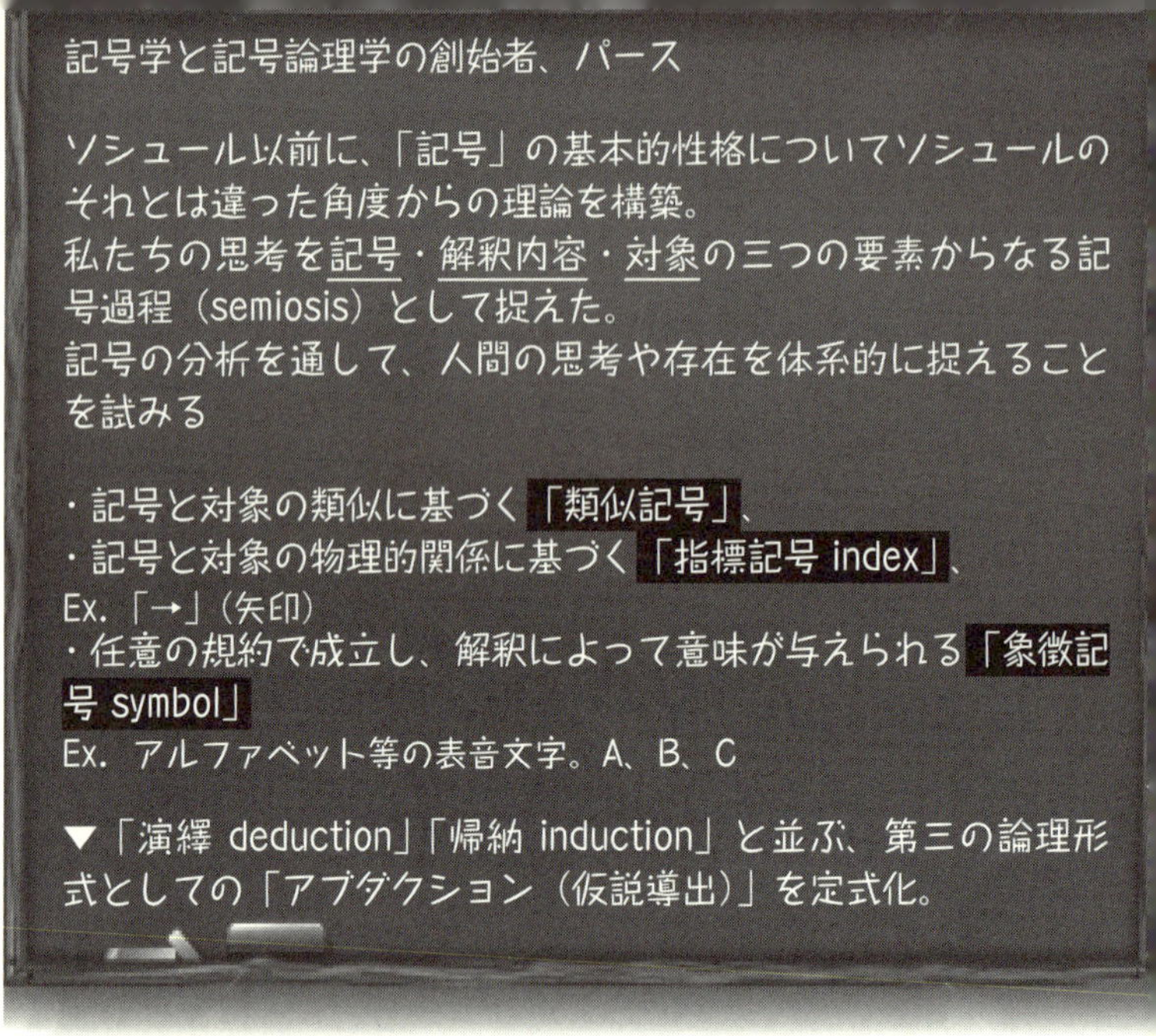
記号学と記号論理学の創始者、パース
ソシュール以前に、「記号」の基本的性格についてソシュールのそれとは違った角度からの理論を構築。
私たちの思考を記号・解釈内容・対象の三つの要素からなる記号過程（semiosis）として捉えた。
記号の分析を通して、人間の思考や存在を体系的に捉えることを試みる
・記号と対象の類似に基づく「類似記号」、
・記号と対象の物理的関係に基づく「指標記号 index」、
Ex.「→」（矢印）
・任意の規約で成立し、解釈によって意味が与えられる「象徴記号 symbol」
Ex. アルファベット等の表音文字。A、B、C
▼「演繹 deduction」「帰納 induction」と並ぶ、第三の論理形式としての「アブダクション（仮説導出）」を定式化。

パースはまた、記号学と記号論理学の創始者としても知られています。記号学は一般的にはソシュール（一八五七－一九一三）が創始者となっていますが、パースはそれ以前に、「記号」の基本的性格についてソシュールのそれとは違った角度からの理論を構築します。彼は、私たちの思考を全て、記号、解釈内容、対象の三つの要素からなる記号過程（semiosis）として現象すると見なし、記号の分析を通して、人間の思考や存在を体系的に捉えることを試みました。彼は記号を、記号と対象の類似に基づく「類似記号」、記号と対象の物理的関係に基づく「指標記号 index」、任意の規約で成立し、解釈によって意味が与えられる「象徴記号 symbol」の三種類に分類したことで知られています。「指標」の典型は、矢印です。「象徴」の典型は、アルファベット等の表音文字です。彼はまた、「演繹 deduction」「帰納 induction」と並ぶ、第三の論理形式としての「アブダクション（仮説導出）」を定式化し、フレーゲ（一八四八－一九二五）とほぼ同時期に、論理を構成する関係項相互の関係を数学的な厳密さによって表現する方法を考案しました。

そういう近代科学の成果を踏まえた合理主義的な思考をしている反面、彼は宇宙全体が、カオスからコスモスへと進化し続ける連続体であるという見方をしています。抽象的なイメージとして言っているだけであれば、それほどおかしな感じはしないのですが、進化論的な観点から、人間の思考と社会と自然現象に通底する論理＝運動法則を見出し、それを統一的に記述しようとするのだから、私たちが科学的思考だと思っているものの範疇からかなり逸脱しています。論理学と数学であれば、いずれも人間が人為的に構築した記号体系なので、連続していて人間の思考と共に発展するということは納得できますが、個々の人間の思考を規定している論理と、宇宙全体の進化や歴史の発展が、進化的に連続していると最初から大前提しているということになると、ちょっと危ない人のような感じがしますね（笑）。確かに人間の論理が、自然現象に通用しないということになると、自然科学は成り立たないので、科学の諸分野は暗黙の内に、論理学や数学の規則が自然現象と対応していると想定していますが、厳密に考えると、どうして対応していると言えるのか分からないので、科学哲学者がずっと頭を悩まし続けているわけですが、パースは、宇宙誕生以来の一連の「進化」の過程で、我々の思考も、自然現象も生じてきたのだから、統一的に説明できるはずだと断定しているわけです。

そうしたパースの進化論については、プラグマティズム研究者として知られる伊藤邦武さん（一九四九―）の『パースの宇宙論』（二〇〇六）という本で詳しく解説されています。その伊藤さんの編訳による、パースの論文集『連続性の哲学』（二〇〇一）が岩波文庫から刊行されています。パースが一八九八年に行った連続講演を原稿によって再構成した、《Reasoning and the Logic of Things: The Cambridge Conferences Lectures of 1898》という論文集がハーバード大学出版局から出ていてその中から、六つの講演＝論文を選んで訳したものです。この訳書の第三章「関

フレーゲ

係項の論理学 The Logic of Relatives」と第六章「連続性の論理 The Logic of Continuity」に、パースの思想がかなりトンデいることを示す箇所がありますので――真面目に訳した訳者には申し訳ないですが――引用しておきましょう。

第三章では、自らの関係項の論理学の概要を説明し、人間が様々な自然現象を連続的なものとして捉えようとする傾向を持っていると論じた後で、次のように述べています。

人間精神がすべての事象を、難解でほとんど理解不可能とも言うべき連続性の形式のもとで考えるというこの驚くべき性向は、われわれの一人一人がその真の本性において連続性をもつという想定のもとでのみ説明可能である。わたしは真に普遍的なもの、真の連続体はすべて、生きた、意識をもった存在であるという、極端な形の実在論をとっているが、そのことを詳細に解明してあなた方を煩わそうとは思わない。ただ、この世においてさえ、唯一価値あるものとはもろもろの連続性である。

「人間は物事を連続的に捉えようとする↓人間の本性に連続性が組み込まれている↓真に普遍的なものが実在し、それは連続体であり、かつ意識を持った存在である」、という風に話を一気に飛躍させているわけです。真に普遍的なものとしての宇宙それ自体が意識を持っていると考えているわけです。無論、どういう意味での「意識」なのかについてはいろいろ解釈の余地はありますが、パースが、概念を実用的という意味で明晰にしないといけないと言いながら、その一方で、全ての連続体には意識がある、とか言い切る人であるのは確かです。この箇所の少し後で次のようにも言っています。

一九世紀の大いなる任務は、連続性を実現しようと努力することであった。さまざまな観念を結び合わせ、さまざまな事実を結び合わせ、知識を結び合わせ、感情を結び合わせ、人間の目標どうしを結び合わせ、産業を結び合わせ、偉大な作品を結び合わせ、力を結び合わせ、国家どうしを結び合わせることによって、自然で、生きた、永続的な諸体系へと結実させること、これがわれわれの曾祖父たちに委ねられた任務であった。そしてわれわれはそれが今や第二の、より高度な実現段階へと移行しているのを目にしている。この作業は、連続性を単なる非実在的な作り話と見なしていては促進されず、われわれ一人一人がそれを真に実在的な永遠の秩序と認め、自分たちの気まぐれな活動をそれに一致させようとすることを通じてのみ、促進される。

私たちは、「真に実在的な永遠の秩序 the really eternal order of things」としての「連続性 continuity」を実現する使命を与えられているというわけですね。彼のなかで、論理学と宇宙論的な信仰が結び付いているのが分かります。

第六章では、非ユークリッド幾何学について論じた後、論理の進化は宇宙の連続的な進化の現われであるという観点を呈示します。そしてそのことに形而上学的な意味を付与します。

また、われわれの進化の理解が正しいのであれば、宇宙の論理の派生の過程は、時間と論理以前にまで延びており、完全に非決定的な、無次元の潜在性からなる曖昧さにおいて始まったのだと想定する他はない。

したがって、進化の過程とは、たんにこの現実存在する宇宙の進化のことではなく、プラトン的な形相そのものがこれまで発展し、これからさらに発展していく過程であることになる。

もちろん、現実存在を進化の一段階であると見なすことは自然である。しかし、この現実存在は、おそらくひとつの特殊な現実存在に過ぎないのではないか。われわれはすべての形相がその進化の過程で、この世界に出現してくると考える必要はない。ただ、イデアは何らかの作用・反作用の舞台には登場する必要があること、そして、この現実世界はその舞台のひとつに過ぎないのだと考えるべきである。

「非ユークリッド幾何学↓宇宙の進化↓イデアの世界」と遡っているわけですね。最先端の科学の論理を明らかにしようとする探究が、古代の形而上学的世界観へと回帰していくわけです。先走りしすぎて、危なっかしい感じがしますね。

「神」の哲学的位置付けとプラグマティズム

パースは先見の明があったわけですが、彼自身の考え方はあまり広まらず、彼の影響を受けたジェイムズが、一八九八年にカリフォルニア大学で行った講演「哲学の概念と実際の結果 Philosophical Conceptions and Practical Results」で、パースによって提起された思想として「プラグマティズム」を紹介したことで、この思想の存在が広く知られるようになります。ただ、二人の考えは全く同じというわけではありません。パースが、概念の対象に何らかの作用を加えることによって得られる「実際の結果 practical results」が得られれば、その対象が実在することが証明されるということに力点を置き、そうした「効果」から、個別の物の存在だけでなく、普遍な概念や法則、延いては神の存在までも証明できるという「実在論 realism」――中世の普遍論争の「唯名論 vs. 実在論」の意味での「実在論」、つまり普遍的な概念が実在するという立場のことです――の立場を取ったのに対し、ジェイムズは、「実際の効果」の中に、人間の「信念＝信仰 belief」や「経験 experience」を入れて考えます。つまり、その概念の対象が実在すると信じることによ

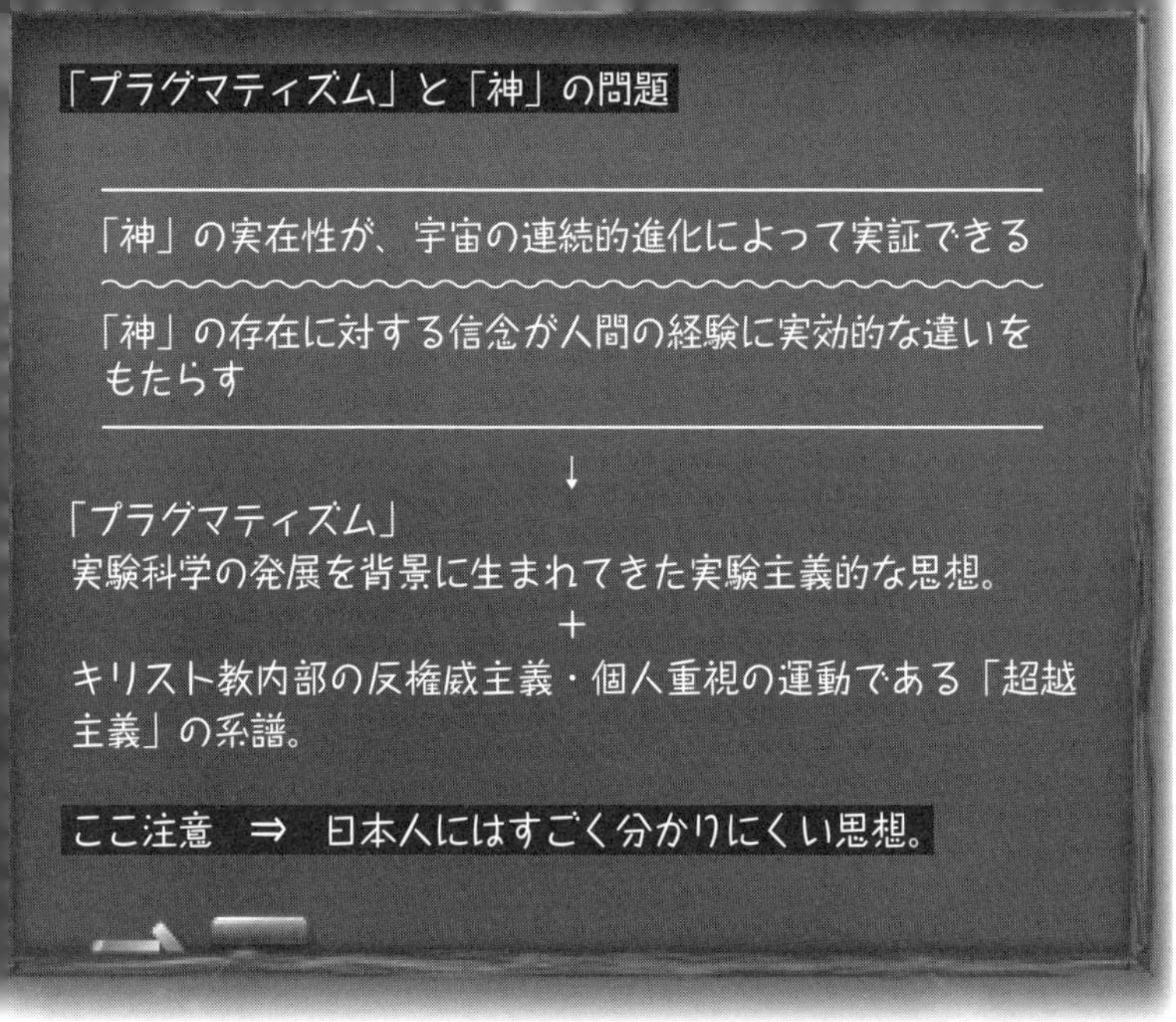
「プラグマティズム」と「神」の問題
「神」の実在性が、宇宙の連続的進化によって実証できる
「神」の存在に対する信念が人間の経験に実効的な違いをもたらす
↓
「プラグマティズム」
実験科学の発展を背景に生まれてきた実験主義的な思想。
＋
キリスト教内部の反権威主義・個人重視の運動である「超越主義」の系譜。
ここ注意 ⇒ 日本人にはすごく分かりにくい思想。

って、その人の経験や行動に変化があれば、実際的な効果があると見なすわけです。神がいると信じることによって、その人の生き方が変わるのであれば、「実際の結果」があることになるわけです。それでは、「実在論」とは言えませんね。パースは後に、ジェイムズの立場は自分のそれとは異なるけれど、「プラグマティズム」という言葉は彼の言葉になってしまったので、自分の思想はこれから、「プラグマティシズム pragmaticism」を名乗ると宣言して、一線を画するようになります。

「プラグマティズム」を、実用性を重視する唯物論の緩いヴァージョンとしか思っていない人や、自分はキリスト教徒ではないので、「神」の問題は関係ないと思っている人にとっては、「神」の実在性が、宇宙の連続的進化によって実証できると主張するのと、「神」の存在に対する信念が人間の経験に実効的な違いをもたらすということの間に、それほど意味のある違いがあるのか、としか思えませんが、彼らにとっては拘るべき重要な違いです。そこが「プラグマティズム」をめぐる思想史の面白いところです。

神の哲学的位置付けをめぐる彼らの拘りは、一八三

○年代後半以降ニューイングランドを中心に影響力を拡大した、エッセイストで詩人のラルフ・エマソン（一八〇三－八二）の超越主義（transcendentalism）の影響によるのかもしれません。超越主義というのは、既成のキリスト教会や政党等の制度を、人々を堕落させるものと見なし、人間と自然の本性に内在する善を信じるべきことを説く、宗教・哲学運動です。自己自身を信頼し、自立している状態がベストだと主張します。カルヴィニズムの予定説や神の三位一体性、キリストによる贖罪を否定するので、普通のキリスト教からは異端視されたようです。エマソンは、ホームズやジェイムズの父親と親しい関係にあり、ジェイムズの名付け親にもなっています。こうした関係については、先ほどの『メタフィジカル・クラブ』で詳しく述べられています。因みに、政府に対する不服従を貫くために、森の中で生活したことで知られるヘンリー・デイヴィッド・ソロー（一八一七－六二）も、エマソンの影響を強く受けていて、超越主義の一翼を担った人と見なされています。

エマソン

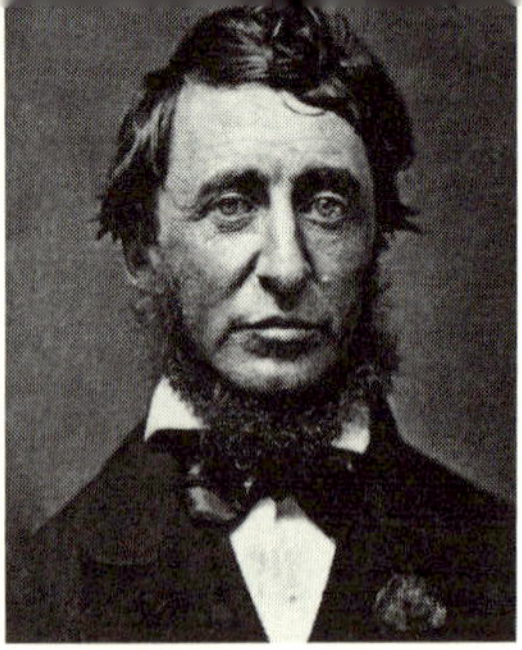

ソロー

「プラグマティズム」は、実験科学の発展を背景に生まれてきた実験主義的な思想である一方で、キリスト教内部の反権威主義・個人重視の運動である「超越主義」の系譜も引いている、日本人にはすごく分かりにくい思想ですね。おまけに、その代表者の二人が近代版の普遍論争をやっているわけです。

ジェイムズと心霊現象

では、パースの初期ヴァージョンの「プラグマティズム」はどうしてあまり広まらなかったのか？　先ほどもお話ししたように、パースが数理論理学の最先端の議論と宇宙進化論を直接繋げるような議論をす

スウェーデンボルグ

るので、話の全体像が摑みにくいし、品行にいろいろ問題があったようで、大学教授のポジションには就いていません。父親のコネで沿岸測量局という役所に雇用されて、地域による重力の大きさの変動を研究したり、ハーバード大学の天文台に助手として雇用されて、星の明るさと位置を測定する仕事をしたりと、アメリカの科学の発展に貢献しているのですが、決まった仕事をちゃんとやらないし、借金したり、不倫したりと生活があれていて、なかなか安定した職はオファーされませんでした。ジョンズ・ホプキンズ大学の論理学の講師になった時は、教授になれるチャンスも大きかったようですが、人間関係に問題があると見られて、教授として雇用されることはありませんでした。他の大学にも就職の働きかけをしたけれど、ことごとく失敗しています。いろんな面でジェイムズの世話になっていたようです。

ジェイムズはハーバード大学の心理学の教授です――ハーバード大学は、神の三位一体とイエスの神性を否定するユニテリアン派によって創設された大学で、エマソンもハーバードの神学部出身ですが、過激すぎて、敬遠されるようになったようです。学者としての定職を得たジェイムズはパースに比べると安定したイメージがありますが、若い頃はなかなか専門を決めず、いろんなことに手を出していたようです。スウェーデンボルグ（一六八八―一七七二）に心酔する宗教思想家だった父親ヘンリー（一八一一―一八八二）が、子供たちの教育のためだとして、ヨーロッパとアメリカの各地を引っ越しして回ったことも影響したようです。

最初は絵描きになろうと思っていたらしいですが、才能がないことに気が付いて挫折し、一八六一年にハーバードの理工系の学部であるローレンス科学校というところに入学します。そこで最初は化学を専攻していたのですが、スイス出身の生物学者・地質学者で、反進化論の立場を取るルイス・アガシ（一八〇四―一七三）に出会って、「自然史 natural history」に専門を変えます。その後、ローレンス科学学校をやめて、六四年にメディカル・スクール（医学校）に入り直しますが、六五年にアガシが、ダーウィン（一八〇九－八二）の進化論よりも自分の反復発生説（recapitulationism）が正しいことを証明すべく企てたブラジル探検旅行に同行しています──アガシは、人間の起源については、人種ごとに異なった発生をしたという多元発生説（polygenism）を取っていました。

ジェイムズは一八六九年にようやく医師免許を取得しましたが、精神的な病のために実際の医療には従事せず、哲学的関係の勉強をしていたのですが、七三年にハーバードの生理学と解剖学の講師に任命され、七五年にアメリカで初めての心理学の実験室をハーバードに創設します。その後は順調に助教授、教授になるのですが、心理学の講義が生理学科から哲学科に移ったのに伴って、彼自身も哲学科に移り、哲学の講義も担当するようになります。当時のアメリカのアカデミズムでは、まだ専門の分化が完成していなかったので、こういうキャリアが可能だったのだと思います。科学がまだ現在のような水準で専門的に分業されない状態で発達する途上にあったことが、ジェイムズやパースの思想形成の背景にあったと見ることができます。

現在（二〇一三年）、岩波文庫で刊行されているジェイムズの著作は、今回読む『プラグマティズム』（一九〇七）と、『純粋経験の概念』、『宗教的経験の諸相』（一九〇二）の三冊です──『純粋経験の概念』は、伊藤邦武さんの編訳による論文集です。ジェイムズの著作として最も有名なのは、『宗教的経験の諸相』でしょう。スコットランドで行った講演を起こしたものです。まさにタイトル通り、様々なタイプの宗教的経験に共通するものを探究した著作です。心理学者である彼は、制度や教義ではなく、宗教的経験を心理学的に分析していきます。宗教的経験の本質とは、神的な存在との遭遇を通しての回心であると見なして、有名な宗教的回心者の回想録を資料として分析していきます──当然、キリスト教関係で、英語、フランス語、ドイツ語の文献が中心です。その人たちが自らの神的な存在との出会いをどのように捉え、それによって生き方がどのように変わっていったのか、というような内面的な出会いを類型化しています。そうした経験が実際に、神的な存在に起因すると断言していませんが、少なくとも、直接的には把握できない潜在意識の領域があって、そこに何らかの、私たち自身を超越する力からの働きかけがあって、「神秘体験―回心」が起こるかもしれないことを強く示唆しています。岩波文庫の『宗教的経験の諸相』の下巻から引用しておきましょう。今回読む『プラグマティズム』の訳者でもある、哲学者の桝田啓三郎さん（一九〇四―九〇）の訳です。第二十講「結論」からです。

そこで私は一つの仮説としてこう提唱したい。すなわち、私たちが宗教的経験において結ばれていると感ずる「より以上のもの」は、向こう側では何であろうとも、そのこちら側では、私たちの意識的生活の潜在意識的な連続である、という仮説である。このように承認されている心理学的事実を私たちの基礎として出発するならば、私たちは普通の神学の欠いている「科学」との繋がりを保つことができるように思われる。同時に、宗教的人間は外的な力によって動かされているという神学者の主張も支持されることになる。なぜなら、客観的外観をとって、当人に外部から支配されているような暗示を与えるのが、潜在意識圏からの侵略の特徴の一つだからである。宗教的生活においては、この支配は「より高い」ものと感ぜられるが、しかし、私たちの仮説によれば、支配しつつあるのは、もともと、私たち自身の精神のなかに隠れているより高い能力なのであるから、私たちを超越する力との合一の感じは、けっして単に見かけだけでなく文字どおり真実な或るものの感じなのである。

「潜在意識 the subconscious」をクッションにすることで、宗教的・神学的な前提と、経験科学としての心理学の対立が顕在化しないように工夫しているわけですね。ただ、この書き方からして、本当は「より

シジウィック

バルフォア

高いもの」の存在を積極的に主張したそうな感じですね。彼は更に、こうした自分の宗教体験観をプラグマティズムの観点から、つまり、「回心 conversion」がもたらす「現実的効果 effects」という観点から正当化します。

> 私たちの存在のはるか向こう側の限界は、感覚的に知覚される、そして単に「悟性で知られる」世界とは全くちがった存在の次元に食い込んでいるように私には思われる。それは神秘的領域と名づけてもいいし、超自然的な領域と名づけてもかまわない。私たちの理想的な衝動がこの領域に起源するかぎり（…）、私たちは、私たちが目に見える世界に属しているのよりもはるかに本質的な意味で、この領域に属している。なぜなら私たちは私たちの理想の属しているところにこそ、もっとも本質的に属しているのだからである。けれども、問題のこの目に見えない領域は決して単に理想的なものではない。なぜならそれはこの世界のなかに現実的効果を生み出すからである。私たちがこの領域と交わるとき、現実的に業《わざ》が私たちの有限な人格の上におこなわれるのである。なぜなら私たちは新しい人間に変わるからであり、そして、私たちの再生的変化に続いて、その結果が、自然的世界における行為の上にもあらわれるからである。

あくまでも、奇蹟ではなく、人間の現実的な「行為 conduct」を問題にしているわけですが、「神秘的領域 the mystical region」の「現実的効果」はかなり強く信じている感じですね。パースが記号学や論理学に基づく宇宙進化論によって神の実在を証明できると信じていたように、ジェイムズも心理学を通じて神の存在を証明しようとしているように思えます。それだけにとどまらず、彼は、一八八五年にアメリカ心霊現象研究協会の設立に加わって中心的メンバーとして活動し、霊媒の女性を観察する研究を行っています。現代の感覚からすると、すごくトンデいる感じがしますが、英国で八二年に創設された心霊現象研究協会は、心霊現象や超常現象が実在するかどうかちゃんと科学的に検証しようとする、本当に学術的な団体で、功利主義の哲学を集大成したヘンリー・シジウィック（一八三八－一九〇〇）とか、第一次大戦中のバルフォア宣言で知られる、政治家で哲学者でもあるアーサー・バルフォア（一八四八－一九三〇）など、かなりの大物が会長を務めています。ジェイムズのこうした方面の研究については、伊藤邦武さんの『ジェイムズの多元的宇宙論』（岩波書店、二〇〇九）で詳しく解説されています。

西田幾多郎

ジェイムズの心理学

宗教心理学や心霊現象研究に限らず、ジェイムズの心理学には、普通に考えれば実証するのが無理な領域に積極的に入って行こうとする傾向があるように見えます。西田幾多郎（一八七〇－一九四五）の『善の研究』（一九一一）を見ると、ジェイムズの「純粋経験 pure experience」という概念の影響を受けていることが分かります。「純粋経験」というのは、意識する主体としての「私」と、意識される客体の分離が生じる〝以前〟の状態における経験、反省的自己意識によって加工されていない経験のことです。主体と対象が未分化な状態。物心が付いていない子供はそういう経験をしているかもしれません。私たち大人でも、意識が朦朧としていて、自分の身体と周囲の環境との区別が曖昧になっている時には、「純粋経験」に近付い

ジェイムズの「純粋経験 pure experience」という概念

「純粋経験」というのは、意識する主体としての「私」と、意識される客体の分離が生じる“以前”の状態における経験、反省的自己意識によって加工されていない経験。

主体と対象が未分化な状態。物心が付いていない子供はそういう経験をしているかもしれない。大人でも、意識が朦朧としていて、自分の身体と周囲の環境との区別が曖昧になっている時には、「純粋経験」に近付いている。

主体／客体が分化する以前の状態に立ち却って考えるという発想。

⇒西田幾多郎『善の研究』

※ちなみにジェイムズの弟のヘンリー・ジェイムズ（1843 － 1916） ⇒

ジェイムズ･ジョイス（1882－1941）やヴァージニア･ウルフ（1882－1941）などの「意識の流れ stream of consciousness」と呼ばれる手法の先駆

ているかもしれません。主体／客体が分化する以前の状態に立ち返って考えるという発想は、フッサール（一八五九－一九三八）に始まる現象学にも通じています。ジェイムズの「純粋経験」がフッサールに影響を与えたことはいろんな人が指摘しています。

ちなみにジェイムズの弟のヘンリー・ジェイムズ（一八四三－一九一六）――父親と同じ名前です――は小説家として有名です。登場人物の思考を、物語らしく秩序立って整理して、淡々と観察者的に描写していく、ジェイムズ・ジョイス（一八八二－一九四一）やヴァージニア・ウルフ（一八八二－一九四一）などの「意識の流れ stream of consciousness」と呼ばれる手法の先駆者とされます。本人のアメリカとヨーロッパを行き来した体験を反映して、アメリカと大陸の文化のギャップ、その狭間で葛藤する人を描いた作品が多いです。新潮文庫と岩波文庫で何冊か翻訳されています。新潮文庫などに入っている『ねじの回転』（一八九八）という作品は、心霊現象に直面した女性家庭教師の意識の流れを描いています。

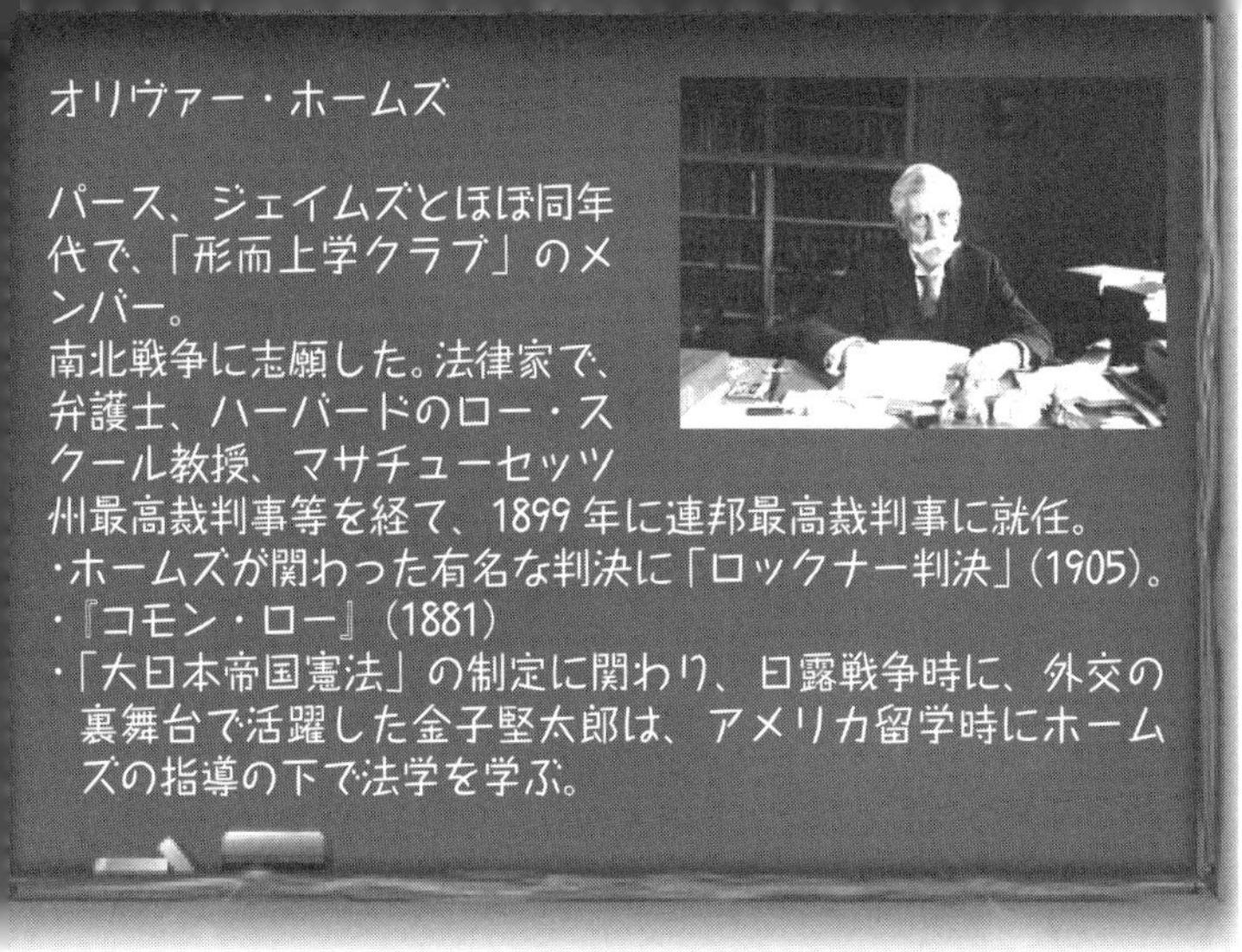
オリヴァー・ホームズ
パース、ジェイムズとほぼ同年代で、「形而上学クラブ」のメンバー。
南北戦争に志願した。法律家で、弁護士、ハーバードのロー・スクール教授、マサチューセッツ州最高裁判事等を経て、1899年に連邦最高裁判事に就任。
・ホームズが関わった有名な判決に「ロックナー判決」（1905）。
・『コモン・ロー』（1881）
・「大日本帝国憲法」の制定に関わり、日露戦争時に、外交の裏舞台で活躍した金子堅太郎は、アメリカ留学時にホームズの指導の下で法学を学ぶ。

オリヴァー・ホームズ

パース、ジェイムズに次いで、プラグマティズムの三羽烏と見なされるのは、デューイですが、その前にパース、ジェイムズの友人で、「メタフィジカル・クラブ」のもう一人の主要メンバーであるオリヴァー・ホームズの話をしておきましょう。ホームズは、パース、ジェイムズとほぼ同年代で、「形而上学クラブ」のメンバーです。法律家で、弁護士、ハーバードのロー・スクール教授、マサチューセッツ州最高裁判事等を経て、一八九九年に連邦最高裁判事に就任します。

　彼が最高裁判事を務めた一九世紀末からニューディール期にかけてのアメリカでは、急速な産業の発展に伴って、従来の法体系ではうまく対応できない問題が多く生じてきます。企業活動の自由と、労働者の権利の対立が先鋭化してきます。ホームズが関わった有名な判決に「ロックナー判決」（一九〇五）と呼ばれるものがあります。これは、パン屋で働く者の労働時間に関してニューヨーク州が規制をかけたことの合憲性を争った裁判で、最高裁は違憲という判決を出しました。この判決でロックナーは、反対意見を表明しています。多数派による判決が、憲法の修正一四条の「如何なる州もアメリカ合衆国の市民の特権あるいは免除権を制限する法を作り、あるいは強制してはならない」という規定を根拠に、州法を違憲としたのに対してホームズは、一四条が契約の自由を含んでいるとは言えず、ハーバート・スペンサー（一八二〇－一九〇三）の理論を法制化することを意図したものではないと明言しています。スペンサーは、英国の哲学者・社会学者で、社会進化論の視点から、自由放任経済を提唱した人です。この時の彼の少数意見はいろんなところで引用されています。

スペンサー

ホームズには『コモン・ロー』（一八八一）という著作があります。その中で彼は、裁判官の意見は法という論理的体系から整合性をもって導き出されねばならないとする、従来の形式論理的な法理解を批判し、法は、人々の自己統治の能動的なプロセスから生まれて来るものであり、社会の変化に伴って進化するものであるという見方を示します。変化し続ける人々の生活に合わせて、最善の帰結をもたらすよう、道具としての法を調整し続けることの必要性を強調しました。不法行為責任などを問う時に、理性的な普通の人ならどうしたであろうかという基準で考えることを、通常人（reasonable man）の基準と言いますが、ホームズはその基準には、当該の共同体において期待される平均的な人間の振る舞いが反映されていると考えます。自然法や形式主義を排して、社会の実態に即して考えようとする彼の法理解は、プラグマティズム的だとされています。

メナンドの本では、ホームズの思想的背景として、南北戦争がクローズアップされています。ホームズは、志願して従軍し、何度も重症を負っています。その体験が、その後の彼の考え方に大きな影響を与えたのではないかと見ています。ホームズ自身は、急進的な奴隷制廃止論者だったわけですが、北部全体が奴隷制廃止論で固まったわけではありません。ハーバード教員団には奴隷制廃止に懐疑的な人も少なくなかったし、彼の父親でハーバードの医学部の教授だったオリヴァー・ウェンデル・シニア（一八〇九－一八九四）は、戦争が始まるまでは、黒人に対する偏見が強くて、両派の対立に中立的な立場を取っていたようです。奴隷制廃止論者が南北分断も辞さないとしていたのに対して、連邦を維持するという観点から反発していた人も少なくなかったようです。ただし、いったん戦争が始まり、南部が独立を宣言すると、連邦維持は一挙に奴隷制反対に宗旨変えしたようです。メナンドの分析では、戦争から帰ったホームズは、人がイデオロギーや教条に取りつかれることから大きな悲劇が生じるという認識を核にして、その社会や時代の状況にあった紛争解決の方法が必要だとの視点から、プラグマティックな法理解を形成していきました。

先ほど、ジェイムズがアガシのブラジル旅行に同行した話をしましたが、これは南北戦争直後のことです。現代では、奴隷制が悪いのは当たり前だ、自由主義の国で奴隷がいるなんてことがあっていいわけがない、というのが常識になっていますが、当時はそれがまだ自明の理ではなく、人種の違いを絶対視する人も少なくなかったわけです。そういう古い体質を引きずるアメリカの中でプラグマティズムが生まれて来たわけです。

南北戦争

「南北戦争」を経験していないデューイ

日本の知識人が「プラグマティズム」について抱いているイメージの多くが、デューイから来ていると思って間違いないと思います。彼は一八五九年生まれですから、青年時代に南北戦争を経験した三人とは違って、はっきりと戦争を記憶していなかったはずです。ヴァーモント州生まれなので、三人と生まれた地域は近い――パースとホームズがマサチューセッツ州、ジェイムズがニューヨーク州です――ですが、ハーバード大学でなく、ヴァーモント大学とジョンズ・ホプキ

ジョン・デューイ（1859～1952）

青年時代に南北戦争を経験した三人とは違って、はっきりと戦争を記憶していなかった。

・ヴァーモント州生まれ、三人と生まれた地域は近い――パースとホームズがマサチューセッツ州、ジェイムズがニューヨーク州――、
・ハーバードでなく、ヴァーモント大学とジョンズ・ホプキンズ大学出身。教育を受けた環境が違う。ただ、ジョンズ・ホプキンズ大学の大学院在学時代（1882～84）に、パースの講義を受けている。それに加えて、パースはジョンズ・ホプキンズ大学でも「形而上学クラブ」を創り、デューイもそのメンバーになっている。
・『哲学の改造』（1919）　・『民主主義と教育』（1916）　・『学校と社会』（1899）→日本の終戦後の教育学で、彼の理論が積極的に受容された。

※形而上学的な前提なしに社会の改良にコミットし、宗教を前面に出さずに民主主義を積極的に擁護するので、デューイは日本人には一番受け容れやすいローティのような分析哲学者でリベラル左派という立場の人にとっても受け容れやすい。

ンズ大学なので、教育を受けた環境が違います。ただ、ジョンズ・ホプキンズ大学の大学院在学時代（一八八二—八四）に、先ほどお話ししたように、パースがこの大学の講師をしていたので、彼の講義を受けています。それに加えて、パースはジョンズ・ホプキンズでも「形而上学クラブ」を作っていて、デューイもそのメンバーになっています。そこで人脈的に繋がってくるわけです。

デューイは、教育哲学と民主主義論で有名ですね。というより、教育と民主主義の相関関係を、プラグマティズム的な視点から体系的に論じるところに彼の思想の特徴があります。岩波文庫には、今回読む『哲学の改造』（一九一九）の他に、『民主主義と教育』（一九一六）と『学校と社会』（一八九九）が入っています。彼は一八九四年から一九〇四年までシカゴ大学の哲学の教授を務めましたが、その間、実験学校を創設し、それをシカゴ大学の付属学校として運営しています。『学校と社会』は、その学校での成果を報告する内容になっています。

日本の終戦後の教育学で、彼の理論が積極的に受容

されたことはよく知られています。西洋教育史の梅根悟（一九〇三－八〇）、『学校と社会』の訳者で社会教育学者の宮原誠一（一九〇九－七八）といった人たちが受容の中心になります。従来の詰め込み教育ではなく、子供たちの主体性を育てる教育によって、民主主義を定着させねばならないということが提唱される中で、子供たちに生活に密着した様々な実践をさせながら、主体的に法則を発見させていくデューイの方法が、モデルとして注目されました。『学校と社会』にその実例が紹介されています。例えば、ネイティヴ・アメリカンの生活を学ぶのに、彼らの機織り機を自分たちで作って機を織ってみるとか、家庭科で単純に料理を作るだけでなく、その材料に関連して地理学、歴史学、生物学、化学なども学ぶとか、個別の分野に人為的に区分けすることなく、一つの実践を通していろんなことを総合的に学ばせようとするわけです。現在日本で総合学習と呼ばれているものをもっと徹底してやるわけです。

『民主主義と教育』は文字通り、民主主義と教育を結び付けて論じた著作です。こういう言い方をすると、いかにもシンプルであっさりとした、素人でも分かりそうな話をしているように聞こえるかもしれませんが、そのことを思想史的に裏付けしながら結構複雑な議論をしています。そうでないと、岩波文庫で上下二巻の分量にはなりません。

デューイによれば、当時のアメリカの教育制度は、古代・中世以来の人文主義的な教養教育（liberal education）、つまり古典的なテクストに書かれている内容を正確に理解するリテラシーを習得させることを目指す教育と、産業社会の勃興に伴う、職業的なニーズに対応する職業教育（trade education）が中途半端に混在している状態にありました。そのため個々の科目で、細分化された知識が伝授されただけで、それらを有機的に結び付けて主体的に活用することを学ばせる教育が行われていませんでした。彼の見方では、教養教育と職業教育の分離は、教養教育の理念の原型を作ったプラトン（前四二七－三四七）やアリストテレスの生きた古代ギリシアのポリスに由来します。ポリスでは、生産活動に従事するのは奴隷で、市民たちは、物質的なことに煩わされることなく、知的活動に従事することができました。プラトンはそうしたポリス的な生の経験に基づいて、非物質的・イデア的・精神的なものを重視し、肉体的・現世的なものをその下位に置く世界観を構築しました。そのためギリシア的伝統を継承する西欧文化では、肉体的・現世的なものに関わる「経験 experience」は軽視され、教育では「実際的なもの the practical」よりも「知的なもの the intellectual」が優位に置かれるようになりました。ただしデューイはプラトンを一方的に悪者にしているわけではありません。プラトンにとって、「経験」は慣習と結び付いていて、古くからあるものを保持しようとする傾向があるのに対して、理性は改革や進歩を推進するものでした。しかし、近代になって科学・技術が発展すると、むしろ実験などを通して「経験」的に獲得した知識を根拠にして、古くからの偏見や先入観を打ち破ろうとする経験論哲学が台頭してきて、状況は一変しました。「理性」と「経験」はもはや対立するものではなくなりつつあります。そうした変化に対応して、かつての二元論の残滓である教養教育／職業教育の二元論も克服することが、民主社会における教育の課題だとデューイは主張します。彼の理解では、多様な個性を持つ諸個人が共同生活するやり方である民主主義は、人々の経験の自由な交換をベースにしているわけであるから、教育も、知識を様々な経験と実験的に関連付けながら連続的に発展させていくプラグマティックな方法によって行うべきことを示唆します。その他、教育の目的に関する共同体と個人の間での揺らぎの問題に関しても、プラトンの階層秩序に重きを置く教育哲学→一八世紀の個人主義的教育論→一九世紀のドイツの理想主義の影響下での国家・社会教育という流れをなぞったうえで、やはり、社会の中の様々な集団の間の自由な交流とコミュニケーションを促進することが民主的な教育の課題であるとまとめています。

子供の自発的な学習や社会的交流の促進を教育の目標にし、それによって民主主義を発展させるという考え方自体は、アメリカ思想を資本主義の権化として敵視する日本の左派から見てもあまり文句を付けにくかったせいか、デューイの教育思想は戦後の日本にそれなりに広く浸透しました。心理学に関してはデューイも結構難しい議論をしているのですが、教育改革者としての彼の基本的主張が分かりやすかったことが、功を奏したのだと思います。また、教育を通じて民主主義の定着を訴えるデューイのイメージと、プラグマティズムの紹介者で非マルクス主義左派の市民運動家である鶴見俊輔さんのイメージが何となく被さって、プラグマティズム＝リベラル左派というイメージができあがったのではないか、と思います。

実際デューイは、女性や労働者、有色人種の権利の向上を図る運動や言論の自由を守る運動にコミットし、国家社会主義と資本主義の中道を行く「民主的社会主義」を標榜していました。分析哲学者で、政治哲学的にはリベラル・アイロニストを自称するリチャード・ローティ（一九三一－二〇〇七）は、マルクス主義者や戦後のポストモダン左翼のように、観念的な理屈を振り回さず、現実的に社会を改革する方向性を呈示した、アメリカ固有の現実主義的な左派であるプラグマティズム的左派を高く評価し、デューイをその代表と見なしています。

政治・社会運動に積極的に関与したデューイに比べると、パースやジェイムズは、政治的ではありません。その代わり、先ほどお話ししたように神や宗教体験に拘ります。デューイは逆に、宗教色をあまり出しません。宗教を前面に出さずに、民主主義を積極的に擁護するので、デューイは日本人には一番受け容れやすいし、ローティのような分析哲学者でリベラル左派という立場の人にも受け容れやすいわけです。この講義の最後の回でまたお話しすることになると思いますが、ローティは反形而上学を徹底して、知識の究極の源泉のようなものを明らかにしようとする基礎付け主義的な理論を否定する立場ですから、形而上学的な前提なしに、社会の改良にコミットするデューイはモデルにしやすいのだと思います。

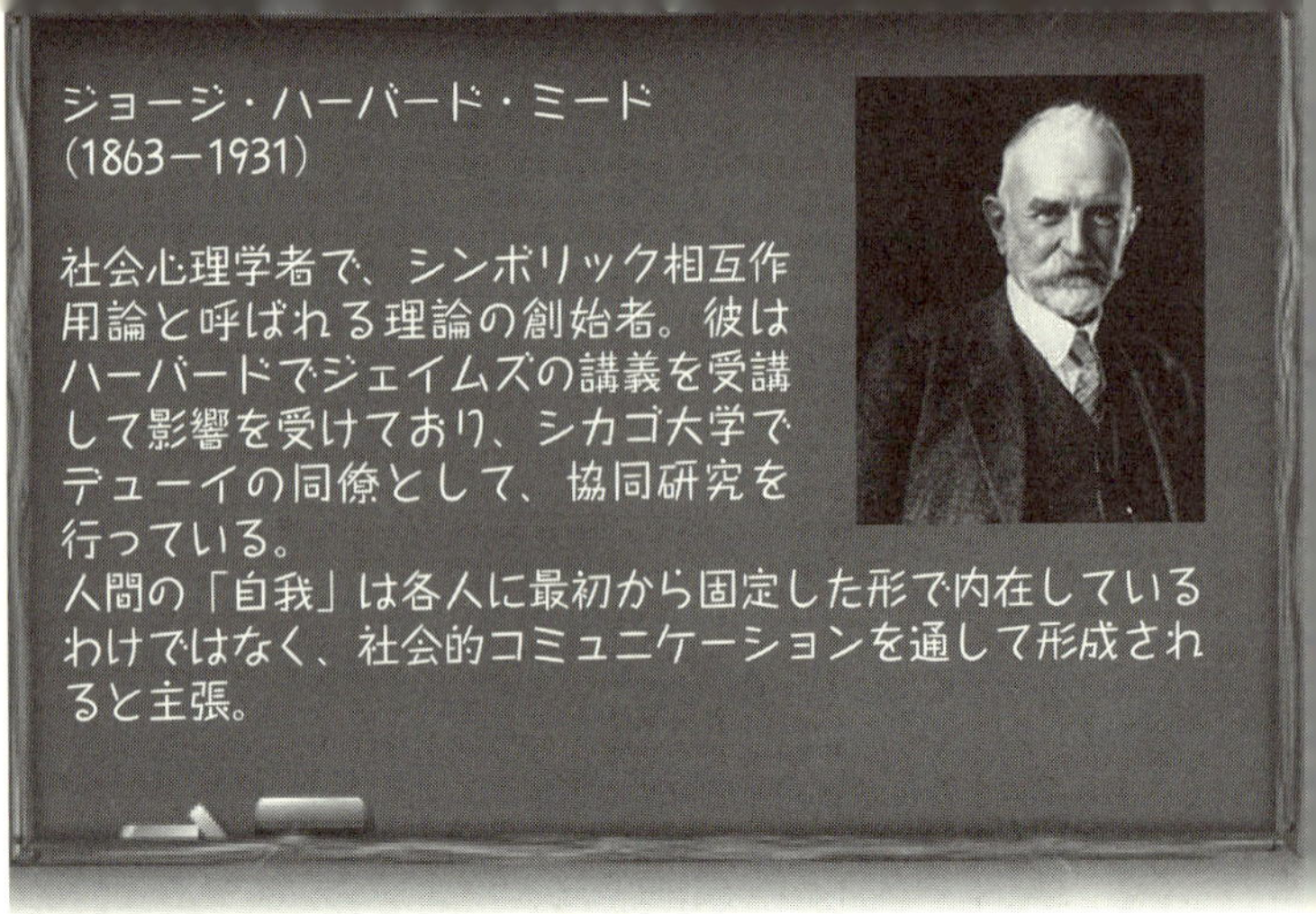

ジョージ・ハーバード・ミード
(1863－1931)
社会心理学者で、シンボリック相互作用論と呼ばれる理論の創始者。彼はハーバードでジェイムズの講義を受講して影響を受けており、シカゴ大学でデューイの同僚として、協同研究を行っている。
人間の「自我」は各人に最初から固定した形で内在しているわけではなく、社会的コミュニケーションを通して形成されると主張。

ミード、ジョージ・サンタヤナ

この四人の他に、「プラグマティズム」の思想家として名前が挙がる人に、社会心理学者で、シンボリック相互作用論と呼ばれる理論の創始者として知られるミード（一八六三―一九三一）がいます。彼はハーバードでジェイムズの講義を受講して影響を受けており、シカゴ大学でデューイの同僚として、協同研究を行っています。

ミードは、人間の「自我」を各人に最初から固定した形で内在しているわけではなく、社会的コミュニケーションを通して形成されると主張します。社会的な相互作用の中で、他者たちの身振りを見ながら、どのような場面でどう振る舞えば「正しい」と評価されるのか学習し、場面ごとに期待される役割とはどのようなものか、具体的にイメージできるようになります。そのようにして形成された社会的役割期待の総体として、「自己」が形成されるわけです。各人の「自己」は、（経験を通して構成された）社会的他者を代表する〈Me〉と、それに対する応答としての〈I〉によって成り立つ、というのがミードの理論の特徴です。

この他、狭義のプラグマティズムには分類されないけれど、プラグマティズムと縁が深い哲学者にジョージ・サンタヤナ（一八六三―一九五二）がいます。サンタヤナはスペイン出身で、ハーバードでジェイムズの下で学んでいます。ハーバードの哲学教授になりますが、一九一二年に辞職して、フランスやイタリアで暮らすようになりま

ジョージ・サンタヤナ
(1863－1952)
スペイン出身。ハーバードでジェイムズの下で学ぶ。ハーバードの哲学教授になり、1912年に辞職。フランスやイタリアで暮らすようになる。
人間が認識し得る存在の諸領域は、観念的なものではなく、感覚によって獲得される「動物的信念 animal faith」によって構成されると主張
各人の感覚や経験をベースにした幸福論を文学的な文章で巧みに表現し、文芸批評的に高く評価される。実際、小説も書いている。

す。鶴見俊輔さんの『アメリカ哲学』（一九五〇）では、サンタヤナに関する章もあります。サンタヤナは、典型的なプラグマティストたちと同様に、人間の認識や文化的実践、社会的制度は、環境に対応して変化し続け、それらの価値もまた、どれだけ人間の幸福を促進するかによって変動するという、進化論的・道具主義的な前提で自らの道徳哲学を展開します。彼によれば、人間が認識し得る存在の諸領域は、観念的なものではなく、感覚によって獲得される「動物的信念 animal faith」によって構成されます。彼は、各人の感覚や経験をベースにした幸福論を文学的な文章で巧みに表現しているので、文芸批評的に高く評価されています。実際、小説も書いています。

一九五二年にデューイとサンタヤナが亡くなって、プラグマティズムの系譜が途絶えた感じになりましたが、それと同じ頃、論理実証主義や論理学者のバートランド・ラッセル（一八七二－一九七〇）などの影響の下で、アメリカで勢力を増し始めた分析哲学の中から、プラグマティズムの影響を受けたネオ・プラグマティズムと呼ばれる潮流が生まれてきます。ネオ・プラグマティズムの先駆者とされるのは、アメリカにおける分析哲学発展の基礎を築いたクワイン（一九〇八－二〇〇〇）です。彼はその主要著作の中で何度か自分がプラグマティズム的な視点を取っていることを示唆しているのですが、彼が分析哲学の枠内での、検証主義の妥当性とか、総合命題と分析命題の区別とか、真理条件とかをめぐるかなり細かいテ

クニカルな議論にコミットしていたため、そうした難しい議論と、デューイに代表されるような、〝シンプルさを売りにするプラグマティズム〟の繋がりが、多くの人にはピンと来なかったようです。クワインの影響を強く受けたローティが、従来の分析哲学と自分の立場との違いをプラグマティズムの視点から説明をし、更にそれを政治哲学上の主張と結び付けたことで、ネオ・プラグマティズムという言葉がリアリティを持つようになりました。この辺のことについては、やはり最後の回にお話しすることになると思います。

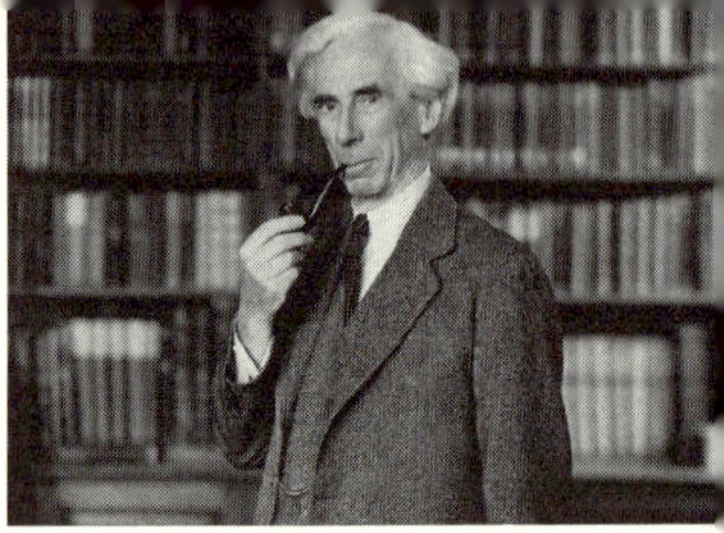
ラッセル

ジェイムズ『プラグマティズム』を読む――「序」

では、ジェイムズの『プラグマティズム』を読んで行きましょう。「序」にあるように、一九〇六年末から一九〇七年の初めにかけて行われた、「プラグマティズム」に関連する一連の講義を一冊の本にしたものです。少し細かいことですが、「献辞」を見て下さい。

ジョン・ステュアート・ミルにささぐ
私が初めてプラグマティックな心の寛《ひろ》さを学んだ人、また、なお世にいますならば、われらの指導者として仰ぎたく思う人であるから

少し意外な感じはしますが、英国の功利主義の哲学者・経済学者で、ベンサム（一七四八－一八三二）の「最大多数の最大幸福」原理を、個人の自由と調和させることを試みたことで知られるミル（一八〇六－七三）の名前を挙げています。形而上学的原理ではなく、「功利性」を正義の原理にしようとする功利主義と、この本の第六講でも述べられているように、「有用性 usefulness」を真理の基準とするプラグマテ

イズムは確かに発想が似ています。両方とも、自然科学の発展の成果を、哲学や倫理学に取り込もうとする試みから生まれてきたのだから、似ているのは当然だとも言えます。ミルは、『自由論』（一八五九）で、「思想及び言論の自由」が重要な理由として、誰の意見が真理か分からないし、多数派も少数派も部分的な真理しか捉えていない可能性があるので、少数派の意見を抑圧してはならないことを指摘しています。また、社会の進歩のためには、文化的多様性が必要なので、多数派と違う生き方を保護する必要があるとも述べています。「社会の進歩」のために、柔軟な考え方をするところが、プラグマティズムに通じていると言えそうです。

因みにホームズ判事は、一九一九年のエイブラムス判決の反対意見の中で、「望まれる究極の善は、諸観念の自由な取引によってより良く到達される the ultimate good desired is better reached by free trade」、「真理の最善のテストは市場での競争の中で自らを受け入れさせる思想の力である the best test of truth is the power of the thought to get itself accepted in the competition of the market」と述べていますが、この考え方には、ミルの影響があるとされています。現代の憲法学・政治哲学では、「思想の自由市場 marketplace of ideas」論と言います。

ただ、内容的な連続性を考えなくても、ジェイムズやホームズの青年時代、英語圏における最も影響力のある思想家はミルであり、ミルこそが自由主義の最大の擁護者であるというイメージがあったので、彼らがミルを意識するのはごく自然のことだとも言えます。

今日これから読むのは、第一講の「哲学におけるこんにちのディレンマ」です。タイトルが示しているように、当時の哲学がジレンマに陥っていることを指摘したうえで、そこから脱出するための新たな方向性をプラグマティズムが指し示していると示唆しているわけです。冒頭の引用が興味深いですね。

チェスタトン氏は『異端者《いたんしゃ》』と称するあのすばらしい論文集の序文に次のような言葉を記している。「およそ一個の人間に関してもっとも実際的で重大なことは、なんといってもその人の抱いている宇宙観である、という考えをもっているものが世間にはいく人かいるが、私もその一人である。われわれの考えるところでは、下宿屋《げしゅくや》の女将《おかみ》が下宿人の品定《しなさだ》めをする場合、下宿人の収入を知ることは重要なことではあるが、それにもまして重要なのは彼の哲学を知ることである。まさに敵と矛《ほこ》を交《まじ》えようとする将軍にとって、敵の勢力を知ることは重要ではあるが、しかし敵の哲学を知ることの方がよりいっそう重大なことであるとわれわれは考える。おもうに問題は、宇宙に関する理論がものごとに影響を与えるか否《いな》かということではなくて、つづまるところそれ以外にものごとに影響を及ぼすようなものが果して存在するかどうかということなのである。」

チェスタトン（一八七四–一九三六）について訳注がありますね。二二二頁を見ておきましょう。「Chesterton, G. K. イギリスの著述家。詩人として出発し、のちジャーナリストとして多くのエッセイや批評文や伝記的研究の類をものした。後年（一九二二年）カトリックに改宗した。『異端者』(Heretics)は一九〇五年の作」。西部邁さん（一九三九– ）が、イギリスの保守主義の重要な人物としてよく名前を挙げていた人です。ブラウン神父を主人公とする探偵小説の作者としても有名です。よく知られている諺、格言、寓話などをひねくって逆説へと転換してみせる文体を得意とし、ウイットとユーモアに富んだ文章で進歩主義と保守主義の双方を批判し続けました。

ここで引用されている『異端者（たち）』という評論集は、ヴィクトリア朝の末期から、〝異端〟とされる文化人がもてはやされ、逆に、「正統」が時代遅れで悪いことのように言われる、倒錯的な傾向が生まれ来たことを皮肉った作品です。やり玉にあげられているのは、オスカー・ワイルド（一八五四–一九〇

チェスタトン

〇）とか、ジョージ・バーナード・ショー（一八五六―一九五〇）、H・G・ウェルズ（一八六六―一九四六）、『ジャングル・ブック』（一八九四）の作者のキプリング（一八六五―一九三六）といった日本でもよく知られている人たちです。社会主義者であるショーやウェルズを批判するのは何となく想像がつきますが、耽美主義者のワイルドや児童文学者のキプリングを「異端」という同じ範疇に入れているところが面白いですね。そうした跋扈する異端者たちに対して、（チェスタトン流の）キリスト教的な視点から「正統」であることの意義を説いたのが、三年後に刊行される『正統』（一九〇八）です。この本の翻訳は春秋社から出ています。カトリックの信仰に根ざした「正統」の重要性を説く英国の批評家を、アメリカのプラグマティストが引用するという取り合わせが面白いですね。

その人の「哲学」――この場合の「哲学」というのは、学問的な意味の哲学ではなく、世界観あるいは価値観のことですが――を知ることが、その人物に対処するうえで重要だという譬えであるということは分かりますが、最初の「下宿屋の女将」の話がピンと来ないですね。これは、下宿人の「哲学」によっては、部屋でとんでもないこと、例えば、爆弾の製造とか麻薬の吸引とかをやりかねないので、現金を持っているかよりも、そこに気を付ける、という意味です。下宿屋の女将さんを最初の例にしたのは、こざかしい思想家・知識人よりも、そういう職業の人の方が「哲学」に敏感であり、そうでないと生きていけない、という含みもあるのでしょう。チェスタトンはそういう常識的な知の中にこそ「正統」的な考え方があることを示唆します。そうしたチェスタトンの言葉を引用することで、ジェイムズも、「哲学」が生きるための知恵であることを示唆したいのでしょう。

この点については私はチェスタトン氏と意見を同じくする。私は紳士《しんし》ならびに淑女《しゅくじょ》諸君が皆めいめいなんらかの哲学をもっておられることを知っているし、また諸君についてもっとも興味深くかつ重要なことは、諸君の哲学が諸君のそれぞれの世界におけるパースペクティヴを規定してゆくその仕方《しかた》であることも知っている。(…)おもうに、われわれめいめいにおいてそれほど重要な哲学は単に技術的な問題ではない。それは人生というものの真実の深い意味についてわれわれが多かれ少なかれ暗黙のうちに会得《えとく》する感じなのである。

この言い方からすると、ジェイムズ自身も「哲学」を各人の世界に対するパースペクティヴ、世界観として提示しようとしているようですね。単なるつかみの台詞にすぎないようにも思えますが、「哲学」を、人生を方向付けるパースペクティヴだという前提に立てば、人の生き方に与える効果を、思考の正しさ、適切さの基準にしようとする、ジェイムズ流の「プラグマティズム」こそが、「哲学」の本来の在り方だという彼の議論を進めやすくなると考えてのことでしょう。あと、こういう風に「哲学」を人生と強く結び付けて意義付けようとする発想は、論理的な厳密性・一貫性に拘る論理実証主義や分析哲学とはかなり違いますね。

哲学は人間のいとなみのうちもっとも崇高《すうこう》なものであると同時にまたもっとも瑣末《さまつ》なものである。それはごくささやかな片隅《かたすみ》で働くが、またもっとも広大な眺望を展開する。よくいわれるとおり哲学は「一片のパンをも焼きはしない」、しかし哲学はわれわれの心を鼓舞《こぶ》することができる。疑ったり反駁《はんばく》したり、詭弁《きべん》を弄《ろう》したり弁証《べんしょう》したりするその仕振《しぶ》りは一般人には往々厭《おういと》うべきものではあるが、しかし哲学が世界のパースペクティヴの上に投ずる遥かかなたを照し出す光線なくしては、われわれは誰ひとり生きてゆくことができないのである。

「哲学」を学問というより、各人の人生の方向性を決める様々な場面での思考や判断全般の営みとして捉えているようですね。「生き方」を決めているのが、「哲学」だという理解です。これは一見、哲学系のお説教本とか自己啓発本によく出て来る話のように見えますが、ジェイムズが「瑣末 trivial」という言葉を使っていることに注意して下さい。お説教だと、常に心がけておくべきモットーのようなものを〝哲学〟と呼ぶことが多いですが、ジェイムズはむしろ、私たちがそれほど意識しないでやっている些細な判断にこそ、「哲学」があると言っているわけです。そこにチェスタトンと通じるところがあるように思えます。

一一頁から一二頁にかけて、また面白いことを言っています。

哲学の歴史はその大部分が人間の気質の衝突《しょうとつ》ともいうべきものの歴史である。このような取り扱い方をすると、わが同僚のうちには不見識《ふけんしき》だと思う者があるかもしれないが、私はこの衝突を重要なものと見なし、これによって哲学者たち相互の著《いちじる》しい差異を説明しようと思うのである。専門的哲学者というものは、どのような気質をもったものであっても、哲学するに当っては、自己の気質という事実をつとめておし隠そうとする。気質が論拠《ろんきょ》になるなどということは伝統的に承認されていない、そこで専門哲学者はその結論の依《よ》って来《き》たる理由としてただ没人格的《ぼつじんかくてき》な論拠のみを主張する。けれどもじつは彼の気質の方が、これよりも厳密《げんみつ》に客観的な前提《ぜんてい》のいずれよりもいっそう強く哲学者の傾向を定めるのである。

個々の哲学者の「気質 temperament」とか言うと、現代日本でも時々見かける、哲学業界ぶっちゃけ話のようなことを言いたいのかと連想してしまいますね。私もそういうことを言う人間だと思われているかもしれませんが（笑）。当時のアメリカの哲学界でも、そういうのはダメだったというわけですね。そうやって、レベルが低いことを言っていると見せて、一気に抽象的な話に持っていきます。

【合理主義→主知主義（intellectualism）】VS.【経験論→感覚論（sensationalism）】

さて私が以上の説をなすに当って心に抱《いだ》いている気質の特殊な差異は、哲学ばかりでなく、文学、美術、政治および行儀作法《ぎょうぎさほう》においても重要な役割を演じてきたものである。行儀作法では形式主義者もあれば自由でこだわらない人もある。政治では官憲主義者と無政府主義者がいる。文学には純粋主義者もしくはアカデミストとリアリストがいる。美術には古典派とローマン派とがある。これらの対立は諸君の熟知《じゅくち》せられるところである。ところが哲学においても「合理論者」と「経験論者」という一対《いっつい》の名辞《めいじ》でいいあらわされる全く同じ対立がある。「経験論者」とはありのままの雑多な事実を愛好する人を意味し、「合理論者」とは抽象的な永遠の原理に偏執《へんしゅう》する人を意味する。何びとも事実と原理との両者をもつことなくしてはひとときも生存しうるものではない。してみると、かかる対立はむしろ重点のおき方の違いである。けれどもそれはかく重点を異ったところにおく人々の間にもっとも烈《はげ》しい性質の反目《はんもく》を育成する。そこで「経験論者」気質と「合理論者」気質という言葉を使って人々の宇宙解釈の仕方における或る種の対立をいいあらわすことにすれば、ことのほか便利であろうと思う。この二語はこの対立を簡単にかつおおまかにあらわしてくれる。

近代初期の哲学史において、大陸系の「合理論 rationalism」と、英米系の「経験論 empiricism」が対立していた、という話はよく知られていますね。通常は、認識論を理性によるアプリオリな思考から出発させるか、経験を通しての観念形成から出発させるか、という理論的な問題として捉えられるわけですが、それをジェイムズは、哲学者側の気質の問題、変わらない形に拘る気質と、ありのままに現実を捉えようとする「気質」の違いの現われとして捉え直そうとしているわけです。二つの方法論の対立と考えると、前提が違うので互いに相容れないということになりそうですが、「気質」の違いに由来する、物の見方の違いだとすると、どうにかなりそうな、つまり相対化できそうな気がしますね。そこがジェイムズの狙いのようです。

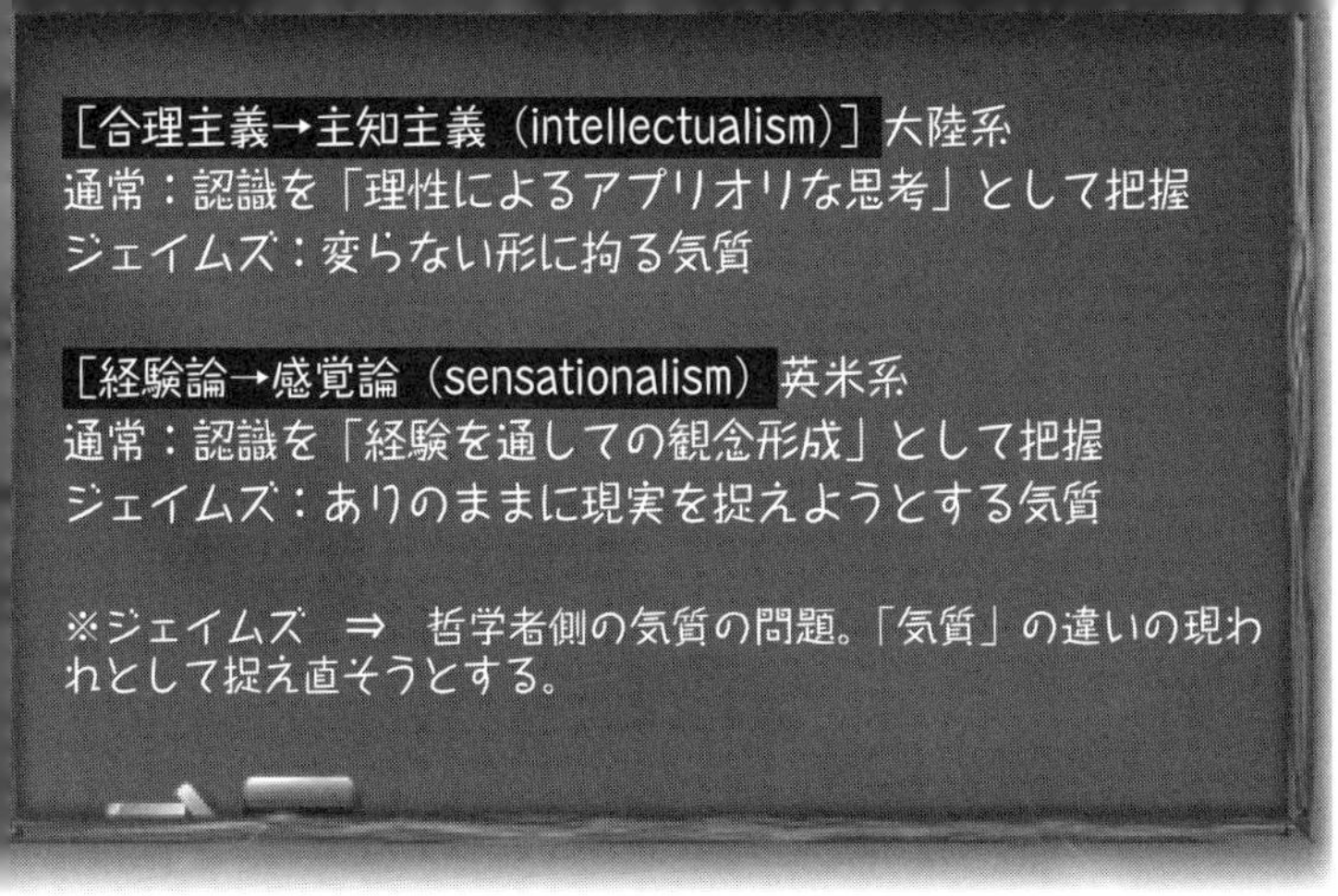

[合理主義→主知主義（intellectualism）] 大陸系
通常：認識を「理性によるアプリオリな思考」として把握
ジェイムズ：変らない形に拘る気質
[経験論→感覚論（sensationalism） 英米系
通常：認識を「経験を通しての観念形成」として把握
ジェイムズ：ありのままに現実を捉えようとする気質
※ジェイムズ ⇒ 哲学者側の気質の問題。「気質」の違いの現われとして捉え直そうとする。

私は自然が、決して一様にではないが、甚だしばしば呈示する組合せのタイプを択《えら》び出してみよう。これを択ぶ理由は、それがプラグマティズムを特徴づけようという私の今後の目的に役立つという便《べん》宜《ぎ》があるからにほかならない。歴史的に見ると、「主知主義」と「感覚論」という名辞は「合理論」と「経験論」との同義語として用いられている。ところで、自然は主知主義にたいしもっともしばしば理想主義的、楽観論的な傾向を組合せるように思われる。これに反して経験論者は概《がい》して唯物論《ゆいぶつろん》的であり、彼らの楽観論は明らかに条件つきのもので決然たる態度を欠いている嫌《きら》いがある。合理論はつねに一元論的《いちげんろんてき》である。それは全体と普遍《ふへん》から出発し、事物の統一を重んずる。経験論は部分から出発し、全体をもって一つの集合となす——したがって多元論的と呼ばれるのをいとわない。合理論はふ

つう経験論よりもいっそう宗教的であると自認している。しかしこの要求についてはいうべきことが多い、だから私はこの点を挙げるだけにとどめる。個々の合理論者がいわゆる感情の人であり、個々の経験論者が冷静な頭脳を得意がるような場合には、右の要求は当っている。かかる場合には合理論者はまたつねに自由意志と呼ばれるものに賛成するであろうし、経験論者は――ごく一般に用いられている言葉を用いると――宿命論者《しゅくめいろんじゃ》であるであろう。最後に合理論者は自己の主張において独断的《どくだんてき》な気質を示すであろうし、これに反して経験論者はむしろ懐疑的《かいぎてき》で、反論を受け入れるにやぶさかでないといえるかもしれない。

最初の［合理主義→主知主義（intellectualism）／経験論→感覚論（sensationalism）］という対比は分かりますね。「主知主義」という日本語は、知性を重視するという意味で使われることが多いですが、この場合は、認識の起点になるのは、「感覚」ではなくて、「知性（理性）」の能動的な働きだと見る立場、ということですね。「合理論」が、「全体と普遍 wholes and universals」から出発し、「事物の統一 the unity of things」を重んじ、その意味で「一元論的 monistic」である、というのは分かりやすいですね。高校の教科書で説明されているように、「合理論」が数学や物理学のような演繹的な論理と結び付いていて、普遍的な前提から出発して定理を導き出すことに主眼を置くのだとすれば、当然そういう傾向を持つことになるでしょう。それと比べて、「経験論」が「部分」から出発する思考法で、「全体」を、諸部分の「集合体 collection」にすぎないものと見なす傾向があり、その意味で「多元論的 pluralistic」である、ということも分かりますね。「唯物論的 materialistic」という言い方が少しひっかかりますが、マルクス主義のように物質の運動によって全てが規定される、という特殊な世界観だけでなく、個々の具体的な対象に拘るとか、具体的な状況に即して考える傾向一般を指していると考えればいいでしょう。

普通の日本人から見てやや分かりにくいのが、「合理論」がより「宗教的」だという点です。「事物の統一」を前提に考えるので、「理想主義的 idealistic」で「楽観的 optimistic」になる傾向があるというのは分かるとして、それがどうして「宗教的」ということにまで通じるのか？　端的に言えば、キリスト教的な考え方が大前提になっているからでしょう。信仰ぬきの即物的な考え方をすれば、数学とか物理学などの個々の学問分野において、統一的な体系が成立していることを前提に理論を構築すれば、その理論の下で観察される諸対象が、統一的な法則に支配される大きな「全体」を構成しているように見えるのは、当然のことです。しかし、それは理論がうまくできているということであって、神が宇宙を創造したとか、全ては唯一神の現われだとか考えるのは飛躍しすぎ、ということになるでしょう。しかし、近代初期の代表的な哲学者や自然科学者、デカルト（一五九六－一六五〇）やニュートン（一六四二－一七二七）、スピノザ（一六三二－七七）、ライプニッツ（一六四六－一七一六）とかはそういう考え方をしていたことがよく知られています。ライプニッツは、モナド（単子）論なので、多元主義的な感じもしますが、個々の単子をじっくり観察する実践をしているわけではないし、単子相互の予定調和を想定しているので、「事物の統一」を信じている楽観的な合理主義者の範疇に入れていいでしょう。

もっと分かりにくいのは、その後に続く［合理主義－感情－自由意志論－独断的／経験主義－冷静－宿命論－懐疑的］という対比です。最後の「独断的 dogmatic／懐疑的 sceptical」という対比は、「事物の統一」に対する態度から当然のような気がしますが、どうして合理主義者が「感情の人 a man of feeling」で、「自由意志 free-will」を信じているのか、逆ではないのか、という気がしますね。理論が想定する世界観・人間観を問題にするのであれば、確かに、合理主義の方が、あまり感情に動かされない人間像と、自由意志が働く余地がない、因果法則に従って機械的に運動する宇宙像を前提しているような気がしますが、ジェイムズが問題にしているのは、哲学者の「気質」です。そして、文脈をよく見ると、「合理主義者」

の方がより宗教的であることの説明として「感情」の話をしていますね。だとすると、自分たちが描いている、あるいは描こうとしている、統一的な世界像に宗教的な思い入れをしている可能性が高い、神によって与えられた秩序だという感動で見つめている、というような意味合いだと理解するのが自然でしょう。それに比べて、経験論者は事実だけをドライに見る傾向がある、ということなのでしょう。その延長で考えると、宗教的な気質の強い合理主義者は、神によって作られたこの世界の中で各人は、人生の重要な局面で、善を成すか悪を成すか、自らの「自由意志」によって選択するように定められていると考えがちなのに対し、経験論者は、そういう人知を超えた導きのようなものを想定しないので、むしろ、人間が何を考え、どう選択したつもりになろうと、物事は因果的な連鎖と様々な偶然の組み合わせによって淡々と進んで行くだけ、なるようにしかならない、というような見方をする、ということだと思います。

「軟らかい心の人 the tender-minded」VS.「硬い心の人 the tough-minded」

以上に述べた諸特性を二段に書き表してみよう。この二段にそれぞれ「軟《やわらか》い心」および「硬《かた》い心」という名称を冠《かん》するならば、私のいう二つのタイプの心的扮装《ふんそう》がどんなものであるかを実際に認めてもらえるだろうと思う。

軟い心の人	硬い心の人
合理論的（「原理」に拠《よ》るもの）	経験論的（「事実」に拠るもの）
主知主義的	感覚論的
観念論的	唯物論的
楽観論的	悲観論的

宗教的　　　　　非宗教的
自由意志論的　　宿命論的
一元論的　　　　多元論的
独断的　　　　　懐疑的

先ほどの箇所のまとめですが、ここでまた、風変わりなネーミングが出てきました。「合理論／経験論」の系列を、「軟らかい心の人 the tender-minded／硬い心の人 the tough-minded」に対応させているわけですが、これも逆ではないか、という印象を受けますね。合理論の方が体系や形式に即して考えるので、硬そうな感じがしますね。この少し後に、「硬い心」の人は「軟らかい心」の人を、「感傷家 sentimentalists」で「お人好し soft-heads」と見なす傾向があるという話が出ていますね。これからすると、「頭が軟らかい」というより、悪く言うと「（考えが）あまい」、良く言うと、「やさしい」ということではないかと思います。その逆に、「軟らかい心」の人は「硬い心」の人を、「粗野 unrefined」「無神経 callous」「野蛮 brutal」と思うということですね。悪く言うと「無粋」、よく言うと、まさに「タフ」という感じですね。神が創造した秩序を信じる「合理主義者」が「あまい」人たちで、見たままの事実しか信じない「経験主義」が「無粋」な人たちだと考えると、何とかイメージがまとまりそうですね。

ジェイムズの答え――「多元論的一元論 pluralistic monism」や「自由意志決定論 free-will determinism」

このようにして両極端のイメージを描き出したうえで、ジェイムズ自身は両極端を調停するようなスタンスを示します。

われわれの多くはどちらの側に属するものであれ善いものはいくらでも欲しいと思う。事実はもちろん善いものである――だからわれわれは事実をどっさりもらいたいのである。原理は善いものである――だから原理を豊富に与えてほしいのである。世界は一面から見れば疑いもなく一つである、しかし他面から見ると同じく疑いもなく多である。世界は一にして多である――一種の多元論的一元論を採《と》らざるをえないのではないか。あらゆるものはもちろん必然的に決定されている、けれどもわれわれの意志はもちろん自由である。すなわち一種の自由意志決定論こそ真の哲学なのである。部分部分の悪は否定できない、しかし全体が悪ではありえない。そこで実際上の悲観論は形而上学上の楽観論と結びつくことができる。この他についても同様で――ふつうの哲学上の素人《しろうと》は決して徹底した見解《けんかい》をもたないしまた自己の思想体系を整然ととのえようなどとはしない、ただ漠然《ばくぜん》といかにも尤《もっと》もらしく思われる思想のここかしこに安住して、次々と起こってくる心の誘惑に従っているまでである。

「多元論的一元論 pluralistic monism」や「自由意志決定論 free-will determinism」というのは、レトリック用語で言うところの「撞着語法 oxymoron」です。哲学では、肝心のことを命題として表現する際に、矛盾を含んだ言い方をすることは良しとされませんが、多くの人は一元的原理と事実の多元性の両方を欲しがるものであり、それが普通だと言っているわけですね。これでジェイムズが「気質」について語り始めた意図が見えてきました。論理的な対立だと、論理的にどっちかに決着を付けないといけないけれど、「気質」を反映した見方の違いにすぎないとすれば、何とかいいとこどりして、両者を包括する見方を形成できるんではないか、という気がしてきますね。

ここにおいて私は私の述べようとする最初の確かに重要な点に到達した。はっきりした経験論者的傾向を帯びた人がこんにちほど数多く出現した時代はかつてなかった。こんにちの子供たちはほとんど生れながらにして科学的であるといえるかもしれない。しかしながら、事実を尊重するからといって、われわれのうちにある一切の宗教心が打ち消されたわけではない。事実を尊ぶ心それ自身がほとんど宗教的なのである。その生れながらの科学的気質はきわめて敬虔《けいけん》なものである。いまこのタイプの人間をとって、彼がまた哲学のアマチュアでもあって普通一般人のやるように色とりどりの思想をごったまぜにして持っていることに満足しないとしてみよう、そうすれば彼は、紀元一九〇六年というこの聖代にあって、いかなる立場にあることを見出すであろうか。彼は事実を求める、彼は科学を求める、しかし彼はまた宗教をも求める。しかも彼は一個の科学アマチュアであって独創的《どくそうてき》な哲学者ではないから、そこで当然すでに哲学界に名をなしている専門家や教授たちに指導を求めることになる。ここに列席しておられる諸君の多くは、否《いな》おそらく諸君の大多数は、まさにこの種のアマチュアであろう。

当時、経験論的な傾向の人が増えている理由として自然科学の発達を指摘しているわけですね。実験や観察をする自然科学者のように、経験的に確認できる事実だけを重視して、証明できないものは認めない人が増えれば、神によって創造された、宇宙に合理的で調和した秩序があるという考え方が通用しにくくなります。合理論／経験論のバランスが、経験論側に大きく傾いたわけです。しかし、だからといって、経験論的な考え方をするようになった人が、宗教心を全く失っているわけではない。むしろ普通の人、哲学のアマチュアは、神や霊、死後の世界について直接的に証明する手立てがない分、余計に、自らの宗教的感情に対応する哲学を求めている。そういう風に現状を分析しているわけですね。

この箇所のすぐ後に、物事を唯物論的一元論によって見ることを提唱した哲学者として、世界史を物質

ヘッケル

の運動と見たスペンサーやヘッケル（一八三四－一九一九）を挙げていますね。ヘッケルはドイツの生物学者・思想家で、ドイツでダーウィニズムを広めた人です。進化論の視点から、人種の優劣を論じ、優生学を提唱した人です。ドイツ史ではその意味で悪名高い人物です。「ガス体の脊椎動物 gaseous vertebrate = Gasförmiges Wirbeltier」というのは、神を嘲笑するヘッケルの罵り文句として有名です。「エーテル神 ether-god」というのは、ヘッケルが万物はエーテルの運動から生じる、と主張していたことを指します。エーテルというのは物理学の歴史に出て来る、宇宙空間を満たしている媒質としてのエーテルのことです。

過去百五十年間にわたる科学の進歩はけっきょく物質界を拡張し、人間の地位を引き下げることであったように思われる。それがために自然主義的感情もしくは実証主義的感情とも呼ばるべきものが成長した。人間は自然にたいする立法者ではない、人間は一個の吸収体である。自然こそ厳《げん》として動かぬものであり、人間はこれに順応すべきものである。人間は、たとえ人間らしからぬ真理であろうと、それを記録し、それに服しさえすればよいのである。自発性とか勇気とかいう架空《かくう》なものは過去のものである、目に見えるものは唯物論的《ゆいぶつろんてき》に説明できるもの、意気を沮喪《そそう》させるようなものばかりである。理想でさえ生理状態の不活潑な副産物に過ぎないと見られる。高遠なものは低劣なものによって説明せられ、同じまったく下等な種類のものに属する別の物でしかない――「でしかない」ものの一つの場合としていつも取り扱われるのである。これがつまり唯物論的宇宙なのであって、硬《かた》い心の人はこれのみが自分の性《しょう》に合う世界としてそこにくつろぎを感ずるのである。

ジェイムズが〈tough-minded〉という言葉を選んだ背景が大分はっきりしてきましたね。この人たちは、人間は下等動物から物理的法則に従って進化したのだと言われても平気です。人間の「自発性 spontaneity」とか「勇気 courage」などは、自分には運命を切り開く自由があると思いたい人たちの幻想にすぎない、私たちの欲求や意志自体が生理学的に規定されている、それがどうしたというのか、という態度を取ります。彼らはそう考える方が落ち着くわけです。

こんどは反対に、宗教方面に転じて慰安を求め、軟《やわらか》い心の哲学の意見をたずねてみられるならば、なにを諸君は発見せられるであろうか。

こんにちこの世代における宗教哲学には、われわれ英語を話す国民の間では、二つの主要なタイプがある。その一つはより急進的、攻勢的であり、他はむしろ戦いつつ徐々《じょじょ》に退却するという風がある。宗教哲学の急進派というのはイギリス・ヘーゲル学派のいわゆる超越論的観念論のことであって、グリーン、ケアード兄弟、ボーズンキットおよびロイスのような人々の哲学である。この哲学はわが国のプロテスタント牧師団の比較的篤学《とくがく》な人々に多大の影響を与えた。この哲学は汎神論的《はんしんろんてき》であって、疑いもなくプロテスタンティズムにおける伝統的な有神論の鋭鋒《えいほう》を既にあまねく鈍《にぶ》らせている。

トーマス・ヒル・グリーン

アメリカでプラグマティズムが台頭したのと同じ頃に、イギリスでヘーゲル学派、もしくは超越論的観念論が台頭していたわけです。その代表格が、トーマス・ヒル・グリーン（一八三六－八二）です。グリーンは、カントやヘーゲル（一七七〇－一八三一）の影響を受けて、観念論＝理想主義の立場を取り、経験論の代表格であるヒューム（一七一一－七六）や功利主義等を批判します。

社会の中での人格の陶冶、自己実現の重要性を説き、国家はそのための環境を整える責任があると主張しました。その観点から、従来の自由放任的な自由主義ではなく、個人の自由と、福祉・教育政策を通しての社会的正義の両立を目指す社会的自由主義（social liberalism）の立場を取りました。バーナード・ボザンケット（一八四八－一九二三）――「ボーズンキット」という読み方は不正確です――も、ヘーゲルの影響を強く受けて、国家を絶対的なものと見なし、国家の枠内でこそ、各人の徳的人格が発達することを主張します。彼はまた、ヘーゲルのように、宇宙の全てのプロセスの根底に「絶対者」があることを想定して議論を進めます。そうした彼の立場は、「絶対主義的観念論 absolute idealism」と呼ばれます。ケアード兄弟というのは、神学者のジョン・ケアード（一八二〇－九八）と哲学者のエドワード・ケアード（一八三五－一九〇八）の兄弟で、ヘーゲル研究をベースにして、合理主義的な哲学を展開します。ジョサイア・ロイス（一八五五－一九一六）は、英国ではなくて、アメリカの観念論哲学者で、人間と「絶対者」の関係について独自のプラグマティズム的な考察を展開します。ジェイムズのハーバードでの同僚で、その影響を受けたとされています。

これらのヘーゲル主義的な観念論者たちが、攻勢的な合理主義で、先ほどの箇所の最後で「伝統的な有神論」と呼ばれているのが、「徐々に退却」している人たちです。次の段落では、それはスコラ哲学の直系の子孫だと述べられていますね。この後に名前が挙がっている、英国のユニテリアンの宗教哲学者ジェイムズ・マーティノー（一八〇五－一九〇〇）、アメリカのメソディスト系の神学者ボーダー・パーカー・バウン（一八四七－一九一〇）、会衆派の牧師・神学者・心理学者で、ハーバードや東京帝大で教鞭を執ったこともあるジョージ・トランブル・ラッド（一八四二－一九二一）等がその代表だということです。この人たちは、絶対的観念論のように全てを神＝絶対者の現れと見なす極端な立場は取らず、神と神によって創造された自然を分けて考える枠組みを維持しながら、科学とキリスト教の教義の間に矛盾がないことを明らかにしようとしたけれど、科学的経験論と、絶対観念論に挟まれてだんだん後退しているわけです。

なぜ、「絶対的観念論」も「有神論」もダメか。ジェイムズのジレンマ

一見すると、ジェイムズは、絶対的観念論をより強く推しているようにも見えますが、どうもそうではなくて、絶対的観念論も、通常の控えめな有神論の神学のいずれもダメだと考えているようです。どうしてか。

絶対主義的な傾向のいっそう強い哲学者たちはきわめて高度な抽象《ちゅうしょう》の世界に思いを潜《ひそ》めるがゆえに、決して下界に下りて来ようとさえしない。彼らがわれわれに提供する絶対的精神、思惟《しい》することによってわれわれの宇宙を造り出すところの精神は、無数の異った世界を造り出せるであろうが、そのどれをとってみても、たとえ彼らがいかに反対を唱《とな》えようとも、けっきょくこの宇宙とまったく同じものであろう。諸君は絶対的精神の観念からは現実的特殊的なものを何一つ演繹《えんえき》することはできない。絶対的精神はこの下界で真とされるものならいかなる事態にも適合するのである。そして有神論的な神もほとんどこれと同様に無内容な原理である。この神の現実的な性格をうかがい知ろうとすれば、諸君は神の創造した世界に赴《おもむ》かねばならない。この神こそ、この種の世界を最後的に創ったような種類の神であるからである。有神論的著者たちの神は、絶対者と同じく、純粋に抽象的な高みに住んでいる。絶対主義には或る颯爽《さっそう》とした活気がただよっているが、ふつうの有神論はむしろ無気力である。しかしどちらも現実から遠く離れ、その空漠《くうばく》たるところは同じである。諸君の求められるものは、単に諸君の知的な抽象力を働かせることのみを要求するような哲学なのではなく、有限なる人間生活の

この現実的な世界と或る積極的な関係を結ぼうとするような哲学なのである。

「絶対主義」というのは、「絶対者」もしくは、ヘーゲル用語で言うところの「絶対（的）精神 der absolute Geist = the absolute mind」を前提にして、歴史や社会、自然について論じる哲学のことですが、それがどうして抽象的になるのか？　ちゃんと論じようとすれば、ヘーゲルの「絶対精神」とはどういうもので、グリーンやボザンケットがそれをどう受容したかはっきりさせないといけませんが、ジェイムズ自身それほど厳密な思想史的議論をしているわけではないので、大まかに把握しておけばいいでしょう。

簡単に言うと、通常のキリスト教の神学では、聖書の物語に基づいて、神が天地を創造した人格神であることを証明ぬきの大前提にできるので、自然、歴史、人間の本質や存在目的についていろいろと具体的な議論を展開できますが、全ての「始まり」には、「絶対者」という抽象的な存在が単独で存在していた、と想定して、そこから議論を始める絶対的観念論ではそうはいきません。絶対的観念論では、原初においては自他未分化だった「絶対者」の中に、自己自身を把握しようとする動きが生じ、それを契機として、「絶対者」の様々な側面が実体的にイメージ化、具象化されるようになり、そのようにして外化した自己を通して「絶対者」は自己をより明確に把握することになり、その自己把握を更なる契機として、……という風に議論を進めていくわけですが、肝心の「絶対者」と、その世界創造の法則が、極めて抽象的にしか定義されていないので、世界で生じている個別具体的な問題、○○の事件は「絶対者」の視点から見ていかなる意義があるのか、△△の状況で◇◇するのは正しいのか、といった問題に答えは与えられません。逆に言うと、「絶対者」が抽象的なので、現実にありうることは何でも、「絶対者」の〝意志〟に適合していると言い張ることができます。「全ては絶対者の自己展開である」、というような〝答え〟では何の助けにもならない。

ジェイムズが問題にしていたジレンマ

⇒事実に対する科学的忠実さ／「人間的価値に対する信頼性 confidence in human values」と「自発性」

一方、科学的な事実とぶつからないように、遠慮がちになった有神論の神学でも、神は地上のことに直接干渉しないようになったので、具体的問題に答えられない。具体的な現実の問題から、引き離すことによって神の存在を擁護しようとするので、どうしてもそうなってしまいます。結局、いずれの路線でも、普通の人が望んでいるような神学を与えることはできないわけです。

> 諸君はふたつのものを結合せしめるようなひとつの体系を要求している。すなわち一方においては事実にたいする科学的忠実さと事実を進んで尊重しようとする熱意、簡単にいえば、適応と順応の精神であり、もう一つは、宗教的タイプであるとローマン的タイプであるとを問わず、人間的価値にたいする古来の信頼およびこの信頼から生ずる人間の自発性である。そしてこれがつまり諸君のディレンマなのである。すなわち諸君は諸君の求めるものの二つの部分が分離してしまって如何《いかん》ともしがたいのを見出す。かくして非人間主義と非宗教主義を伴う経験論があるかと思えば、他方には合理論的哲学があり、これは確かに宗教的であると自称しうるであろうが、しかし具体的な事実や歓《よろこ》びや悲しみとのあらゆる明確な接触を排斥するのである。

結局、ジェイムズが問題にしていたジレンマというのは、事実に対する科学的忠実さと、「人間的価値に対する信頼性 confidence in human values」と「自発性」の間でのジレンマです。どっちかを切り捨ててもいいのなら、別に構わないのですが、多くの人はどっちも捨てたくないわけです。そこで、「プラグマティズム」の出番があるわけです。どういう風に「プラグマティズム」がジレンマを解決するかは、次回読むこの第一講の後半で明らかになります。

■質疑応答

Q プラグマティズムは「結果」を重視するということでしたが、その「結果」をどう価値判断するかについて、プラグマティズムは答えを出す必要があるのではないか、と思いました。僕は、宗教的信仰の社会的機能に関心を持っているので、パースやジェイムズの神への拘りという話は面白かったのですが、超越的なものによって何かしらの変化が生まれることに注目するのがプラグマティカルな発想だとして、その変化が、悪い変化である可能性もあるわけです。悪い効果は無視しているのでしょうか？

A 重要なご指摘だと思います。プラグマティズムに限らず、帰結主義の哲学には、その帰結をどういう時間的、空間的スパンで評価するのか、更に言えば、何をもって「良い」という基準にするのか、という原理的な疑問がつきまといます。帰結主義の典型である功利主義に関しては、常にこの問題が提起されてきました。現代功利主義でも延々と、この点をめぐる議論が続いています。ネオ・プラグマティズムまで含めて、プラグマティズムの場合、「善」や「正義」の定義をめぐる規範的議論には基本的にコミットしていないので、というよりそういうことに深入りしないのがプラグマティズムの本領と思われていることもあって、この問題がプラグマティズムと関連付けて論じられることはあまりありませんでした。恐らくジェイムズたちは、良い／悪いは、自ずから明らかになる、と考えていたのではないか、と思います。今日読んだところから分かるように、ジェイムズの理解するプラグマティズムは、科学や技術の急速な発展と、人々の考え方のギャップを埋めるために出てきた思想です。科学・技術の発展が良いかどうかは別にして、発展したかどうかについての判断について意見の不一致はあまりないですね。それを基準に考えているのだと思います。『宗教的経験の諸相』を見る限りジェイムズは、信仰の効果について比較的楽観的に見ているような気がします。彼にとって問題なのは、信仰を持ちにくくなったことによる負の効果をどう解消するかです。キリスト教の歴史を知っている彼は、信仰自体の負の効果も十分に承知しているけれど、それを当面の差し迫った問題とは見ていなかったのではないかと思います。

ただ、プラグマティズムを現代の実践哲学として復興しようとするのであれば、功利主義のように、結果の評価基準と射程の問題をちゃんと議論する必要はあるでしょう。

Q　自分の行動規範を、自分自身に問いかけるとか、そういうことになるのでしょうか？

A　「信仰」に関してはそうでしょうね。『宗教的経験の諸相』でジェイムズは、「宗教」をあくまで個人の経験として捉えています。信仰を持つことが、その人が自らの生き方をポジティヴに意義付け、方向付けする助けになればいいのであって、それを社会統制の手段にするとか、秩序を生み出すというような発想は、ジェイムズにはないでしょう。プラグマティズムに、自己評価装置を組み込むにしても、宗教、教育、民主主義、科学・技術ではそれぞれ、違ったやり方が必要になるでしょう。宗教と教育は、いずれもプラグマティズムの得意分野のはずですが、異なった評価基準が必要だと思います。宗教の方が、個人的性格が強いし、個人の人生に対する影響はより持続的になるでしょうから。

［講義］第二回

プラグマティズムが目指すもの

――ジェイムズ『プラグマティズム』を読む2

私がみずからまず解決に手がけようとするのはまさにこの点なのである。私は両種の要求を満足させることのできる一つの哲学として、プラグマティズムという奇妙な名前のものを提唱する。それは合理論と同じようにどこまでも宗教的たることをやめないが、それと同時に、経験論のように事実との最も豊かな接触を保持することができる。

ウィリアム・ジェイムズ『プラグマティズム』

「具体的な事実」や「歓びと悲しみ」との接点

前回は、イントロの後、「第一講　哲学におけるこんにちのディレンマ」の前半を読みました。科学の発展によって、経験的事実だけを見て、唯物論的に思考する「硬い心 tough-minded」の人が増え、自然や歴史に神の創造した秩序のような、超越的なものを見ようとする「軟らかい心 tender-minded」の人が次第に劣勢になっている、という現状分析がありましたね。しかし、一般の人々は、宗教を捨ててしまったわけではなく、科学的な現実認識と信仰を両立させたいと願っている。そこでプラグマティズムが一定の役割を果たせるのではないか、と示唆します。

前回の最後に読んだところをもう一度読んでおきましょう。

諸君はふたつのものを結合せしめるようなひとつの体系を要求している。すなわち一方においては事実にたいする科学的忠実さと事実を進んで尊重しようとする熱意、簡単にいえば、適応と順応の精神であり、もう一つは、宗教的タイプであるとローマン的タイプであるとを問わず、人間的価値にたいする古来の信頼およびこの信頼から生ずる人間の自発性である。そしてこれがつまり諸君のディレンマなのである。すなわち諸君は諸君の求めるものの二つの部分が分離してしまって如何《いかん》ともしがたいのを見出す。かくして非人間主義と非宗教主義を伴う経験論があるかと思えば、他方には合理論的哲学があり、これは確かに宗教的であると自称しうるであろうが、しかし具体的な事実や歓《よろこ》びや悲しみとのあらゆる接触を排斥するのである。

合理論的哲学というのは、〈tender-minded〉な、優しい人たちの哲学ということでしたね。宗教的タイプとロマン主義的（romantic）タイプが区別されていますが、ここで「ロマン主義的」と言われているのは、特定の教義に対して信仰を持っているというより、自らの想像力で超越的なもの、神秘的な秩序に思いをはせる、というような意味合いでしょう。一三頁に、美術における古典派（classics）とロマン派（romantics）の違いが言及されていて、この場合のロマン派は、経験論と同じ側に振り分けられていたので、カテゴリーがぶれているような気がしますが、美術における「ロマン派」というのは、形式美や体系的調和に拘らず、自分の感じたまま、想像したままを表現しようとするという意味でしょう。その点で、超越的なものに対するロマン主義的態度と通じていると思いますが、美術と、哲学・世界観では、「軟らかい／硬い」の分かれ目が異なっていると考えれば、必ずしも矛盾した記述とは言えないでしょう。

ジェイムズは、当時の合理論哲学、というより宗教哲学が、経験論に押されて、現実問題にコミットしなくなり、「具体的な事実」や「歓びと悲しみ」との接点をなくしつつあることを批判的に見ているわけですね。

アメリカにおける実験心理学の創始者でもあるジェイムズは、どちらかというと「経験論」の側の人ですが、スウェーデンボルグ主義の思想家であった父親の影響や、自らが画家を志していたということもあって、宗教的な要素を許容する合理論にもっと頑張ってほしいと思っているようですが、合理論の現状に不満であるようですね。

「合理論」―「軟らかい心」―「宗教」

私は諸君のうち果《はた》して幾人がこの最後の非難によって私の意味するところを十分に了解《りょうかい》せられるほど哲学に親しんでいられるかを知らないから、事実の真面目《まじめ》な信者たちがとかく嫌悪《けんお》を感じがちなあらゆる合理論的体系におけるかかる非現実性について、私はしばらく述べることにしよう。

私は一年か二年前のこと、ひとりの学生から受け取った論文の初めの二ページを保存しておけばよかったと思う。それは私の論点をきわめて明晰《めいせき》に説明したものであっただけに、いまそれを諸君に読んで聞かせることのできないのが残念である。この青年は、西部の某大学の卒業生であったが、その論文の冒頭で、哲学教室に入る時には、もちろん街頭で見捨ててきたのとはまったく異《こと》なる世界と交渉を開かねばならぬものとかねがね思っていた、と述べていた。これら二つの世界は互いにほとんど没交渉であると思われ、したがって同時にこの両方の世界に思いを致すことは恐らくできないであろうともいっていた。街頭を含む具体的な個人的な経験の世界は想像も及ばぬほど雑多であり錯雑《さくざつ》とし溷濁《こんだく》し、苦痛と困難に満ちた世界である。哲学教授の案内してくれる世界は単純で清らかで高貴である。現実世界の矛盾《むじゅん》はそこには見られない。この世界の建築はクラシックである。理性の原理がその輪郭《りんかく》を描き、論理的必然性がその部分部分をがっちりと結び合わせている。純潔と威厳とはこの世界のもっともよく表現するところである。それは丘の上に光り輝いている大理石の神殿にも似ている。

ジェイムズがどういうつもりで、「合理論」―「軟らかい心」―「宗教」の三者を結び付けているのかはっきりしてきましたね。ここで例に挙げている学生のような人を念頭に置いていたわけですね。苦悩と矛盾、非合理に満ちた現実の世界とは違った、明晰な観念と論理から成っている世界、プラトンのイデア

ゴシック様式

界のようなものがあるのではないかという期待の下に哲学を志すようなタイプの人です。最近では滅多に聞かなくなりましたが、典型的な哲学少年にそういうタイプがいます。汚い世の中には我慢できず、純粋な学問の世界に生きようとする、繊細な少年という感じですね。哲学に対して、宗教に対するのと同じような憧れを持っているわけですね。最近の日本の〝哲学少年〟は、ツイッターで生半可な知識をひけらかし、目立とうとしてイタイことを叫ぶ奴というのが相場になっていますね（笑）。雑多なうえに俗っぽい妄念の塊なので（笑）、ジェイムズの言うような純粋なタイプをイメージしにくくなっているわけですが、実際いるとすれば、「優しい心」の人だという感じはしますね。

ただジェイムズは、そういう観念的な憧れを抱く合理主義的なタイプを全面的に好ましいとは思っていないようです。

> じつのところ、それはこの現実の世界についての説明であるどころか、現実世界の上に建てられた透明な附加物、いわばクラシックな聖堂であって、合理論者の空想が、単なる事実の提示する堪えがたいまでに混乱したゴシック的性格から逃《のが》れて慰安を求める避難所なのである。それはわれわれの具体的な世界の説明ではない、それは具体的な世界とはまったく違ったもの、その代用物、ひとつの救治手段、ひとつの逃げ道なのである。

文脈からして、「ゴシック的性格 gothic character」というのは、ゴシック建築のような性格という意味になるはずですが、普通のあまり美術を知らない日本人の感覚からすれば、あの尖塔が空に突き出していて、シャープな感じのゴシック建築のどこが、反合理主義的で経験主義的なのだという気がするのですが、「ゴシック」という名称はもともと、そういう骨格が外に飛び出したような感じの構造は、古典的な建築の様式を逸脱しており、（ゲルマン民族に属する）ゴート人のような野蛮な感じがする、という意味で使われるようになったようです――実際は、ゴート人とは関係なかったようですが。ジェイムズは、合理主義者の作る美しい世界は、現実のゴシック建築のようなごちゃごちゃした感じに耐えられない、ナイーブな人の逃げ場になっている、というわけですね。少し後で、そういう世界は少し「不気味 ghastly」だとも述べていますね。

ライプニッツの楽観主義的哲学

ここで合理論の哲学者の代表としてライプニッツが登場します。前回お話ししたように、哲学者としてはモナド論で有名ですが、数学者として、ニュートンとほぼ同時代に微積分を発見したことでも知られています。ジェイムズとライプニッツという取り合わせも意外な感じがしますね。

> ライプニッツは合理論的な心の人であったが、多くの合理論者とは比較にならぬほど事実にたいする絶大な興味をもっていた。けれどももし諸君が皮相《ひそう》な見解の権化《ごんげ》ともいうべきものを求められるならば、あの魅力豊かに書かれている彼の『弁神論』を読まれさえすればよい。この書において彼は神の人間にたいするやり方の正しいことを弁明し、われわれの住むこの世界はありとあらゆる世界のなかでもっともよき世界であることを証明しようと試《こころ》みているのである。私のいおうとするところの見本を次に引用しよう。

弁神論

ライプニッツの楽観主義的哲学の障害《しょうがい》となるものはほかにもなお数々あるのであるが、その一つとして彼は永久に神に呪《のろ》われた者の数に思い及んでいる。われわれ人類にあっては、救われる者よりも地獄におとされる者の数の方が無限に大きいという神学者たちの見解を前提《ぜんてい》として仮定《かてい》し、それから次のように論を進めている。それにしても、と彼はいう、

『弁神論』(一七一〇)は、正式には、〈Essais de Théodicée sur la bonté de Dieu, la liberté de l'homme et l'origine du mal(神の善意、人間の自由、悪の起源についての弁神論)〉というタイトルです。神が絶対的な「善」であり、全知全能であるにも関わらず、神が創ったこの世界に「悪」が生じるのは何故かを説明する著作です。

「悪」の存在をどのように説明し、神の善と全知全能を擁護するかは、キリスト教神学で延々と論じられて来たテーマですが、ライプニッツの議論は、近代の自然科学的な知が急速に発展し、キリスト教的な世界観が揺らぎ始めた状況の中で、最先端の科学者によって展開された議論だという意味で特別な意味があります。〈théodicée(弁神論)〉という言葉は、ライプニッツのこの著作によって作り出されました。フランスの哲学者で、フランス啓蒙主義の先駆けとされるピエール・ベイル(一六四七―一七〇六)が、全治全能の神による創造という視点から世界を一元的に把握するのは論理的に不可能だとする懐疑主義的な見解を掲げ、ライプニッツの予定調和説を批判したので、それに答える形で書かれたものです。この著作でのライプニッツの主張の中核にあるのが、先ほど読み上げたジェイムズの言葉の中でも引用されている、私たちが生きている「この世界」は、「可能なる全ての世界のうちの最善のもの le meilleur des mondes possibles = the best of possible worlds」だというテーゼです――「ありとあらゆる世界」という訳だと、実際に複数の世界が実在しているようにも取れるので、「可能な世界」と訳した方がいいでしょう。神は、

考えられうる全てのものの中から最善の組み合わせを選んで、この世界を創ったというわけです。因みに、〈optimism（楽観主義）〉という言葉は、「最善」を意味するラテン語〈optimum〉から派生した形になっていますが、ライプニッツの考え方を皮肉る意味合いで作り出された造語だとされています。

この後に続く、「　」に入っている長い部分は、訳注にあるように、『弁神論』からの引用です。訳注では、引用箇所が「第二章」となっているほか、本のタイトルを章のタイトルであるかのように表記するミスもありますが、正確には、『弁神論』第一部第一九節からの引用です。

「もしわれわれが神の国のほんとうの広大さにひとたび思いいたるならば、この世の悪は善に比《くら》べて無に等しいと思われるであろう。コエリウス・セクンドス・クリオは『天国の広大さについて』という小著をものしたが、それが少し前に再版になった。しかし彼は天国の広さを測《はか》り誤っている。昔の人々が神の御業《みわざ》について有する観念は小規模なものであった。……彼らにはわれわれの地球にのみ人間が住んでいるものと考えられ、地球の反対側に人が住んでいると考えることさえ彼らは躊躇《ちゅうちょ》したのである。この世界以外の部分は彼らにとっては、若干《じゃっかん》の輝ける天体と二、三の球状体から成るものであった。しかしこんにちにおいては宇宙にたいし限界を認めるにしても拒《こば》むにしても、われわれは宇宙内に無数の天体の存することを認めざるをえない。しかもこれらの天体はわれわれの地球と同じ大きさであるか或いはそれよりも大きいものであって、この地球と同等の権利をもって理性的な居住者を有すべきものである。といってこの理性的な居住者がすべて人間でなければならないわけではない。

最初の「もしわれわれが神の国のほんとうの広大さにひとたび思いいたるならば、この世の悪は善に比べて無に等しい」というのが、どういうことか分かりにくいですが、これは、前の段落に出てきた「われ

合理論の哲学者の代表としてのライプニッツ

哲学者としてはモナド論で有名数学者として、ニュートンとほぼ同時代に微積分を発見した。
『弁神論』(1710)〈Essais de Théodicée sur la bonté de Dieu, la liberté de l'homme et l'origine du mal（神の善意、人間の自由、悪の起源についての弁神論)〉が正式タイトル。
⇒　神が絶対的な「善」でり、全知全能であるにも関わらず、神が創ったこの世界に「悪」が生じるのは何故かを説明する著作。全治全能の神による創造という視点から世界を一元的に把握するのは論理的に不可能だとする懐疑主義的な見解を掲げたフランスの哲学者ピエール・ベイル（1647－1706）による、ライプニッツの予定調和説批判に対する解答。

※「悪」の存在をどのように説明し、神の善と全知全能を擁護するかは、キリスト教神学で延々と論じられて来たテーマ ⇒ ライプニッツの議論は、近代の自然科学的な知が急速に発展し、キリスト教的な世界観が揺らぎ始めた状況の中で、最先端の科学者によって展開された議論だという意味で特別な意味がある。

・〈théodicée（弁神論)〉という言葉
私たちが生きている「この世界」は、「可能なる全ての世界のうちの最善のもの le meilleur des mondes possibles ＝ the best of possible worlds」だというテーゼ。

われ人類にあっては、救われる者よりも地獄におとされる者の数の方が無限に大きいという神学者たちの見解」に対応しています。普通の神学者たちは、単に罪を犯して地獄に堕とされる人間の方が多いのではないか、と言っているのですが、ライプニッツはそれに対して、「われわれ人類 our human race」に限ってはそうかもしれない、という捻った受け取り方をしているわけです。そこで、「われわれ人類」以外のものとして想定されるのは、私たちの身近にいる動物ではなくて、この後の文の流れから分かるように、他の天体に生きている「理性的居住者 rational inhabitants = des habitants raisonnables」です。細かいことですが、ライプニッツの原文では、「われわれ人類」ではなくて、単に「人間たち des hommes」と述べられているのですが、文脈を分かりやすくするために、ジェイムズが「人類」と言い換えているわけです。

つまりライプニッツは、神学者たちはこの地球のうえしか見ていないが、神の創った世界はそれよりはるかに広大であり、全体として見れば、善の方がはるかに多いのではないかと示唆しているわけです。いきなり他の天体の住民の話を始めるのは突飛な感じがしますし、他の天体の住民が地球人より善良だとどうして言えるのか、という疑問が出てきますね。ただ、天文学の発達によって、いろいろな星の存在が確認されるようになるにつれ、異星人の存在に対する関心が生まれてきたのは確かです。先ほど読み上げた箇所の直前の節（第一八節）でライプニッツは、地球を司っていた天使長の反逆によって、地球に悪が入り、人間たちも罪を負うことになったとする説に言及しています。ライプニッツはその説自体は否定していますが、その議論の土俵を利用して、地球から宇宙全体へと視野を拡大することで、この世界が、全ての可能なる世界の最善のものであることを擁護しようとするわけです。

ジェイムズの弟子に当たる哲学者で、観念史（history of ideas）と呼ばれる分野の創始者であるアーサー・O・ラブジョイ（一八七三－一九六二）に、有名な『存在の大いなる連鎖』（一九三六）という著作がありますが、この中で地動説の台頭に伴って、地球外の知的生命体について論じる言説が、ニコラウス・クザーヌス（一四〇一－六四）、ジョルダーノ・ブルーノ（一五四八－一六〇〇）などの哲学者や神学者の間で浮上したことが紹介され、それらの言説とライプニッツの世界観の繋がりについてかなり詳しく論じられています。ちくま学芸文庫から訳が出ているので、関心がある方はご覧下さい。

コエリウス・セクンドス・クリオ（一五〇三－六九）は、イタリア生まれの人文主義者、神学者で、改革派（カルヴィン派）のプロテスタントに改宗してから、スイスに移住しています。『天国の広大さについてDe amplitudine beati regni Dei』は元々一五五四年に刊行されたものですから、『弁神論』よりも一世紀半以上前の著作です。天国は、（カルヴィニズムを含む）キリスト教の諸教派で想定されている、ごく一部の選ばれた者たちだけのものではなく、多くの人に開かれていることを論証しようとした著作です。地獄に落ちる悪人よりも、救われる善人の方がずっと多いはずだと主張しているわけです。ライプニッツは、その趣旨自体には賛同しているわけですが、この著作の中の宇宙の大きさを論じている部分に関して、宇宙は彼が想定していたよりもずっと大きい、彼の時代にはあまり多くの天体の存在が知られていなかった、と言っているわけです。ガリレオ（一五六四－一六四二）によって、望遠鏡による天体観測の方法が発見され、天文学が発展するようになったのは、一七世紀以降の話です。ライプニッツは、それらの天体には、理性的で、堕落していない善なる住民がいると考えた方が、神が可能な全ての世界のうちの最善のものを創ったはずである、という大前提とうまく適合すると主張します。ライプニッツにとって、全知全能の神が、「可能なる全ての世界のうちの最善のもの」を創ったというのは、疑う余地のない大前提です。

> ところでこれらすべての太陽には幸福な被造物《ひぞうぶつ》のほか住まっていないかもしれない。また神に呪《のろ》われた人間の数がたいへん多いと信じなければならぬ理由は何もない。（中略）この地球はもろもろの恒星間の距離に比べると単なる一点に過ぎないものであるから、物理学的点よりも比較にならぬほど小

さいものになるであろう。このようにわれわれの知っている宇宙のこの部分は、われわれに知られていないけれどもしかもわれわれがその存在を許容せざるをえない部分と比較すれば、ほとんど虚無《きょむ》に等しいものとなってしまう。そしてわれわれが知っているすべての悪は、このほとんど無に等しいもののなかに存在しているのである。したがってもろもろの悪は、宇宙の包含するもろもろの善に比べるとほとんどなきに等しいといえる。」

ライプニッツの言いたいことは分かりますね。宇宙全体として、善の方が圧倒的に多いことを積極的に証明しているわけではなくて、地球は神の創造したもうた宇宙のごく一部にすぎないのだから、そこで悪が優勢だとしても、全体のバランスにはほとんど影響ない、ということです。そのごく少数の悪の存在が、〝全知の神は可能な中で最善の世界を創造したもうたはず〟、という――ライプニッツにとっての――自明の理に対する反証になるわけではない。そう言って、相手側に説明責任を転嫁しているわけです。現代人の感覚からすると、全然論証になっていない決めつけですが、〝全知全能にして、その本質が善である神がこの宇宙を創造した〟ということを前提にすると、こういう論法が成り立ってしまうわけです。

ライプニッツはなお他のところで続けていっている。

「世には、罪人の改心を目的とするのでもなく、他の人々への模範を与えようとするのでもなく、また損害の賠償《ばいしょう》を求めるのでもない一種の正義がある。この正義は純粋な適合に基づくものであってそれは不義行為の贖罪《しょくざい》によって一種の満足を与えられるものである。（中略）この正義はつねに事物の適合ということに基づいていて、単に害悪を受けた側の者を満足させるばかりでなく、あたかも美しい音楽や立派な建築物が優《すぐ》れた素質の人をよろこばせるように、傍《かたわら》で眺める賢明な人々をもみな満足せしめるものである。かくして神に呪《のろ》われた者の苦悩はいつまでも続き、しかもいかに苦痛を重ねるとも何びともももはや罪から離脱する術はなく、また祝福された者の受ける報酬《ほうしゅう》は、たとえその報酬が何びとをも善の道へより確実に向わせることはないにしても、どこまでも続けられてゆくのである。呪われた者はその罪を続けてゆくことによって絶えず新たな刑罰を招き、祝福された者はたゆまず善の道に歩みを進めてゆくことによってつねに新鮮なる歓喜《かんき》を加える。この二つの事実は適合の原理に基づいている、……おもうに神は、既に述べたように、万物を完全に相調和せしめているのである。」

『弁神論』第一部の第七三節から第七四節にかけての引用です。「罪人の改心を目的とするのでもなく、他の人々への模範を与えようとするのでもなく、また損害の賠償《ばいしょう》を求めるのでもない一種の正義がある」という最初の文が印象的ですね。罪人の改心でも、他者への模範の呈示でも、損害の賠償でもないような、「正義 justice」というのは理解しにくいですが、ライプニッツはそれがあると言っているわけです。それが、「事物の適合 un rapport de convenance = fitness of things」です。善にしろ悪にしろ、それに相応しい、適合する報いを与える正義ということです。そして、神は「適合の原理 le principe de la convenance = the principle of fitness」に基づいて世界を創っているので、善も悪もそれに相応しい報いを受け続けることになるので、世界はバランスが取れている、というわけです。「適合の正義」は、神の世界創造の原理である、「適合の原理」を反映していることになります。人間は制裁措置などを設定することで、人為的に善悪の均衡を回復しようとするけれど、仮にそうした人為的な努力がなかったとしても、この世界は調和していて、最善の状態である、というのがライプニッツの言い分です。

釈然としないですね。ジェイムズもこれに疑問を呈します。

ライプニツの現実把握《はあく》の薄弱なことはあまりにも明白であって、私が注釈を加えるまでもない。呪《のろ》われた魂の経験の現実的な姿が彼の心にはかつて思い浮かんだことがなかったに違いない。また神が永遠の適合に向ってその歓心を買うためのソップとして投げ与える「地獄に堕《お》ちた霊魂」という種属の「見本」が少なければ少ないほど、祝福された者の栄光の根拠《こんきょ》はそれだけ公正を欠くということも彼には思い浮かばなかったのである。彼がわれわれに与えるものは冷かな文筆の遊戯であって、その陽気な実体《なかみ》は、地獄の火焔といえどもこれを温《あたた》めることはできない。

ケルベロス

ライプニッツが「呪われた魂」のことを軽視していることを問題にしているわけですね。彼の記述では、「呪われた魂」は、祝福された魂を引き立たせるためのダシのような扱いになっていて、彼らが苦しんでいることに、ライプニッツも彼の神も無関心であるように見えるということです。「ソップ sop」のくだりが分かりにくいですね。「ソップ」というのは、スープと牛乳、葡萄酒などに浸して食べるパン切れのようなものです。どういう譬えなのか分かりにくいですね。英語に〈throw (give) a sop to Cerberus (ケルベロスにソップを与える)〉という慣用表現があるので、そのイメージを利用したのでしょう。ヴェルギリウス（前七〇－一九）の叙事詩『アエーネイス』（前二九－一九）に、ローマを建国したとされる英雄アエーネイスが、地獄の番犬ケルベロスに餌を投げ与え、眠らせてから、地獄に赴くというエピソードがあって、そこから来ています。面倒な奴を買収するという意味です。だとしても、神が「永遠の適合 the eternal fitness」なるものに餌を与えて、おとなしくさせる、というのがどういうことか分かりにくいですね。

先ず、「地獄に堕ちた霊魂」——原語は〈lost-souls〉なので、正確には「失われた魂」――のことが話題になっているわけですが、これと、ケルベロスが番犬をしている「地獄」との繋がりが、〈throw as a sop〉という表現によって示唆されていることが分かります。次に、「ソップ」を投げ与える相手が、「ケルベロス」から「永遠の適合」へとシフトしているわけですが、このことの意味を考えてみましょう。「ケルベロス」に餌を投げ与えてやるのは、そのままだと凶暴で大変だからです。そこから考えると、「永遠の適合」が凶暴で大変だということになるわけですが、それだと意味が分かりにくいですね。当然、文字通り、「永遠の適合」という抽象的なものがあって、それが荒れ狂うということではなくて、「永遠の適合」があるべき、つまり、善と悪にはそれぞれに相応しい帰結があるべきと強く信じて、そうでないと、神や教会に「どうなっているんだ!」、と苦情を申し立てるような人たちだと解釈すると、辻褄が合ってきますね。ライプニッツのような楽観主義的な合理主義者は、そういう人たちを納得させるためのネタとして、地獄に堕ちるよう定められている「呪われた魂 a damned soul」がいることを強調するわけです。

しかし、彼はその一方で、宇宙全体としては「呪われた魂」の数は微々たるものであると言っている。そうすると、「祝福される」ことの価値が相対的に下がり、有り難みがなくなってしまいます。大したことをしたわけではないのに他の多くの人と一緒に「祝福」されているだけ、ということになる。ライプニッツは辻つまを合わせたつもりだけど、説得力がない話になっている、とジェイムズは示唆しているわけです。

合理主義批判としてのプラグマティズム

こんにち広くおこなわれている宗教哲学の浅薄《せんぱく》皮相《ひそう》な楽観論にたいする反抗の一好例は、あの勇敢な無政府主義的著者モリソン・I・スウィフトの一書であると思う。スウィフト氏の無政府主義は私のよりも更に一歩進んだものであるが、こんにち流行の観念論的楽観論にたいする氏の不満にたいして、じつは私は多大な共鳴を感ずるものであり、諸君のなかにも心から共鳴を寄せられる方もあるだろうと思う。彼は『人間の降服』なる小冊子《しょうさつし》の冒頭に、わが文明開化せる社会制度の見本として、新聞から若干《じゃっかん》の三面記事（自殺、餓死《がし》など）を取り上げている。

モリソン・アイザック・スウィフト（一八五六－一九四六）は、アメリカの社会活動家で、反帝国主義・反資本主義を標榜し、失業者や貧困労働者層にとっての社会的正義を要求しました。『人間の降服 Human Submission』（一九〇五）は、資本主義が人類の進歩を妨げているので、労働者が力を握るための社会主義革命を行い、生産手段を社会全体で共有しないといけないというラディカルな主張を掲げた著作ですが、その冒頭で、ジェイムズが言っているように、新聞記事から、資本主義のせいで悲惨な立場に追い込まれた人の例をピックアップして紹介しています。ジェイムズが引用しているように、妻と六人の子供を養うことができず、家賃を払えないためアパートからの立ち退きを命じられ、職を探して回った挙句、絶望して死んだ人とか、病み上がりで働きに行ったら、その間妻子が飢えに苦しみ、戸口に財産差し押さえの札を貼られていた人の例とかが挙げられています。興味深いのは、ここでジェイムズが、自分はスウィフトほどでないけど、無政府主義（anarchism）を信奉している、と告白している点です。ジェイムズは、あまり政治的なことを言わない人なので、意外な感じがします。近代の数学に大きく貢献したライプニッツよりも、現代のアナーキストの活動家の見方に共感しているわけです――スウィフトの考え方には一貫していないところがあって、本当にアナーキストなのか議論があるようですが、ここでは拘らなくていいでしょう。

ジェイムズは更に、スウィフトがそうした悲惨な事実の存在を自らの世界観に結び付けている箇所も引用しています。

「このような記録はいくらでも私の眼の前にころがっている［とスウィフト氏は続けていう］、百科辞典の全ページをこの種の実例で埋《うず》めるぐらいわけのないことであろう。その二、三を私はひとつの宇宙解釈として引用しているのである。『われわれは神がこの世界にましますことを知っている』と一記者は最近のイギリスの評論誌でいっている。［この時間的秩序のなかに悪が現存しているということこそ永遠なる秩序の完成の条件なのである、とロイス教授は書いている（『世界と個人』第二巻三八五頁）］『絶対者は、あらゆる不調和といっさいの差別を抱擁《ほうよう》していればいるだけ、ますます豊《ゆた》かなのである』とF・H・ブラッドレー（『現象と実在』二〇四頁）はいっている。つまり、上に挙げたような死を余儀なくされた人々があるためにこの世界はますます豊かなものになるのだというのである。そしてそれが哲学である、というのである。しかしロイス教授やブラッドレー教授やその他のたらふく食っている呑気《のんき》な思想家連中はこぞって実在と絶対者の正体を究《きわ》めようとし、悪と苦とについてうまく言い抜けようとしているのであるが、これこそ、宇宙とはどういうものであるかについて発達した意識をもつ者として宇宙のどこでもわれわれの知っている人間だけの状態なのである。これらの人々の経験するところのもの、それが実在なのである。それはわれわれに宇宙の絶対相《そう》を示しているという。それが、経験を把握し、その何であるかをわれわれに語ってくれるこれらもっとも知能ある人々の個人的な経験なのである。ところでこれらの人々が経験について考えることは、この経験を直接に身をもって感ずるがままに感ずるのとくらべたならば、果《はた》してどういうことになろうか。哲学者たちはものの影を論じているが、生きて感ずる人々は真実を知っているのである。

ロイス教授というのは、前回も出てきた、ジェイムズの同僚でアメリカのヘーゲル主義的な観念論哲学者ジョサイア・ロイスのことです。『世界と個人』（一八九九、一九〇一）はロイスの主要著作で、この中で彼は、個人の経験と存在の相関関係についての独自の見解を示しています。ロイスはこの著作でライプニッツのように、悪が存在することによって「永遠の秩序 eternal order」が完成するという考え方を表明しているわけですね。フランシス・ハーバート・ブラッドレー（一八四六―一九二四）というのは、英国の観念論の哲学者で、『現象と実在 Appearance and Reality』（一八九三）はその主著です。私たちが経験しているほとんどのものは「現象＝見せかけ」にすぎず、真の「現実」は、通常の概念を超えた「絶対者 the Absolute」であると論じています。その「絶対者」が、不調和や差別を含んでいるからこそ、豊かであるということをブラッドレーが主張している点をスウィフトは問題視しているわけです。

スウィフトからしてみれば、悪によって苦しめられる不幸な人たちがいることによってこの世界に調和が保たれているなどという理論を展開できるのは、自分がそういう苦しみから無縁の場所にいて、高みの見物をしているからです。「これこそ、宇宙とはどういうものであるかについて発達した意識をもつ者として宇宙のどこででもわれわれの知っている人間だけの状態なのである」という部分が分かりにくいですね。原文自体が分かりにくい表現になっています。〈～, this is the condition of the only beings known to us anywhere in the universe with a developed consciousness of what the universe is〉「われわれの知っている人間だけ」という言い方が、特定の人間のことを指しているようにも取れるので混乱するのですが、スウィフトの言っているのは、「宇宙とはどういうものであるかについて発達した意識をもつ存在」として、この宇宙内のどこか（anywhere）に存在している者として、私たち、つまり人間に知られているもの、つまり、人間自身のことです。「人間だけ」という表現は、〈only〉のかかり方について誤解させるので、誤訳といっていいでしょう。それを踏まえてできるだけ分かりやすく訳し直すと、「これこそが、宇宙とはどういうものであるかについて発達した意識をもって、宇宙のどこかに存在するものとして、われわれに知られている唯一の存在――すなわち人間――の状態なのである」というようになります。

つまりスウィフトが言いたいのは、ロイスやブラッドレーは高見の立場から分かったようなことを言っているが、彼らが「宇宙とはどういうものであるかについて発達した意識をもって、宇宙のどこかに存在するものとして、われわれに知られている唯一の存在」として宇宙の中に特別の位置を与えている人間の現実は極めて悲惨だ、ということです。

その後の「それが実在なのである」という部分は、原文では、〈What these people experience is Reality〉となっています。ちゃんと訳すと、「この人たちが経験していることが実在なのである」となります。「この人たち」というのは、当然、ロイスやブラッドレーのことです。桝田さんは恐らく、前の文の〈the only beings〉も、彼ら学者を指していると考えて、それに続く文の訳では、わざわざ主語を明示する必要はないと判断したのでしょうが、この箇所では、ロイスやブラッドレーたちが、「人間は宇宙とはどういうものであるか発達した意識を持った存在であり、人間の経験の中に実在がある」ことを示唆しながら、実際には、自分たちの経験だけから〝実在〟を導き出している、言い換えれば、自分たちの経験を特権化していることが皮肉られている、と見るべきでしょう。

その後の話は分かりますね。ロイスたちは、「経験 experience」について考えているだけであって、彼らの思考には生身の経験が反映されていない。観念的な学者たちは「実在」の幻影を思い描いているだけであって、日々生身でいろんなことを感じている普通の人たちの方こそ「真実」を知っている、というわけです。現代でもよく聞く、左翼活動家による学者批判の典型的なパターンですね。「あなたたちは、生きた現実を知らない！」（笑）。ただ、現代日本のサヨクのように、単に漠然とした印象でガクシャを誹謗するのではなくて、同時代の英語圏で強い影響力を発揮していた観念論哲学の中心的な主張に内在する〝矛盾〟を指摘したうえでの主張なので、それなりの説得力があります。加えて、自らもアナーキストであると告白するジェイムズが、それがライプニッツ以来、合理主義の抱えてきた問題であることを指摘し、根が深いことを指摘しているわけです。ロイスがジェイムズの同僚であるうえ、ジェイムズやパースからかなり影響を受けていて、自らも「プラグマティスト」的な思考をしていることを認めていることからすれば、かなり意味深です。

合理論者の提供する献立表《こんだてひょう》にたいして経験論者的な心が加える反駁《はんばく》はかようなものである。「おぼしめしは有りがとうございますが、まっぴらごめんです」という頭っからの拒否である。スウィフト氏はいう、「宗教は夢遊病者《むゆうびょうしゃ》のようなもので、彼にとっては現実の事物は空無にひとしい。」しかもこれが、たとえおそらくスウィフト氏ほど感情的ではないにしても、こんにちまじめに哲学を研究しようと志し、自己の本性のありあまるほどの要求を満《み》たすに必要な資本を哲学教授にあおぎにゆくアマチュアの誰でもがくだす裁決なのである。

現実を見る限り、ライプニッツや英国観念論の哲学者たちが掲げているような、美しい観念の体系を認めることはできない。先ほどの哲学少年のように、現実に絶望して、合理主義的な観念の体系を求めて哲学を志す人もいますが、現実に対応していない哲学に我慢できないアマチュアも多いわけです。自然科学や社会科学についての一定の知識を持ったアマチュアが哲学に関心を持つようになり、かつそうした人たちが実際に哲学を学ぶ学生になり始めると、観念論的な合理論のように、現実離れした体系ではやっていけなくなります。

そこで彼はわれわれ哲学者たちの裁判官となる。軟《やわらか》い心であれ硬《かた》い心であれ、いずれにしてもわれわれに欠けているものがあることを彼は発見する。われわれは彼の裁決をかろしめて扱ってはならない、なぜならば、つまり彼こそ典型的に完全な心の持ち主なのであり、彼の心から出る要求の総和こそ最大なるものであり、その心のくだす批判と不満こそついには哲学にとって致命的《ちめいてき》なものとなるからである。

スウィフトのような人からの批判をちゃんと受け止めようというわけですね。「完全な心 perfect mind」の持ち主という言い方が大げさすぎる感じがしますが、ここで言う「完全な心」とは完全な人格を備えているということではなくて、「硬い心」と「軟らかい心」の両面を持っている、ということでしょう。合理主義的な体系を求めながらも、現実の経験もちゃんと見ているようなタイプの、アマチュアの要望に応えられるような哲学が必要だというわけです。

私がみずからまず解決に手がけようとするのはまさにこの点なのである。私は両種の要求を満足させることのできる一つの哲学として、プラグマティズムという奇妙な名前のものを提唱する。それは合理論と同じようにどこまでも宗教的たることをやめないが、それと同時に、経験論のように事実との最も豊かな接触を保持することができる。

予想通り、合理論と経験論の両方の欠陥を補い総合するものとしてプラグマティズムがあると言っているわけですが、その融合のさせ方は、それほど予想通りではないですね。哲学史で合理論と経験論の総合というと、カントの認識論が、認識は理性と対象のいずれによって規定されるかという問題について、大陸合理論と英国経験論を総合したという話が有名ですが、ジェイムズが「プラグマティズム」によって試みようとしているのは、それとはかなり次元が異なることです。合理論の宗教志向と、経験論の事実志向を両方満足させたいと言っているわけです。

メタレベルの「哲学」——心・「体臭」〈personal flavor〉・自然

結構、大雑把な目標ですね。ジェイムズ自身、こういうことを言ったら、専門の哲学者に叱られそうだということを認めています。三一頁に、哲学者たちからの予想される批判について述べられていますね。哲学がそういう両面性を持つべきだというのはあまりにも当然すぎることであるが、重要な哲学上の論争を軟らかい心と硬い心の対立というような形で表わすのは粗雑すぎるではないか、哲学が抽象的で美しい体系を求めて何が悪いのか、抽象的な設計図がないと、建物を建てることはできないではないか、といった批判です。かなり気にする人のようですね（笑）。

私の与えた叙述は全く恐ろしく簡単に過ぎ、粗雑《そざつ》であった。しかしながら、すべての抽象と同じく、それはまたそれなりで役に立つことが明らかになるであろう。もし哲学者たちが宇宙の生命を抽象的に取り扱ってよいとすれば、彼らは哲学そのものの生命が抽象的に取り扱われることに不平をとなえてはならないはずである。事実私の与えた叙述は、粗雑で大ざっぱであるにしても、文字どおり真実である。気質は、その好悪にしたがって人々にそれぞれの哲学をえらばしめる、そしてこれはつねに変りないであろう。思想体系の細かい部分はきれぎれに推究してもかまわない、そして学徒がひとつの体系を勉強するときには、樹を見て森を忘れることがありがちなものである。けれども研究が完成すると、心はつねに大きく締めくくる作用を営《いとな》むもので、そこでその体系はたちまち一箇の生きもののように、われわれの前にあらわれてくる、われわれの友か敵かが死んだときまるでその人の亡霊みたいにわれわれの記憶を去来するあのふしぎな単純な特徴のある個性をそなえて。

回りくどいので分かりにくいのですが、要は、哲学は物事を抽象化することによってその本質を把握しようとするわけだから、その「哲学」自体を、少し距離をおいて抽象的に把握することを試みてもいいではないか、ということです。それを通して、個々の哲学者が細かい問題について専門的に論じていると見えてこないこと、自分たちが依拠している体系がどういう性質を持っているかが見えてくる。そこに哲学者の「心」が反映されているわけです。大げさな言い方をすれば、メタ哲学的な視点の話をしているのだとジェイムズは断っているわけです。「心」というレベルでのメタ哲学です。

ホイットマン（一八一九―九二）は、エマソンの超越主義の影響を受けた詩人、エッセイスト、ジャー

「この書に触《ふ》れるものは人に触れるのである」と書くことのできたのは、ひとりウォールト・ホイットマンばかりではない。すべて偉大なる哲学者の著書はその数だけの人間の存在にひとしい。それらの書物のどれもがもっている本質的な体臭《たいしゅう》、独特のものではあるが筆舌《ひつぜつ》につくしがたいこの体臭をわれわれが嗅《か》ぎ分けるということ、これこそわれわれ自身の完成した哲学的教養のもっともみごとな果実なのである。体系は大宇宙の縮図でもあるらしく装《よそお》っている。しかし実際は――なんとそらおそろしいことであろう――同じ被造物《ひぞうぶつ》たるなにがしという人間の体臭がいかにひどく風がわりであるかを暴露《ばくろ》しているにすぎない。

ホイットマン

ナリストで、詩集『草の葉 Leaves of Grass』（一八五五）で有名です。それまでの英文学の詩では象徴や寓意を多用し、宗教的あるいはスピリチュアルな瞑想に依拠することが多かったのですが、『草の葉』に収められている詩は、人間の身体や物質世界をテーマにしていることを特徴としています。また、アメリカの文化、アメリカ的な生き方の特徴を描き出す作品、〈America〉とか〈States〉とかが擬人的に描かれている作品もあります。同性愛的なものを含めて性的描写が多いこともあって、物議をかもしました。その大胆な表現を通してアメリカの精神史に大きな影響を与えた詩人なので、いろんな思想家が、様々な異なった文脈で引用します。ローティは、アメリカ固有の左派である、プラグマティズム的左派の代表人物としてデューイと共にホイットマンを挙げています。引用の部分は、『草の葉』に収められている「さようなら So long」という詩からです。

「体臭」という、ややワイルドな感じの表現が少し気になりますが、原語は〈personal flavor〉です。それほどワイルドな感じではないですが、哲学書にも、文学書と同様に哲学者の個人的な性格が「臭い」のようにしみ込んでいるので、それを嗅ぎ取るセンスを培うことこそ、「完成した哲学的教養 accomplished philosophic education」の指標だと言っているわけです。哲学するには、数学的な分析力のようなものよりも、文章読解力や批評する能力のようなものが重要だと考えているようですね。

「神は生きた自然のなかで住むように人間を造られたのに、」なんと情けないことだろう――あんな星雲みたいな作りごと、あんなぎこちない、あんな堅苦しいもの、あんなひねくれた細工物《さいくもの》、あんな黴《かび》臭い教室の産物、あんな病人の夢想、こんなもののなかに住むなどとは！　そんなものは一切お払い箱にするがいい！　がまんならない！　まっぴらだ！

「　」の中が気になりますね。原文ではドイツ語になっています。〈Statt der lebendigen Natur,/Da Gott die Menschen schuf hinein,〉。これはゲーテ（一七四九－一八三二）の『ファウスト第I部』（一八〇八）の冒頭に近い部分でのファウストのモノローグの台詞です。細かいことですが、〈statt der lebendigen Natur〉は、正確には、「生きた自然の代わりに」という訳になります。その「生きた自然」の中に住むよう神は人間を造ったわけですが、その後の箇所を見ないと、「生きた自然の代わりに」、何をどうしているのか分かりません。〈Umgibt in Rauch und Moder nur/Dich Tiergeripp und Totenbein.（煤や煙のただなかで、動物や死人の骸骨に取り囲まれているのか？）〉と続きます。つまり、神が人間がそこに住むように定めたもうた「生きた自然」ではなく、動物や死人の骸骨に取り囲まれている、ということです。ファウストが、哲学、法学、医学、神学をはじめ様々な学問の研究に携わり、生命の神秘の探究にも取り組んできたこと――ファウストの弟子ワーグナーは第II部第II幕で、ホムンクルスの製造に成功します――からすれば、骸骨というのは、博物学的な関心から収集した標本のようなものだと考えられます。

ジェイムズがこの引用を通して示唆したいのは、恐らく、同じ〝自然〟でも、距離の取り方によって、神が与えたもうた生きた自然に見えたり、気持ち悪いガラクタの集積のようにも見えたりするということでしょう。老ファウストは、それまでの〝自分〟の自然への経験論的な関わり方、生命のメカニズムを明らかにすべく細部に分解して解析するような見方が極めて不自然で、味気ないものだったと後悔しているわけです。そうした〝自然〟に対するスタンスの違いが、各哲学者が描き出す「世界」のイメージにも反映されると考えられます。

哲学史における合理論と経験論の総合

・カントの認識論——認識は理性と対象のいずれによって規定されるかという問題について、大陸合理論と英国経験論を総合。
・ジェイムズの「プラグマティズム」による試み——カントの認識論とはかなり次元が異なり、合理論の宗教志向と、経験論の事実志向を両方満足させることを目指す。

・非常にシンプルな哲学観
各人は宇宙（universe）についての全体像を持っている。
哲学は、個々の哲学者の宇宙像を抽象化・体系化したもの。
↓
各人は、自らの宇宙像を基準にして哲学が呈示する宇宙像に反応する。哲学者はそのことを念頭において、自分の抱いているイメージを的確に表現する言葉を見出し、そのイメージに共感する人を多く獲得するよう努めるべき。

哲学者の体系を詳細に研究すると、その結果として実際われわれは彼についての印象を受けるが、われわれが好悪の反応を示すものはじつはこうして受ける印象に対してなのである。哲学における練達《れんたつ》の程度をはかる尺度は、要点をかいつまんでゆく感応のはたらきの正確さであり、練達の士がそういう複雑な問題を巧みに言いあらわすあの直覚的な形容語である。しかしそういう形容語を見つけるにはたいした熟練はいらない。ふつうの人で自分自身の哲学を的確《てきかく》に表現した人は少い。けれどもほとんど誰もが、宇宙のもつ或る全体としての性格について、また自分の知っている特別な諸体系がそれとしっくり合致していないことについて、自分なりの感じをもっている。

われわれ哲学者たるものは、諸君が抱かれるそういう感じを考慮しなければならない。繰《く》り返しいっておくが、すべてわれわれの哲学を最後的に裁《さば》くべきものはそういう感じなのである。最後の勝利を占めるものの見方は、普通人の心にもっとも完全な印象を与える力をもった見方であろう。

非常にシンプルな哲学観ですね。各人は宇宙（universe）についての全体像を持っている。哲学は、個々の哲学者の宇宙像を抽象化・体系化したものです。各人は、自らの宇宙像を基準にして、哲学が呈示する宇宙像に反応するわけです。哲学者はそのことを念頭において、自分の抱いているイメージを的確に表現する言葉を見出し、そのイメージに共感する人を多く獲得するよう努めるべきだ、と言っているわけです。哲学を、生活の様々な場面に現われてくる人々の世界観と見なすチェスタトンの言葉を冒頭で引用した理由もかなりクリアになってきましたね。

スペンサーの社会進化論批判

三四頁から三五頁にかけてもう一度、合理論が呈示する世界観の貧弱さについて論じられています。合理論に対する反発の急先鋒として、前回読んだところでヘッケルと並んで唯物論哲学の代表格として言及されていたスペンサーが再び登場します。

スペンサーは、社会をシステムとして捉える実証主義的な社会学の創始者の一人です。進化論の用語として有名な「適者生存 survival of the fittest」を使い始めたのはダーウィンではなく、スペンサーです。最高裁判事ホームズが判決への反対意見の中でわざわざ批判的に参照しているくらいだから、当時、彼の社会進化論は相当影響力を持っていたわけです。

ハーバート・スペンサーの体系がこの場合たいへん適切な例になる。合理論者たちはスペンサーの方式が恐ろしく不十分な方式の羅列《られつ》のように感ずる。彼の乾燥無味《かんそうむみ》な教師風の気質、彼の絞絃琴《こうげんきん》にも似た単調さ、安価なまに合わせの論法を好んで用いる彼のくせ、力学上の基礎知識をすら彼が欠いていること、また一般に彼の根本観念がすべて漠然としていること、まるで割れたツガの板でまに合わせに急造したようなぶざまな彼の全体系——それにもかかわらず、イギリス国民の半数はウェストミンスター寺院に葬ることを望んでいるのである。

なぜか。なぜスペンサーは合理論者の眼にうつるその弱点にもかかわらずそれほどまでの多大な尊敬を喚び起こすのであろうか。かくも多くの教養ある人々が、おそらく諸君も私も、その弱点を感じているにかかわらず、なおウェストミンスター寺院に彼を詣でようと願うのはなぜであろうか。

その理由は簡単である。すなわち、われわれはスペンサーの心が哲学的に正しい位置にあると感ずるからである。彼の諸原理は骨と皮とだけであるかもしれない。しかしとにかく彼の書物はこの特殊な世界の骨組の特殊な型にしたがって、その原理を象ろうとつとめている。事実の世界にもひびき渡っている。事実の引用はとどまるところを知らない。彼は事実を強調し、事実の噪音が彼のどの章にもひびき渡っている。事実の引用はとどまるところを知らない。彼は事実を強調し、事実の世界に面を向ける。そしてそれだけで十分なのである。経験論者の心にとっては、これこそ事物の正しいあり方なのである。

合理論者たちはスペンサーの社会進化論が洗練されていない、肝心なところで曖昧な概念を使っているとか言って非難するけれど、英米には彼の支持者が多い。ウェストミンスター寺院には、英国には王族と並んで、ニュートンなどの偉大な功績を持つ人が埋葬されています。スペンサーが亡くなったのは、ジェイムズの講演が行われる三年前の一九〇三年です。ジェイムズは支持されているのは、スペンサーの哲学が社会の現実を捉えている、つまり多くの人が納得できるような、彼らにとって事物の「正しいあり方 in the right place」と思える捉え方をしているからだと主張しているわけです。適者生存によって、環境に最も適した者が生き残ることによって社会が進化していくというスペンサーの理論は、当時の英米では、経験論的な考え方をする人にとっては極めてリアルだったわけです。

プラグマティズムの哲学については、私は次の講義から述べるつもりであるが、この哲学も同じように事実との親密な関係を保《たも》つものである、しかもスペンサーの哲学とは異《こと》なって、既成の宗教組織を締《し》め出すことをもって始めもしなければ終りもしない。――この哲学は宗教組織をも事実にたいすると同じように親身《しんみ》に遇するものである。

プラグマティズムは、事実を直視することでは経験論と同じだけど、宗教を排除するようなことはせず、宗教に対する人々の気持ちを大事にすることを目指す哲学だというわけですね。言い換えれば、経験論の批判に応えられるような形で、合理論の中核部分を救い出す、ということです。このようにしてジェイムズは、自分が提唱する「プラグマティズム」の目指しているところ、売りにしているところをアピールしているわけです。

「第二講　プラグマティズムの意味」を読む――ジェイムズ流のプラグマティズムの格率と方法

ここで第一講が終わって、「第二講　プラグマティズムの意味」に入ります。ここで――前回見たパースのそれとは若干異なる――ジェイムズ流の「プラグマティズムの格率」が呈示されることになります。この回も、日常生活における〝哲学〟から出発します。

数年前キャンプの一行に加わって山中にあった時のこと、私がただひとりで散歩をして帰ってみると、皆の者が或る形而上学的《けいじじょうがくてき》な論争をはげしく戦わせているのであった。論争の主題は一匹のリスであった――一匹の生きているリスが木の幹《みき》の一方の側にくっついていると仮定《かてい》し、その木の反対の側にはひとりの人間が立っているものと想像する。リスを目撃したその人間が木のまわりをすばやく駆け廻ってリスを見ようとするが、彼がどんなに速く廻っても、それと同じ速さでリスは反対の方向に移るので、リスと人間との間にはいつでも木が介在《かいざい》していて、そのためにリスの影も形も見られない。かくしてここに、その人間はリスのまわりを廻っているのかどうかという形而上学的な問題が起こってくる。その人が木のまわりを廻る、これはもちろん確かなことである、そしてリスは木にとまっている、しかし彼はリスのまわりを廻るかどうか？　山野にあって閑暇のはてしなさにまかせて、議論は飽《あ》きるまで闘わされていたのであった。みんなどちらかについて、互いに譲らない、しかも両派の人数が同じなのであった。だから私が姿を見せると、どちらの派でも味方をふやそうと私に訴えた。

普通の人は到底思いつかないような論争ですね。そもそもリスが木の周りを、人間が追いつけないほどの高速で走り続けるというのは現実にはほぼないことですが、哲学者はこういうあり得ない状況を想定して、自分たちが日常生活で何となく語っていること、考えていることの意味を明らかにしようとします。普通の感覚だと、人間が木を一周したら、それにとりついているリスの周りも回っていることになると考えるところですが、この人たちは、リスも高速で木の幹を回っているというあり得ない状況を想定して、「まわりを廻る going round」というのがどういうことか論じているわけです。第三者的に見ると、どうでもいいうえに、決着のつきようのない話にしか見えませんが、ジェイムズはこれをどう処理しようというのでしょうか？

私は、矛盾に行き当った時にはいつでも区別を立てねばならぬ、というスコラ哲学の格言を思い出して、早速それを探し、次のようなものを見出した。「どちらが正しいかは」と私はいった、「リスの『まわりを廻る』ということを諸君が実際にどういう意味でいっているかによって定まることだ。もしそれがリスの北から東へ、それから南へ、それから西へ、それからまたリスの北へと移行するという意味であるなら、その人は明らかにリスのまわりを廻っている、なぜというに、この人はこれらの位置を順々に占めて行くのであるからだ。けれども、もしこれとは反対に、最初はリスの正面におり、それからリスの右に、それからリスの背後に、それからリスの左に、そうして最後にまたリスの正面にいるという意味であるならば、その人はとうていリスのまわりを廻ることができないことは、これまた同様に明らかなことである、なぜかといえば、人が動くと同じだけリスも動くのであるから、リスはいつまでたってもその腹を人の方に向け、その背はむこう向きにしたままだからである。こう区別を立てて考えてみたまえ、そうすればもはや議論の余地《よち》は全くなくなってしまう。諸君が『まわりを廻る』という動詞を実際にどう考えるかに従って、諸君はどちらも正しいといえるし、またどちらも誤っているといえよう。」

言葉の定義をはっきりさせることによって、問題の所在を明らかにしようとしているわけです。「まわりを廻る」という言葉の意味が二通りある、ということですね。一つは、リスのいる場所、木を固定した原点のようなものと見立てて、その周囲を回るという意味です。これはリス自身の動きに関係なく、可能です。もう一つは、木にへばりついた状態のリスを、あらゆる角度から見ることができるように、リスに対する自分の位置を変化させるということです。こちらは、リスの動き次第です。

こうしたジェイムズの整理を誤魔化しだといって文句を言った人もいるけれど、納得した人が多くて、論争は鎮まったということですね。では、ジェイムズはこの例を通して何を言いたいのでしょうか？

私がこの取るに足らぬ逸話《いつわ》を語るのは、この物語が、私が今からお話しようと思うもの、すなわちプラグマティックな方法なるもののいとも簡単な一適例であるからである。プラグマティックな方法は元来、これなくしてはいつはてるとも知れないであろう形而上学上の論争を解決する一つの方法なのである。世界は一であるか多であるか？――宿命的《しゅくめいてき》なものであるか自由なものであるか？――物質的か精神的か？――これらはどちらも世界に当《あ》て嵌《はま》るかもしれぬしまた当て嵌らぬかもしれぬ観念であって、かかる観念に関する論争は果てることがない。プラグマティックな方法とは、このような場合に当って、各観念それぞれのもたらす実際的な結果を辿《たど》りつめてみることによって各観念を解釈しようと試《こころ》みるものである。今もし一つの観念が他の観念よりも真であるとしたならば、実際上われわれにとってどれだけの違いが起きるであろうか？　もしなんら実際上の違いが辿られえないとすれば、その時には二者どちらを採《と》っても実際的には同一であることになって、すべての論争は徒労《とろう》に終ることになる。そこでいやしくも論争が真剣なものである以上は、どちらか一方が正しいとする限り必ず生ずるに相違ない或る実際的な差異をわれわれは当然示しうるのでなければならない。

何となく、全ては言葉の定義によるという唯名論的な方向に行くのかと思ったら、そうではないですね。ある「観念 notion」を採用した場合、どういう「帰結 consequence」に至るかを辿っていくことによって、どの観念を採用すべきか、どの観念がより「真」であるかを判定するのが、「プラグマティズムの方法」だというわけですね。実際の「帰結」を見ることによって、世界の在り方をめぐる、「一 vs. 多」「宿命 vs. 自由」「物質 vs. 精神」といった形而上学的な議論に終止符を打つことができる、というわけです。この論点はクリアですが、リスの例とあまりうまく繋がっていないですね。リスの話は、どちらかが正しいという形で決着を付けることはできないですから。強いて言えば、観察者である人間の動きに合わせた、リスの高速移動は現実にありえず、意味をなさないので、高速回転の有無に関係なく成立する、前者の方がより真であるということになるかもしれません。ただ、リスではなくて、高速移動できる機械があって、それを話題にしているとすれば、後者も意味を持ってしまいますので、クリアな決着はつきません。単なる言葉の意味ではなく、事物の本性が規定されるような事例を出した方がよかったと思います。

ともかく「プラグマティズムの方法」の特徴を述べたうえで、この方法の起源がパースにあることを少し詳しく説明します。

この観念の歴史を一瞥《いちべつ》すれば、プラグマティズムとはどういう意味であるかが更によくわかるであろうと思う。この語はギリシア語のプラグマから来ていて、行動を意味し、英語の「実際《プラクティス》」および「実際的《プラクティカル》」という語と派生を同じくする。この語がはじめて哲学に導き入れられたのは、一八七八年チャールズ・パース氏によってであった。この年の『通俗科学月報』一月号掲載《けいさい》の「いかにしてわれわれの観念を明晰《めいせき》にすべきか」と題する一論文において、パース氏は、われわれの信念こそほんとうにわれわれの行動を支配するものであることを指摘した後で、次のように述べている。およそ一つの思想の意義を明らかにするには、その思想がいかなる行為を生み出すに適しているかを決定しさえすればよい。その行為こそわれわれにとってはその思想の唯一の意義である。すべてわれわれの思想の差異なるものは、たとえどれほど微妙なものであっても、根柢《こんてい》においては、実際上の違いとなってあらわれないほど微妙なものは一つもないということは確かな事実である。そこで或る対象に関するわれわれの思想を完全に明晰ならしめるためには、その対象がおよそどのくらいの実際的な結果をもたらすか――その対象からわれわれはいかなる感動を期待できるか――いかなる反動をわれわれは覚悟しなければならないか、ということをよく考えてみさえすればよい。そこで、これらの結果がすぐに生ずるものであろうとずっと後に起こるものであろうと、いずれにしてもこれらの結果についてわれわれのもつ概念こそ、われわれにとっては、少なくともこの概念が積極的な意義を有するとする限り、その対象についてわれわれの概念の全体なのである。

論文が掲載された雑誌名まで示して、「プラグマティズム」がパースに由来することを強調しています。なかなか義理がたいですね。これは前回少しご紹介した「プラグマティズムの格率」が提示されている、中公の『世界の名著』に収められている論文です。ジェイムズはパースの主張を忠実に紹介しているように見えますが、少しアレンジを加えています。それは、「その対象からわれわれはいかなる感動を期待できるか――いかなる反動をわれわれは覚悟しなければならないか what sensations we are to expect from it, and what reactions we must prepare」という部分です。私たちが対象から得る〈sensation〉、つまり感性的刺激やそれに対する反応も、「実際的な結果 conceivable effects of a practical kind」と見なしているわけです。私たちの主観的なリアクションも問題にしているわけで、実験などによって確かめられる、客観的な帰結にだけ焦点を当てようとするパースの立場とは微妙に異なっています。

次の段落で、パースの「プラグマティズム」は長いこと世に知られていなかったが、それを自分が、一八九八年のカリフォルニア大学での哲学会の席上で紹介し、宗教に適用してみせたので、この名称が普及するようになった、と述べられていますね。その時の講演「哲学的概念と実際的結果 Philosophical Conceptions and Practical Results」では、先ほどとほぼ同じような表現で「プラグマティック格率」を定式化したうえで、「プラグマティズムはパース自身が表現しているのよりも、より広い形で表現されるべきだと考えている」、という自らの意見を表明しています。その文脈で、「私たちの将来の経験」に与える帰結を視野に入れるべきことを示唆しています。この延長で「宗教」についても、抽象的な神の定義のようなものではなく、私たちの将来の行動に影響を与える宗教的な経験や感情こそが問題だという見解を表明しています。パースとジェイムズの違いについては、プラグマティズム研究者の魚津育男さん（一九三一―　）の『プラグマティズムの思想』（ちくま学芸文庫。二〇〇六年）の第二章と第六章で詳しく解説されています。

実験科学と形而上学

ただし、ジェイムズも実験科学的な問題を軽視しているわけではありません。次に化学の例が引き合いに出されていますね。

パースの原理の重要性を呑み込むためには、それを具体的な場合に適用することに慣《な》れなければならない。私は二、三年前に、あの有名なライプチヒの化学者オストヴァルトが科学の哲学に関する彼の講義において、プラグマティズムという名前こそ用いていないけれども、プラグマティズムの原理を既に全く明瞭に使用しているのを発見した。

「すべて実在するものはわれわれの実行の上に影響を及ぼすもので」と彼は私に書いてよこしている、「その影響こそ実在するもののわれわれにとって有する意味なのです。私は学生にむかっていつも次のような質問を呈《てい》することにしています。もし二者のうちこれか或いはあれかが真であるとしたら、世界はいかなる点で異《ことな》ってくるであろうか。もしなんら異りの生ずるのが見られないとすれば、その場合どちらか一方を択《えら》ぶということは意味のないことである。」

ヴィルヘルム・オストヴァルト（一八五三―一九三二）はノーベル賞を受賞しているドイツの化学者です。触媒作用、電解質の乖離度、硝酸の製造法についての研究で有名です。彼はジェイムズがこの講演を行う少し前、一九〇五年から一九〇六年にかけてアメリカに滞在し、ハーバード、MIT、コロンビア大学で講義を行っています。専門の化学以外にも、科学哲学、芸術、平和運動等にもコミットしています。哲学者としては、ヘッケルによって創始された生物学的一元論と社会進化論を支持していました。ジェイムズとしても引用しやすかったのでしょう。

引用から分かるようにオストヴァルトは、「私たちの実行 our practice」に及ぼす「影響 influence」こそが、「実在 reality」の意味であるという、パースやジェイムズに近い見方をしているわけです。次の段落に、オーストリア機械工学建築学協会でのオストヴァルトの講演録から、化学における実例が示されていますね。

> 化学者たちは「互変異性」と呼ばれる或る物体の内部構造に関して久しく激論を交《まじ》えている。この物体の性質は、一個の不安定な水素原子が該《がい》物体の内部で振動すると考えても、またその物体が二個の物体の不安定な混合体であると考えても、ともに等しく矛盾なく成立するように思われた。論争は激烈を極《きわ》めたが、ついにいずれとも決しなかった。オストヴァルトはいう、「もし論争者たちが、どちらか一方の見解が正しいとしてみて、それがために実験的事実の上にどういう特殊な違いが生ずるであろうかをまず自問してかかったならば、かかる論争は決して起こらなかったに違いない。なぜならば、かく自問してみると、そこになんら事実の相違は生じえないように思われるからである。そこでこの口論は、あたかも大昔、酵母《こうぼ》によって生《なま》パンをふくらませることの理を論じて、一方の者はこの

現象の真の原因は「妖精《ブラウニー》」だと唱《とな》え、他の者は「妖精《エルフ》」であると言い張ったのと同じように、架空《かくう》の論であったことになる。」

互変異性（tautomerism）というのは、高校の化学で習う変異体（isomer）に関係する概念です。異性体というのは、同じ種類と数の原子から構成されているので分子式は同じでも、結合の構造が異なっているもののことです。有機化合物に多いですね。互変異性というのは、二つの異性体が相互に入れ替わる速度が速く、どちらも存在し得るような状態にあることです。水素原子が付いている位置が変わったりするわけです。オストヴァルトの言っているのは、同じ分子の中で水素原子の位置が変動していると見るべきか、それとも、異なった二種類の分子の化合物が存在しているべきかをめぐって論争する化学者たちがいるが、どちらでも、「実験的事実 experimental fact」は同じなので、意味はないということです。これを、妖精の話に譬えるのは大げさすぎるのでかえってピンと来にくくなりますが、言いたいことは分かりますね。

こうした自然科学における実験中心主義をモデルにして、無駄な議論を哲学から排除すべきことを、ジェイムズも提唱しているわけです。そういうことは実は、哲学史の中でこれまで試みられてきた、といいます。

このプラグマティックな方法には全くなにも目新しいものはない。ソクラテスはこの方法の達人であった。アリストテレスは方法的にこれを用いた。ロック、バークリーおよびヒュームはこの方法によって真理にたいし重要な寄与《きよ》をなした。シャドワス・ホジソンは、実在とは「として知られ」ているものであるに過ぎないことを絶えず主張しつづけている。しかしながらこれらプラグマティズムの先《せん》駆者《くしゃ》たちはこの方法を断片的に用いたに過ぎない。つまり彼らは前奏者たるに過ぎなかった。こんにちにいたるまでそれは一般化されることなく、普遍的な使命を有することの自覚も勝利の運命をになうべき自負ももたなかったのである。

ソクラテス（前四六九頃―三九九）については、恐らく、問答法によって無駄な形而上学的議論やソフィスト的おしゃべりを排除して、市民の道徳的な生き方に繋がる真理を探究した、ということでしょう。アリストテレスは、そうしたソクラテスの哲学を方法論的に精緻化し、「プラグマティズム」の語源でもある〈praxis〉の本質を探究した人です。ロック（一六三二―一七〇四）、バークリー（一六八五―一七五三）、ヒュームの三人は、「経験」を重視するイギリス経験論を確立した人たちとして取り上げられているのでしょう。バークリーは、ロックの経験論を継承して、知覚と経験によって獲得される諸観念によって知識が形成されるという立場を取り、「存在することは知覚である Esse is percipi」という原則を提唱しました。ヒュームは、私たちが因果法則だと思っているものは、ある現象Aの後にBが続いて生じることを繰り返し経験する慣習から生まれてくるという議論で有名ですね。

シャドワス・ホジソン（一八三二―一九一二）は、大学などのアカデミックな機関に属することなく、哲学の研究に従事した人で、ジェイムズと親交があったようです。ここで言及されている「実在とは『として知られ』ているものに過ぎない realities are only what they are 'known-as'」、というホジソンの考え方は、ジェイズムの「純粋経験 pure experience」の概念にヒントを与えたとされています。「純粋経験」とは、主体と客体の分離図式を前提として、主体である私が客体をどのように経験するかという風に問題を立てるのではなく、主客図式によって分解されない、未分化の経験ということです。ジェイムズは、「純粋経験」を起点とする「根本的経験論 radical empiricism」の立場を取ったことが知られています。西田がジェイムズから影響を受けたのは、主としてこの「純粋経験」についてです。ホジソンは、主著とされる『経験の形而上学』（一八九八）で、主体／客体の分離を前提とする従来の経験論哲学を批判しています。ジェイムズはこうした、哲学史の中の堅実な流れの結実として、「プラグマティズム」を位置付けしようとするわけです。

プラグマティズムは哲学における態度としてはきわめて親しみやすい態度を、すなわち経験論者的な態度をあらわすものであるが、しかしその態度は、私の見るところでは、かつて経験論者の採ったものよりよりいっそう徹底的であり、同時にまたより非難の少い形式のものである。プラグマティストは専門哲学者たちが後生大事に身につけているさまざまな宿癖《しゅくへき》にたいし決然と背を向けて二度とふりかえることをしない。彼は抽象的概念や不十分なものを斥《しりぞ》け、言葉の上だけの解釈、まちがった先天的推論、固定した原理、閉じられた体系、いかにもっともらしい絶対者や根源などには一顧《いっこ》をも与えない。彼は具体的なもの十全なものに、事実、行動および力に向う。つまり経験論者的な気質が優勢であって、合理論者的気質はさっぱり放棄されているのである。すなわち、教義や人為《じんい》や真理の究極性《きゅうきょくせい》をかこつけるものなどに反対するとともに、自然の自由豁達《かったつ》さとさまざまな可能性を好むのである。

プラグマティズムは経験論的態度を徹底させて、事実や行動として具体的な形で捉えられないもの、具体的事実によって検証できないものを、哲学から排除しようとする――少し後に台頭してくる論理実証主義のような――ラディカルさを持っている、というわけですね。経験論と合理論を中間で調和させるのではなくて、むしろ経験論に徹するわけです。

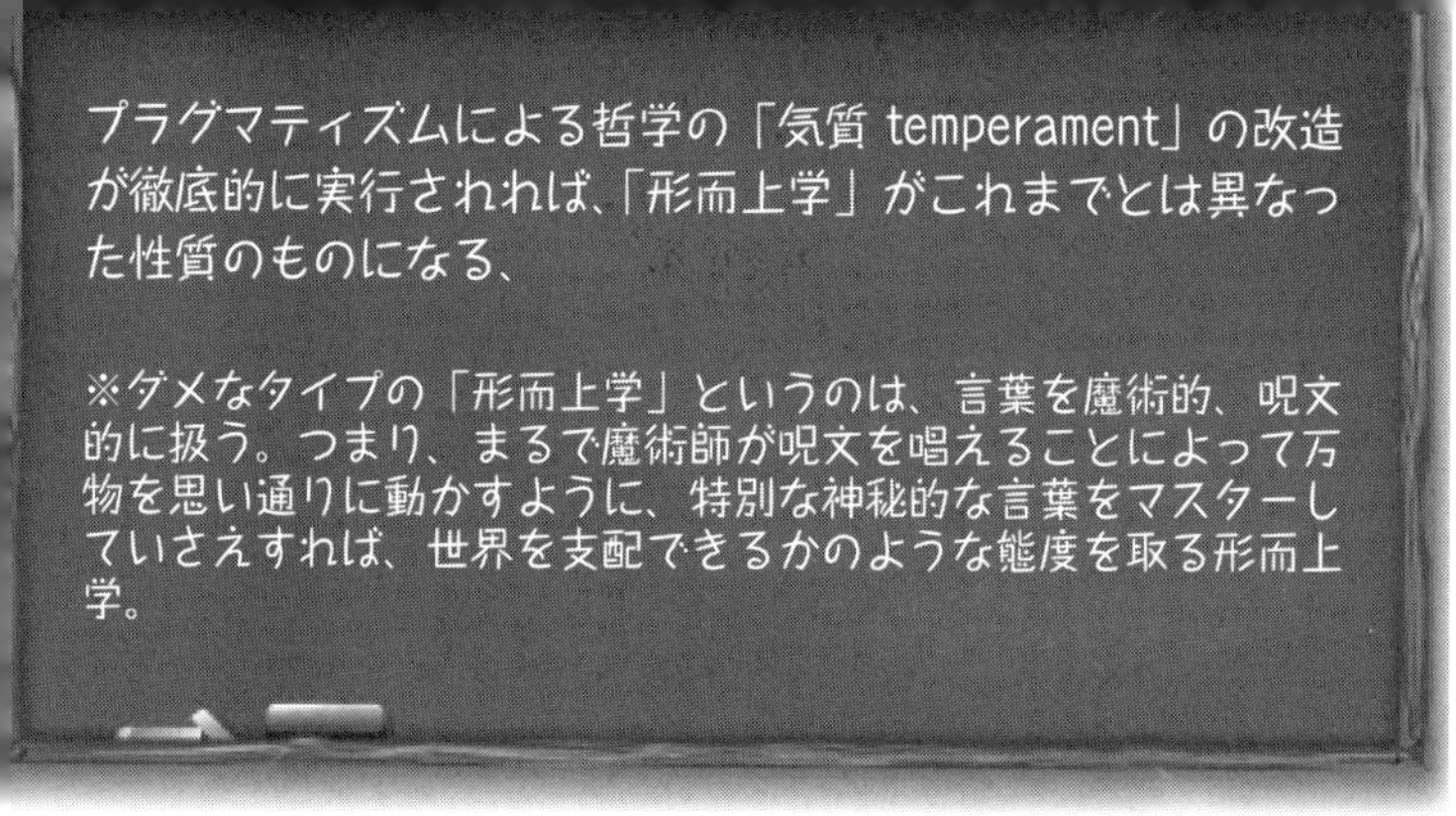
プラグマティズムによる哲学の「気質 temperament」の改造が徹底的に実行されれば、「形而上学」がこれまでとは異なった性質のものになる、
※ダメなタイプの「形而上学」というのは、言葉を魔術的、呪文的に扱う。つまり、まるで魔術師が呪文を唱えることによって万物を思い通りに動かすように、特別な神秘的な言葉をマスターしていさえすれば、世界を支配できるかのような態度を取る形而上学。

それと同時にプラグマティズムはなんらか特殊な結果を表《あらわ》すものではない。それはただ一つの方法であるに過ぎない。しかしながらこの方法があまねく凱歌を奏するに至ったあかつきには、前講において私が哲学の「気質」と呼んだものに重大な変化が起こるであろう。極端な合理論的タイプの教師たちは、さながら官僚タイプの者が共和国にいたたまらなくなり、法王至上権論者的タイプの僧侶がプロテスタント国においていたたまらなくなるのと同じように、いたたまらなくなるに違いない。科学と形而上学とは更にいっそう接近し、事実において全く相提携《あいていけい》して働くに至るであろう。

譬えが分かりにくいですが、要は、「形而上学」を「哲学」にとって必要なものであると認めながら、プラグマティズムによる哲学の「気質 temperament」の改造が徹底的に実行されれば、「形而上学」がこれまでとは異なった性質のものになるだろう、と示唆しているわけです。ダメなタイプの「形而上学」というのは、次の段落で述べられているように、言葉を魔術的、呪文的に扱うものです。つまり、まるで魔術師が呪文を唱えることによって万物を思い通りに動かすように、特別な神秘的な言葉をマスターしていさえすれば、世界を支配できるかのような態度を取る形而上学です。旧約聖書に登場するソロモン王が妖精たちの名前を知っていて、その名を唱えることによって彼らを使役していたように、「神」「物質」「理性」「絶対者」「エネルギー」といった名前を知っていて、それを口にすることが、宇宙の謎を解き、宇宙の力を操ることに繋がるわけです。名前を知ることで支配するというのは、魔法・ファンタジー系のアニメでよく出てくる話ですね。『ゲド戦記』とか（笑）。

道具としての「プラグマティズム」

しかしながら、もし諸君がプラグマティックな方法に従おうとするならば、そういう言葉をえることで研究が終りを告げるものと考えることはできない。諸君はこれら一つ一つの言葉の実際的な掛値《かけね》のない価値を明示して、それを諸君の経験の流れのなかに入れて実際に活用してみなければならない。そうすればかかる言葉は解決であるよりもむしろこれからの仕事のためのプログラムであり、もっと詳《くわ》しくいえば、現在の実在がそういう風に変化されてゆくかもしれないその方向の暗示であるように思われる。

本来の「形而上学 metaphysics」とはどういうものかについて改めて定義されていませんが、文脈からすると、科学的思考の基礎になるような、「実在」についての私たちの基本的な考え方のことを「形而上学」と呼んでいるようです。ニュートラルな意味で「形而上学」と呼ばれるのは、通常そういうものです。因みにパースは、「哲学」を、経験が必然的に備えている性質について探究する「現象学 phenomenology」、経験に対する私たちの反応を探究する「規範学 normative sciences」としての「倫理学」「美学」「論理学」、対象の経験がリアルであるかどうかを確かめる「形而上学」の三部門に分類しています。ジェイムズもそれと同様に、「実在 reality」について批判的に検証し、その変容の可能性を探る基礎的な営みと見ているように思えます。

プラグマティズムの「道具主義」

「道具」というと、その時々の都合で便宜的に使い捨てするような負のイメージで捉えられがち。しかし、ジェイムズは、「形而上学」を呪文にしないように注意した。私たちの行動と直接結び付き、方向付けるような仕方で「実在」を捉えるための学にするうえで必要な態度のことを「形而上学」と呼んだ。

⇒概念のフェティシズムに陥らないよう、言葉から距離を取り、学説を流動化させようとする態度。

してみるともろもろの学説なるものは、そこにわれわれが安息することのできる謎の解答なのではなくて、謎を解くための道具であるということになる。われわれは学説の上に安住することなく、前進する。そうして時には学説の助けをかりて自然を作りかえることもある。プラグマティズムはあらゆる学説の角《かく》ばったところを取り除き、それをしなやかなものに矯《た》め直して、それぞれの学説を互いに円滑《えんかつ》に働かせようとする。本質的に新しいものではないのであるから、それは古来のあまたの哲学的傾向とよく調和する。例えば、つねに特殊に訴える点で名目論《めいもくろん》に一致し、実際的見地を強調する点においては功利主義に、ただ言葉の上だけの解決や無益や穿鑿《せんさく》や形而上学的な抽象を軽蔑《けいべつ》する点においては実証主義と一致する。

プラグマティズムは、「道具主義」であると言われますが、それは元々こういう発想だったわけです。「道具」というと、その時々の都合で便宜的に使い捨てするような負のイメージで捉えられがちですが、ジェイムズは、「形而上学」を呪文にしないように、私たちの行動と直接結び付き、方向付けるような仕方で「実在」を捉えるための学にするうえで必要な態度のことをそう表現しているわけです。要するに、概念のフェティシズムに陥らないように、言葉から距離を取り、学説を流動化させようとする態度です。

確かに哲学者は、学説を一度立てると、そこに安住し、自分が使っている

プラグマティズム

⇒哲学、学問の探究の「方法」についての提言ではあっても、特定の体系や結論に固執することはないので、あらゆる思想体系に対して中立。

言葉を呪文のように神聖視しがちです。実験科学だと、結果が、学説による予測とズレていれば、学説を変更せざるを得ません。哲学や、その基礎としての形而上学もそうなるべきだと言っているわけです。

「名目論」の原語は、〈nominalism〉で、現在では、「唯名論」と訳されていることが多いです。「特殊 particulars」に訴えるというのが分かりにくいですが、中世スコラ哲学の唯名論が、存在している具体的な「個物 particulars」だけであり、共通性を示すものに我々が名前を与えることによって「普遍 universals」＝類概念が生じるだけだ、という立場です。その逆に、「普遍」が実在すると主張するのが「実在論 realism」です。呼称から受ける印象とは逆に、唯名論の方が経験論的な発想をするわけです。ベンサムを元祖とする功利主義は一八世紀末、コント（一七九八－一八五七）を元祖とする「実証主義 positivism」が台頭してくるのは、一九世紀初頭です。因みに「実証主義」というのは、神学や形而上学を前提とせずに、経験的事実のみに基づいて学問、特に社会科学を構築して、社会の進歩に寄与しようとする運動、もしくはその影響を受けた学問論上の立場です。

ジェイムズは、プラグマティズムを最終的に次のように特徴付けます。

> プラグマティックはそれの方法のほかにはなんら定説をもっていないし、また主義をももってはいない。かの若いイタリアのプラグマティスト、パピニがいみじくもいったように、プラグマティズムは、ホテルの廊下のように、もろもろの学説の中央に位《くらい》しているものである。無数の室がこの廊下に面して開いている。

プラグマティックな方法なるものは、なんら特殊な結果なのではなく、定位の態度であるに過ぎない。すなわち、最初のもの、原理、「範疇」、仮想的必然性から顔をそむけて、最後のもの、結実、帰結、事実に向おうとする態度なのである。

プラグマティズムは、哲学、学問の探究の「方法」についての提言ではあっても、特定の体系や結論に固執することはないので、あらゆる思想体系に対して中立であるというわけですね。ジョヴァンニ・パピニ（一八八一－一九五六）は、イタリアのジャーナリスト、エッセイストで、その初期の思想においてジェイムズの影響を強く受けたことが知られています。論説「哲学者たちの黄昏 Il Crepuscolo dei Filosofi」（一九〇六）で、カント、ヘーゲル、コント、スペンサー等の主要な哲学者の体系を徹底批判しています。

この後の箇所に、プラグマティズムは、現在では「真理論」の意味でも使われるようになっていると述べられていますね。この真理観についての議論は次回読む第六講に出てきます。次に、近代の経験科学の発展とプラグマティズムの関係について論じられていますね。

近代科学とプラグマティズム

こんにち哲学の諸部門のうちで最も研究の効果を収めているものの一つは、帰納的《きのうてき》論理学と呼ばれるもの、すなわちこんにちの諸科学を発達せしめた諸条件の研究である。この問題について書いている学者たちは、自然の法則や事実の要素が数学者や物理学者や化学者たちによって公式化される場合何を意味するかということについて、完全な意見の一致を示しはじめた。数学や論理学や自然界における斉一性（せいいっせい）の関係、すなわち法則がはじめて発見されたとき、そのあまりの明瞭さ、美しさ、単純さに魅了されて、ために人々は全能なる神の永遠の思想を誤りなく判読しえたものと信じた。神の心もまた三段論法の形をとって鳴動し、反響するのであった。神もまた円錐曲線（えんすい）や平方と根や比例をもって思考し、ユークリッドと同じ幾何学の原理を用いるのであった。ケプラーの法則も遊星のこれに従うように神の造り給うたものであった。

少しごちゃごちゃしていますが、要は、科学思想史の教科書に書いてあるようなことを述べているわけです。近代において、帰納論理に裏打ちされた自然科学が急速に発達し、数学や論理学の世界、自然界を支配する斉一性（uniformity）を示す諸「法則」が発見されると、神は美しい数学的な法則によって宇宙を創りたもうたという考えが生まれてきた、ということです。ご存知のように、ケプラー（一五七一―一六三〇）はドイツの天文学者で、惑星の公転周期の二乗は、軌道の長半径の三乗に比例するケプラーの三法則を発見したことで有名です。第三法則は、惑星の公転周期の二乗は、軌道の長半径の三乗に比例する、という数学的な形で表現されます。ケプラーは、神は数学的法則に従って宇宙を創造したという自らの確信を証明するために天文学の研究に取り組みました。

しかし科学が更に進歩を遂げ（と）るにつれて、われわれの有する法則の大部分は、否おそらくは全部が、単に近似的なものであるに過ぎないという考え方が有力になってきた。のみならず、法則そのものが数えきれないほど多数となり、また科学のすべての部門においていくたの相対立する諸説がとなえられているので、研究者は、どの学説も絶対に実在を写したものではなく、ただ或る見地（けんち）からみれば有用でありうるというに過ぎないと考えるようになってきた。これらの諸説の大きい効用は古い事実を要約し、新しい事実に嚮導《きょうどう》することにある。これらの諸説はしょせん人造語でしかない、誰かが名づけたように、われわれが自然についておこなった研究の報告を書き込んでゆく一種の概念の速記に過ぎない。

これもまどろこしい言い方をしていますが、趣旨は分かりますね。近代の初期には、ケプラーやニュートンのように、数学的で精密な形で自然の法則を記述する業績が出てきたので、神の創造の法則を感じやすかったけど、更に自然科学が発達すると、同じ実験・観察結果を異なった理論によって説明することが可能である、どの理論が正しいのか決定的な決め手がないという状況がしばしば生じてきた、ということです。学説や概念は、単に起こったことを暫定的・近似的に書きとめたものにすぎない、という見方が生まれてきたわけです。例えば、光は粒子か波動かというニュートン以来の論争は、一九世紀の実験科学の発展によっても決着は付きませんでした——光=量子説によって、それなりの決着が付くのは、ジェイムズのこの講演のしばらく後のことです。そうなると、学説が美しく見えても、それがそのまま神の創造の法則を反映しているとは言えなくなります。プラグマティズム的な見方をせざるをえなくなってきたわけです。

マッハ

次の頁に科学論理学から神秘的必然性を駆逐した人たちとして、「ジークヴァルト、マッハ、オストヴァルト、ピアソン、ミロー、ポアンカレ、デュエーム、リュイッサン」の名前が挙げられていますね。クリストフ・フォン・ジークヴァルト（一八三〇－一九〇四）というのは、ドイツの論理学者で、その主著『論理学』（一八七三）は、ドイツと英国の論理学に決定的な影響を与えたとされています。論理学の基礎は心理学的事実であるとする心理学主義の立場を取り、ベーコン（一五六

「デュエム＝クワイン・テーゼ」

クワインは論文「経験主義の二つのドグマ」（1951）で、科学を構成する諸命題は、相互に支え合いながら一つの体系を成しているのであり、単独で絶対的に正しいと証明できる命題というものはないことを主張。この見方が全体論（wholism）と呼ぶ。

※元々、デュエムが物理学の諸仮説の検証に関して言ったことを、科学一般の在り方へと拡大する形で展開した。元々のテーゼは、一つの物理学的実験で何かを検証しようとする時、様々な補助仮説が必要になるので、一つの仮説を単独で完全に証明し切ることはできない、というもの。※詳しくは、［講義］第六回で説明。

一ー一六二六）、ヒューム、ミルなどによって開拓された帰納論理を重視しています。マッハはご存知のように、音速単位名にもなった物理学者のエルンスト・マッハ（一八三八ー一九一六）のことで、科学哲学者としては、絶対的な時空間を想定するニュートン力学を形而上学的だとして批判したことや、精神＝主体／物質＝客体という近代的な二元論による偏見に囚われることなく、物理学的なものも含めた諸現象を、諸感覚の複合体として捉え直すべきだとする、感覚要素一元論を提唱したことが知られています。彼によれば、科学の目標は、感覚的諸要素の相互関係を、思惟の経済（Denkökonomie）の原理に従って、つまりできるだけ簡潔に記述することです。徹底した唯物論の立場に立つレーニン（一八七〇ー一九二四）は、マッハを相対主義の権化として徹底批判します。カール・ピアソン（一八五七ー一九三六）は数理統計学者、優生学者で、科学の本質を論じた著作『科学の文法』（一八九二）はアインシュタイン（一八七九ー一九五五）に強い影響を与えたとされています。この著作では、自然科学の法則は観察者の能力に相関的であるという見方を示しています。ガストン・ミロー（一八五八ー一九一八）は、フランスの哲学者・科学史家で、経験論と実証主義を否定し、直観こそが私たちの概念の起源であると主張します。アンリ・ポワンカレ（一八五四ー一九一二）はフランスの数学者、理論物理学者です。数学の基礎をめぐる世紀末の論争では、ヒルベルト（一八六二ー一九四三）の形式主義を批判して、直観主義の立場を取ります。また相対性理論の土台となった、運動する物体における時空の相対性をめぐる論争にも参加しています。テオドール・ユジェーヌ・セザール・リュイッサン（一八六八－一九六七）はフランスの哲学史家で、『判断の心理学的進化論』（一九〇一）という著作で、判断をはじめとする人間の意識の諸形態が環境への適応を通してどのように進化するかを心理学的に記述しています。

フランスの物理学者ピエール・デュエム（一八六一－一九一六）は、その後のプラグマティズムの歴史から見て特別な意味があります。前回少しだけお話しした、ネオ・プラグマティズムのクワインに関して、「デュエム＝クワイン・テーゼ」と呼ばれるテーゼがありますが、そのデュエムです。クワインは論文「経験主義の二つのドグマ」（一九五一）で、科学を構成する諸命題は、相互に支え合いながら一つの体系を成しているのであり、単独で絶対的に正しいと証明できる命題というものはないことを主張しました。この見方を全体論（wholism）と言います。元々、デュエムが物理学の諸仮説の検証に関して言ったことを、科学一般の在り方へと拡大する形で、展開したものです。デュエムの元々のテーゼは、一つの物理学的実験で何かを検証しようとする時、様々な補助仮説が必要になるので、一つの仮説を単独で完全に証明し切ることはできない、というものです。これは少し考えてみたら分かることですね。例えば、ある仮説に基づく、ある物質の速度の変化を測定しようとすると、基準になる長さの測定や時間を測定するための

デュエム

機器が必要になるので、それらの機器が正確であることを裏付けする仮説と検証が必要ですし、当然のことながら、その仮説で想定されているのとは異なる要因の有無についての仮説と検証も必要です。それらの補助仮説には更に別の補助仮説がくっついていて、それらの仮説群が互いに支え合いながら物理学を構成しているわけです。デュエムの名前にジェイムズが言及していることは、意味深な感じがしますね。

今やシラーおよびデューイの両氏は、かかる科学的論理学の潮流の最前線に立ち現われて、いかなる場合でも真理は何を意味するかについて、プラグマティックな説明を与えている。いかなる場合でも、とこれらの教師たちはいう、われわれの観念や信念における「真理」は、科学においていわれる真理と全く同一のものである。つまり真理とは、彼らによれば、観念（それ自身われわれの経験の部分に過ぎないものであるが）が真なるものとなるのは、この観念によってわれわれの経験の他の部分との満足な関係が保たれうるからであり、経験の他の諸部分を統括することができるし、また無限に相次いで生ずる特殊な現象を一々しらべなくとも概念的近路を通って経験部分の間を巧みに動きまわれるからである、というにほかならないのである。いわば、何かわれわれがそれに乗って歩くことのできるといったような観念、うまく物と物との間をつなぎ、なんの不安もなく動いて行き、ことがらを簡略にし労力を省《はぶ》きながら、われわれの経験の一つの部分から他の部分へと順調にわれわれを運んで行ってくれるような観念、これがまさしくこれだけの意味によって真であり、それだけの範囲において真であり、道具という意味で真なのである。

前回お話ししたように、パースとジェイムズはハーバードの先輩後輩の関係で、「形而上学クラブ」に属していた仲間ですが、彼らとデューイの間に直接の師弟関係はありませんし、パースがジョンズ・ホプキンス大学で教えていた時期にデューイは多少影響を受けた程度です。しかし結果的に、デューイの哲学的方向性がジェイムズの目指していたものと一致していることが明らかになったわけです。デューイがシカゴ大学の教授に就任したのが一八九四年です。九〇年代以降のデューイは、教育哲学や機能心理学で大きな業績を挙げ、哲学者として影響力を増していきます。彼は、自らの科学方法論的な立場を、「道具主義 instrumentalism」と呼ぶことを好んでいたようですが、ジェイムズはそれを「プラグマティズム」とほぼ同じものと見なしたわけです。

フェルディナント・カニング・スコット・シラー（一八六四―一九三七）は、名前から分かるように元々ドイツ人ですが、オクスフォード大学で勉強し、アメリカのコーネル大学や南カリフォルニア大学、オクスフォード大学などで教鞭を執っています。最初の著作『スフィンクスの謎』（一八九一）で、自由意志、意識、神、目的といった高次の問いに答えることのできない現実主義と、経験的な事実に関する問いに答えることのできない観念論＝理想主義の双方を批判し、具体的かつ体系的で、諸科学の成果を取り込んだ「具体的形而上学的方法 the concrete metaphysical method」が必要であると主張します。これは、合理論と経験論を融和させようとする、ジェイムズのそれに近い発想です。この本を出した少し後で、シラーはジェイムズと知り合いになり、それを機に、「プラグマティズム」を拡大・発展させることに取り組むようになります。ただし、シラーは、自分自身の立場を、「ヒューマニズム humanism」と呼んでいました。今回の連続講義では読めませんが、第七講の「プラグマティズムと人本主義」では、プラグマティズムの変種としての、「ヒューマニズム（人本主義）」の思想が紹介されています。

ジェイムズは、プラグマティズムがデューイやシラーのような若手によって更に発展させられつつあることを歓迎しているわけですね。先ほど引用したところでジェイムズが述べているのは、「真理 truth」というのは、私たちが自らの諸「経験」をうまく統合的に把握することを可能にし、スムーズに行動できるように導いてくれる観念だ、ということですね。日常生活でも私たちはそのような「真理」を利用しているけれど、科学における「真理」も基本的にそれと同じで、前者を「一般化 generalize」したものです。

この第二講では、自然科学の発展に伴って生まれてきた、道具としての「理論」観と関連付けて、プラグマティズムの意義が説かれているわけですが、五二頁に、ラジウムの例が出てきます。ラジウムの存在が私たちの経験にもたらす変化が、プラグマティズムの観点からテーマ化されています。

いつぞやラジウムが日々の内容の一部となった頃のこと、ラジウムはしばらくの間は、全自然の秩序、すなわちエネルギー保存と称せられるものと同一視されてきたあの秩序についてわれわれの有する観念と矛盾するように思われた。ラジウムそれ自身の内部からはてしなく熱を放散するのをただ見ていると、エネルギー保存の法則に背《そむ》くように思われたのである。果してそうであろうか。もしラジウムの放射が、あらかじめ原子内に含まれてある、それと気づかれない、「潜在的」エネルギーの逸出にほかならないとすれば、エネルギー保存の原理は犯《おか》されることはないであろう。放射の結果として「ヘリウム」が発見されたために、そう信じられるに至ったのである。かくしてラムゼーの見解は一般に真であると見られるに至ったが、それは彼の見解が、われわれの旧いエネルギー観を拡張するものではあるが、その本質については、最小限の変更しか惹《ひ》き起こしていないからである。

キュリー夫妻（ピエール（一八五九―一九〇六）、マリ（一八六七―一九三四））によってラジウムが発見されたのが、一八九八年のことです。放射性物質であるラジウムは、熱を放散しますが、放っておいても熱エネルギーを出すとすれば、エネルギー保存の法則に反することになります。英国の物理学者のジュール（一八一八―八九）やドイツの物理学者ヘルムホルツ（一八二一―九四）によってエネルギー保存の法則が発見されたのは、一九世紀の四〇年代なので、既に科学の常識になっていたわけです。ヘリウムを発見したのは、スコットランドの物理学者ウィリアム・ラムゼー（一八五二―一九一六）です。彼は、それまで太陽のスペクトル観測によってその存在が予測されていたヘリウムを、一八九五年にウラン鉱に含まれていることを発見し、一九〇三年には、ウラン鉱の中でヘリウムが見出されるのは、ウランがアルファ線を放出する崩壊をしているからだということを発見します。アルファ線というのは、ヘリウム原子核から構成されています。原子核の存在がちゃんと発見されるのはもう少し後のことですし、核の結合エネルギーが明らかになるのはそれより更に後のことですが、ラムゼーは、それに相当する「潜在的」エネルギー――原語は〈'potential' energy〉なので、新しい種類の「位置（ポテンシャル）エネルギー potential energy」という意味合いも込められているのでしょう――が原子の中に潜在すると仮定することで、エネルギー保存の法則を暫定的に救済したわけです。エネルギー保存の法則を否定してしまうと、物理学全体が大本から揺らいでしまうけれど、それまで想定されていた、重力や電気のクーロン力の位置エネルギーとは違った種類の「潜在エネルギー」を新たに仮定するだけならば、物理学の危機はとりあえず回避できます。そういう最小限の変化で、経験的諸事実の整合性を保つような解決を志向する発想こそが、プラグマティズム的だというわけです。

一九〇五年には既にアインシュタインの特殊相対性理論が発見されており、二〇年代の半ばにハイゼンベルク（一九〇一―七六）とシュレディンガー（一八八七―一九六一）によって量子力学の基礎が築かれ、物理学が大きく変化したことから考えると、放射線のエネルギーをめぐる問題は最小限の変化で処理すればいい、というジェイムズの発言は間が抜けているような気もします。後にトーマス・クーン（一九二二―九六）が「パラダイム・シフト」と表現したような大転換のことも考えるべきではないか、しかし、そういうのは後付け的な批判でしかありませんし、科学哲学・科学史的な発想としては、それほどおかしくないですね。ともかく、ジェイムズは次のように話を続けます。

これ以上実例を列挙する必要はあるまい。新しい意見は、それが新しい経験をストックされている信念に同化せしめようとする個人の要求を満足させる程度に正比例して、「真」と考えられるのである。

新しい意見は旧い真理に頼るとともに新しい事実を捕えねばならない。これをなしうるか否かということは（今しがたいったように）各人の評価の問題である。だから旧い真理が新しい真理の附加によって成長してゆくといっても、それは主観的理由によるものである。われわれは現にかかる心的作用を営《いとな》みつつあるのであり、またかかる主観的理由に従っているのである。われわれのかかる二重の要求を満足せしめるというその機能をもっともうまく発揮する新しい観念がもっとも真なるものなのである。新しい観念はその働き方によって、みずから真なるものとなり、みずから真なるものの列に加えられてゆく。

「ヒューム的真理観」と「常識 common sense」

ここを読むと、「道具主義」についての通俗的なイメージがかなり変わりますね。新しい「真理」が出てきたら、古い「真理」が役目を終えて廃棄されるというわけではありません。古くからの真理は、後にクワインがデュエムを援用して詳細に論じるように、体系をなして支え合っていて、その体系に依拠することで、私たちはスムーズに行動し、新しい知の探究に向かうこともできます。新しい「真理」は、新しい事実を説明すると同時に、その従来の概念体系に適合するようなものになっていないといけない。そうでないと、私たちの心的作用に適合しません――「心的作用」は、原文では単に〈process〉となっていますが、「心的」というのは訳者の意訳的付け足しでしょう。「主観的理由 subjective reasons」というのは、心の習慣的な働き方に起因する、というような意味です。プラグマティズムは新し物好きというイメージがありますが、こういう発想はむしろ、心の習慣を重視するヒュームの発想に近いような気がします。そのヒュームはしばしば政治的保守主義の先駆者と見なされます――この点については、拙著『精神論ぬきの保守主義』（新潮社）をご覧下さい。

さてデューイおよびシラーはこの観察を一般化し、それをもっとも旧い時代の真理に適用しようとする。それらの真理もかつて形成されたものであり、人間的な理由からして真理と呼ばれたものであった。それらの真理も、なおいっそう旧い時代の真理と、その当時においては新奇であった観察との調停の役を果したのである。純粋に客観的な真理、それを確立するにあたって経験の先立つ部分と新しい部分とをめあわすことに人間的な満足感を覚えさせるという機能がなんらの役割をも演じなかったというような真理などは、どこにもありえない。なぜものごとが真であるかの理由は、なぜわれわれがものごとを真と呼ぶかの理由なのである。なぜかというに、「真である」とはこの仲人《なこうど》役を果たすことを意味するにすぎないからである。

ジェイムズ自身だけでなく、デューイやシラーも、ヒューム的な真理観を抱いているというわけですね。真理が、「ストックされている信念 beliefs in stock」の体系を壊さないで、新しい実験的・観察的事実を取り込む仲介役を果たしているというのは、最近始まったことではなく、私たちの知識の歴史と共に始まった、というわけです。古くから受け継がれてきた基本的な真理で、私たちの考え方を深いところで規定し、安定化させているもののことをジェイムズは「常識 common sense」と呼んでいます。この少し後で告知されているように、第五講の「プラグマティズムと常識」で、「常識」について論じられます。この章もこの連続講義の中で本格的に取り上げることはできませんが、簡単に言うと、世界に対する私たちの見方には、「常識」「科学 science」「批判的哲学 critical philosophy」の三つのレベルがあるという議論になっています。「常識」は事物を素朴に捉えようとするのに対して、「科学」はその「常識」の世界の向こう側に、原子、エーテル、磁場などを想定し、「批判的哲学」は全ての実在を批判的に見るように促します。プラグマティズムは、その内のどれか一つだけを正当化するのではなく、生活の領域ごと、目的ごとに、どれがより真であるかが決まって来る、という道具主義的態度を取るということです。「プラグマティズム」は、古くからある「常識」の役割の重要さを認めるわけです。

宗教とプラグマティズムの柔軟性と中立性

第二講はこのように、中立と言いながら、どちらかというと、「経験論」に有利な方向に話が進んで行きますが、終わりの方になると、方向転換して、プラグマティズムと宗教の近さを示唆します。五九頁をご覧下さい。

> さてプラグマティズムは、事実に執着《しゅうちゃく》するといっても、ふつうの経験論がそのために苦しむような唯物論的偏見《へんけん》をもってはいない。かつまたプラグマティズムは、抽象物の助けによって諸君が個々の事物の間を自由に動きまわることができ、そしてその抽象物が現実的に諸君になんらかの実《みの》りを結ばせるものであるかぎり、抽象物を作り上げることになんら異議をさしはさむものでもない。プラグマティズムは、われわれの精神とわれわれの経験とが相たずさえて作り出す結論以外の結論にはまったく無関心であるが、頭っから神学を否定するような偏見をもってはいない。もし神学上の諸観念が具体的生命にとって価値を有することが事実において明らかであるならば、それらの観念は、そのかぎりにおいて善である、そしてかかる意味で、プラグマティズムにとって真であるだろう。なぜなら、その観念がそれ以上にどれだけ真であるかということは、ひとしく承認されねばならない他のもろもろの真理との関係にもっぱら依存するであろうから。

私たちの行動に繋がる現実以外のことには無関心であると言う一方で、神学的な諸観念が私たちの生活に具体的に役に立つのであれば、「善 good」であり、プラグマティズムにとって「真 true」である、と言っているわけですね。「善」と訳されていますが、むしろ、日本語の形容詞の「良い」の意味に近いですね――倫理学・政治哲学では、〈good〉を「善」と訳すのが慣例になっていますが、英語の〈good〉には必ずしも善悪の善のような意味はなく、「役に立つ good for」＝「良」に近いニュアンスで使われることの方が多いです。宗教的な「善」の効用についても、先ほどの科学的な真理の場合と同様に、それ単独で決まるわけではなく、他の真理とうまく整合性があるかどうかにかかっているわけですね。

現実と接点のない抽象的な〝真理〟を掲げるのではなく、私たちの日常的な行動に密着し、良い方向へと導いてくれるような「宗教」であれば、「善」であり「真」であると認めるわけです。例えば、「絶対者 the Absolute」という観念についても、そういう存在がいて、私たちの運命を支配していると信じることで慰めを得ることができるのであれば、「真」であるということになるわけです。

この宇宙は個々の成員が時には心のはりをゆるめてよいような組織体であり、そこではものにこだわらない気分がまた人間にふさわしく、そして精神の休暇というものが日程《にってい》に入っている――このことが、もし私の思い違いでなければ、「として知られて」いる絶対者の少くとも一部分である。これが絶対者が真であると考えることによってわれわれの特殊な経験に生じてくるわれわれにとっての大きな違いである。これが絶対者をプラグマティックに解釈する場合の現金価値なのである。専門家でないふつうの哲学愛読者は、よし絶対的な観念論に好意をよせるにしても、絶対者の概念をこれ以上にはとぎすませようとはあえてしない。彼らは上に述べた範囲内で絶対者を役立てることができ、そしてそのかぎりにおいてそれはきわめて貴重である。それだから、諸君が猜疑《さいぎ》の心をもって絶対者について語るのを聞くと、彼らは心を痛める、そしてそうした諸君の批評を無視してしまう。それは、諸君の批評が彼らのついて行けないような絶対者の概念の諸相を論じているからなのである。

もし絶対者がこういう意味のものでありそしてそれ以上のものを意味しないとすれば、その真理を誰が否定しえよう。それを否定するのは、人は決して心をくつろげてはならない、休暇などは決して日程にいれてはならない、と主張するにひとしいであろう。

プラグマティズム流の「実在」理解

⇒プラグマティズム流に考えれば、「絶対者」を完全に概念規定する必要などなく、「Xとして知られている」、そのXという側面が役に立てばいい。

「として知られている」というのは、先ほど出てきた、ホジソンに習った、プラグマティズム流の「実在」理解です。つまり、プラグマティズム流に考えれば、「絶対者」を完全に概念規定する必要などなくて、「Xとして知られている」、そのXという側面が役に立てばいいわけです。専門的な哲学者に比べて、普通の哲学愛好者は、「絶対者」についてそれほどシャープな概念を持っておらず、「絶対者」を信ずることで、気が休まるという程度のことが多いかもしれない。哲学者はそれではダメだということで批判的に物事を見ること、「絶対者」という概念を持つなら、もっと厳密に定義すべきだと教えようとするけれど、それは普通の人にとっては何の役にも立たないどころか、かえって、精神の休暇を取る機会を失うことになりかねない。だとすれば、少なくとも、その人たちにとっては「絶対者」という観念は「真」であるということになります。

無論、心の平安に「絶対者」を真であるということにすると、それによってかえって多くの利益を失うことになるかもしれません。最新の科学技術によって獲得される真理を無視してしまうとか。ジェイムズものことは十分意識していて、この後の箇所で、「信仰」によってより多くの利益が失われない、ということが前提になる、と断っています。人生にとっての「善」という観点から、経験論によってその理論的基盤を奪われつつある、「信仰」を救い出そうとするわけです。

以上によって諸君は、私がプラグマティズムをひとつの仲介者、調停者と呼び、かつパピニの言葉をかりて、プラグマティズムはもろもろの学説を「硬化《こうか》させない」ものであるといった意味を了解《りようかい》せられたであろう。プラグマティズムはいかなる偏見も、他を妨げるようなドグマも、準拠《じゆんきよ》と見なされるような厳《きび》しい条規ももってはいない。プラグマティズムはまったく親切である。それはどんな仮説でも受け入れ、どんなわかりきったことでも考慮に入れるであろう。それだからプラグマティズムは宗教の領域においては、反神学的な偏執《へんしゆう》を有する実証主義的経験論と、幽遠なもの、高貴なもの、単純なもの、抽象的な概念にもっぱら興味を寄せる宗教的合理論とのどちらよりもはるかに有利な地歩をしめることになる。

要するにプラグマティズムは神の探究の範囲を拡大する。合理論は論理と天空に執着する。経験論は外的な感覚に執着する。プラグマティズムはどんなものでも取り上げ、論理にも従えばまた感覚にも従い、最も卑近《ひきん》な最も個人的な経験までも考慮しようとする。神秘な経験でも、それが実際的な効果をもっている場合には、これを考慮するであろう。プラグマティズムは私的な事実のけがれの真《ま》っただなかに――もしそれが神を見出せそうに思える場所であるなら――そこに住みたもう神を捉えようとする。

前の方の段落では、これまでの議論のまとめとして、プラグマティズムは自らの教理を持たないので、様々な理論の間の「仲介者 mediator」あるいは「調停者 reconciler」の役割を果たし得ることを強調しているだけに見えますが、後の段落では、そうした自由な立場ゆえのメリットが強調されていますね。合理論が美しい観念の体系を掲げ、経験論がそういうものは経験的事実によって証明されないと言って真っ向対立するのに対し、固有の足場を持たないプラグマティズムは、理論的に一般化することが難しい「個人的な経験 personal experiences」や「私的な事実」に注目し、そこで何が有用な観念あるいは経験として作用しているのか探究することもできるわけです。他の人には、外観からしか窺い知ることができない「神秘な経験 mystical experiences」と、そこで把握される神的な観念の効用についても論じることができるわけです。

神秘体験についての高尚な神学的理論なら従来からありますが、それが個人の生活にどのように「役に立つ」かについて——単なる、説教で引き合いに出される〝いい話〟のような形ではなく——学問的に論じるというような理論は確かにあまり聞いたことがないですね。ジェイムズの主著『宗教的経験の諸相』では、まさにそうした角度から、宗教的経験、特に神秘性を伴った回心という現象が分析されています。宗教的信仰の効用一般については、次回読む第八講で論じられています。

このようにプラグマティズムの中立性と柔軟性を強調する形で、第二講は締めくくられます。

■質疑応答

Q　ラストに出てきた絶対者、宗教に関することです。宗教的な概念が有用性を持つのは、個人にとってなのか、それとも社会にとってなのか、どういう風に人間の生活に関係するのでしょうか？

A　主要著作である『宗教的経験の諸相』のタイトルから分かるように、ジェイムズが焦点を当てているのは、個人です。「宗教的経験」、特に回心の経験は、基本的には個人の内面で起こるものです。教派によっては、集団で神秘体験することを重視するものもありますが、ジェイムズはそういう側面には焦点を当てていません。ジェイムズは心理学者なので、神秘体験する個人の意識に焦点を当てるのは当然のことでしょう。無論、効用ということからすれば、社会的制度としての教会・教団のことも考えるべきでしょうが、ジェイムズたちは、そういう方面の研究はやっていません。バーク（一七二七－九七）のような英国の保守主義者は、制度としての宗教の効用を重視しているのですが。制度的な宗教を拒否したエマソンの影響なのかもしれませんね。

Q　ジェイムズにとって哲学とは、全ての存在と認識の根拠になる第一哲学のようなものではなく、道徳哲学的なものなのでしょうか？

A　道徳哲学というのは、通常は、どういう状況でどういう行動を取るのが正しいのかを論じるものです。その意味では、ジェイムズのプラグマティズムは、道徳哲学ではありません。先ほどお話ししたように、特定の学説の帰結を支持するわけではないですから。ただ、どういう行為を「善い」と評価すべきかを、帰結という面から多角的に論じようとする、メタ倫理学的な側面はあると思います。

あと、「道徳」を、共同体のあり方に関する問題一般という意味で理解するのであれば、ジェイムズのプラグマティズムにもそういう側面はあるのではないかと思います。ジェイムズは個人の経験や行動、幸福に対する観念の影響に焦点を当てているわけですが、先ほどもお話ししたように、彼は観念の影響を個別に捉えているのではなく、体系的なものとして捉えています。そうした体系は、当然、共同体的に共有されたものでしょう。科学的真理は、科学者共同体に共有されていて、この共同体による共同の探究のツールとして意味を持つものですし、常識になると、国民的・文化的な共同体の中で広く共有される慣習との関係なしには意味を持ちえません。一人だけの「常識」はありえません。〈common sense〉という言葉の元になったラテン語の〈sensus communis（共通感覚）〉には、「共同体感覚」という意味合いも含まれています――この辺のことについては、中村雄二郎さん（一九二五－　）の『共通感覚論』（二〇〇〇年）に詳しく論じられています。そういう風に考えると、ジェイムズも、現代のコミュニタリアンのように、共同体的な「善」のことを想定していたはずですが、共同体との関係は明示的には論じていません。

デューイは、民主主義を支えるコミュニケーションや世論については論じていますが、慣習的・共同体的に共有されている規範の機能についてさほど掘り下げて論じているわけではありません。後期のウィトゲンシュタイン（一八八九－一九五一）の言語ゲーム論の影響を受けて、言語の実践的機能に関心を持つようになった、ネオ・プラグマティストのローティは、そうした側面も視野に入れた社会哲学を展開しています。

［講義］第三回

「真理」について真剣に考える

――ジェイムズ『プラグマティズム』を読む3

「真なるもの」とは、ごく簡単にいえば、われわれの考え方の促進剤に過ぎないので、それは「正義」がわれわれの行い方の促進剤に過ぎないのと同様である。

ウィリアム・ジェイムズ『プラグマティズム』

真理と常識

この連続講義の第一、二回目でプラグマティズムとはどのような思想であり、何を目指しているのか概観しました。ジェイムズは、プラグマティズムが経験的事実を重視するけれど、同時に、神などの超越的な存在に対する信念や神秘体験も、その個人の行動に現われる結果の面から評価する柔軟性を持ち、合理論＝軟らかい心と、経験論＝硬い心を調和させることができる、ということでした。本日は第六講「プラグマティズムの真理観」と第八講「プラグマティズムと宗教」を見ていきます。

第六講は、第五講「プラグマティズムと常識」と密接に関連しています。前回お話ししたように、「常識」というのは古い時代に獲得されて、私たちの日常的行動の根本を規定するようになった「真理」です。「常識」は漠然とした形ではありますが、経験的事実を的確に捉えるよう私たちを導いてくれます。しかし私たちの経験的知識が蓄積されていくと、もっと精密かつ批判的に事実を捉える必要が出てきます。科学的な「真理」が登場してきます。少しだけ見ておきましょう。一二五頁をご覧下さい。

（…）事物についてのわれわれの根本的な考え方は、遠い遠い昔の祖先が発見したものであって、その後のあらゆる時代の経験を通じて保存されることのできたものである。この考え方は人間精神の発展における均衡の一大段階を、すなわち常識の段階を形づくっている。他の諸段階がこの段階の上に接《つ》ぎ重《かさ》ねられたが、これを押しのけることはかつてできなかった。

「常識」は人間が蓄積してきた真理の一番古い層を形成しているわけですね。この層は素朴に事物を捉えているだけで、不正確な所があります。近代においては、直接的に知覚することのできない法則を記述する「科学」や、全てを懐疑的に見る「批判的哲学」が台頭し、「常識」に対して攻撃をかけるようになったが、「常識」はまだ根強く人々の日常的な思考を規定していて、安定している。初回にお話ししたように、ジェイムズの生きた時代は、科学が急速に発達して、「常識」に強いゆさぶりがかけられ、唯物論や功利主義が台頭した時代です。ジェイムズは、「常識」「科学」「批判的哲学」にはそれぞれの強みがあるので、どれが絶対的に「真」とは言えない、現代では、いろんな「真理」の体系が対立し合っている、という認識を示します。そういう状況認識を前提に、第六講での真理論が展開されます。

主知主義とプラグマティズム――「観念」と「実在」の一致をめぐって

最初に、現代において「真理」について真剣に語っているのは、若い世代のプラグマティズムの代表であるシラーとデューイだけであるが、彼らの真理観が合理主義哲学者たちから誤解を受け、厳しく批判されている、しかし徐々に真理として認められつつある段階にある、ということが述べられていますね。

どんな辞書を見てもおわかりになる通り、真理とはわれわれの或る観念の性質である。虚偽が観念と実在との不一致を意味するように、真理は観念と「実在」との「一致」を意味している。プラグマティストと主知主義者とはどちらもこの定義を自明のこととして承認する。ただ「一致」という名辞が正確には何を意味するか、そして実在がそれにわれわれの観念の一致すべきものといわれるとき、こ

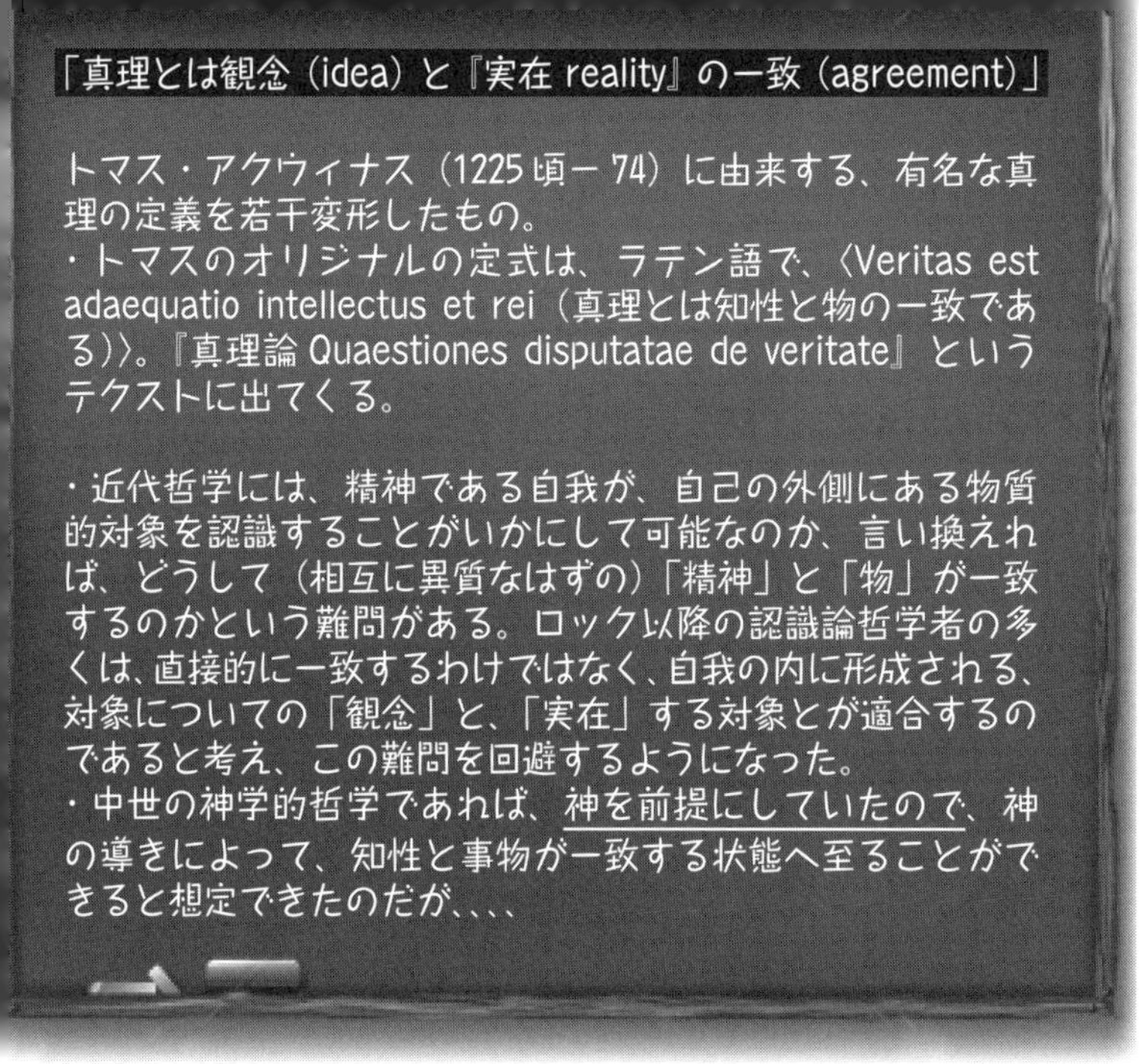
「真理とは観念（idea）と『実在 reality』の一致（agreement）」
トマス・アクウィナス（1225頃－74）に由来する、有名な真理の定義を若干変形したもの。
・トマスのオリジナルの定式は、ラテン語で、〈Veritas est adaequatio intellectus et rei（真理とは知性と物の一致である）〉。『真理論 Quaestiones disputatae de veritate』というテクストに出てくる。
・近代哲学には、精神である自我が、自己の外側にある物質的対象を認識することがいかにして可能なのか、言い換えれば、どうして（相互に異質なはずの）「精神」と「物」が一致するのかという難問がある。ロック以降の認識論哲学者の多くは、直接的に一致するわけではなく、自我の内に形成される、対象についての「観念」と、「実在」する対象とが適合するのであると考え、この難問を回避するようになった。
・中世の神学的哲学であれば、神を前提にしていたので、神の導きによって、知性と事物が一致する状態へ至ることができると想定できたのだが、、、

の「実在」という名辞は何を意味するのか、ということについて問題が提起されると、両者の論争がはじまるのである。

「真理とは観念（idea）と『実在 reality』の一致（agreement）」であるというのは、トマス・アクィナス（一二二五頃―七四）に由来する、有名な真理の定義を若干変形したものです。トマスのオリジナルの定式は、当然ラテン語で、〈Veritas est adaequatio intellectus et rei（真理とは知性と物の一致である）〉と言います。『真理論 Quaestiones disputatae de veritate』というテクストに出てきます。「知性」の代わりに「観念」と言っているのは、近代の認識論哲学の基本的な考え方がそうなっているからだと思います。近代哲学には、精神である自我が、自己の外側にある物質的対象を認識することがいかにして可能なのか、言い換えれば、どうして（相互に異質なはずの）「精神」と「物」が一致するのかという難問があります。ロック以降の認識論哲学者の多くは、直接的に一致するわけではなく、自我の内に形成される、対象

についての「観念」と、「実在」する対象とが適合するのであると考えて、この難問を回避するようになりました。中世の神学的哲学であれば、神を前提にしていたのであれば、神の導きによって、知性と事物が一致する状態へ至ることができると想定できたのですが、近代では、そうはいきません。

「主知主義者 intellectualist」というのは、「真理」の元々の定義が、「知性 (intellect) と物の一致」であったことからすると、「知性」の側に「観念」を介して「物」を正しく把握する力があると想定して、認識論を構築しようとする、オーソドックスな哲学者ということになるでしょう。プラグマティストは、「観念と実在の一致」という定義は彼らと共有するが、「実在」や「一致」の意味するところについては争う、というわけですね。因みに、ネオ・プラグマティストのローティはその哲学的主著『哲学と自然の鏡』(一九七九)で、近代の認識論系の哲学が「観念と実在の一致」に拘りすぎていることを批判し、哲学は、より実践的な問題に取り組むべきことを主張しています。そうしたローティの問題意識は、これから見るジェイムズの「真理」観と繋がっているかもしれません。

これらの問題に答えるにあたって、プラグマティストはより分析的でより慎重《しんちょう》であり、主知主義者はより無造作《むぞうさ》でより無反省的である。一般には、真の観念はその実在を模写しなければならぬ、と考えられている。他の一般の見解と同じく、この考えももっともふつうな経験の類推に従っている。感覚的な事物についてのわれわれの真の観念はまさしくその事物を模写している。試みに、眼をつむって向うの壁にかかっている時計を考えて見られよ、そしたら諸君はまさしく時計の文字盤《ダイヤル》の真の像ないし模写《コピー》を思い浮べられる。しかし時計の「仕掛け」についての諸君の観念は、(時計屋さんなら別であるが) なかなか模写とまではならない。けれどもその観念は決して実在と抵触《ていしょく》しないから、それで結構まに合って行くのである。かりにその観念がただ「仕掛《しか》け」という言葉だけに縮小したとしても、その言葉はそれでもなお真として諸君に役立つのである。ところが時計の「時間測定作用」とか、ゼンマイの「弾力性」とかとなると、諸君の観念が何を模写しうるかを正確に知ることはむつかしい。

私たちの一般的な印象としては、プラグマティズムはオーソドックスな哲学より雑な感じですが、ジェイムズはその逆だと言っているわけです。ジェイムズが問題にしているのは、一般的に「模写説」と呼ばれる考え方です。この考え方は、何となく納得しやすいですね。「実在」する「物」には、不変の本質や属性があり、（理性的な存在には）それを客観的に捉えることは可能であるということを大前提にすると、それを正しく写し取った「観念」を持つことが、（「精神」が）その「物」を正しく認識することである、というのはある意味自然なことです——「模写」の原語は〈copy〉です。現代哲学の真理論では、認識主体が抱く観念から、命題へと焦点がシフトされ、命題とそれによって記述される事実が対応していることを真理と見なす対応説（correspondence theory）という考え方があり、模倣説もこの中に包摂されると考えられています。因みに、先ほどのローティの著作の題名に入っている「自然の鏡 mirror of nature」というのは、自然界に実在する物を正しく映し出す、精神や命題、文という意味です。ローティは、精神がそういう鏡と見なすことには意味がないと揶揄しているわけですが。

ジェイムズは、私たちの日常経験からの類推（analogy）によって、模写説には一定の説得力があることを認めたうえで、しかしながら抽象的な観念については、模写ということでは説明しきれない、と指摘しているわけですね。確かに、個別の「時計」という機械を個物としてイメージすることはできますが、普通の人には時計の「仕掛け works」をイメージするのは難しいですね。ゼンマイがいくつかくっついているような漠然としたイメージしか浮かんできません。それだとまだ具体的な形があるのでいいのですが、「時間測定作用」とか「弾力性」とかになると、抽象的な概念なので、それを「模写」する形でイメージを形成することができません。複雑な形の物や抽象的な事物をどのように「観念」に写し取るのか、というのは近代の認識論哲学でずっと論じられてきた問題です。これはフッサールの現象学の原点にもなった問題です。

ここに問題があるのだ、ということに諸君は気づかれるはずである。われわれの観念がその対象を正確に模写しえない場合、その対象との一致ということは何を意味するのであろうか？　或る観念論者は、われわれが神の意にしたがってその対象をどうしてもそう考えざるをえないような観念であれば、その観念はつねに真である、と主張しているようである。また他の観念論者はあくまでも模写説を固守して、われわれの観念は絶対者の永遠なる考え方の模写であることに近づく度合に比例してそれだけ真理を所有している、という風に説いている。

厳密に考えると、「一致」というのはどういうことか分からなくなってくるわけですが、観念論系の哲学者たちは再び神を持ち出して、「一致」は成立すると強弁したわけです。実際、デカルト、ライプニッツ、バークリー等は神によって「一致」を説明しようとしました。神の意に従って認識するというのは、中世のスコラ哲学に由来する神学的な認識論を継承する真理論で、「絶対者の永遠なる考え方」との近さを基準にする模写説というのは、認識主体としての人間の自律性を認めるより近代的な真理論ですが、いずれも形而上学的・神的な存在の想定によって難問を回避しているわけです。

これらの見解はプラグマティックな論議を誘発せずにはおかない。ところで、主知主義者の大きい仮定となっているのは、真理は本質的に不活動な静的な関係を意味する、ということである。そこでもし諸君が何ものかについて真の観念をえてしまったとすると、それでもうおしまいなのである。諸君は真理を所有している。諸君は認識している。諸君は諸君の思惟するという運命を成就《じょうじゅ》してしまったのである。諸君は諸君の心のまさにあるべきところにある。諸君は諸君の絶対的命令に服してしまった。だから諸君の理性的存在としての運命の最高の段階に達したからには、もはや上るべき階段はないのである。

何だか禅問答のような感じがしますが、肝心なのは、真理が「本質的に不活動な静的な関係 inert static relation」であるということです。「不活動」というのは、変化がなくなり、その状態が固定化するということです。物理学の慣性の法則を英語で〈law of inertia〉と言いますが、〈inert〉という形容詞には、「慣性的」という意味合いも込められていると思います。いずれにしても、「観念」と「事物」が一致したといったん信じられると、それで「真理」は明らかになったので、探究は終わりだということになりがちです。言い換えると、それ以外の〝真理〟はあり得ないと信じてしまって、その問題についてそれ以上考えるのをやめてしまいます。ジェイムズは、そういう真理の静止状態を問題視しているわけです。

これに反してプラグマティズムは例のお得意の質問を発していう。「ひとつの観念ないし信念が真であると認めると、その真であることからわれわれの現実生活においていかなる具体的な差異が生じてくるであろうか？　その真理はいかに実現されるであろうか？　信念が間違っている場合にえられる経験とどのような経験の異りがでてくるであろうか？　つづめていえば、経験界の通貨にしてその真理の現金価値はどれだけなのか？」

プラグマティズムは、この疑問を発するや否や、こう答える。真の観念とはわれわれが同化し、効力あらしめ、確認しそして験証することのできる観念である。偽なる観念とはそうできない観念である。これが真理の観念をもつことからわれわれに生ずる実際的な差異である。したがってそれが真理の意味である。それが真理が真理として知られるすべてであるからである。

いかにもという感じの設問をして、やはりいかにもという答えを示している感じがしますが、傍点で強調されているところに注目して下さい。「真の観念」の作用について述べられているわけですが、「同化する assimilate」「効力あらしめる validate」「確認する corroborate」「験（検）証 verify する」の四つが、それぞれどういう意味か確認しておきましょう。「同化する」というのは、前回第二講と第五講に即して見たように、それまでの使われてきた諸真理の体系と整合性が取れるようにすることだと考えられます。他の真理との整合性に基づいて、真／偽を判定しようとする立場は、現代の哲学では、「整合説 coherence theory」と呼ばれますが、プラグマティズムには整合説的な側面もあるわけです。〈validate〉を「効力あらしめる」と訳すと、法律用語みたいで、難しい感じになりますが、「同化」との繋がりで考えれば、一定の真理の体系を前提にして、科学とか法律とか教育とかを実践している人々の間で正当なものとして「通用する」、というような意味でしょう。〈corroborate〉は、更なる証拠によって補強するというのが元々の意味です。〈verify〉は〈corroborate〉とほぼ同義ですが、実験で「検証する」という意味合いがあると思います。パースは、一九〇三年にハーバードで行ったプラグマティズムについての講義の中で、仮説が許容される条件として、「実験的検証 experimental verification」が必要であると論じています。一九二〇年代に台頭したウィーン学団の論理実証主義では、命題が経験的意味を持つための条件としての、「検証可能性 verifiability」がクローズアップされることになります。ジェイムズ自身は、『真理の意味』（一九〇九）という著作で、「検証」を長期的なプロセスとして描き出しています。

「真理」を能動化する

そういうことを念頭に置いて、次の段落をご覧下さい。

> この提言を私は今から弁護してゆかねばならぬ。ひとつの観念の真理とはその観念に内属する動かぬ性質などではない。真理は観念に起こってくるのである。それは真となるのである。出来事によって真となされるのである。真理の真理性は、事実において、ひとつの出来事、ひとつの過程たるにある、すなわち、真理が自己みずからを真理としてなして行く過程、真理の真理化の過程たるにある。真理の効力とは真理の効力化の過程なのである。

「真理は観念に起こってくる Truth happens to an idea」、「それは真となる It becomes true」というのは印象的な表現ですね。ある「観念」が、真理であるかどうかがアプリオリに決まっているわけではなく、ある過程の中で「真理」になる、というわけです。言い換えれば、内容的には同じ観念であっても、当初は「真理」としてのステータスがなかったものが、一定の検証の過程を経ていく中でそのステータスを獲得して、「真理」になるわけです。

「真理化」の原語は〈*veri-fication*〉です。先ほど出てきた「検証 verification」を、ハイフンで区切って、後半部を強調しているわけです。これは〈verification〉という言葉の語源が、「真である」ことを意味するラテン語の形容詞〈verus〉であるからです。〈verus〉を動詞形にした〈verificare〉から、英語の〈verify〉が派生しました。フランス語だと「真理」を意味する名詞は〈vérité〉なので、動詞〈vérifier〉との繋がりを意識しやすいですが、英語だと〈truth〉という別系統の言葉を使っているので、〈verify〉が元々「真理」と関係している動詞であることを強調する必要があるわけです。更に言えば、〈verificare〉は、〈verus〉と、

「真理化」の原語は〈veri-*fication*〉

「検証 verification」を、ハイフンで区切って、後半部を強調。
※これは〈verification〉という言葉の語源が、「真である」ことを意味するラテン語の形容詞〈verus〉であることを利用した言葉遊び。〈verus〉を動詞形にした〈verificare〉から、英語の〈verify〉が派生。
フランス語だと「真理」を意味する名詞は〈vérité〉なので、動詞〈vérifier〉との繋がりを意識しやすいが、英語だと〈truth〉という別系統の言葉を使っているので、〈verify〉が元々「真理」と関係している動詞であることを強調する必要がある。
〈verificare〉＝〈verus〉＋〈facere〉（「作る」とか「する」という意味の動詞）。
※〈-fication〉を強調すると、この部分の「〜にする」とか「〜を作る」という意味合いが前面に出て来る。
※因みに「事実」という意味の〈fact〉は、〈facere〉の過去分詞形である〈factum〉から派生した言葉。

⇒　ジェイムズは、〈verify〉という営みが、「真理」を後追い的に確認するという消極的な役割だけではなく、一定のプロセスを通して、ある観念を「真理」に「する」、能動的な役割も担っていることを示唆している。

「作る」とか「する」という意味の動詞〈facere〉から合成されています。〈-fication〉を強調すると、この部分の「〜にする」とか「〜を作る」という意味合いが前面に出て来るわけです。因みに「事実」という意味の〈fact〉は、〈facere〉の過去分詞形である〈factum〉から派生した言葉です。ジェイムズは、〈verify〉という営みが、「真理」を後追い的に確認するという消極的な役割だけではなく、一定のプロセスを通して、ある観念を「真理」に「する」、能動的な役割も担っていることを示唆しているわけです。

「効力化」の原語は〈valid-*ation*〉です。こちらも、〈-ation〉の部分を強調することで、動詞に能動的な印象を与えているわけです。ご承知のように、英語の動詞の語尾〈-ate〉と、その名詞形の〈-ation〉は、「行動」や「プロセス」などを含意しています。

> しかし真理化とか効力化とかいう語そのものはプラグマティックに何を意味するのか？　これらの語がまた真理化され効力化された観念の或る実際的な帰結という意味をもっている。この帰結を特

徴づける言葉として、あの普通に行われている一致の公式より以上に適切な文句は見出しがたい――実際、われわれの観念が実在と「一致する」というときはいつでも、まさにそのような帰結が思い浮かべられているのである。すなわち、われわれの観念は行為を通して、また行為の促《うなが》してくる他の観念を通して、経験の他の部分のなかへ、あるいはその部分まで、あるいはその部分へ向けて、われわれを導いて行く、しかもその間じゅうわれわれは元の観念がその導いて行った経験へと一致していると感ずる――そういう感じはわれわれに潜在している――のである。両者の連絡と一から他への推移は逐次《ちくじ》に前進し、調和を加え、満足感を増しながら、われわれの前にあらわれてくる。この一致をもたらす導きの機能こそ、観念の真理化ということの意味なのである。

難しいことを言っているようですが、要は、「観念」と「実在」の「一致」というのは最初から決まっていることではなくて、その「観念」に導かれて一連の行為をした結果、その過程で経験したことの内に、「観念」に対応するもの＝実在が見出されたら、その時点で、「一致」が成立し、「真理」が生じる、ということです。科学的実験を念頭に置くと、難しい感じがしますが、私たちは日常的に気付かないうちにそうした「一致」の体験をしょっちゅうしているかもしれない。そうしたことを示唆しながら、それまで哲学者の専有物だった、「真理」を能動化することを試みているわけです。

「真の思想 true thoughts」は目的ではない

次に、ジェイムズは、「真の思想 true thoughts」は、「行為のための道具 instruments of action」であって、それ自体が目的でないことを強調します。

真理を所有するということは、この場合それ自身で目的であるどころか、他の必須《ひっしゅ》な満足を得るための予備的な手段であるに過ぎない。もし私が森のなかで道を見失って餓死《がし》しようとしているとき、牝牛の通《かよ》った小路らしいものを発見したとすれば、その道を辿っていけばそのはずれに人間の住み家があるに違いないと考えるのは、きわめて重大なことである。なぜならば、私がそう考えてその道に従って行けば私はわが身を救うことになるからである。このばあい真の思想が有用であるのは、その思考の対象である家が有用だからである。このようにして真の観念の実際的価値は、第一義的には、その対象がわれわれにたいして有する実際的な重要さから由来する。実際、その対象はいつでも重要なわけではない、他の場合には私は家を必要としないかもしれないのである。このような場合には、家の観念は、たとえ真理化されえようとも、実際的には的《まと》はずれなものであって、むしろ隠れて見えないでいる方がよいのである。けれども、いかなる対象でもたいていいつかは一時的に重要となることがあるものであるから、余計な真理、つまり事情によって真理となるかもしれないというだけの観念、を広く貯《たくわ》えておくことの利益はいうまでもない。われわれはこのような余計な真理をわれわれの記憶の片隅《かたすみ》に貯えている。われわれの参考書はかかる貯えの過剰で満たされているのである。そのような余計な真理が実際にいざ必要となると、それは冷蔵庫から取り出されて現実世界で働くことになり、それにたいするわれわれの信念が活動しはじめる。

「真理は道具だ」という言い方をすると、大抵、「では、役に立たない知識は真理ではないのか?」、という疑問をぶつける人が出てきます。ジェイムズはすぐには役に立たない真理でも、記憶の中に蓄えておくことによって、必要になった時に利用できる、という当たり前の事実を指摘することで、プラグマティズムの真理観が短絡的・刹那的なものではないことを示唆しているわけです。

当然のことながら、私たちは何が役に立つのか予め知ることはできません。最初から分かっているのなら実験も経験もいりません。では、（まだ真理だとは完全に判明していない）ある「観念」が私たちの行為を導くということには、どういう意味があるのか。

> 第一義的には、そして常識のレベルにおいては、心の状態の真理とは、導かれて行く価値のある方向へわれわれを導いて行くというこの機能をいうのである。われわれの経験における一契機が、それがいかなる種類のものであろうと、或る真の思想をわれわれに吹き込むというのは、つまり晩《おそ》かれ早かれわれわれがその思想に指導されて再び特殊な経験に浸《ひた》り、それらの経験と有利な連絡を結ぶということなのである。

常識と共通感覚と真理

少し難しい言い方をしていますが、「心の状態の真理 the truth of a state of mind」という表現を使っているところを見ると、ジェイムズは、行動主体である私たちにとっての主観的な真理と、事物それ自体において成立する客観的真理を分けて考えているようです。つまり、客観的で、生活にとって有用な真理と遭遇する可能性の高い一連の活動へと動機付けられる、積極的な心の状態を、「心の状態の真理」と呼んでいるのではないかと思います。ジェイムズは、ある種のアクティヴな「経験」の中に「真理」が埋め込まれていて、と考えているようですね。少し先に、そのことが述べられています。

> それはそれとして、われわれの経験はすべて整然たる秩序に打ち貫《つらぬ》かれている。一片の経験は他の来るべき一片の経験に備えるようわれわれに警告することができ、遠くにある対象を「志向」したり、

それに「意味づけ」たりすることができる。その対象が出現することはこの意味づけの真理化なのである。これらの場合において、真理とは、真理化の実現にほかならないから、われわれの側の気まぐれと一致しないことはいうまでもない。経験において諸実在は秩序に従っているにかかわらず、この秩序にたいして自己の信念のぐらついている人は悲しいかな。そのような信念は彼をどこへも導き行かないであろうし、導いたとしても、虚偽の連絡を結ばせることであろう。

ここで重要なのは「経験」がランダムに生じるものではなく、「整然たる秩序＝規則性 regularities」に貫かれている、ということです。しかも、その「規則性」あるいは「秩序 order」は、単に私たちの心の中に主観的にあるだけではなく、「実在」に対応しているようです。つまり、我々は日々の「経験」を通して、外界に実在する諸事物の秩序に遭遇している、と考えているわけです。その経験の秩序に基づいて、遠くにある――つまり、経験からしてその存在が推測できるが、まだ確認できない――対象に関心を向け、それを把握したうえで、自分の思うように現われさせることができれば、「真理化」が実現したことになるわけです。一連の経験的事実に基づいて、ラジウムとかヘリウムとか中性子とかの存在が予測され、それがあるのではないかという観念を抱いて、実験や観察を集中的にやって、実際に発見される、プロセスを考えればいいでしょう。経験的な推測が当たることによって、主観的な真理と客観的真理が一致する、真理が実現するわけです。「志向する」の原語は〈intend〉です。通常は、「意図する」と訳されますが、辞書を見れば分かるように、「〜を目的として目指す」というような意味もあります。これを補助動詞にすると、「〜することを目的として目指す」という意味になるわけですが、それを「意図する」と訳すわけです。あと、「意味づけ」と訳されているところの原語は、〈significant of 〜〉で、確かに辞書的には、「〜を意味している」なのですが、これも辞書を見ると、類義語に、〈expressive of 〜〉（〜を表現している）〉

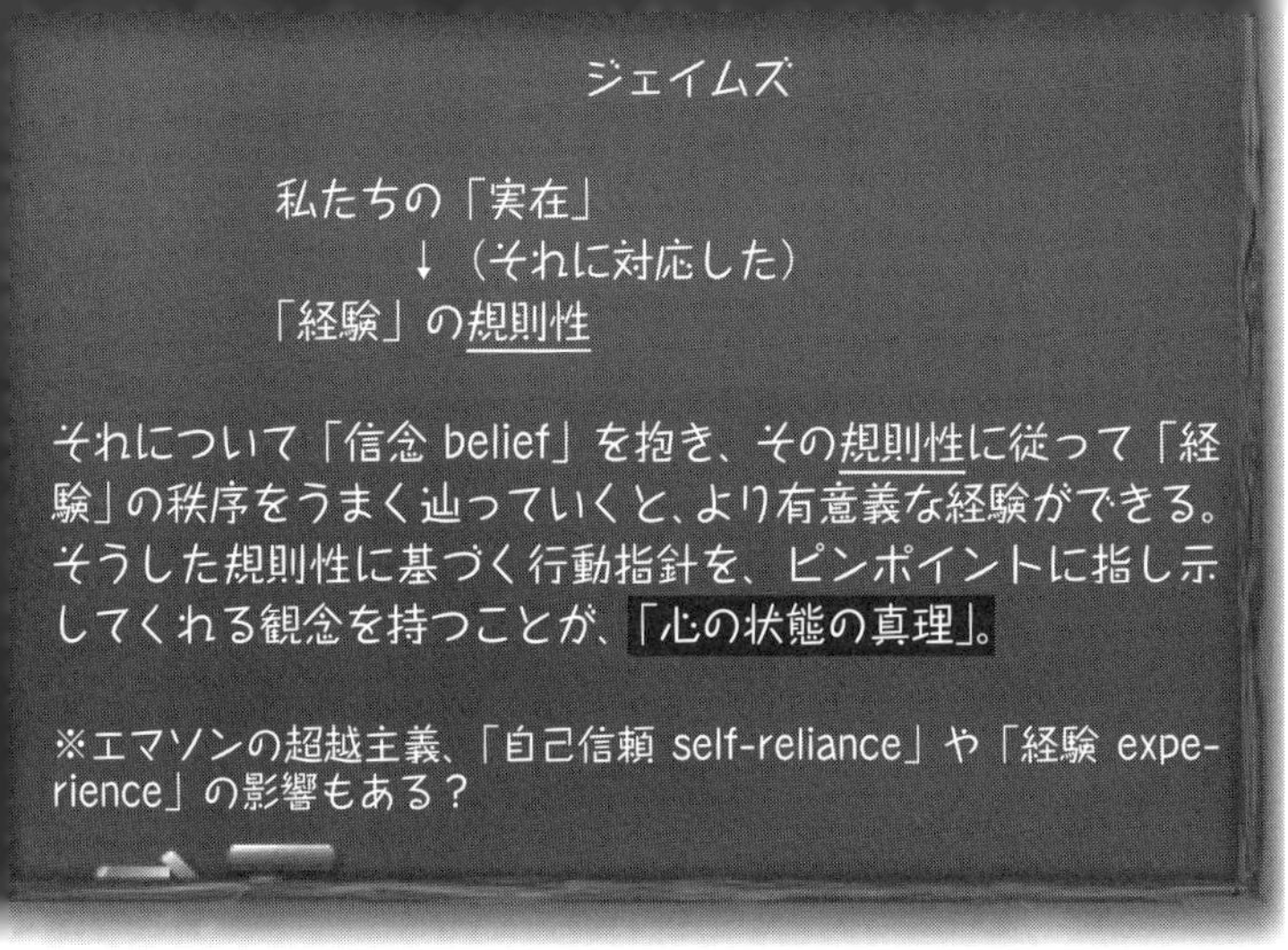
ジェイムズ
私たちの「実在」
↓（それに対応した）
「経験」の規則性
それについて「信念 belief」を抱き、その規則性に従って「経験」の秩序をうまく辿っていくと、より有意義な経験ができる。そうした規則性に基づく行動指針を、ピンポイントに指し示してくれる観念を持つことが、「心の状態の真理」。
※エマソンの超越主義、「自己信頼 self-reliance」や「経験 experience」の影響もある？

や〈suggestive of 〜（〜を暗示している）〉が出ています。こうした類義語や、先ほどの〈intend〉の意味から考えると、何かの抽象的な意味を帯びているというより、具体的な何かを「指し示している」ということです。「意味づけ」という訳は紛らわしいので、「指し示している」とか「表示している」という訳に直した方がいいと思います。

まとめますと、ジェイムズは、私たちの「経験」には、「実在」に対応した規則性があり、それがあることに対して「信念 belief」を抱き、その規則性に従って「経験」の秩序をうまく辿っていくと、より有意義な経験ができると考えているわけです。そうした規則性に基づく行動指針を、ピンポイントに指し示してくれる観念を持つことが、「心の状態の真理」です。自らの経験の確かさに「信念」を持った方がいいと考えているようですね。こういう発想は、エマソンの超越主義の影響かもしれません。エマソンは「自己信頼 self-reliance」や「経験 experience」を重視します。

ここで「実在」とか「対象」とかいうのは、常識でいう事物すなわち感覚に現われてくる物、あるいはその他の常識的な諸関係、例えば日時、場所、種類、活動などのことである。牛の通った小路を辿って行けば一軒の家があると頭で考えてその家の心象に従って行くと、われわれは現実にその家に辿りつく。そのような単純かつ十分に真理化された導きが確かに真理過程の

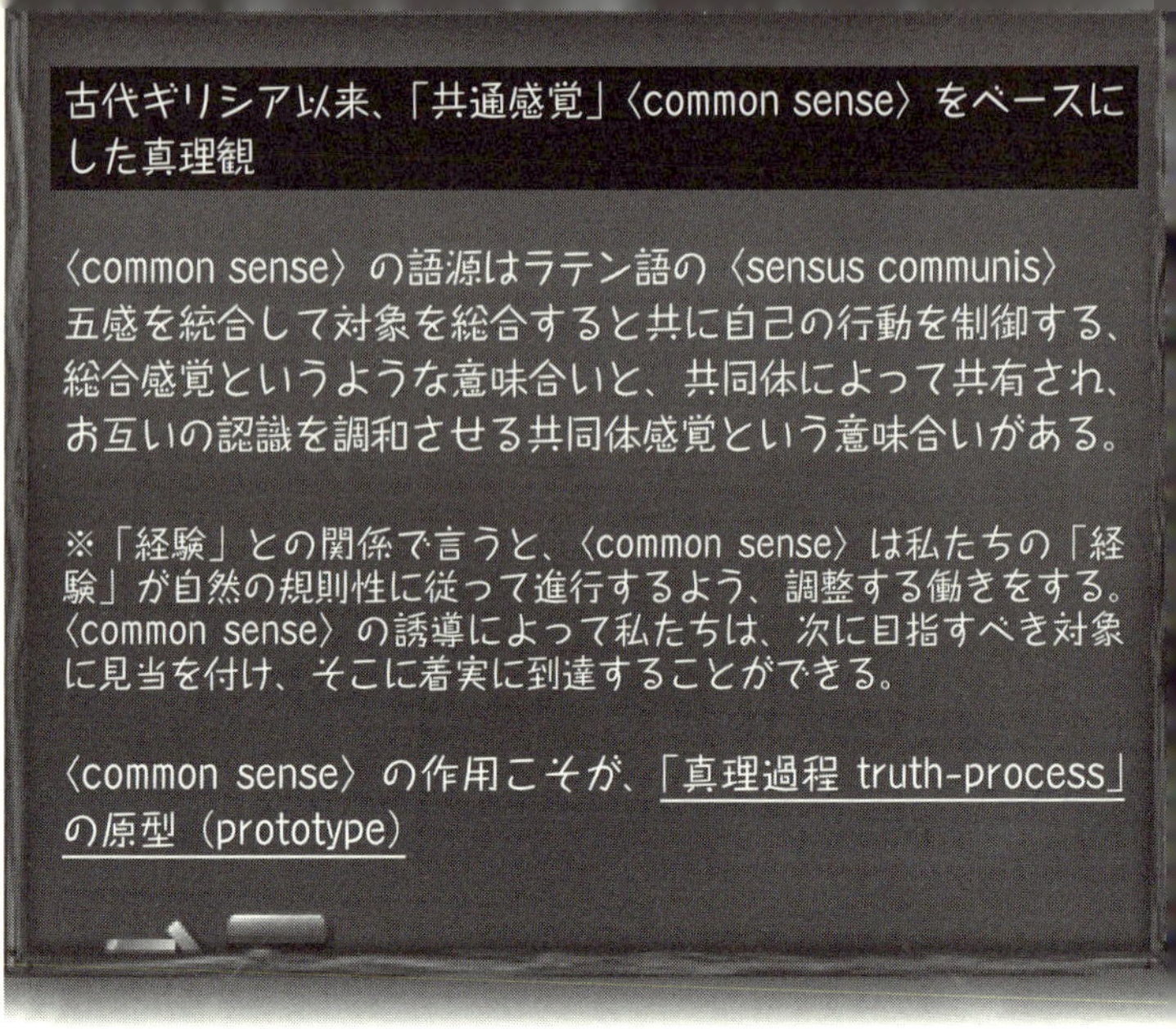
古代ギリシア以来、「共通感覚」〈common sense〉をベースにした真理観
〈common sense〉の語源はラテン語の〈sensus communis〉
五感を統合して対象を総合すると共に自己の行動を制御する、総合感覚というような意味合いと、共同体によって共有され、お互いの認識を調和させる共同体感覚という意味合いがある。
※「経験」との関係で言うと、〈common sense〉は私たちの「経験」が自然の規則性に従って進行するよう、調整する働きをする。〈common sense〉の誘導によって私たちは、次に目指すべき対象に見当を付け、そこに着実に到達することができる。
〈common sense〉の作用こそが、「真理過程 truth-process」の原型（prototype）

本源であり原型なのである。もちろん経験は他の諸形式の真理過程をも示しはする、しかしそれらの形式のものはすべて、第一義的な真理化が阻止《そし》されたり、複雑になったり、互いに置きかえられたり、したものと考えられるのである。

ここでまた「常識」が出てきました。「常識でいう事物 things of common sense」を、「感覚に現われてくる物 sensibly present」と言い換えているのは、〈common sense〉に、文字通り「共通感覚」という意味もあるからです。前回も少しお話ししましたが、〈common sense〉の語源であるラテン語の〈sensus communis〉には、五感を統合して対象を総合すると共に自己の行動を制御する、総合感覚というような意味合いと、共同体によって共有され、お互いの認識を調和させる共同体感覚という意味合いがあります。先ほどの「経験」との関係で言うと、〈common sense〉は私たちの「経験」が自然の規則性に従って進行するよう、調整する働きがあると言えそうです。〈common sense〉の誘導によって私たちは、次に目指すべき対象に見当を付け、そこに着実に到達することができます。そうした〈common sense〉の作用こそが、この章の主題である「真理過程 truth-process」の原型（prototype）だと言うわけです。プラグマティズムが、古代ギリシア以来の「共通感覚」をベースに真理観を持っているというのは、意外な感じがしますね。

「信用 credit」のシステムが支える「真理」――譬えとしての金融

まことに真理は大部分が一種の信用組織によって生きている。われわれの思想や信念は、それを拒否するものがないかぎり、「通用する」。それはちょうど銀行手形がそれを拒《こば》む人のないかぎり通用するのと同じである。しかしこのことはすべて、どこかへ行けば目の前にじかに験証が見られるという黙《もく》契《けい》の上に成り立っているのであって、もしこの験証がなければ、かかる真理の構築は、なんら現金保有の裏づけをもたない金融組織と同じように、たちまち倒壊してしまう。諸君は或ることについて私の験証を受け容《い》れられるし、私は他のことについて諸君の験証を受け容れる。われわれはお互いにお互いの真理を取り引きしているのである。しかしかかる全上部建築の支柱となっているのは、誰かによって具体的に験証された信念なのである。

ここでは、「真理」が「信用 credit」のシステムによって支えられていることが指摘されています。「真理」のシステムも、譬えとして使われている金融の信用システムと同じような性格を持っています。貨幣の信用機能については、拙著『貨幣空間』（世界書院）で論じましたので、詳しくはそれらをご覧下さい。貨幣における「信用」というのは、それが他者に対して「通用 pass」することによって成り立っています。「信用」の本質は、自分が手にしている貨幣を何かの代金として支払う際、その貨幣の流通圏に属しているあらゆる人に受け取ってもらえると信じることができるということです。特に、それ自体には何も価値

「信用 credit」のシステムが支える「真理」とは？　譬えとしての「金融」

「真理」を支えるもの。
「信用 credit」のシステムによって支えられている。「験証 verification」が常に可能であると信じられていることが、「真理」の信用システムを機能させている。

譬えとして使われている「金融の信用システム」と同じような性格を持っている。

※貨幣における「信用」というのは、それが他者に対して「通用 pass」することによって成り立つ。「信用」の本質は、自分が手にしている貨幣を何かの代金として支払う際、その貨幣の流通圏に属しているあらゆる人に受け取ってもらえると信じることができるということ。

があるとは思われてない紙幣の場合、「信用」が重要です。紙幣の信用は、歴史的には、それが金や銀などと交換されることが、銀行や国家によって保証されていたことに由来します――経済哲学的には、金や銀の価値は何に由来するのかを考えると面白いのですが、それはここでは関係ないでしょう。「銀行手形」の原語は〈bank-note〉で、元々は銀行が振り出していた手形ですが、次第に銀行券、紙幣の意味で使われるようになりました。これと引き換えに金や銀を渡すことを約束する銀行の手形から、紙幣という制度が生まれ、後に一般的に通用する通貨を発行する権利を国家が接収したわけです。

現金としての金銀を銀行が保有していると信じられていることが、通貨というシステムを成り立たせているように、やろうと思ったら、「検証 verification」が常に可能であると信じられていることが、「真理」の信用システムを機能させているわけです。一人ひとりが全ての「真理」をいちいち「検証」できるわけではないけれど、他の人が「真理」だと言って呈示するものは、いつでも実験などで「検証」できると信じているので、真なるものとして受け取って自らも活用するわけです。「真理」の観念はそれぞれが独立に成立しているわけではなく、それを使用する人間たちの行為を介して、相互に支え合っている関係にあるわけです。前回もお話ししたように、真理がこうした意味でのネットワークを形成しているというのは、ネオ・プラグマティズムのクワインやローティに近い、整合説的な発想です。クワインであれば、個々の真理が単独で検証可能なのかをもう少し掘り下げて問題にするところですが、ジェイムズはそこには拘っていません。というより、検証可能性については楽観的であるように見えます。

> 間接的にあるいはただ可能的に験証する過程はそれ故に十分な験証過程と同様に真であることができる。そのような験証過程は真なる験証過程と同じようにはたらき、同じ利益をわれわれに与え、そして同じ理由でわれわれの承認を求めるのである。

ある真理を直接検証することが何かの事情で難しかったとしても、検証可能である（と信じられている）他の諸真理と、先ほどお話ししたような意味でのネットワークの中で相互依存的に繋がっているので、間接的に真理と見なし得るということですね。これは、「経験」が規則的な秩序に従って形成される、という少し前に出てきた、想定とも対応しているのでしょう。経験が秩序立っているのに対応して、そこから抽出されて、理念化された諸真理も、ちゃんとネットワークを構成して、うまく機能している。理論的に厳密に考えれば、真理の信用ネットワークの一番基礎になっている真理（命題）は本当に検証可能なのか、真理のベースになっている、「経験」は本当に信用できるのか、それらが規則的に配置されているというのはどういうことか、掘り下げて考えるべきですが、ジェイムズはそういう厳密さは追求していないようです。

「心的関係の領域 realm of mental relations」

次の段落では、「純粋に心的な諸観念 purely mental ideas」が話題になります。これらの観念は、これまで念頭に置かれてきた、物理的・具体的対象とは異なる「領域 sphere」を形成するということですね。

ここでも真の信念と偽《にせ》の信念とが通用する、しかもここでは信念は絶対的あるいは無条件的である。この関係が真であるとき、それは定義と名づけられ、あるいはまた原理の名をもって呼ばれる。一に一を加えると二になる、二と一の和は三である、など、また白と灰色の差は白と黒の差より少い、原因がはたらきだすと結果もはじまる、などというのは原理もしくは定義である。そのような命題は、可能なるすべての「一」、考えられるすべての「白」、「灰色」、「原因」に妥当《だとう》する。ここでの対象は心的な対象である。この対象相互の関係は一目で明らかに知られるもので、感覚の験証をなんら必要としない。その上に、同一の心的対象について一度真であることは常に真である。真理はここでは「永遠の」性格をもっている。

「心的」という言葉を使っているので、神とか天国とかユートピアとか、心の中のイメージのようなものを連想しがちですが、そうではなくて、数学の公理とか、定義によって、経験とは関係なく、真理であることがアプリオリに決まっているようなもののことを言っているようですね。経験を信用してやや雑な議論をしているような印象もありましたが、カント等がやっているように、アプリオリな真理と、経験的な真理はちゃんと分けているわけです。厳密に考えると、純粋に定義によって真であるという場合と、白―灰色―黒のように、大前提としての原理を引き合いに出さないといけない場合は異なりますし、現代の分析哲学だとそこまで問題にしそうですが、ジェイムズはそこまでは拘っていないようです。

この心的関係の領域においても、また真理は導きの問題である。われわれは一つの抽象的観念を他の抽象的観念と関係させ、かくしてついに論理的真理や数学的真理の大いなる諸体系を組み立てる。そしてこれら諸体系のそれぞれの名辞のもとに経験界の感覚的事物は結局において配置されることになる。それだから、われわれの永遠の真理はよく諸実在にも当てはまるのである。事実と理論とのこの結婚は果《は》てしなく子孫を生《う》みつけてゆく。われわれがいまいうことは、もしわれわれがわれわれの対象を正しく包摂しているならば、特殊な験証に先だって、それをいうことの瞬間すでに、真なのである。ありとあらゆる種類の対象を包みうるような枠《わく》がすでに理想的にわれわれに出来上がっているということは、われわれの思考の構造そのものに由《よ》るのである。われわれがこれらの抽象的な諸関係を勝手気ままに扱いえないのは感覚的経験にたいすると少しも異らない。抽象的関係はわれわれを強制する、われわれはこの抽象的関係を、その結果を欲すると欲しないとにかかわりなく、矛盾なく取り扱わねばならない。

「心的関係の領域 realm of mental relations」に属する論理的真理や数学的真理などの抽象的真理は体系を成している、というわけですね。論理学や数学は、ごく少数の公理から出発して、真理として妥当する様々な定理を導き出すので、経験的な諸観念が体系を成しているという話より、こちらの方が納得しやすいですね。この体系性ゆえに、私たちはこれらの真理を勝手気ままに扱うことは許されず、たとえ望んでいない結論になりそうだからといって、論理をねじ曲げることはできません。この点も、経験的な真理の場合よりも納得しやすいですね。

「これら諸体系のそれぞれの名辞のもとに経験界の感覚的事物は結局において配置されることになる un-

ジェイムズ

「これら諸体系のそれぞれの名辞のもとに経験界の感覚的事物は結局において配置されることになる under the respective terms of which the sensible facts of experience eventually arrange themselves」

要は、経験的事実に関する諸命題（真理）は、数学や論理学の法則に適合する形で表現されるので、その体系性を引き継ぐ。例えば、物理学の数式のようなもの $F = ma$ とか、$m_1v_1 + m_2v_2 = m_1v'_1 + m_1v'_2$、$E = mc^2$ とか。数学や論理学の真理を永遠の真理扱いし、無条件に正しいものとして、経験的真理の基礎付けに利用する。⇒「信念＝信仰」が大事。

先の例：個々の経験的真理は、「現金」に相当する検証可能性が存在することへの信頼のネットワークによって保証されていると見ることができる。抽象的真理と経験的真理の包括的ネットワークには、それが信用に値するものであることを保証し、根拠付ける現金が銀行（＝経験的真理の検証可能性）あるいは政府（＝心的真理の永遠性）にある、とやや楽観的な見解。（第六日講義を見よ）

↕

・クワインはこれを「経験主義の二つのドグマ」として批判。

定義などによってそれ自体で真と知られる「分析的真理」と、経験などによって検証される「総合的真理」を分けることができるというのは、経験主義のドグマである。

先の例；根拠付けのための「現金」にあたるものがどこかにあると信じてよい根拠はない。その発想をローティは継承。

究極の根拠付けを完全に否定するのが、徹底してプラグマティズム的な発想。

■ポイント

・どのような真理あるいは真理命題も、それを表現する言語の意味や規則に依存しており、それと関係なく、真理として成立する命題があるかどうかは証明できない。

・真理がネットワーク的な関係をなしているという考え方についてはクワインとジェイムソンはほぼ一致しているが、理論の一番中核部では対立している。

der the respective terms of which the sensible facts of experience eventually arrange themselves」という点が重要です。言い方は難しいですが、要は、経験的事実に関する諸命題（真理）は、数学や論理学の法則に適合する形で表現されるので、その体系性を引き継ぐということです。物理学の数式のようなものを思い浮かべると、分かりやすいですね。$F=ma$とか、$m_1v_1+m_2v_2=m_1v'_1+m_1v'_2$、$E=mc^2$とか。化学や生物学、地質学はそこまで数学的に厳密に表現できないけれど、ある程度論理学的に処理可能な形にすることはできますね。こういう抽象的で永遠の真理の体系が中核になることによって、経験的諸真理の体系性も保証されるわけです。

こういう考え方は、数学や論理学を知のモデルにしようとするデカルト以来の合理主義哲学の基本的着想を受け継いでおり、堅実であるような感じがしますが、実はこれこそがクワインが「経験主義の二つのドグマ」で批判しているドグマの一つです。クワインは、定義などによってそれ自体で真と知られる「分析的真理」と、経験などによって検証される「総合的真理」を分けることができるというのは、経験主義のドグマだと言って批判しています。ややこしい議論をしているのですが、ポイントはどのような真理あるいは真理命題も、それを表現する言語の意味や規則に依存しており、それと関係なく、真理として成立する命題があるかどうかは証明できない、ということです。そうすると、数学や論理学の真理を永遠の真理扱いし、無条件に正しいものとして、経験的真理の基礎付けに利用することはできないことになります。詳しくは、勁草書房から翻訳も出ている、『論理的観点から』という論文集の中に収められている、「経験主義の二つのドグマ」をご覧下さい。真理がネットワーク的な関係をなしているという考え方についてはクワインとほぼ一致しているのに、理論の一番中核部では対立している、というのは面白いですね。先ほど見たようにジェイムズは、個々の経験的真理は、現金に相当する検証可能性が存在することへの信頼のネットワークによって保証されていると見なしていたわけですが、クワインはその現金があることも、証明できないという立場を取っています。分かりやすくまとめると、ジェイムズは抽象的真理と経験的真理の包括的ネットワークには、それが信用に値するものであることを保証し、根拠付ける現金が銀行（＝経験的真理の検証可能性）あるいは政府（＝心的真理の永遠性）にあるとやや楽観的に考えていたのに対し、クワインは、根拠付けのための現金にあたるものがどこかにあると信じる根拠はない、と明言しているわけです。その発想をローティも継承しています。クワインやローティは、究極の根拠付けを完全に否定するのが、徹底してプラグマティズム的な発想だと考えます――クワインは、「経験主義の二つのドグマ」で、自分の考え方を「プラグマティズム」と呼んでいます。その点で、「信念＝信仰」が大事だと考えるジェイムズとは違うかもしれません。

「実在物 realities」の再定義

本文に戻りましょう。次にジェイムズは「実在物 realities」の再定義に取りかかります。「実在」は通常、「具体的事実 concrete facts」もしくは、「事物の抽象的な種類（abstract kinds of thins）および事物間に抽象的に認められる関係（relations perceived intuitively between them）」を指すけれど、第三の意味として、「すでにわれわれの所有となっている他の真理の全体 the whole body of other truths」を指すこともある、と述べていますね。この三番目が、先ほどから言っているクワイン－ローティへと繋がる、ネットワーク的な真理観に対応しているのは明らかですね。

これに続いてジェイムズは、先ほどの主知主義とプラグマティズムの違いに話を戻します。既に見たように、主知主義は、模写説的な前提で「一致」を捉えるので、複雑すぎるものや抽象的なもの、第二、第三の意味での「実在」との「一致」はうまく説明できません。では、プラグマティズムは「実在との一致」とはどうなることだと、考えるのか。

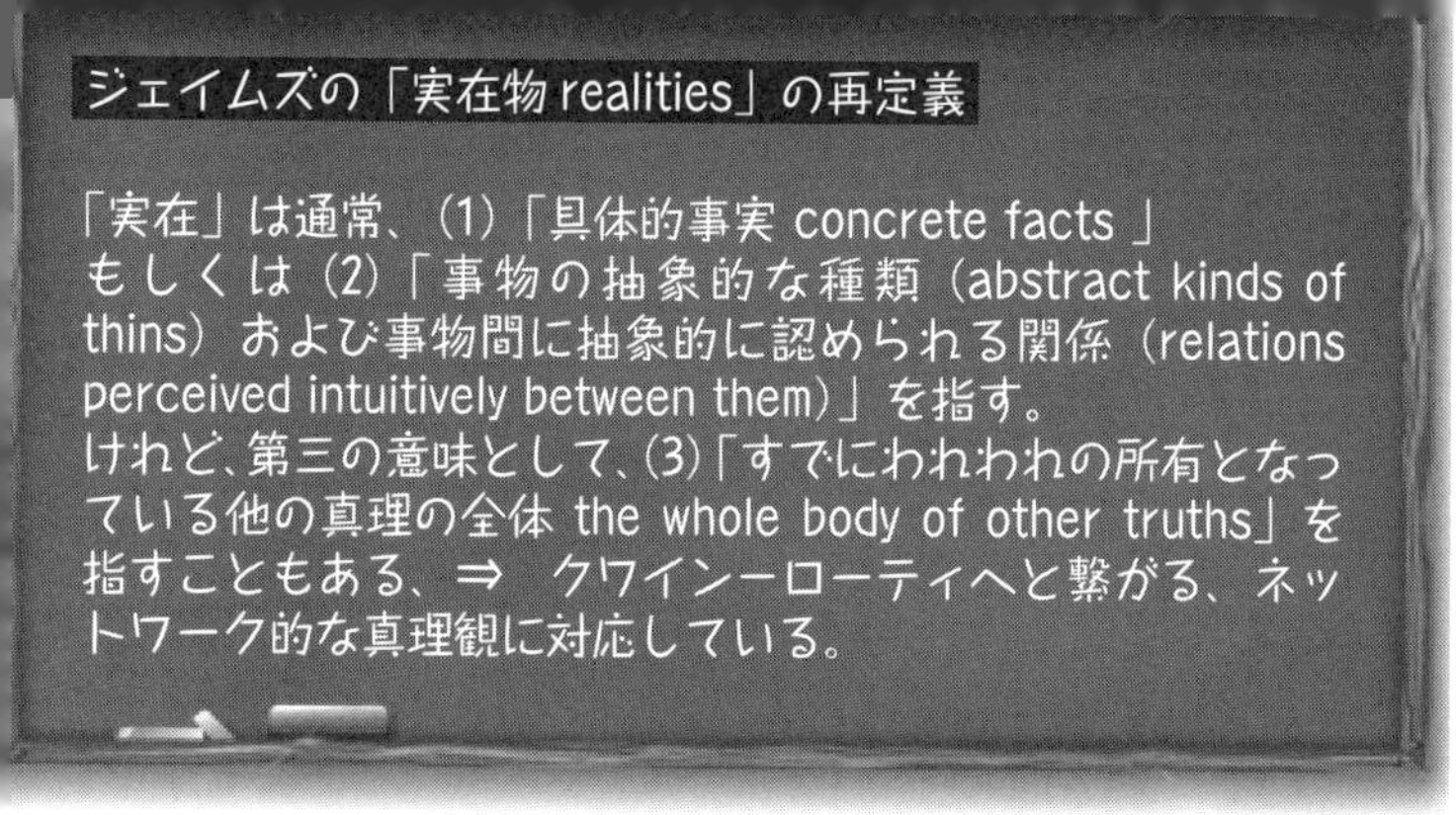
ジェイムズの「実在物 realities」の再定義
「実在」は通常、(1)「具体的事実 concrete facts 」
もしくは (2)「事物の抽象的な種類 (abstract kinds of thins) および事物間に抽象的に認められる関係 (relations perceived intuitively between them)」を指す。
けれど、第三の意味として、(3)「すでにわれわれの所有となっている他の真理の全体 the whole body of other truths」を指すこともある、⇒ クワイン－ローティへと繋がる、ネットワーク的な真理観に対応している。

実在と一致するということは、もっとも広い意味では、まっすぐに実在まで、あるいは実在の周辺まで導かれるということか、それとも、実在ないし実在と結びついた何物かを、一致しない場合よりもよりよく扱えるような実在との作業的な接触にひきいれられるということか、そのいずれかを意味しうるばかりである。よりよく扱えるような、といったが、これは知的にもまた実際的にもそうなのである。またしばしば、一致ということは、われわれの観念がわれわれをどこかに導いてゆこうとするその道筋を阻害するような矛盾が、実在そのものの側からは、なんら出てこないという消極的な事実しか意味しないことがある。実在を模写することは、たしかに、実在と一致するはなはだ重要な仕方ではあるが、しかし決して本質的なものではない。本質的なことは、導かれる過程ということである。われわれが実在ないしその附属物を実際的あるいは知的に取り扱うのに役立ってくれるような観念、われわれの前進を妨害して頓挫《とんざ》させるようなことのない観念、実際にわれわれの生活を実在の仕組《しく》み全体に適合させ適応せしめるような観念は、導きの過程というこの要求を満たすに足りるであろう。そのような観念はその実在について真に妥当《だとう》するものであろう。

ポイントは分かりますね。広い意味での「実在」に、その観念が正確に似ているかどうかが問題ではなく、その観念を所有することによって、「実在」に接近できるか、それをうまく「扱える handle」ようになるかどうかです。プラグマティズムの立場からすれば、「実在」を自分の行動の目的に合わせて使えなければ、意味はないわけです。逆に言えば、その「実在」と具体的な接点がなければ、その観念が、本当に「実在」に対応しているかどうかは確認できないわけです。

次いで、物の「名前」に関しても真/偽を語ることができると述べられています。いきなり「名前 name」に真/偽があるとか言われたら、ジェイムズが否定しているはずの、魔術的な世界観に出てくる、物の真の名前のような話をしているように勘違いしそうですが、そういうことではありません。

すべての人間の思考は弘められるものである。われわれは互いに観念の交換を行なう。われわれは験証をひとに貸したりひとから借りたりする、つまり社交という手段によってお互いに験証を融通し合うのである。こうしてすべての真理は言葉として築き上げられ貯えられ、そしてあらゆる人間に役立つものになる、それだから、われわれは矛盾なく考えねばならぬと同様に矛盾なく話さねばならない。なぜかというに、話しにおいても考えにおいても、われわれは種類を同じく取り扱うのだからである。ものの名前というのは気まぐれではあるが、しかしひとたび一定の意味に解されたならば、その意味で貫かれなくてはならない。現にわれわれはアベルを「カイン」と呼んだり、カインを「アベル」と呼んだりすることを許されないのである。もしそう呼ぶならば、われわれは創世記の全巻とちぐはぐになって、それがこんにちにいたるまで保っている言語および事実の世界とのあらゆる繋がりと喰い違ってしまう。それがこんにちにいたるまで保っている言語および事実の全体系が体現していると考えられるどのような真理からも追放されることになる。

個々の物の名前の付けられ方が偶然であることを、ジェイムズはちゃんと認識しているわけですが、いったん名前が付けられて、それが使われ、通用するようになったら、一貫性の観点から見てそれを勝手に変更するわけにはいかないと言っているわけですね。どうして、そういう当たり前のことを強調しているかというと、プラグマティズム的な真理観では、「思考する think」ことにおける一貫性と共に、「話す talk」こと、つまり言語を介しての人々のコミュニケーション、相互了解における一貫性も重要だからです。人々が同じ意味で理解することが確実でなかったら、真理として社会的に共有することはできません。言語コミュニケーションにおける一貫性という点で、科学的真理と物の名前は共通しているわけです。「種類を取り扱う deal with kinds」という言い方が少し分かりにくいですが、これは、名前も真理も単独でその状況に限定して使われるわけではなく、あらゆる状況において同じ種類に属するものは同じものとして扱われる、ということでしょう。「名前」というのは、固有名というより、むしろ種類の名前である普通名詞を念頭に置いているということですね。

一五七頁から一五八頁にかけて述べられているように、真理の圧倒的多数は直接的に検証することは不可能だけど、（それ自体もプラグマティズム的な意味で真理のシステムという側面を持っている）言語システムに支えられることで、間接的に検証可能なものとして通用しているということが述べられていますね。

> 真の観念というものは、われわれを直接に有用な感覚的目的物へと導いてくれると同じように、有用な言語的および概念的な地域へわれわれを導いてくれるのである。それは調和と安定と和《なご》やかな人間交際へと導いてくれる。それは突飛《とっぴ》さや孤立の外へ、でたらめな不毛な思考の外へと連れ出してくれる。この導きの過程が滞《とどこお》りなく流れて行くこと、それが一般に撞着《どうちゃく》や矛盾から自由であること、この

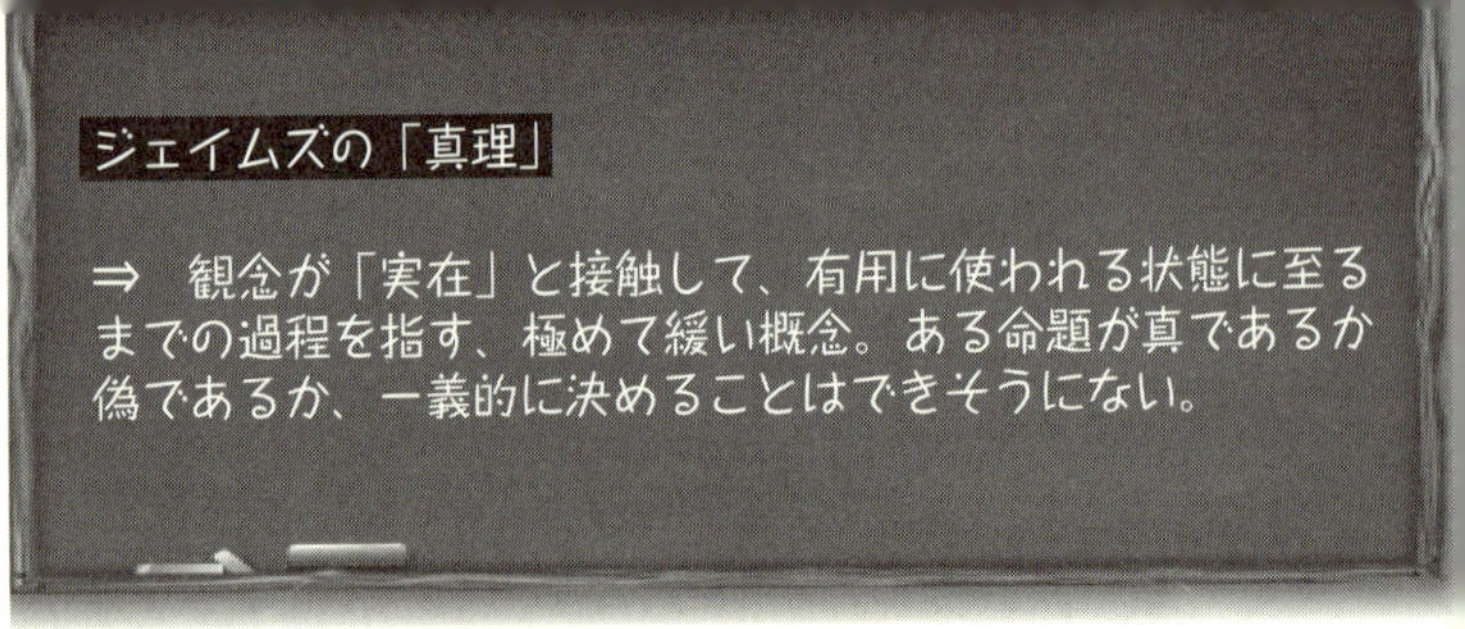
ジェイムズの「真理」
⇒　観念が「実在」と接触して、有用に使われる状態に至るまでの過程を指す、極めて緩い概念。ある命題が真であるか偽であるか、一義的に決めることはできそうにない。

こと自体がその間接的な験証と考えられるのである。しかしすべての道はローマに通じている、だから結局、すべての真の過程は、誰かの観念がどこかで模写した直接験証的な感覚的経験の面前に通じているはずである。

人間相互のコミュニケーションにおいてきちんと通用している観念、「有用な言語的および概念的な地域 useful verbal and conceptual quarters」へと通じる概念であれば、真と見なしていいということですね。そうした観念同士のコミュニケーション的連鎖を辿っていけば、どこかで「直接検証的な感覚的経験 directly verifying sensible experiences」に辿り付けるとジェイムズは信じているわけです。そうした直接的に検証可能な経験的事実があるという信念に根拠がないことをクワインは指摘したわけですが、間接的検証に関するジェイムズの弁明を見ていると、彼も実際には自信がないんじゃないか、と思えてきます。ジェイムズが何とか擁護しようとしたものを、クワインやローティが身も蓋もなく否定した。ネオ・プラグマティズムは、完成したプラグマティズムに内在していた、という脱構築的な読み方ができるかもしれません。

ここまで見てきて分かるように、ジェイムズの言っている「真理」は、観念が「実在」と接触して、有用に使われる状態に至るまでの過程を指す、極めて緩い概念であることが分かりますね。ジェイムズの「真理」概念では、ある命題が真であるか偽であるか、一義的に決めることはできそうにありません。本人もそう思っているようです。

われわれの説く真理は、複数の真理、導きのもろもろの過程であり、具体的な事物のうちに実現せら

「豊かさ」「健康」「強さ」などは、本来、その人のより幸福に生きようとする「活動」の中でこそ意味を持つ尺度であり、その人の「活動」に伴って中身や基準が変化する。しかし、その変化が休止していることもある。休止の間、これらの性質は「習慣＝状態」へと沈下（sink）する。

↓

「豊かさ」や「強さ」に関する特定の分かりやすいイメージ、金を持っているとか、腕力が強いとかが、「豊かさ」そのもの、「強さ」そのものと見なされるようになる。

※観念の使い方が習慣化されると、そうした静的理解が自明の理であるかのように見なされることになる。「真理化＝検証」が活発に行われていない時は、「真理」は習慣化された休止状態にあるので、真理のアプリオリな実体があるかのように思えてしまう。

れていて、報いてくれるという特質だけしか共有しない真理である。これらの真理はひとつの体系の或る部分のなかへ、ないしはその方向へ、われわれを案内するという報いをしてくれるが、その体系は多くの点で感覚知覚のなかへもぐり込んでおり、さらにこの感覚知覚はわれわれの心がこれを模写することも模写しないこともあるが、いずれにしても、われわれは現にそれにたいして漠然と験証と名づけられてよいような種類の交《まじ》わりの状態にあるのである。われわれにとって真理が単に験証過程をあらわす集合名詞に過ぎないのは、ちょうど健《すこや》かさと豊かさとか強さとかが生活と結びついた他の諸過程をあらわす名前であり、またそれらを追求することが報いてくれるがゆえに追求されるのと同じことである。真理は、健かさや豊かさや強さと同じように経験の経過するうちに作られるのである。

私たちは日々の生活で、「健やかさ health」「豊かさ wealth」「強さ strength」といった漠然とした目標を抱き、それを何となく追求しているうちに、どうやったらそれらが満たされ、逆にどうやったら満たされなかったのか経験し、より快適な状態へと進んで行くことができますが、「真理＝真であること」もそれと本質的には変わらないというわけです。ジェイムズはここで、「真理」は経験の中で「作られる made」と言っていますが、そのすぐ後で、これには

ヴィーコ

レーニン

合理主義者が納得しないだろうと断って、合理主義者からの批判を予想しています。合理主義者にしてみれば、真理とは経験とは独立に、「絶対的に妥当する absolutely obtain」ものであり、検証過程はそのアプリオリに成立する事態を明らかにし、強調するだけである、まだ検証した人がいなくても真理は真理だ、ということになるだろう、というわけです。

因みに、このジェイムズの講演の少し後に刊行された『唯物論と経験批判』（一九〇九）でレーニンは、唯物論の立場から、これとほぼ同じことを主張し、真理の相対性を示唆するマッハなどを徹底的に批判しています。ジェイムズは、科学哲学面でマッハの影響を受けているので、無関係ではありません。二〇世紀には、唯物論者が合理主義の代表格になるわけです。

あと、ジェイムズが直接影響を受けたかどうかはっきりしませんが、イタリアの反デカルト主義の哲学者で、修辞学や歴史的理性の重要性を強調したことで知られるヴィーコ（一六六八―一七四四）は、「ラテン語では、真理と事実＝作られたものは交換可能である、あるいは、スコラ（講壇）の学者がよく言うように、互換的である Latinis "verum" et "factum" reciprocantur, seu, ut scholarum vulgus loquitur, conver tuntur」と述べたことで知られています。これは、先ほどもお話ししたように、ラテン語で事実を意味する〈factum〉が元々、「作られた（なされた）もの」という意味だったのを利用した、［真理＝事実＝作られたもの］という言葉遊びです。この言葉遊びを通してヴィーコが言いたいのは、神が万物を創造したので、万物の全てを知っており、真理の基準になっているように、人間は自分が作ったものについては真理の基準だということです。それを彼は、〈il criterio e la regola del vero consiste nell'averlo fatto〈真理の基準と規則は、それを作ったことにある〉と表現しています。この考えで行くと、人間が数学の公理や公準を作ったので、人間は数学の真理を知ることができます。歴史も人間が作ったので、知ることができます。ただし自然は、人間が作ったのではないので、確実に真理を所有することはできません。逆に言うと、人為的に構築されたあらゆる知の体系の真理は、それを作った人間次第ということになります。この考え方は、研究者の間では、〈verum-factum〉原理として知られています。「作る」の意味がジェイムズとは違いますが、真理が固定したものではなく、人間の行動と連動しながら変化していくという発想は、共通しているようにも思えます。

真理は、「事物に先だって ante rem」=アプリオリに成立する!?

本文に戻りましょう。ジェイムズは合理主義者の疑問に対して正面から答えていません。正面から答えずに、我々の世界には同じような種類のものが多くあり、一つの真理に対する検証は他の同じ種類のものの検証にも役立つという自分のこれまでの主張を繰り返したうえで、真理は「事物に先だって ante rem」=アプリオリに成立するという合理主義の主張を、ジェイムズ流に――かなり強引に――読み換えています。

> 事物を知ることの大きい効用の一つは、その事物そのものに導かれるということよりも、その事物の仲間たち、とくにこれについての人間の談話に導かれるということにある。そこで事物に先だって妥《だ》当《とう》するという真理の特質は、プラグマティックに見れば、そのような世界においては無数の観念がその直接な現実的な験証によるよりもむしろ間接の、あるいは可能的な験証による方がよりよくはたらくという事実を意味している。してみると、事物に先立つ真理とは、単に験証可能性をいうにすぎな

い、あるいは、具体的な現象的実在の名を独立な先天的な本体として扱い、この本体を実在の背後に据《す》えて実在の説明たらしめようとするあの合理論者の常套的《じょうとうてき》なトリックの一つの場合だといってもよかろう。

「事物に先立つ真理」というのは、具体的に事物が形成される前に、真理であるかどうか予め決まっているということです。例えば、物体に働く重力の大きさは、その物体が形成される以前に法則によって決まっています。ジェイムズは、確かに「事物に先立つ真理」はあるけれど、それは自分が先ほど、検証可能性の連鎖として描き出したものに他ならないと言っているわけです。言語や社会的慣習、科学的実践などの中で培われ、定型化された真理の検証＝真理化（verification）のための諸様式はあるけれど、具体的な実在がそれらによって、「真」と判定されるかどうかは予め分からないわけです。ジェイムズに言わせれば、「具体的な現象的実在 a concrete phenomenal reality」に付いている「名」は、ある特徴を持った諸事象を、経験と真理のネットワークの中でうまく扱うために便宜的にあてがわれているにすぎないのに、合理主義者は、その名前に相応しい「独立な先天的な本体 an independent prior entity」、つまり、具体的事物の元になるようなイデア的な実体が実在しているかのように語っている、というわけです。

豊かさと強さと卓越性

この後にマッハによるレッシング（一七二九－八一）の警句の引用が出てきますね。レッシングはドイツの古典主義の時代の代表的劇作家で、啓蒙主義的な作品を多く残しています。原文では、この部分はドイツ語のままになっています。黒板を見てください。

これは、『寸鉄詩（警句）集 Sinngedichte』（一七七一）という詩集に出てくる、ものすごく短い詩「お

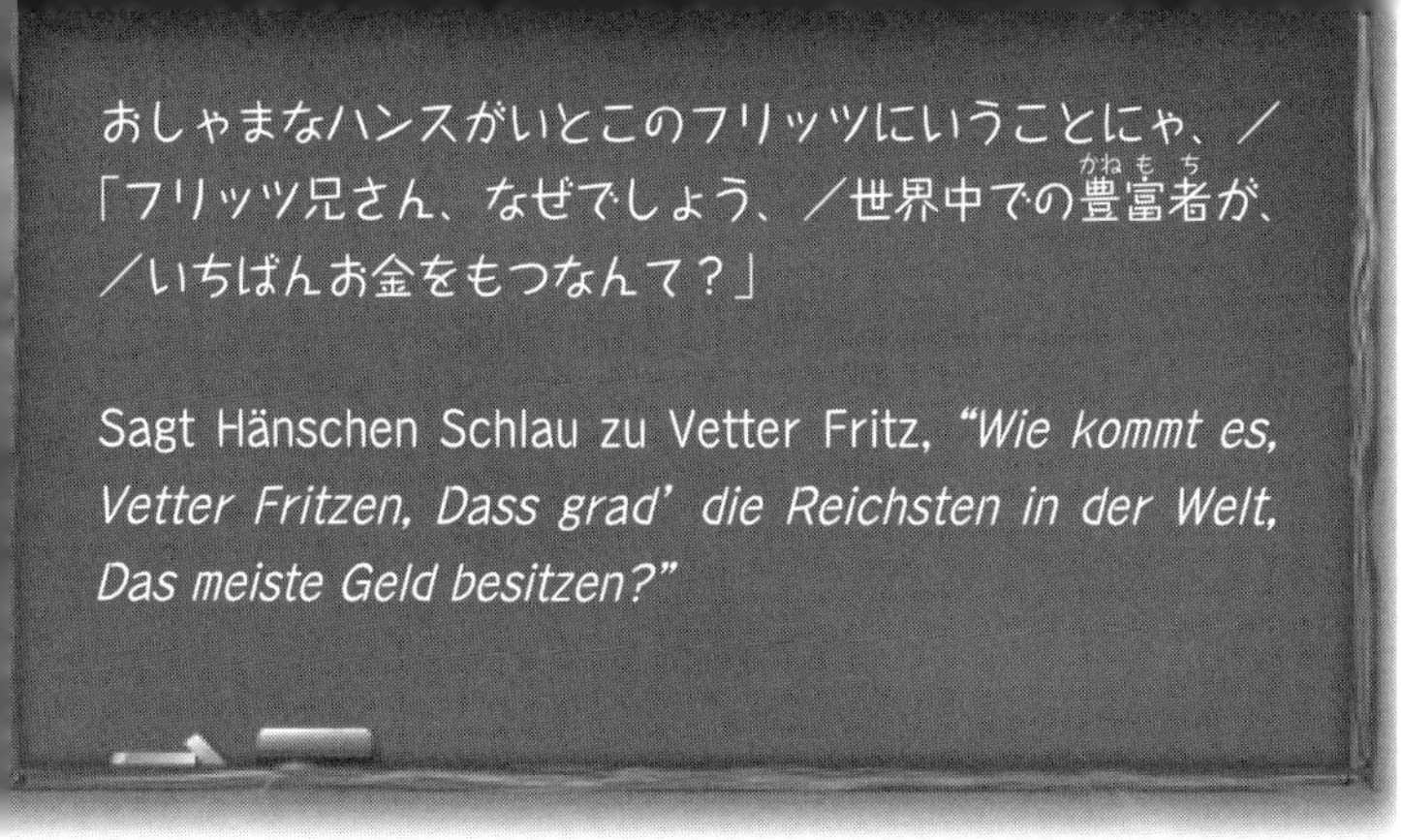
おしゃまなハンスがいとこのフリッツにいうことにゃ、／
「フリッツ兄さん、なぜでしょう、／世界中での豊富者《かねもち》が、
／いちばんお金をもつなんて？」
Sagt Hänschen Schlau zu Vetter Fritz, *“Wie kommt es,*
Vetter Fritzen, Dass grad’ die Reichsten in der Welt,
Das meiste Geld besitzen?”

しゃまなハンス Hänschen Schlau」からの引用です。オリジナルはこの前に、《Es ist doch sonderbar bestellt（奇妙なことですよね）》というハンスの台詞が付いているだけです。

これは日本語にすると分かりにくくなるのですが、英語の〈rich〉やドイツ語の〈reich〉は「金持ち」という意味だけでなく、より一般的な、「豊かな」という意味があります。ハンスは、〈reich〉を「豊かな」という一般的な意味に理解して、〈die Reichsten in der Welt（世界で一番豊かな者）〉が、「一番たくさんお金を持つ者」とイコールになるのはどうしてか、という疑問を投げかけているわけです。

元はそういうごく単純な、言葉の意味のズレを利用した警句ですが、ジェイムズはそれを更に自分の文脈に合わせて捻りを加えます。

> おしゃまなハンスはここで「豊富」という原理を、人が富者《かねもち》であるということによって示される諸事実とは何か違ったものと見なしている。豊富《ゆたかさ》はそれらの諸事実に先立っている、それらの事実は富者の本質的な性質といわば第二義的に合致《がっち》するにすぎないのである。

ハンスもまた、人がお金を持っているという事実に先立って（antedate）、「豊富＝豊かさ wealth」なるものの基準があるという前提に立っているのではないかと示唆します。少し分かりにくい理屈ですが、「豊かさ」のイデア、原型のようなもの——例えば精神的に完全に満たされている状態とか、平和な家庭生活を営んでいること——があると想定していなかったら、それと事実が適合しているかどうか疑問に思いようがないということでしょう。ハンスがそういう前提に立っているという解釈が妥当かどうかは別として、プラグマティズム流の考え方をすれば、どういう状態が、「豊かさ」であるのか最初から決まっているわけではないということになります。

「豊富」(wealth)の場合なら、誤謬《ごびゅう》がすぐわかる。豊富とは或る人の生活がいとなまれている具体的な過程をあらわす名でしかなく、ロックフェラー氏やカーネギー氏に見出されるがわれわれ残りのものには見られないといった自然的な優越さをいうのではない。

趣旨は分かりますね。金であれ、天賦の才であれ、これがあれば「豊か」であるという必要条件や十分条件のようなものがあるわけではなく、人生を送っていく中で、連続的に無理なく充実感を感じられるようなサイクルにのっているかどうかが問題であるわけです。〈wealth〉という英語も、「富」という狭い意味と共に、「豊かさ」という一般的な意味でも使われます。因みに、ロックフェラーというのは、スタンダード・オイルの創業者で、石油王と呼ばれ、慈善事業にも力を入れたことで知られるジョン・ロックフェラー(一八三九－一九三七)のことで、カーネギーというのは、USスチールの前身のカーネギー鉄鋼を創業し、やはり慈善活動家として知られるアンドリュー・カーネギー(一八三五－一九一九)のことです。彼らがジェイムズやパースとほぼ同年代というのは、プラグマティズムが誕生したのが、アメリカの産業が急成長していた時期であることを象徴しているように思えます。

これと同じことが、「健康 health」とか「強さ strength」についても言える、と述べられていますね。〈wealth〉〈health〉〈strength〉〈truth〉と、どれも接尾辞〈-th〉が付いていますね——ハンスの問いの対象を、ドイツ語の〈reich〉にそのまま対応する［〈rich〉→〈richness〉］ではなく、〈wealth〉に言い換えたのは、語呂合わせのためだったわけです。ジェイムズに言わせれば、この〈-th〉の語尾を見ると、英語圏の人は、事物に先立つ本質があるかのように、合理主義的な発想をしがちだが、それは思い込みです。やや強引な意味分析ですが、確かに形容詞の〈strong〉を、抽象名詞の〈strength〉に言い換えると、何だか、そういう抽象的な実体があるような気がしますね。桝田さんは、〈-th〉を「〜さ」と訳していますが、日本語の語尾でこういうニュアンスを出すのはむしろ、「〜性」だと思います。ただ、「〜性」だと、〈wealth〉〈health〉〈strength〉〈truth〉の訳語にはならないので、難しいところです。

一六二頁から一六三頁にかけて、こうした抽象的な実体化が起こる背景として、アリストテレス＝スコラ哲学以来の、「習慣 habit」と「活動 act」の関係をめぐる問題に言及されています。これは、『ニコマコス倫理学』の〈hexis〉と〈energeia〉の記述に由来する議論だと思います。古代・中世の哲学を専門にしている高田三郎さん（一九〇二－一九四）による訳が、岩波文庫に入っているので、該当箇所を読んでおきましょう。第一巻の第八章に以下のような記述があります。ここでは、〈hexis〉は「状態」と訳されていますが、〈hexis〉に対応するとされるラテン語は、〈habitus〉なので、「習慣」とか「性質」という意味合いも含まれていると考えていいでしょう。

最高善を解してそれは所有にあるとするのとその使用にあるとするのとの差異、状態《ヘクシス》と解するのとその活動《エネルゲイア》と解するのとの差異は、思うに僅少ではない。というのは、卓越性《アレテー》という「状態」はそれが存在していながら少しも善を結果しないことも可能であるが——たとえば眠っている場合とかその他何らかの仕方でひとがそれを働かせなかった場合のごとき——、活動はこれに反してそういったふうではありえないものだからである。すなわち、卓越性に基づく活動が存在する場合にあっては、ひとは働いていることが必要であり、それもよく働いていることが必要であるだろう。あたかもオリュムピアにおいて勝利の冠を戴くのは最も体格の見事なひとびととか最も力の強いひとびとではなくして、そこで実際に競技を行なうひとびと（そのうちの或るひとが勝つのだから）であるのと同じように、人生におけるうるわしき善の達成者となるのはその能力をただしい仕方で働かせるところのひとびとなのである。

「卓越性」の本質は、何かの優れた資質を所有している状態ではなく、それを実際の活動の中で使い、業績を上げることにある、というわけですね。潜在的に能力が高いとされている人ではなく、競技会でいい成績を出す人がいい選手だというのは、納得できる話です。これは確かに、先ほどからのジェイムズの主張に通じる議論です。

「豊かさ」「健康」「強さ」などは、本来、その人のより幸福に生きようとする「活動」の中でこそ意味を持つ尺度であり、その人の「活動」に伴って中身や基準が変化しますが、人は常に変化し続けているわけではなく、変化が休止していることもあります。その休止の間、これらの性質は「習慣＝状態」へと沈下（sink）する、というわけですね。そうなると、「豊かさ」や「強さ」に関する特定の分かりやすいイメージ、金を持っているとか、腕力が強いとかが、「豊かさ」そのもの、「強さ」そのものと見なされるようになります。観念の使い方が習慣化されると、そうした静的理解が自明の理であるかのように見なされることになります。「真理化＝検証」が活発に行われていない時は、「真理」は習慣化された休止状態にあるので、真理のアプリオリな実体があるかのように思えてしまうわけです。

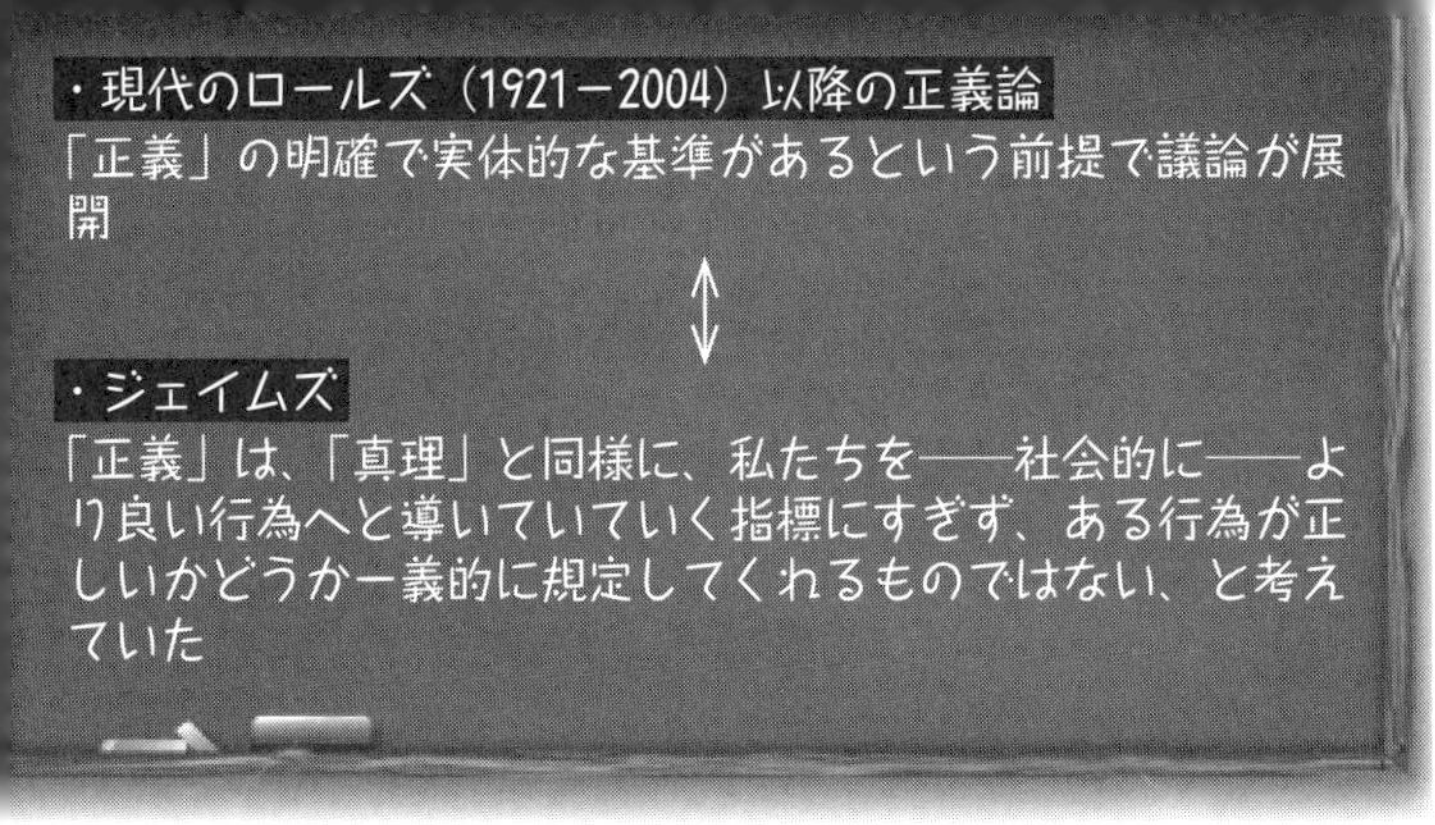
・現代のロールズ（1921－2004）以降の正義論
「正義」の明確で実体的な基準があるという前提で議論が展開
・ジェイムズ
「正義」は、「真理」と同様に、私たちを――社会的に――より良い行為へと導いていくく指標にすぎず、ある行為が正しいかどうか一義的に規定してくれるものではない、と考えていた

正義と真理

この後で、少しだけ「正義」の問題が言及されていますね。

「真なるもの」とは、ごく簡単にいえば、われわれの考え方の促進剤に過ぎないので、それは「正義」がわれわれの行い方の促進剤に過ぎないのと同様である。

現代のロールズ（一九二一－二〇〇四）以降の正義論では、「正義」の明確で実体的な基準があるという前提で議論が展開されていますが、ジェイムズは「正義」は、「真理」と同様に、私たちを――社会的に――より良い行為へと導いていく指標にすぎず、ある行為が正しいかどうか一義的に規定してくれるものではない、と考えているようですね。

一六六頁では、合理主義が、永遠の真理と実在があるという習慣化した考えに固執し続けるのに対し、真理と実在は経験と共に変化し続けると考えるプラグマティズムは、未来を向いていると述べられていますね。未来志向がプラグマティズムの特徴であるというのは、よく言われることです。

ジェイムズはこういう風にプラグマティズムの「真理」観を彼なりにポジティヴに呈示しますが、合理主義者の側からすれば、プラグマティズムは事実上、「真理」を相対化し、最終的に否定しようとしているのではないか、という風に見えるかもしれません。マルクス主義者などの、徹底した唯物論者もそう言いそうです――一昔前の日本の左翼は、プラグマティズムのような考え方は相対主義だと言っていました。

プラグマティズムははたして「真理」の相対主義なのか？

第六講の最後の方でジェイムズはそうした疑問に、彼なりに答えようとしています。

真理を承認すべきわれわれの義務が、無条件的であるどころか、恐ろしく条件づきのおのあることは全く明らかである。大文字Tで始まる単数形の真理（Truth）は、もちろん、抽象的に承認されることを要求する、しかし複数形の具体的な真理は、その承認が有利である場合にのみ、承認されることを要求するに過ぎない。真理と虚偽とがともに与えられた局面にかかわるときには、つねに虚偽よりも真理が選ばれねばならない。しかしどちらも当の局面に関係をもたぬ場合には、真理も虚偽と同じくなんら義務を課しはしない。

プラグマティストも、「真理」を「真理」として承認（acknowledge）する義務があることを認めます。しかし、それはその真理の観念を利用した方が有利になるとはっきりしている場合です。経験の中で役に立つと検証された真理は認めねばならないけれど、そうでないような〝真理〟はどうでもいいわけです。

バークリーは、人々がいう物質とは何であるかを説明したのであったが、人々は彼が物質の存在を否定したものと考えた。こんにちシラー氏とデューイ氏とは、人々が真理というのは何であるかを説明しているのに、二人は真理の存在を否定するものとして非難されている。これらのプラグマティストはすべての客観的な基準を破壊して愚かさと賢こさを同一の水準に置くものだ、と批判者たちは非難するのである。プラグマティストとは、諸君のいいたい放題のことをいい散らしてそれを真理と呼びさえすれば、諸君はプラグマティズムの要求をことごとく充《み》たすことになる、と考える人たちのことである、というのが、シラー氏や私の教説を評するためのお好みの方式なのである。

バークリーは、前回もお話ししたように、ロックとヒュームの間に位置するイギリス経験論の哲学者で、「存在とは知覚である」と言ったことで知られています。彼の立場は一般的に主観的観念論と呼ばれていますが、それは主観（主体）によって観念として知覚されるのではない、外的事物の実在を認めないことです。因みに客観的観念論というのは、プラトンやヘーゲルのように個人の主観を超えた、普遍的な観念（イデア）が実在し、それが物質的世界のあり方をも規定しているとする立場です。昔のマルクス主義は、主観的観念論者であるバークリーは、自分の意識以外には何も存在しないと強弁する、ダメな観念論の代表格のように言っていました。現代哲学では、知覚について厳密に考えようとしたバークリーの姿勢が再評価されつつあり、主観的観念論という言葉の印象だけで決めつけられることはなくなりつつあります。ヒュームほどではないけれど、かなり復権しているように思えます。

ジェイムズはバークリーを結構高く評価しているようで、この本の第三講「若干の形而上学的問題のプラグマティックな考察」で、プラグマティズムの観点からバークリーを擁護しています。そこを読んでおきましょう。

バークリーは、われわれの知る外界を否定するどころか、それを強化したのである。スコラ哲学では、物質的実体というものはわれわれの近づきえないもの、外界の背後にあって外界よりももっと深くかついっそう実在的なもので外界を支えるに必要なものと考えられたが、バークリーはこのような考えこそ外界を非実在化してしまうすべての学説のなかでもっとも有力なものであると主張した。そこで彼はいった、そのような実体を捨て去り、諸君が理解しかつ近づくことのできる神が諸君に感覚的世界をじかに送ってくれたのだと信ずるがいい、そうすれば諸君は感覚的世界を確認できるし、またそれを神の権威をもって支えることになると。「物質」に関するバークリーの批評はしたがって全くプラグマティックであった。物質は色、形、硬さ等についてのわれわれの感覚として知られる。これらの感覚こそ物質という名辞《めいじ》の現金価値なのである。物質が真に存在すると存在しないではわれわれにどういう違いが生ずるかといえば、存在する場合にはわれわれはそのような感覚を得るし、存在しない場合にはそれを欠くということである。そこでこれらの感覚が物質の唯一の意味なのである。だからバークリーは物質が何から成り立っているかをわれわれに告げるにすぎない。つまり、物質とは、右のように感覚にあらわれる限りにおいてのみそれに附される名として真なのである。

論旨ははっきりしていますね。「物質的実体 material substance」のようなものを想定すると、かえって外界が我々にとって非実在的なものになってしまう。「物質 matter」という抽象的な概念にはそういう傾向があるので、バークリーはそういう実体的なものを想定するのではなく、物質の属性として我々が知覚する諸「感覚 sensation」こそが、「物質」の本当の意味と考えるべきだ、と主張したわけです。ジェイムズは、バークリーをマッハ的な方向で理解しようとしているわけです。

プラグマティズムに対する非難も、バークリーに対する非難と同じような傾向がある、とジェイムズは言っているわけですね。プラグマティストは、「真理」という概念をしっかりと地に足の着いた、ちゃんと使えるものにしようとしているのに、伝統的な哲学における、抽象的で人々の生活から遊離した「真理」概念に慣れきっていて、そこから動きたくない人たちが、彼らは真理をないがしろにしていると早とちりで非難しているというわけです。ジェイムズにしてみれば、プラグマティストは、彼らを非難している人たちよりも遥かに強く「真理」にコミットしています。

プラグマティストは、過去から搾《しぼ》り取られた真理という投下資本の全体と、自己の周囲の感覚界の威圧との間に自分が閉じ込められていることを他の何人よりもよく知っているのであるから、われわれの心の働きを制御《せいぎょ》する客観界の支配のこの巨大な圧力を彼ほどに感ずるものが果して他にあるであろうか。

比喩的な言い方をしていますが、言いたいことは分かりますね。プラグマティストは、過去のぼう大な経験の蓄積の中から形成される真理や、感覚界（world of sense）によって自分たちの思考や行動が制約されていること、自由に振る舞える範囲が限定されていることを強く実感している。その時々の思いつきで、こういうことにしたら都合よさそうなので、取りあえずこれを〝真理〟にしておこう、というような安易な発想とは程遠いというわけです。経験を無視して、抽象的な〝真理〟に固執している人たちの方が気楽だと言いたいのでしょう。

彼は更に、プラグマティズムを非難している人たちは想像力に欠けているとさえ主張します。

近頃われわれは科学における想像力の効用について論じられるのをよく聞くようになった。哲学においても、今こそ僅かなりとも想像力の効力を力説すべき時である。わが批評家たちの或る人々がわれわれの所説のなかにおよそ愚劣きわまる意味しか読み取ろうと欲しないのは、彼らの想像力の乏しさを示すもので、この点で近世哲学史上において他に比肩するものを見ないほどである。シラーは、真理とは「働く」ものである、といっている。そのために彼は験証をもっとも低次の物質的な効用に限る者と見なされている。デューイは、真理とは「満足」を与えるものである、といっている。だから彼は、快《こころよ》いものはなんでも真理と呼べると信じている者のように遇《ぐう》せられているのである。

頭の硬い人たちは、自分が慣れ親しんだ思考法、言葉の使い方に即してしか考えられないので、シラーやデューイの言っていることを極めて表面的にしか理解していないというわけです。「真理」は人間の生々しい生活を超えた、理念の世界に属することであると最初から決めてかかっている人にとっては、「働く work」とか「満足 satisfaction」といった言葉を使うプラグマティズムは、低次元の物質的なものに左右される思考でしかないわけです。プラグマティストが、日常的な言葉に哲学的な意味を与えようと努力していることが分からないということですね。新しく登場した思想を、理解しようともしないで、言葉の印象だけで決めつけるというのは今の日本でもよくある話です。「ポストモダン」批判とかその最たる例です。「プラグマティズム」に関しても、道具主義という言葉に脊髄反射している人まだいますね。

「第八講　プラグマティズムと宗教」を読む――絶対者と人

では、「第八講　プラグマティズムと宗教」に入ります。

最初に、第一講での「硬い心＝経験論」と「軟らかい心＝合理論」の対比に立ち返ったうえで、両者のいずれにも与さないプラグマティズムは、有用であると分かれば、いかなる「普遍概念 universal conceptions」でも受け入れる、という立場であることを再度強調します。宗教的な観念も例外ではありません。

ところで、絶対者の有用性は人類宗教史の全歴程《ぜんれきてい》によって実証されている。永遠者の御手はそこに下されているのである。ヴィヴェカナンダの説くアートマンの有用さを想い起こしていただきたい――そこからはなんら特殊なことがらを演繹《えんえき》することができないのであるから、その有用さはもちろん科学的なそれではない。それは全く情意的、精神的なものである。

ヴィヴェカナンダ

ヴィヴェカナンダ（一八六三－一九〇二）はインドの宗教家・ヨガ指導者で、ラーマクリシュナ（一八三六－八六）によって創始された、ヒンドゥーをベースにした神秘主義的な教えを広めることに貢献しました。一八九三年にシカゴで開かれた宗教会議に参加して、各宗教の教えの違いを超えた、普遍宗教の存在を主張する講演を行って反響を呼び、九七年にかけてアメリカや英国で伝道に従事し、九六年にインド哲学の学派であるヴェーダンタ学派の協会をニューヨークで設立しています。そうしたことから、当時のアメリカでは、インドの宗教・哲学の代表格と見なされていたのでしょう。この本の第四講「一と多」では、神秘主義的な絶対的一元論の思想として彼が行った講義の一部が紹介されています。無論、プラグマティズムの視点からの批判的な参照です。この箇所でヴィヴェカナンダが「絶対的なる一者 an Absolute One」を中心とする宗教を説いていたことが確認されています。「アートマン」は、古代インドの哲学で、個の中心にあるとされている原理で、宇宙の中心原理である「ブラフマン」と一致するとされています。

このあと、ホイットマンの「君に To You」という詩の全文が引用されています。前回もお話ししたように、ホイットマンは、ジェイムズやパースの一世代上の詩人で、一八五五年に刊行した詩集『草の葉』で大きな反響を呼びました。「君に」も『草の葉』に収められています。長いので、メッセージを読み取りやすい部分だけ見ておきましょう。

君が誰であろうと、いま私は私の手を君の上に置く、
君が私の詩となるように。

私は私の唇を君の耳につけて囁く、

私は多くの男を、女を、そして男を、愛してきた、

しかし君ほどに愛した者はない。

ジェイムズはこの「君」を、男であれ女であれ、この詩を読む人もしくは聴く人と理解すればいいと言っていますが、未知の相手に対して、「私の手を君の上に置く I place my hand upon you」とか「私は私の唇を君の耳につけて囁く I whisper with my lips close to your ear」と言っているところからして、「私」というのは、まるで神のように遍在する存在であるように見えます。「著者」のことを英語で〈author〉と言いますが、この語源であるラテン語の〈auctor〉は「創造者」という意味ですし、〈Author〉と大文字にすると、英語でも「神」という意味になりますが、「君が私の詩となるように that you be my poem」という表現には、神の創造的なニュアンスが含まれているように思えます。〈poem〉の元になったギリシア語の動詞〈poiein〉は、「作る」という意味です。ただ、「私」が神の暗示だとしても、「君ほどに愛した者はいない I love none better than you」というのはかなりエロティックな感じの神ですね。「唇を君の耳につけて囁く」というのはかなりエロティックな感じの神ですね。「君ほどに愛した者はいない I love none better than you」も口説き文句のように聞こえます。こういうところが、普通のキリスト教徒にはセンセーショナルに聞こえるのでしょう。あと、「君」を「神」、「私」を「詩人」であると解しても意味が通りそうですが、そう取ると、尚更、神をエロスの対象と見る冒瀆的な詩に見えてきますね。

私はすべてを去り、来って君の賛歌を作ろう。

誰ひとり君を理解しはしなかった、しかし私は君を理解している。

誰ひとり君を至当に扱わなかった——君も君自身を至当に遇《ぐう》しなかった。

誰ひとり君を不完全と思わぬ者はなかった——ただ私ひとりが君を不完全と見ないばかりなのだ。


この連も、絶対者との関係とも、恋人の関係とも取れますね。「私ひとりが君を不完全と見ない I only find no imperfection in you」というのは、人間の神に対する呼びかけであるとしたら、かなり不遜な感じに聞こえます。他者には窺い知ることのできない、自分だけの絶対者との接触を志向しているような感じがします。


君が誰であろうと、いかなる危険をもしりめに君自身を要求せよ！

東と西にのびるこの光景も、君に比《くら》べると、その精彩を失う。

これらの広大な牧場——これらの涯《はて》なき河——そのように君は広大にして涯しがないのだ。

君はそれらを支配する主人《あるじ》か主婦かなのだ。

自然、四大、苦情、激情、壊滅《かいめつ》を支配する権利をみずからの手に握《にぎ》る主人《あるじ》か主婦かなのだ。


この連を読むと、「君」というのが、自然、あるいは、アメリカの広大な大地を意味している可能性もあるような気がしてきますね。詩ですから、［私＝君＝絶対者＝自然＝アメリカ］であってもおかしくありません。私と君の関係も、恋人同士、創造主－被造物、理解者－理解される者など、いろいろイメージできます。「主人か主婦か master or mistress」とわざわざ言っているところを見ると、「君」は性別を超えた存在であるようです。

ジェイムズはこの詩を美しいとしたうえで、二つの解釈の仕方があると述べています。プラグマティズム流の文芸批評をやろうとしているわけですね。

一つは一元論的な仕方、純粋な宇宙感情の神秘的な方法である。かの栄光も偉大も、君を傷つけるものどものただなかにあってさえ、絶対に君のものである。君に何ごとが起ころうとも、君がどのように見えようとも、君の内面は安全である。君の真の存在原理をかえりみよ、その上に寄りかかれ！　これこそかの有名な静寂《せいじゃく》主義、無関心主義の道である。その反対者たちは、これを精神の阿片《あへん》に比している。けれどもプラグマティズムはこの仕方を尊重しなければならぬ。これには巨大な歴史的弁証があるからである。

抽象的な言い回しをしていますが、要は、「君」（あるいは、その「君」にささやきかける「私」）が自らの「真の存在原理 true principle of being」である宇宙そのものと一体化していて、いかなる動揺もない状態、梵我一如の状態にあるということでしょう。「無関心主義 indifferentism」という言い方が多少引っかかりますが、英語の形容詞〈indifferent〉は、中立とか無差別、影響されない、といった意味です。〈in-differentism〉というのは、君と宇宙の間にいかなる差異も見出せない状態を志向する、ということでしょう。

マルクス（一八一八―八三）が「宗教は民衆の阿片である」と言ったのは有名ですが、そういう立場からすれば、こういう神秘主義は阿片の最たるものでしょう。それをプラグマティズムは、「巨大な歴史的弁証 massive historic vindication」があるがゆえに尊重しなければならないと言っているわけですが、これは恐らく、神秘主義のおかげで社会が大きく進歩した歴史的実例がある、ということでしょう。神秘主義的な信仰に基づいて哲学の思索を深める人とか、社会改革にまい進する人がいるのは間違いありません。先ほどのヴィヴェカナンダも、インドにおける社会改革の必要性を説きましたし、アメリカの歴史でも、クエーカーのような神秘主義的な体験を重視する宗派が重要な役割を果たしています。

「多元論的 pluralistic」

しかし、プラグマティズムはこの詩を解釈するも一つの仕方すなわち多元論的な仕方もまた尊重されねばならないと考える。あのように栄光を与えられ、讃歌のささげられた君は、現象的に解釈されるなら、諸君のよりよきもろもろの可能性を意味することもできるし、また諸君の犯《おか》した数々の失敗が君自身にあるいは他人の人々に償《つぐな》う特殊な贖罪《しょくざい》をさえ意味することもできる。諸君が諸君みずからの乏しい生を、かの栄光の道づれなるがゆえに悦んで甘受しようとするほどまでに賞嘆しかつ愛する他の人々のもつもろもろの可能性にたいする諸君の忠誠を意味することもできる。少くとも諸君はかくもすばらしい全世界を観賞し、賞讃し、聴取することができるのである。諸君みずからのうちにある低いものを忘れよ、そして、ただ高きもののみを思え。この高いものと諸君の生を一つならしめよ。そうすれば、憤怒、損失、無知、倦怠《けんたい》をくぐって、諸君がみずからをしかくなすところのもの、諸君がもっとも深きところにおいてあるところのものは、それが何であれ、みずからの道をきり拓《ひら》いてゆくのである。

ここで「多元論的 pluralistic」と呼ばれている見方は、第一講で「硬い心の人＝経験論者」の思考の特徴として挙げられている「多元論」に対応していると見ていいでしょう。ジェイムズの説明は、詩を詩で説明しているような感じで分かりにくいですが、要は、先ほどの神秘的で静かな合一とは違って、世界や自然の中で嫌なもの、辛いものを含めて、ありとあらゆる多様なものを自らの身体で経験し、生の喜びを主体的に獲得し、絶えず変化し続ける存在として、「君」が描き出されている、ということでしょう。

どちらの仕方で解釈するにしても、この詩はわれわれ自身にたいする信頼の心を促《うなが》してくれる。どちらの仕方も満足を与え、人間界の流転《るてん》を聖化する。ともに金色の背景に君の肖像を描くのである。しかし第一の仕方の背景は静的な一者であるが、第二の仕方においては、複数の可能性、全くの可能的なものを意味し、この可能という概念に含まれるあらゆる不安定さをもっている。

ここでかなりクリアになりましたね。「静的な一者 the static One」と、「不安定さ=せわしなさ restless-ness」を含んだ「複数の可能性 possibles in the plural」の対比です。どちらも一長一短があって、人間の幸福に役立ちそうなので、プラグマティズムは両者を中立的に評価しそうな感じもしますが、そうではないようです。

この詩のどちらの読み方も崇高さに欠くるところはないが、プラグマティックな気質にもっともよく一致するのは多元論的な読み方である。なぜかといえば、この読み方は無限に多い未来の経験の特殊相をわれわれの心にじかに暗示するからである。それはわれわれのうちにある一定の活動力を働かしめる。この第二の仕方は、第一の仕方に比《くら》べると、散文的で世俗的に見えるけれども、これを無慈悲な硬《かた》い心として非難することは誰にもできない。しかしながら、もしプラグマティストとして諸君がこの第二の読み方を積極的に推《お》し立てて、第一の読み方に反対されるならば、諸君はきっと誤解を招くにいたるであろう。諸君は高貴なる概念を否定するもの、もっとも悪い意味における硬い心に組するものとして非難されるであろう。

ポイントは、多元論的な解釈が、「無限に多い未来の経験の特殊相をわれわれの心にじかに暗示する immediately suggest an infinitely larger number of details of future experience to our mind」ということです。プラグマティズムは、人々の未来における幸福を志向する思想なので、そのための刺激を直接的に与えてくれる多元論的な思想を歓迎すべきだという理屈です。

では、「硬い心」に対する一方的な肩入れではないかという疑念に対して、ジェイムズはどう答えるつもりなのでしょうか。ジェイムズの友人の手紙が紹介されていますね。その人は多元論を信じており、自分や子供たちの身にたとえ不幸が訪れても耐えることができる、と言っていますね。ただし、それには一つ条件があるということです。

すなわち、想像としても推論としても、万物の合理的統一ということを構想することによって、私の行為と私の思想と私の思い煩《わず》らいとが世界のすべての他の現象によって補足されており、そして――このように補足されるとき――私の行為も思想も思い煩らいも、私自身のものとして私が是認し採用する一つの計画を形作っているのだと私は認めることができるということであります。私としましては、自然主義者やプラグマティストのあらわな多元論の彼方に、彼らが全く興味も寄せない論理的統一を見ることがわれわれにはできないという説にはどうしても承服できません。

ややこしい言い回しをしていますが、言いたいことは分かりますね。私が酸いも甘いもいろんなことを経験すること自体はいいのだけれど、それらの経験が相互に何の脈絡もなく断片化されたままになっているのではなく、それらの根底に「合理的統一 rational unity」を与えている、創造主のデザインのようなものがあると信じられることが大事であるわけです。もっと簡単に言うと、私の経験することには、神によって与えられた意味があるということです。「補足 supplement」というのが少し分かりにくいですが、これは、私の行為や思想が、私を超えた存在によって、宇宙全体の中に位置付けられ、意味を補填されるということでしょう。多元性を超えたところに、「統一」があることを信じているわけです。

ジェイムズは、この友人が信じている「万物の合理的統一」、すなわち、多元と統一を〝統一〟する、「プラグマティックに統一され改善された世界 the pragmatically unified and ameliorated world」の可能性を追求すべきだと提起します。しかし、当然のことながら、言葉で多元と統一を〝統一〟すると言うのは簡単ですが、実際にはどうすればいいのか。多元と統一は普通に考えれば、相反する状態です。

救済の可能性

このディレンマ全体が、プラグマティックに見ると、世界のもつもろもろの可能性の観念をとりまいていることにどうか注意していただきたい。知的には、合理論は絶対的な統一原理を推し立て、これを多くの事実の可能性の根拠として要求する。情意的には、合理論はその原理を諸可能性の包含者、限定者、結末を善たらしめる保証者と見る。このように解すると、絶対者はすべての善きものを確実にし、すべての悪しきものを不可能にするもの（すなわち、永遠にわたって）であり、そして可能性の全範疇をより一層確かな諸範疇に変えるものであるといえる。この点において、世界は救済されるかもしれぬと信じて甘んじておればならぬしまたされるだろうと主張する人々と、世界は救済されるかもしれぬと信じて甘んじている人々との間に大きい宗教的な差異があることがわかる。合理論者の宗教と経験論者の宗教との全《ぜん》衝突《しょうとつ》は、してみると、可能性の効力に関しているのである。それだから、まずこの語に焦点を置かなくてはならない。「可能」という語は厳密には何を意味するのであろうか？ 無反省《むはんせい》な人々には、この語はいわば存在の第三階級、すなわち存在よりは実在性が少く、非存在よりは実在性が多いという存在の状態、簿明の国、混成状態、実在物がときどき出たり入ったりしなければならぬ幽界のごとく思われている。

抽象的な言い方をしていますが、おおよその議論の筋は分かりますね。「世界は救済されねばならぬしまたされるだろうと主張する」のは、絶対的な統一原理を推し立てる合理論者で、「世界は救済されるかもしれぬと信じて甘んじている」のは、多元的に世界を見る経験論者です。前者にとって「救済」は既定の事実であるのに対して、現実を重視する後者にとってはあくまで「可能性 possibility」にすぎないわけです。

「可能性」をどう理解するかというのは、哲学にとって重要なテーマで、「様相 modality」をめぐる一連の議論の中に位置付けられてきました。「様相」というのは、命題の確実性とか、判断の形態を意味します。カントは、判断の様相を「可能性 Möglichkeit」「現実性 Wirklichkeit」「必然性 Notwendigkeit」の三つに区別しました。もっと分かりやすく言うと、英語で can、must、shall などの助動詞によって表現されるのが様相です。様相の一つである「可能性」は、「実在性」の度合いにおいて、「存在 existence」と「非存在 non-existence」の間の曖昧な領域と見なされることが多いわけです。宗教的な世界観の対立を、様相をめぐる哲学的議論へと変換しようとする発想が面白いですね。

当然のことながら、ジェイムズはプラグマティストなので、「可能性」を抽象的に定義しようとはしません。むしろ、〈possible〉という概念が私たちの行為や態度にどういう変化をもたらすかに焦点を当てます。

最初に、誰かが「それは不可能だ」、と言ったら、あなたはそれに「反対」することができる、という点が指摘されています。少なくとも、〈possible〉かどうかをめぐる討論を始めることができるわけです。これだけでは大して有意義な感じはしませんが、ジェイムズは、このことにはもっと中身のあることが含意されている、と主張します。

少くとも、もしこの諸君の断定が真であるとすれば、その可能なる事物を妨げうる何ものも現存していないことになる、という消極的な差異がでてくるのである。そこで、妨害物が実際にないということは、事物を不可能でないものに、したがって、ただそれだけのあるいは抽象的な意味で可能なものに、することであるといえる。

論理的に不正確な感じがする表現ですが、言いたいことは分かりますね。ある事物が現実化するのを原理的に阻止できる要因はないことが分かれば、少なくとも、その事物を実現してみようという意志が生じてくるかもしれません。ただ、それでもまだあまり積極的な感じはしないですね。

けれども大部分の可能なものはただそれだけのものではない、可能なものは具体的な根拠をもっている。あるいは、いわゆる十分に基礎づけられている。このことはプラグマティックにはどういう意味であろうか？　それは単に妨害的な条件が現在しないというにとどまらず、その可能なる事物を産《う》み出す或る条件が現実に存在しているということを意味している。かくして具体的に可能な一羽の雛《ひな》とは、（一）雛の観念がなんら本質的な自己矛盾を含んでいないということ、（二）少年とかいたちとか、あるいは他の敵があたりにいないということ、（三）少くとも一個の現実的な卵が存在しているということ、を意味する。可能的な雛とは、現実の卵プラス現実に巣ごもる牝鶏《めんどり》もしくは人工孵卵器《ふらんき》のたぐい、を意味する。これら現実の諸条件が完成に近づくにつれて、雛はだんだんよりよく基礎づけられた可能性となる。条件が全く完備すると、雛は可能性であることをやめて、ひとつの現実的な事実に変ずるのである。

つまり、「可能性」という言葉が使われる場合には、それが現実化するために必要な前提条件のいくつかが既にそろっていること、本当に現実化するための条件が整っていること等が含意されているというわけです。当然、条件が更に整っていけば、最終的に現実化するわけです。「可能性」の中に、現実への具体的な道筋が含意されているわけです。こうした「可能性」をめぐる一般的問題を論じたうえで、「救済」に話を戻します。

世界の救済が可能であるというのはプラグマティックにはどういうことをいうのであろうか？　それは世界救済の諸条件がいくつか現実に存在していることを意味している。その条件がより多く存在すればするだけ、妨害条件はより少くなる、救済の可能性がよりよく基礎づけられていればいるほど、救助の事実はより多く蓋然的となるのである。

「世界の救済 salvation of the world」がどういう状態を指すのかはっきり規定していないので、全体的に漠然とした感じがしますが、少なくともプラグマティズムは、「救済の可能性」を、「救済」が実現するた

ショーペンハウアー

めの具体的な条件とその増減という観点から捉えようとしていることだけは分かります。

　これに続く箇所でジェイムズは、「世界の救済」は我々が無関心ではいられない問題であり、中立（neutral）はありえないとしたうえで、その不可能性を説くのがペシミズム、必然性を説くのがオプティミズムであると述べています。ヨーロッパにおいてずっと支配的だったのはオプティミズムで、ペシミズムは比較的最近、ショーペンハウアー（一七八八－一八六〇）によって理論化されたということですね。彼は世界の根底にあるのは、ただ生きんとする盲目的で非理性的な意志だと主張したことで有名です。そうした世界は苦痛に満ちていて、幸福は幻想にすぎません。この両極端の中間に「改善論 meliorism」と呼ばれているものがあるとしています。「より良い better」という意味のラテン語〈melior〉から派生した語です。

　話の流れから予想されるように、「改善論」は、救済のための現実的な条件が増えるにつれて、それが現実化する「蓋然性＝確率 probability」が高まると見なす立場です。プラグマティズムは当然、これを支持するわけです。それはいいのですが、ジェイムズは、「救済」という言葉はいかに解釈してもいい、局所的に起こる現象だと見てもいいし、危機に際して全面的に生じる現象だと見てもいい、と述べていますね。それでは話は、あまり具体的になりそうにありませんが、ジェイムズは、「可能性」に対する私たち自身の態度に焦点を当てます。

　例えば、この部屋にいるわれわれの誰かがさまざまな理想を抱いていて、そのために生き、そのために働こうと志しているとしよう。もしそのような理想のどれかが実現されるならば、その実現された理想は世界の救済の一つの契機《けいき》となるであろう。しかしこれらの特殊な理想はただそれだけの抽象的な可能性なのではない。それは根拠づけられている、それは生きた可能性である。なぜなら、われわれがそれらの理想の生きた選手であり証人であるからである。そしてもし補足的な諸条件があらわれて附け加わってくるならば、われわれの理想は現実的なものとなるであろう。ではその補足的な条件とは何であるか？　それはまず、時が満ちるとわれわれに機会《チャンス》を、われわれが飛び込むことのできる機会《ギャップ》を与えてくれるような諸事物の混合であり、そしてつまりは、われわれの行為なのである。

それなら、われわれの行為がみずから進路を拓《ひら》くのであるかぎり、われわれの行為がその機会《ギャップ》に跳《と》び込むのであるかぎり、われわれの行為が世界の救済を創造するのではないであろうか？　もちろん、世界全体の救済を創造するとはいえないが、われわれの行為が及ぶだけの世界の範囲はこれをわれわれの行為が創造するのではあるまいか？

「可能性」を、私たちが「救済 salvation」を「創造 create」すべく「行為 act」できる「機会 gap」と見ているわけですね。オプティミズムとペシミズムは、世界全体が救済されるかどうかは最初から決まっているという見方をするわけですが、「可能性」を重視する、「改善論」は、人間の行為によってその「確率」が高まったり下がったりすると見るわけです。行為が及ぶ範囲の「世界」を、私たち自身が作っていると見るのだとすれば、「世界の救済」の意味を各人が自分なりに解釈していい、というのはそれなりに筋の通った話であることが分かります。プラグマティストにとっては、自分の「行為」によって創造される範囲の世界が、第一義的に問題になるわけですから。

私はここに大胆《だいたん》な論断をあえてしよう。そしていかなる種類の合理論者や一元論者の徒が挙げて刃向ってこようとも、私はあえてたずねる、なぜそうではないのか？　われわれの行為、われわれの転換の場、そこでわれわれはみずからわれわれ自身を作りそして生長して行くのであるから、それはわれわれにもっとも近い世界の部分なのである。この部分についてこそわれわれの知識はもっともよく通じており完全なのである。なぜわれわれはそれを額面どおりに受け取ってはならないのか？　なぜそれがそう見えるとおりに世界の現実的な転換の場、生長の場でありえないのか――なぜ存在の工場であることができないのか。この工場においてこそ、われわれは事実をその生長過程において捉《とら》えるのであり、したがって、世界はそれ以外の仕方では、どこにも生長しえないのではないか？

「われわれにもっとも近い世界の部分 the parts of the world to which we are closest」に関して「われわれの知識はもっともよく通じており完全なのである our knowledge is the most intimate and complete」というのは、先ほど少しお話ししたヴィーコによく似た発想ですね。自分がちゃんと把握でき、自分の行為によって影響を与えることのできる、身近な〝世界〟の範囲を確定する。その〝世界〟の中で自分の生活を改善できる具体的な可能性を探り、それを実現することに集中すべきだという立場のようですね。簡単に言えば、自分にとっては縁のない遠い世界がどうなるかに拘らず、自分の生きる〝世界〟を改善する具体的な「可能性」に集中して考えるということです。

「論理」「必然性」「範疇」「絶対者」などに意味があるのか？

こうしたプラグマティズム的な考え方に対して、真理というのは本来普遍的なものであるはずであって、自分の身近なものにだけ当てはまる局所的な真理があるかのような言い方はおかしい、という反論があるかもしれません。それに対してジェイムズは、誰かの具体的な欲求や行為と関係のない「論理」「必然性」「範疇」「絶対者」などに意味があるのか、という問いを投げ返します。

およそ何ものかが存在しなければならぬという現実的な理由としては、誰かがそれのここにあることを欲するというただ一つの理由しか私には考えられないのである。それは要求されてあるのである、――どれほど小さい世界の部分であろうとそれをいわば救助するために要求されてあるのである、これが生きた理由なのであって、この理由にくらべると、物質的原因とか論理的必然性は幽霊みたいなものである。

簡単にいえば、ただ合理ずくめの世界などというものがあるとしたら、それは魔法帽子の世界、テレパシーの世界であろう。そこでなら、あらゆる欲望がたちどころに満《み》たされ、周囲の力とか媒介《ばいかい》力《りょく》とかを考慮したり宥《なだ》めたりする必要もありはしない。これこそ絶対者そのものの世界である。絶対者が現象界に向って「かくあれ！」と要求しさえすれば、全くその要求どおりの現象界が存在するのであって、その他の条件など何一ついりはしない。われわれの世界では、個人の願望が唯一の条件であるばかりである。個人個人がそれぞれ違った願望を抱いて現に生きているのである。だからめいめいで違うさまざまな願望がまずかなえられなくてはならない。このように実在は、多なるこの世界においては、あらゆる種類の抵抗のもとに生長し、和解に和解を重ねながらだんだんと、第二義的な意味で合理的形態と呼ばれてよいようなものに組織されてゆくしかないのである。

絶対者が現象界に向かって「かくあれ！」と要求することによって、そのごとくの現象界が「存在する」ようになる、というのは、お気付きだと思いますが、旧約聖書の創世記の神の言葉（ロゴス）による創造のもじりです。この絶対者＝神による創造と、合理主義の世界観がどう関係するのか、説明不足なので分かりにくいですが、恐らく彼が言いたいのは、完全に合理主義的な世界があるとすれば、そこでは全ての人が宇宙の秩序に適合した合理的で均一的な思考をしているので、誰も無茶なことを望まず、自分の与えられた役割通りに思考し、行動するので、あたかも心の中で願ったことが全てすぐに実現するかのような様相を呈する、ということでしょう。見方を変えれば、各人の思考が完全にプログラム化されているので、すぐにそのままの形で実現しないようなことを願いようがないわけです。これは、映画『マトリックス』（一九九九）のような世界ですね。ジェイムズの時代にはまだ、思考の均一化をモチーフにしたディストピア系ＳＦがなかったので、うまく譬えられなかったのだと思います。そういう合理性はキモイだろう、ということです（笑）。

「何ものかが存在しなければならぬという現実的な理由 why anything should come at all」は、「誰かのそれがここにあることを欲すること someone wishes it to be here」しかないというのは、よく分からない神秘主義的な話のようにも聞こえますが、これは、今お話しした意味での〝合理主義的世界〟と対比すると、ピンと来やすくなりますね。世界がこれこれの状態になる、例えば、全ての人が病気にかかってもすぐに治療を受けられ、風邪とかの軽い病気にかかって簡単に死ぬ人がほとんどいない社会になる、ということに仮に必然性があるとすれば、それを強く望んでいる人たちがいるからであって、その必然性が宇宙創造の根源的法則から導き出されるかどうか分からないし、そんなことを論じたところで意味ないだろう、ということです。そういう意味での漠然とした「合理性—必然性」ではなく、今生きている人間にとっての具体的な「合理性—可能性→必然性」を考えようというわけです。当然、今現に生きている人間たちは、単一的な合理性によって統一されているわけではないですから、社会的な制度に限っても、唯一の合理的なあり方のようなものはなく、多元性を認めざるを得ません。異なる願望を持った人間同士が妥協——「和解」と訳されていますが、原語は〈compromise〉なので「妥協」と訳した方がいいでしょう——を積み重ねながら組織化するのが、「第二の形態の合理性 secondarily rational shape」です。極めて人間＝主体中心主義的、しかも多元性を重視する世界観ですね。これでは宗教の出る幕はなさそうですが、ジェイムズはそう思っていないようです。

われわれの論議の中心は、世界というものは完璧《かんぺき》な姿で必然的に生長するのではなく、部分部分の寄与《きよ》によって少しずつ生長するものであるという世界の見方であった。この仮説を真面目《まじめ》に、生きたものと考えてみていただきたい。世界の創造者が創造に先だって諸君に向い、次のように問いかけたと想像してみてもらいたい。「私はこれから世界を造ろうと思うのだが、その世界は済度《さいど》されるかどうか確かでなく、その完成はただ条件つきなのだ、つまり創造にあずかる者めいめいが自己の『最善』をつくすという条件がついている。私は君にそういう世界の一員となる機会を与えよう。安全の保証はできないがね。全くの冒険なので、ほんとに危険を伴っている。がしかしやりとげられんものでもない。みんなが協力して働いてはじめて出来てくるという社会事業なのだ。君はこの一隊に加わろうと思うかね。君はあえてこの危険にぶつかって行けるかね、また他の参加者たちにそうできると思うかね。」

そのような世界に加わるようにと申し入れられたとして、どうも安全でないから、といって諸君はその申し入れをこばまねばならぬと本心から思うだろうか?

ここは分かりやすいですね。先ほどの局所的な合理性を、絶対者＝神の創造の業への主体的な参加と考えるわけです。この神は、万物のあり方を最後の一点に至るまで規定した超越的な創造主ではなく、プロジェクトのリーダーのようなイメージですね。一般論として、信仰の対象になる神というのは、プロジェクト・リーダー的な存在としてイメージされざるを得ないと思います。そうでないと、主体的に神のために何かする気にならないですから。ただ通常のキリスト教は、神の全知全能性を前面に出すので、そういうリーダー的なイメージの神をおおっぴらに認めるわけにはいきません。第一の意味での合理主義的世界観に傾かざるをえないわけです。ジェイムズは、そんな不自然な考えはやめよう、と言っているわけです。

先ほどのような設問をすれば、大抵の人は、じゃあ参加します、と答えることでしょう。非合理的な宇宙の一部になるくらいなら、創造主の声を無視して〝合理的な宇宙〟の幻想に浸り続けたい、と思う人などほとんどでしょう。私たちが生きている、あるがままの世界を受け入れ、そこでの改善を目指すことこそ、「生き生きとした意味で『合理的』‘rational’ in the most living way」だと述べていますね。

無論、それで納得しない、頑固な合理主義者もいるかもしれません。そういう人たちをジェイムズは思いっきりくさしています。こういうのは、まさに「ディスる」という感じですね（笑）。

> われわれは誰でも自分自身がいやになり空《むな》しい努力にあきはててがっかりしてしまう瞬間があるものである。われわれ自身の生命が打ちひしがれ、われわれはかの放蕩息子《ほうとうむすこ》の態度におちいってしまう。われわれはものごとに機会のあることを信じなくなる。われわれは一切を諦《あきら》めて父親の頸《くび》にすがりつくことのできるような宇宙を求め、あたかも一滴の水が河や海に融《と》け込むように、絶対の生命のなかへ吸い込まれたいと思う。
>
> かかる平和と休息、すなわちこのような瞬間に希求される安心は、この有限なる経験界における不幸な出来事に心をかき乱されることのないという安心である。涅槃《ニルヴァナ》とは感覚の世界を織りなしている諸業の永遠な輪廻《りんね》から安全であることを意味する。ヒンズー教徒や仏教徒は、この境地を本来その心境としているから、ただ恐れることとしか知らない。彼らは経験を積むことを恐れ、人生を恐れるのである。

ヒンズー教徒や仏教徒が現実逃避として涅槃を求めているのは、西欧人っぽい偏見のようにも思えますが、言いたいことは分かりますね。この世界で具体的な経験を積みながら、地道に改善を目指すのは辛いので、それを超えた世界があると信じたくなる。そこから、神と共にある永遠にして一元論的な秩序に対する合理主義的な信仰が生まれてくる、と示唆しているわけです。これは、前回出てきた〝哲学少年〟のイメージとも一致しますね。

かくしてわれわれは二つのタイプの宗教が鋭く対照をなしているのを具体的に見るのである。先に用いた比較の用語を使って、われわれは絶対主義的形式は軟い心に訴え、多元論的形式は硬い心に訴えるということもできよう。多くの人々は多元論的形式を宗教的と呼ぶことを頭っから拒否するであろう。彼らはそれを道徳主義的と呼んで、宗教的という言葉を一元論的形式にのみ適用しようとするであろう。自己放棄という意味における宗教と、自己満足という意味における道徳とは、相容《あいい》れぬものとして、人間思想の歴史においていくたびとなく互いに矛《ほこ》を交《まじ》えてきたのである。

神とプラグマティズム——一元論的なオプティミズムへの違和感

ここまで見てきたように、プラグマティズムはどちらかと言うと、多元論を推しています。ここで彼が述べているような意味での一元論優位の状況があるとすれば、ジェイムズの宗教が道徳主義にしか見えないのは当然ということになります。無論、従来からある二項対立をそのまま認めてしまったら、プラグマティズムの出る幕はありません。多元論は、世界を部分的に改善するという思想なので、プラグマティズムと相性はいいけれど、世界の全体としての救いを説く、一元論的合理主義の魅力を完全に否定することはできません。

彼は、プラグマティストが一元論的なオプティミズムに対して感じる違和感を以下のように要約します。

> 軟い心の要求はあまりに極端にすぎはしまいか？　世界が既にともかく全体的に救われているという考え方はあまりに甘きにすぎて支持しがたいのではあるまいか？　宗教的オプティミズムはあまりに牧歌的ではあるまいか？　一切が救われねばならないのか？　救済の仕事に対して少しの代償《だいしょう》も支払われなくてよいのか？　最後の言葉は甘美なのか？　宇宙においては一切が「然り、然り」なのであろうか？　人生の中核そのもののうちに「否」の事実があるのではないか？　人生は「厳粛《げんしゅく》」だとわれわれは考えているが、この事実そのものは、免《まぬか》れがたいさまざまな否《ノー》と喪失《そうしつ》とが人生の一部を形作っていることを、どこかに全く犠牲があることを、そして永久に烈《はげ》しく苦いものが人生という盃《さかずき》の底につねに残るものだということを、意味しているのではあるまいか？

プラグマティズムは楽観的だというイメージがありますが、ここを見る限り、ジェイムズは、全てが否定されることなく救われるというような信仰はかえってうそくさい、と考えているようですね。多元論―経験論には、この世界の悲惨な現実や苦悩を受けとめたうえで、局所的な改善の可能性を信じ、そのために生きようとする強い意志が含まれているというわけですね。

どちらの世界観が正しいかを論理的に決定することはできません。プラグマティズムはそこにはあまり拘らず、どちらの方が私たちに受け入れやすく、私たちを前進させてくれるかを問題にするわけです。プラグマティストにとっては、現実の困難や、人々の願望の多元性を認める多元論的な世界観の方が受け入れやすいわけです。

私がこれまで数回にわたって講述《こうじゅつ》してきたところは、人間的な、人間本位的な方面に限られているので、諸君の多くは、プラグマティズムが方法的にかかる超人的なものを考慮の外におくものであるかのような印象を受けられたかもしれない。事実わたくしが絶対者に示した尊敬は僅かであった。しかもこの瞬間まで私は絶対者という以外に超人的な仮説をなんら持ち出さなかった。しかし私は諸君が、絶対者はその超人性ということのほか有神論的な神と何一つ共有するものでないことを十分に看取《かんしゅ》されることを信ずる。プラグマティズム的原理に立つと、神の仮説は、それがその語のもっとも広い意味で満足に働くならば、真なのである。神の仮説に伴うさまざまな困難はなお未解決のままに残るであろうが、この仮説がたしかに働いているということ、そして問題は、他のすべての働いている真理と満足に結びつくようこの仮説を作り上げ規定してゆくにある、ということは経験がこれを示している。

ここでジェイムズは重要なことを二つ述べています。一つは、ジェイムズは「絶対者」という言葉を使っているけれど、その「絶対者」に通常の有神論のような属性を付与してはいないということ。これは、別の言い方をすると、通常の宗教とは一線を画す、ということです。これまでの人間本位的（humanistic）な議論からすると、人間の努力を超えて奇蹟のような形で、世界を救ってくれる「超人性」を発揮する神のイメージをそのまま受け入れるつもりはなく、独自の「絶対者」観を持とうとしている、と考えられます。当然、多神教のような、一般的に多元論とされている宗教の神観とも一線を画すことになるでしょう。もう一つは、プラグマティズムにとって、「神」はあくまで「仮説 hypothesis」であるという立場の確認です。この仮説が、「他のすべての働いている真理 all the other working truths」とうまく両立して、それ

ジェイムズ流プラグマティズムの宗教観

1、「絶対者」という言葉を使っている。けれど、その「絶対者」に通常の有神論のような属性を付与してはいない ⇒ 通常の宗教とは一線を画す。
世界を救ってくれる「超人性」を発揮する神のイメージをそのまま受け入れるつもりはなく、独自の「絶対者」観を持とうとしている。多神教のような、一般的に多元論とされている宗教の神観とも一線を画す。

2、「神」はあくまで「仮説 hypothesis」であるという立場。
この仮説が、「他のすべての働いている真理 all the other working truths」とうまく両立して、それ自体としてもちゃんと「働く work」かどうかが問題。
要は、プラグマティズムは、自らの「信仰」も、「仮説」として相対化して見る反省的視点を持つということ。

自体としてもちゃんと「働く work」かどうかが、問題であるわけです。プラグマティズムは、自らの「信仰」も、「仮説」として相対化して見る反省的視点を持っているわけですね。

彼は先ほどの箇所に続けて、人間の経験が宇宙における最高の経験だと断定する根拠はなく、私たちの全宇宙に対する関係は、私たちの飼っている犬や猫の人間の生活に対する関係に等しい、とさえ述べていますね。つまり、犬や猫が私たちの生活の情景の一部でしかないように、私たちも宇宙の全体的プロセスの一部でしかなく、宇宙の存在意義を知ることはできないわけです。人間中心主義的でありながら、人間自身の相対性も認めているわけです。

いよいよまとめに入っていきます。

多元論的ないし単に改善論的なタイプの宗教もありうることを諸君が認容されるならば、プラグマティズムが宗教的と呼ばれうることを理解していただけると思う。しかし諸君がそのようなタイプの宗教で甘んじられるかどうかは、諸君自身で決定するほかない問題である。なぜかというに、結局においてどのタイプの宗教が最もよく働こうとし、プラグマティズムは独断的な解答を後まわしにしなければならない。なぜかというに、結局においてどのタイプの宗教が最もよく働こうとしているかを、われわれはまだ確かには知らないからである。

意外と謙虚な結論ですね。まだ、どのタイプの宗教が一番よく「働く」か実証できていないから、各人が自らの宗教を選んで、人生において冒険しながら確かめるしかないわけです。徹底的に「硬い心」の人であれば、そもそも宗教がいらないかもしれない、と言っていますね。

しかしもし諸君が極端な徹底的な意味における硬い心の人でも軟い心の人でもなく、われわれの多くの者と同様に両者の混合であるならば、私が提出した多元論的、道徳主義的タイプの宗教は諸君が見出したいと欲せられる一種の総合的な宗教であるといってよかろう。一方においては生硬《せいこう》な自然主義、他方においては超越的な絶対主義、この二つの極端の間にあって、私があえて有神論のプラグマティックなあるいは改善論的なタイプと呼ぶものこそ、まさに諸君の要求せられるものであることを、諸君は見出されることであろう。

無宗教には耐えられないけれど、完全な予定調和を信じ切るオプティミストにもついていけないという人には、余計なものを神学的な想定をそぎ落として、「絶対者」に対する信仰の下で自分の生きる世界を改善していこうとするプラグマティズム的な宗教は魅力的なのではないか、というわけです。

Q 「プラグマティズムの真理観」の章では、現在の分析哲学や言語論とも繋がるような面がほのかに見られるというお話でしたが、それは一つの側面にすぎず、分析哲学以外に向かう別の道が残されているのか、ということについてはどのようにお考えですか？

A 分析哲学との関わりを強調しましたが、分析哲学の主流に繋がっているということではありません。自らがプラグマティズムから受けた影響を強く受けているクワインがアメリカにおける分析哲学全体の発展において中心的な役割を果たしたのは間違いありませんが、彼がプラグマティズムから受け継いだ重要な遺産である、ホーリズム的な「真理」観が、分析哲学の共通の前提になっているわけではありませんし、それをラディカル化して、認識論的な基礎付けの拒否と、様々な文脈の中での社会的実践にとっての有用性という側面から真理を捉え返そうとしたローティは、分析哲学の中の傍流的な人です。ローティはむしろ、ハイデガー（一八八九－一九七六）やデリダ（一九三〇－二〇〇四）の議論を持ち込むことによって、分析哲学を解体しようとした人です。

実験的検証を重んじるプラグマティズムは、分析哲学の源流である論理実証主義の先駆のようなところがありますが、論理実証主義から分析哲学へと継承された、体系性や論理的整合性に拘る体質は、少なくとも、具体的な行為連関を離れたところで理論を体系化することの無意味性を強調するジェイムズ－デューイ流のプラグマティズムとは相容れません。宇宙の起源と記号論を単一の論理で結び付けようとするパースの形而上学的なプラグマティズムとも相容れないような気がします。

ベタな言い方になりますが、ジェイムズの掲げるプラグマティズムは、徹底して脱体系という意味で、反哲学的な哲学なので、哲学の学派を形成するのは元々難しいのかもしれません。ローティが、硬直化した分析哲学や、観念的になりすぎたアメリカの左翼に警鐘を鳴らすべく、アメリカ思想の源流としてのプラグマティズムを持ち出したことに象徴されるように、理論のための理論のようなものに反省を促す刺激剤としては有効なのだけど、それ自体が、新しい主流派を形成するには適していないように思えます。

ただ部分的に見ると、パースの記号論、ジェイムズの心理学、デューイの実践的教育論など、個別分野では決定的な影響を及ぼしています。

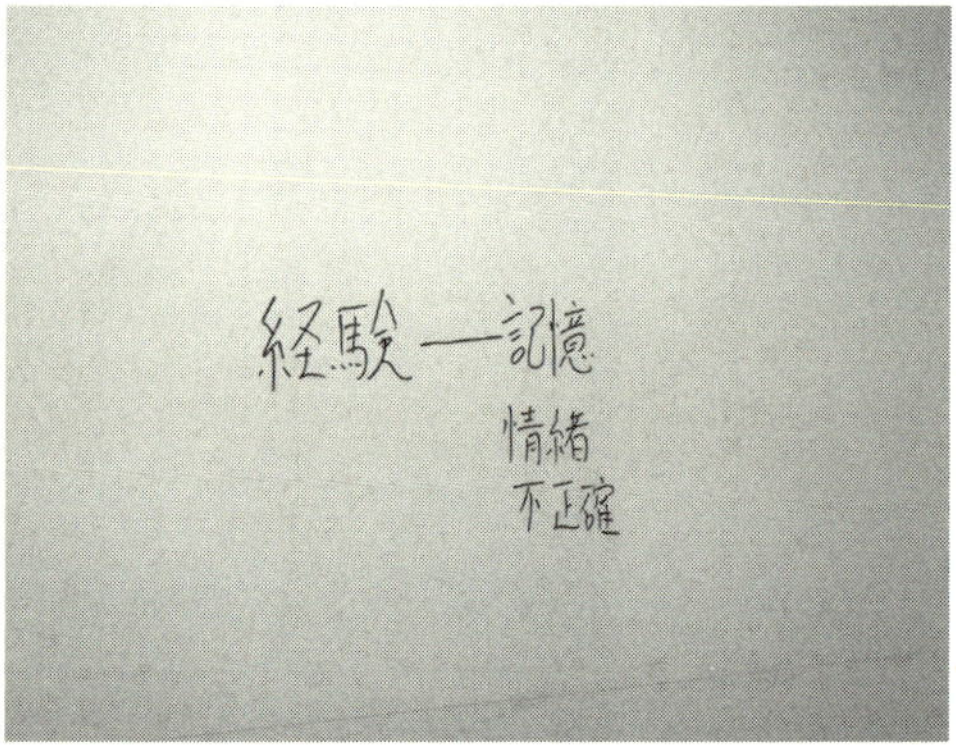

第三回講義から

［講義］第四回

哲学観の変化

――デューイ『哲学の改造』を読む1

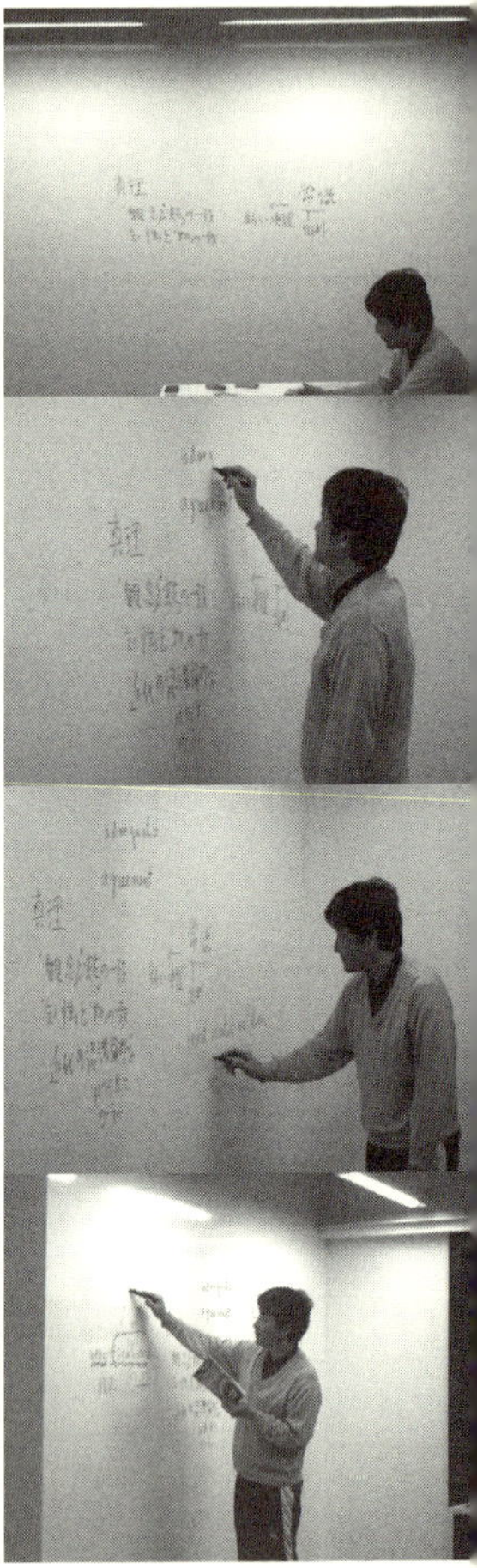

人々の心を完全に摑んでいた古い観念的秩序を知るのには、ダーウィン以前の動植物学、今も道徳や政治の問題に力を振っている諸観念のことを考えてみればよいのである。固定的な不変の型や種があるとか、上下の階級に排列されているとか、一時的な個体は普遍や類に従属するとか、そういうドグマが生命の科学における力を失うまでは、新しい観念および方法が社会生活や道徳生活のうちに落ち着くことは不可能であった。この最後の一歩を進めるのが、二十世紀の知的課題であると考えられないであろうか。この一歩を進めれば、科学的発展の円環は完結し、哲学の再構成は一つの既成事実になるのである。

ジョン・デューイ　**『哲学の改造』**

記号・象徴・物語

今回読むデューイの『哲学の改造』（一九二〇）は、「はしがき」にあるように、デューイが一九一九年に日本を訪問し、帝国大学（現在の東大）で講義を行った際の記録に基づいています。一九一九年ということは、デューイが六〇歳の時です。第一次大戦が終わった年ですね。この岩波文庫の訳は清水幾多郎・清水禮子訳となっていますが、清水幾多郎さん（一九〇七—八八）がこの本を訳しているのは、今となっては面白い感じがします。清水さんは、元々は左派的な立場の人で、戦後の反米・平和運動の指導者でしたが、安保闘争以降は保守的な立場を取るようになり、核武装を主張しています。「解説」の最後もしくは奥付を見ると、この訳が全共闘闘争が進行していた一九六八年に刊行されたことが分かります。戦後の日本でデューイは主として、清水さんや鶴見俊輔さんを中心とした左派的な文脈で受容されました。デューイは、マルクス主義とは一線を画していましたが、民主主義的な社会の建設のための学校教育の改革を強く打ち出したので、日本の学校教育を民主化しようとする、左派系の教育理論家たちには好意的に受け止められました。

今回読む第一章のタイトルは、「哲学観の変化」です。デューイがこの講演を行った当時、伝統的な哲学のイメージが急速に変化しているという認識のもとに、それがどのような変化なのか、思想史的な背景を含めて論じているわけですが、本人も言っているように、これが哲学の歴史とどう関係しているのかやや戸惑うような話から始まっています。

人間が他の動物と違うのは、自分の過去の経験を保存するという点にある。過去に起ったことは、もう一遍、記憶の中で経験される。今日の出来事の周囲には、過ぎ去った日々に起った同様な事柄の、そこはかとない思いが漂っている。動物の場合、経験は生まれては亡びるもので、能動的にしろ、受動的にしろ、新しい行為は一つ一つ孤立している。ところが、人間は、一々の出来事がかつて起った事柄の余韻や回想を含んでいる世界、個々の事件が他のものを思い出させるような世界に住んでいる。従って、人間は、野生の動物のように、単なる物理的な物の世界に生きているのではなく、サインとシンボルとの世界に生きている。

人間が記憶によって経験を保持し、過去との連続性の中で生きているということと、記号や象徴がそのための媒体になっていることが指摘されているわけです。記号や象徴が人間の経験の形成において重要な役割を果たしていることは、一八世紀にフランスやドイツで展開された言語の起源をめぐる論争でも強調されましたし、別に目新しい話ではありません。問題は、記号や象徴、延いては、言語の本質をどのように見るかです。プラグマティズムの創始者であるパースは、記号を宇宙や人間の進化と不可分の関係にあるものとして実在論的に捉えようとしました。彼は、人間は記号である、とさえ述べています。また、デューイより十数歳若い、新カント学派のカッシーラー（一八七四–一九四五）も、神話、芸術、歴史、科学を構成する様々な記号とその象徴的機能に注目して人間を研究する象徴形式の哲学を提唱しましたが、彼はパースとは違って、記号あるいは象徴を実体的なものではなく、世界に対する人間の見方を方向付ける媒介物と見なしていました——カッシーラーは、「記号」は動物も使用するけれど、「象徴」は人間に特有の普遍的な機能を担っている記号だとしています。

けれども、記憶の再生が正確なことは稀である。当然、私たちは、私たちにとって興味あるものを、興味あるゆえに記憶する。過去は、過去であるから思い出されるのではなく、過去が現在に対して何かを附け加えるから思い出されるのである。このように、記憶の本来の働きは、知的なもの、実用的なものであるよりは、情緒的なものである。未開人が昨日の動物との戦いを思い出すのは、今日の退屈を紛らわせるために昨日のスリルを蘇らせるのであって、その動物の特性を科学的な方法で研究するためでもなければ、明日もっとうまく戦う方法を工夫するためでもない。記憶というものには、危険や不安だけを除いて、戦いの興奮がすべて含まれている。それを生き返らせて楽しむのは、一つの新しい意味によって、すなわち、実際に戦いや過去に属している意味とは別の或る意味によって現在の瞬間を豊かにすることにほかならない。記憶とは、実際の経験に伴う緊張、不安、苦悩を抜きにした経験の情緒的価値のすべてを含む代理的経験である。

プラグマティストとして知られるデューイが、記号による「記憶 memory」の話から始めたので、記号化された記憶のプラグマティックな機能を強調するのかと思ったら、その逆に、記憶が本来、不正確で、「情緒的 emotional」なものであることを強調しているわけですね。自らの情緒を高揚させるために、過去の幸福な瞬間を純化・美化した形で再現する役割がメインだということですね。

人間が過去の経験を再生するのは、そのままでは空虚な現在のレジャーに興味を添えるためであるから、記憶の本来の働きは、正確な想起というより、空想や想像の働きである。結局、大切なのは、物語であり、ドラマである。想像の中で繰り返すにしろ、感心して聞き入る人に語るにしろ、現在の物語を強めるため、現に情緒的価値を持っている出来事だけが選び出される。

「記憶」の本来の働きが「空想 fancy」と「想像 imagination」だというのは、かなり思い切った断定ですね。人間は、現実的な利益を追求する以上に、「物語 story」の中で生きている、というわけです。デューイは原始時代の人たちはそういう、空想の物語の中に生きていたのではないか、と推測しています。空想に耽っている原始人というイメージは、何かしっくりこない気がしますが、デューイはそのイメージは間違いだと主張します。

農業や高度の技術が発達するまでは、長期にわたる空虚なレジャーの期間と、食物の確保や攻撃の防禦にエネルギーを用いる割合に短い期間とが交替していた。私たち自身の習慣がもとになって、原始人も、行動のためでないにしろ、少なくとも、思考や計画のために寸暇がなかったものと私たちは考え易い。しかし、当時の人たちが忙しかったのは、狩猟、漁撈、遠征の時だけであった。といっても、目覚めている限り、精神は何物かで満たされねばならなかった。身体の方が遊んでいるからといって、精神が、文字通り空虚のままでいるわけには行かない。その場合、動物に関する経験を措いて、すなわち、狩猟につきものの出来事に一層の生命と筋とを与えようというドラマティックな興味によって作り変えられた経験を措いて、一体、いかなる思考が人間の精神を満たすというのか。

要するに、労働がなくて暇な時間の間も精神は働いているはずなので、想像的記憶によって自己を満たそうとしていると考えられる、というわけです。記憶の中での想像に際して、現実の狩猟とか漁が元にな

それぞれの「記号」観

パース：
・記号を宇宙や人間の進化と不可分の関係にあるものとして実在論的に捉えようとした。彼は、人間は記号である。

・カッシーラー（1874－1945）：
デューイより十数歳若い、新カント学派。神話、芸術、歴史、科学を構成する様々な記号とその象徴的機能に注目して人間を研究する象徴形式の哲学を提唱。パースとは違って、記号あるいは象徴を実体的なものではなく、世界に対する人間の見方を方向付ける媒介物と見なした。「記号」は動物も使用するけれど、「象徴」は人間に特有の普遍的な機能を担っている記号。

・デューイ：
記号による「記憶 memory」の話から始めたので、記号化された記憶のプラグマティックな機能を強調するのかと思ったら、その逆に、記憶が本来、不正確で、「情緒的 emotional」なものであることを強調。自らの情緒を高揚させるために、過去の幸福な瞬間を純化・美化した形で再現するのが主要な役割。

る素材を提供するので、その物語では、人間自身の情緒を投影された動物が大きく活躍したりするわけです。カッシーラーは、こうした神話的な表象は、単に情緒的なカタルシスのためのものではなく、自らを支配する自然の力を把握しようとする試みの現われであるという捉え方をしていますし、文化人類学は基本的にそういう見方をすることが多いと思いますが、デューイは少なくともここでは、そうした側面は注目していないわけです。

デューイ流の哲学の起源

原初の世界に生きる人間をデューイがどう見ていたか分かって面白いのですが、これと「哲学」がどう関わっているのかなかなか見えてこないですね。

哲学の起源という私の本題から遠く離れてしまったとお考えにならないで頂きたい。というのは、こういう問題を、もっと長く、もっと詳しく論じなければ、哲学の歴史的起源は理解され得ないと思うからである。私たちは、何も仕事がない状態の普通の人間の普通の常識は、知的な研究、探究、思索の産物ではなく、さまざまな欲望の産物であるという事実を認める必要がある。人間性にとって異質な訓練、自然的人間の眼には人為的に見えるような訓練を受けて初めて、人間は、希望や恐怖、愛情や憎悪に大きく動かされている状態を脱するものである。もちろん、私たちの書物、私たちの科学書や哲学書は、高度の知的な訓練および教養を経た人たちが書いている。彼らの思考は一般に理性的である。彼らは、空想を事実でチェックすることを知っているし、また、観念を、情緒的やドラマティックにでなく、論理的に組織することを知っている。幻想や白日夢に耽ることがあっても——これは、普通に考えられているより頻繁のようである——この人たちは、自分のやっていることを知っている。

彼らは、それを脱線として区別し、脱線の結果を客観的経験と混同することはない。私たちは、とかく自分を基準として他人を判断し易い。そのため、科学書や哲学書を書くのは、理性的、論理的、客観的な精神的習慣に支配される人たちであるところから、彼らは、平凡な普通の人間にまで自分たちと同じ合理性を認めるようになった。こうして、次の諸点が見落されてしまったのである。すなわち、合理性や非合理性というのは、知的訓練を受けていない人間性にとっては全く縁もなく重要でもないということ、人間は、思考よりも記憶によって支配されるものであること、その記憶も、実際の事実の想起ではなく、連想、暗示、ドラマティックな空想であること。

これでデューイの言いたいことが少し分かってきましたね。彼は、科学書や哲学書を書いている人の先入観を排除しようとしているわけです。すなわち、普通の人々も自分たちと同じような合理性を持っているのではないか、という先入観です。デューイは普通の人々の普通の意識――「常識」の原語は〈consciousness〉なので、素直に「意識」と訳した方がいいでしょう――は、そういうものではなく、希望、恐怖、愛情、憎悪などの情動に左右されており、真理探究ではなく、物語形成の方向に進んで行くものであるので、それを前提にして、哲学の起源について考えるべきだと示唆しているわけです。

恐らく、彼は、哲学の起源についてよく言われている通説を念頭に置いて、それを再解釈しようとしているのではないかと思います。ギリシアで哲学が生まれたのは、産業が発達して生活に余裕が出来、かつ、奴隷等を生産活動に従事させているおかげで、自分では労働に従事しなくてもいい人たちが、抽象的な思弁を展開するようになったからだ、という話を西洋哲学史や、高校の倫理の授業でよく聞きますね。英語の〈school〉の語源になったギリシア語の〈skholē〉は、元々「暇」という意味だったのですが、そこから転じて、暇な時間の間になされる討論や講義、哲学、それらが行われる場所としての学校を意味するようになりました。「スコラ学派」という時の〈schola〉は、そのラテン語系です。昔の左翼学生が、「おまえとスコラする時間はない」、という言い回しをしていましたが、これはある意味、原義に回帰しているわけですね（笑）。

先ほど読み上げたところに何回か「レジャー leisure」という言葉が出てきました。これは恐らく、〈skholē〉を意識した表現でしょう。第一義的には、「暇」という意味ですが、その期間中に物語的想像を思い描くことに、現代人がやっているスポーツとかハイキングのようなレジャー活動と同じような意味合いがあることを含意しているのかもしれません。カタカナで「レジャー」と訳されているのは、そういう意味合いが込められていると解釈しているからだと思います。ただ、そのレジャーとして、原始の人たちは真理を求めて理性的に討議したわけではなく、物語によって自らの情緒を高揚させていたのだ、と言っているわけですね。その状態から、ギリシア的な〈skholē〉に至るまでの間には結構大きなギャップがあることを認識すべきだという話のようです。

それゆえ、人類の古い信仰や伝統は世界を科学的に説明しようという試み、残念ながら、誤った不合理な試みである、などと考えるのは、大きな過ちを犯すものである。後に哲学を生む材料になるものは、科学とも説明とも関係のないものである。その材料は、想像および暗示から生まれた恐怖や希望を表現し象徴するものであって、知的に確かめられた客観的事実の世界を意味するものではない。それは科学であるよりは、詩であり、ドラマである。

最初の一文の訳が分かりにくいですね。原文は、黒板を見てください。〈only〉を「残念ながら」と訳したせいで、二つの〈attempts〉の関係が分かりにくくなっているわけですね。「それゆえ、人類の古い信

〈To treat the early beliefs and traditions of mankind as if they were attempts at scientific explanation of the world, only erroneous and absurd attempts, is thus to be guilty of great mistakes.〉

仰や伝統を、世界を科学的に解明しようとする試み――ただし、それは間違った方向での愚かしい試みであった――であるかのように扱えば、大きな過ちを犯すことになる」、と訳せばすっきりするでしょう。つまり彼らの信仰や伝統は、客観的合理性を目指して形成されたものではなく、物語的な充足を求めたものであり、合理性とは関係ないので、それを人間の合理性の原初的な現われであるかのように考えるのは見当外れだということです。

けれども、こういうオリジナルな材料が哲学そのものになる前には、少なくとも二つの段階を通過しなければならない。その一つは、物語、伝説、それに伴うドラマ化を統一する段階である。最初、経験の情緒的な記録は、甚だ気紛れな一時的なものである。或る個人の感情を刺戟した出来事が取り上げられ、それが物語やパントマイムで再現される。しかし、或る種の経験は非常に頻繁に繰り返されるため、その集団全体の問題になる。つまり、社会的に一般化される。一個人の個々の冒険は、その部族の感情生活の表現となり象徴となるところまで手を加えられる。或る種の出来事は、集団全体の禍福を左右するゆえに、特に強調され高揚される。こうして、伝統という一種の構造が作り上げられ、物語は社会の遺産、社会の財産となり、パントマイムは正規の儀式に発展する。

デューイ流の哲学史――二段階の加工

情緒を高める物語的記憶が、哲学の大本の素材になったことは認めているものの、

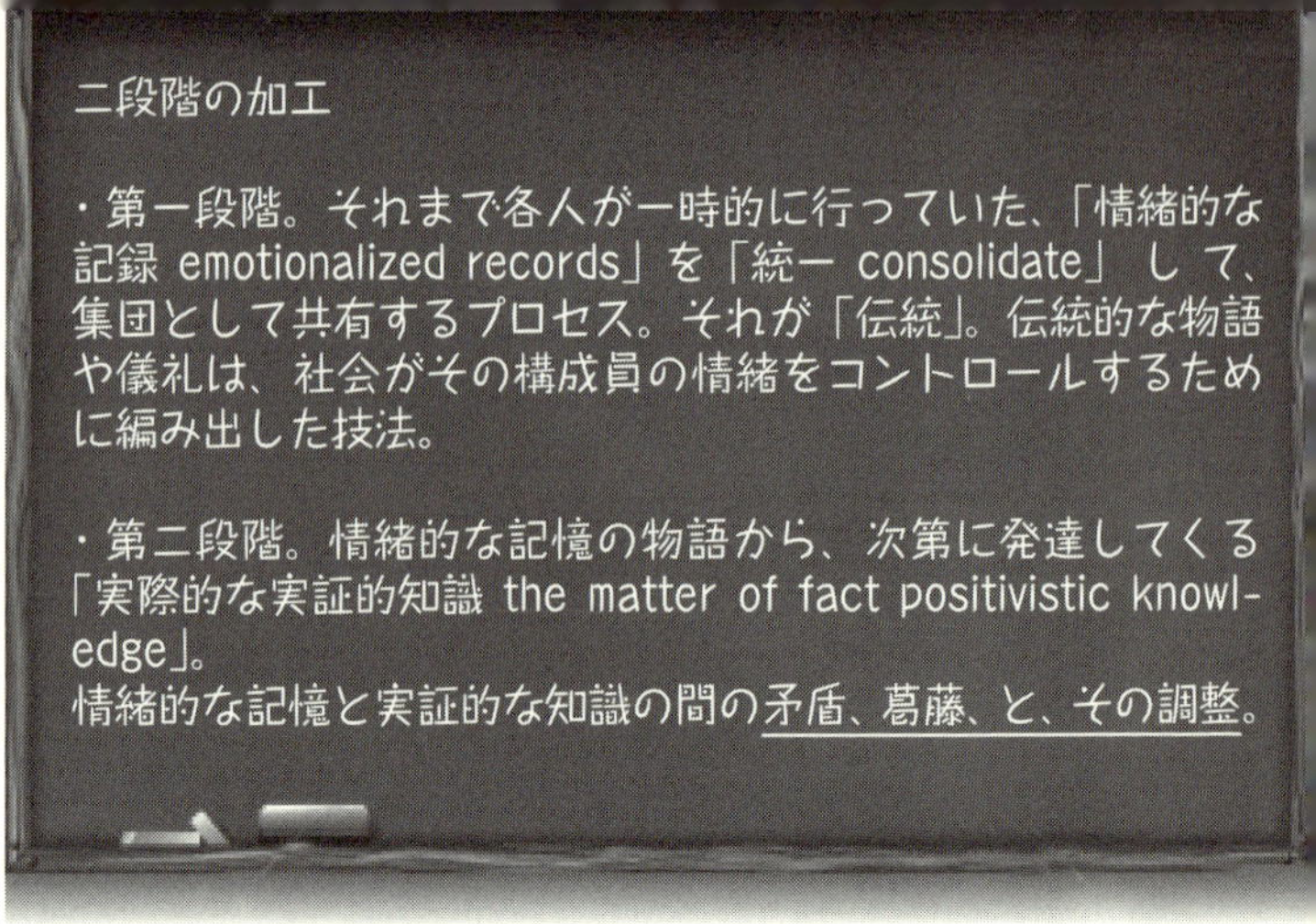
二段階の加工
・第一段階。それまで各人が一時的に行っていた、「情緒的な記録 emotionalized records」を「統一 consolidate」して、集団として共有するプロセス。それが「伝統」。伝統的な物語や儀礼は、社会がその構成員の情緒をコントロールするために編み出した技法。
・第二段階。情緒的な記憶の物語から、次第に発達してくる「実際的な実証的知識 the matter of fact positivistic knowledge」。
情緒的な記憶と実証的な知識の間の矛盾、葛藤、と、その調整。

哲学の素材になるまでには二段階の加工を経なければいけない、と言っているわけです。その第一段階として、それまで各人が一時的に行っていた、「情緒的な記録 emotionalized records」を「統一 consolidate」して、集団として共有するプロセスです。それが「伝統」です。伝統的な物語や儀礼は、社会がその構成員の情緒をコントロールするために編み出した技法だということになります。

> 右のように形成された伝統は、個人の空想や暗示を拘束する一種の規範になる。想像の永続的な枠が構成されるのである。共同体的な人生観が発達し、個人は教育によってそれへ導かれる。無意識的に、また、明確な社会的要求によって、個人の記憶は集団の記憶乃至伝統に同化され、共同体に固有な一群の信仰に編み込まれる。詩は形式が整い、体系化される。物語が社会的規範になる。オリジナルなドラマは、情緒的に重要な経験を再演するものであったが、それが制度化されて祭式になる。

記憶を集団の物として共有するために、形式化・体系化が行われ、それが「規範 norm」になって、それに各人の記憶が拘束されるようになるわけです。個人ごとの違いを補正して、正しい記憶や想像の在り方を示す「社会的規範」が、私たちが合理性と呼んでいるものの基礎になるということのようですね。

こういう教義の持つ体系的な強制的な性格は、征服や政治的統一を通じて促進され強化される。統治地域の拡大に伴い、かつては自由で流動的であった信仰を体系化し統一しようとする明確な動機が生まれて来る。（…）ユダヤ、ギリシア、ローマに限らず、長い歴史を持つ他のすべての国々も同じだと思うが、どの国も、以前の地方的な儀式や教義が、より大規模な社会的統一体、より広大な政治権力に適合するように絶えず作り直されて行った記録を示している。

これは世界史とか宗教史の基礎としてよく出て来る、大きな統一国家が出来上がると、法規範や統治体制、経済だけでなく、人々の信仰も統一する必要が生じるという話です。そうしないと、異なった信仰を持つ人々が権力に対して反抗する恐れがあるからです。

しかしながら、さまざまな観念や信仰の原理の、こうした組織化および一般化が必要な先行条件であるにしても、それが哲学を生む唯一十分な力ではない。論理的体系および知的証明への動機がまだ欠けている。それが生じたのは、伝統的な掟に含まれる道徳的な規則や理想と、次第に発達して来る実際的な実証的知識とを調和させる必要からであった、と考えてよいであろう。なぜなら、人間は、決して暗示や空想だけで生きることは出来ないから。生存を続けて行くための必要から、どうしても、世界の現実的な事実に多少の注意を払わなければならない。どんなに不合理な観念でも、それを受け容れる民族がいたところから見て、環境が観念の形成を実際は殆どチェックしていないのに驚くほかはないが、それでも環境は、これを無視すれば死滅するという刑罰の下に、或る最小限度の正確さを強制するものである。

ここで第二段階が始まるようです。情緒的な記憶の物語から、統一的な道徳規則と理想が形成されたわけですが、それが次第に発達してくる「実際的な実証的知識 the matter of fact positivistic knowledge」の間の矛盾が目立ってくるので、調整する必要が生じるわけです。文化人類学系の議論は、情緒的な記憶と実証的な知識は最初は渾然一体としていたというところから出発することが多いですが、デューイは、両者は別系統で、後者が後からついてくる形で発展すると考えているようですね。デューイは両者の間の葛藤を強調することで、独自の「哲学史」観を呈示したいようです。

オーギュスト・コントは、それ以外の自然の性質や力はすべて神化されたと見られるのに、重力の神を持つ未開人は聞いたことがない、とどこかで言っている。観察された自然的事実および自然的経過に関する人類の智恵を保存し伝達する一群の地味な一般化が次第に発達して行く。この知識は、産業、技術、工芸と結びついているが、それは、これらの分野では、材料や過程の観察が行為の成功に必要であり、また、行為が連続的で規則的なため、発作的な魔術では役に立たないからである。

第二回に少しお話ししましたが、コントはフランスの哲学者で、社会学の先駆者とされており、自然科学並みの厳密な実証性を社会科学にも導入すべきだとする「実証主義」の提唱者でもあります。彼は、人間の知が、神学的な段階から、形而上学的段階を経て、科学的な段階へと発展していくという図式を描きました。コント式に考えれば、人間が実証的・客観的に物事を考えられるようになるのは、ずっと後のことです。

ここで重要なのは、技術の分野の発達する実用的な知識は、自然過程を客観的に観察することによって生まれてくるものであり、想像的記憶や魔術をベースにした教義の体系における自然観とは根本的に異なるということです。後者は、人々を規範に従わせ、統治するためには有用かもしれないけど、自然の力を本格的に利用することには向きません。

長い間、想像的な信仰内容は、共同体の道徳的習慣、その情緒的な満足や慰籍と固く結びついたまま、成長を続ける事実的な知識内容と並存して来た。可能な場合には、両者は組み合わされる。そうでない場合には、両者の矛盾のために組み合わせることが不可能になり、両者は別々のコンパートメントに隔離される。一方が他方の上に重ねられるだけであるから、矛盾も感じられないし、調和の必要も生じない。大抵の場合、これら二種類の精神的産物が相互に隔離されるのは、両者がそれぞれ別の社会階級の所有になっているためである。確定した社会的政治的な価値や機能を持っている宗教的および詩的な信仰は、社会の支配層と直結する上流階級が所有している。散文的な事実的知識を持つ労働者や職人は、概して低い社会的地位を占め、こうした知識は、肉体の糧を生む活動に励む肉体労働者に対する社会的蔑視の余波を蒙っている。

「想像的な信仰内容 imaginative body of beliefs」と「事実的な知識内容 fact knowledge」の間には境界線が引かれていて、両者は社会の中で基本的に異なった機能を担っているので、長い間、対立する必然性がなかった、ということですね。信仰と科学がお互いの領分を守っているので、基本的にぶつからない状態というのは、現代日本に生きている私たちにはすごく分かりやすい話ですが、デューイの面白いのは、それを「社会階級 social class」と結び付けて論じているところです。マルクスっぽいですね。

ただマルクス主義は、社会的分業の起源を、精神労働と肉体労働の分離に見て、労働者は知から遠ざけ

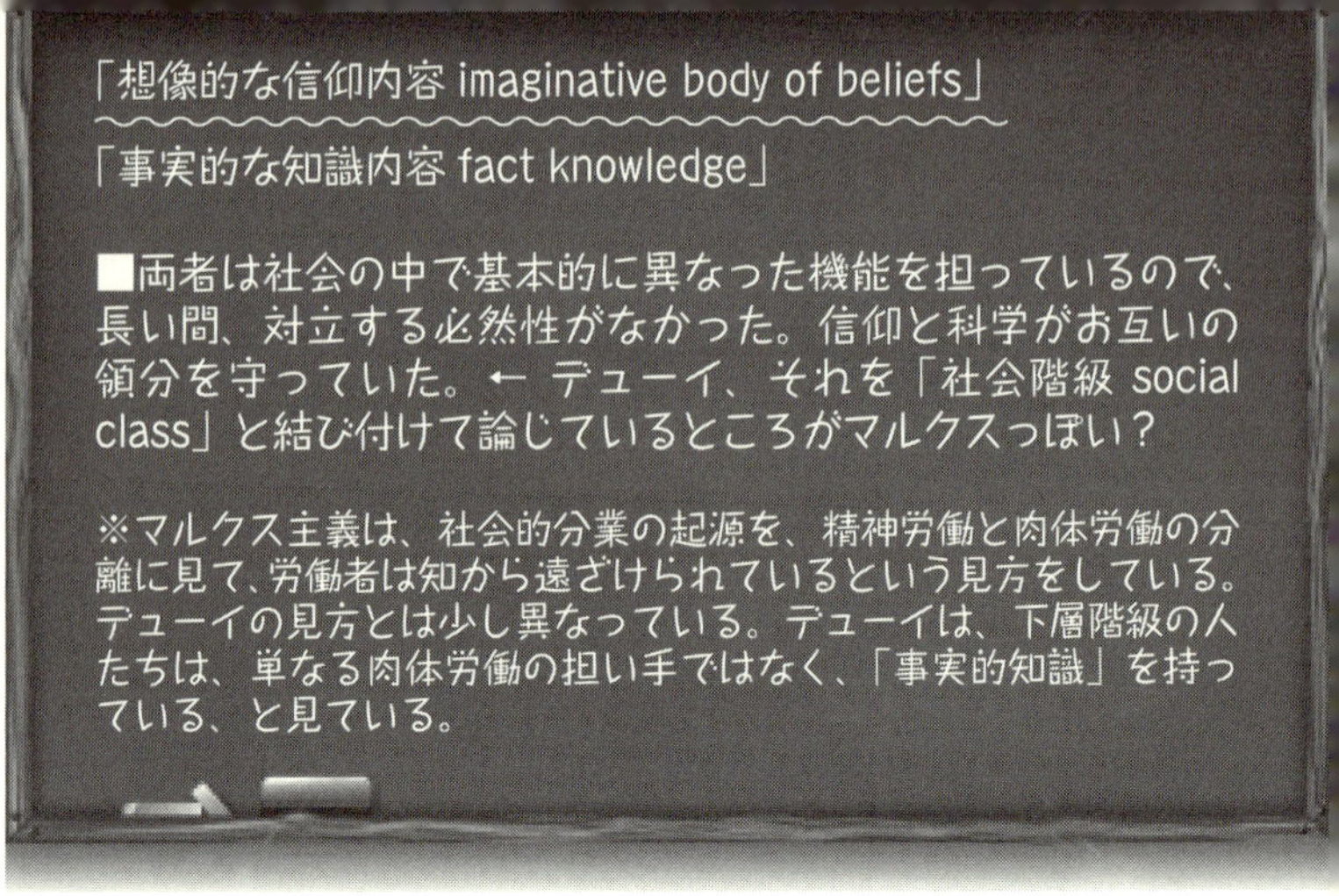
「想像的な信仰内容 imaginative body of beliefs」
「事実的な知識内容 fact knowledge」
■両者は社会の中で基本的に異なった機能を担っているので、長い間、対立する必然性がなかった。信仰と科学がお互いの領分を守っていた。← デューイ、それを「社会階級 social class」と結び付けて論じているところがマルクスっぽい？
※マルクス主義は、社会的分業の起源を、精神労働と肉体労働の分離に見て、労働者は知から遠ざけられているという見方をしている。デューイの見方とは少し異なっている。デューイは、下層階級の人たちは、単なる肉体労働の担い手ではなく、「事実的知識」を持っている、と見ている。

られているという見方をしますので、ここでのデューイの見方とは少し異なっています。デューイは、下層階級の人たちは、単なる肉体労働の担い手ではなく、「事実的知識」を持っている、と見ているわけです。

　初回にもお話ししましたが、デューイは主著である『民主主義と教育』で、伝統的な西欧の教育システムで、教養教育と実務的な専門教育が分かれているのは、古代ギリシア社会で、肉体労働に従事する労働者と、知的探究に従事できる市民層が分離していて、それぞれ異なる教育が行われたことに起源がある、という議論をしています。それと同じ図式で考えているようです。

> アテナイ人が達成した鋭い観察力、素晴しい論理的な推理力、自由奔放な思索力にも拘らず、ギリシアが実験的方法の一般的組織的な使用を遅らせたのは、思うに、右のような事情によるものであろう。職人の社会的地位は奴隷の僅かに上であったため、職人が持っているようなタイプの知識も、その基礎にある方法も、威厳や権威を欠いていた。

　実用的知識を持っている職人（industrial craftsman）と、奴隷は区別しているようですね。職人たちの持っている知識は、抽象的な推理や思索の能力とは関係のない、より下に位置するものと考えられていたわけですね。こういう風に言われると、図式的すぎるという感じがしないわけでもないですが、ヨーロッパの大学がもともと教会の庇護の下で成立した、神学、法学、医学などを専門とする聖職者を養成する機関であり、自然科学や工学が専門科目になったのは近代に入ってからであること、ヨーロッパには今でも工学部を持たない伝統的大学が多いことを考えると、そういう実学分離傾向の起源をギリシアに求めるデューイの発想は、それほど突飛ではないとも言えます。デューイの時代は、工業の発展によって、知の階層秩序が大きく変容する時代です。

毒杯を仰ぐソクラテス

しかしながら、事実的知識の大きさと広さとが増して、単に伝統的想像的な信仰の、細部のみならず、その精神や態度と衝突する時が来た。その経過や理由という面倒な問題に立ち入るまでもなく、明らかに、これこそ、ギリシアの謂わゆるソフィスト運動の中で起ったことであり、そこから西欧世界が考える意味での哲学そのものが生まれたのである。ソフィストたちがプラトンおよびアリストテレスから悪評を与えられ、それが終に払い除けることの出来ない悪評になったという事実は、ソフィストたちにおいて二つのタイプの信仰の葛藤が顕著であり、この闘争が宗教的信仰の伝統的体系と、それと結びついた道徳的行為規則とに対して攪乱的作用を及ぼしたことの証拠である。確かに、ソクラテスは双方の調停に心を砕いたけれども、彼が事実を重んずる方法の側から問題に近づき、この方法の規範や規準に優位を認めているという事実は、彼が神々を侮り青年を毒するものとして死刑を宣告されるに足るものであった。

一般的な哲学史では、非本質的な小賢しい知を売り物にする、ダメな奴ら扱いされるソフィストですが、デューイは、彼らの存在は、二つのタイプの信念（beliefs）の衝突を象徴していると見ているわけです。彼らの動機は別にして、少なくとも、彼らは新しい事実的知を代弁する形で、ポリスの伝統的な宗教的信仰と道徳規範にゆさぶりをかける挑発者の役割を果たしていたわけです。それに対して、ソクラテスはむしろ、二つの知あるいは信念の体系を媒介しようと努力した、というわけです。確かに、『ソクラテスの弁明』とか『クリトン』で彼が述べていることが彼の本心だとすれば、彼はポリスの秩序を守ろうとして苦心しているように見えます。中間派として苦心した彼が、ポリスの敵扱いにされたとすると、皮肉な事態ですね。

ソクラテスの哲学＝愛知（philosophia）は、ソフィストの技術的な知とは異質であるというのが定番の説明ですが、ソクラテスの問答というのは見方によっては、事実に基づいた議論によって、曖昧さや盲信を排除していく現実的な知の探究かもしれません。最近のギリシア哲学関係の解説書を読むと、ソクラテスとソフィストの近さ、ソクラテス自身のソフィスト的側面を指摘しているものが増えているような気がしますが、デューイの時代の哲学史の常識とはかなりかけ離れた見解だと思います。

ソクラテスの運命およびソフィストの不評は、一方における伝統的な情緒的な信仰と、他方における散文的な事実的な知識との著しい対照の一端を示すものと考えられて来たようである。――すなわち、この比較の目的は、謂わゆる科学というものの長所はすべて後者の側にあったのに対して、社会的な尊敬や権威という長所、人生に深い根本的な価値を与えるものとの内的な接触という長所は伝統的信仰の側にあったことを明らかにする点にあった。どこから見ても、環境に関する詳細確実な知識というのは、狭い技術的な範囲を出るものではなかった。それは、技術に関するものであって、職人の目的や能力は、結局のところ、そう広いものではなかった。従属的なもの、いや、奴隷的なものに近か

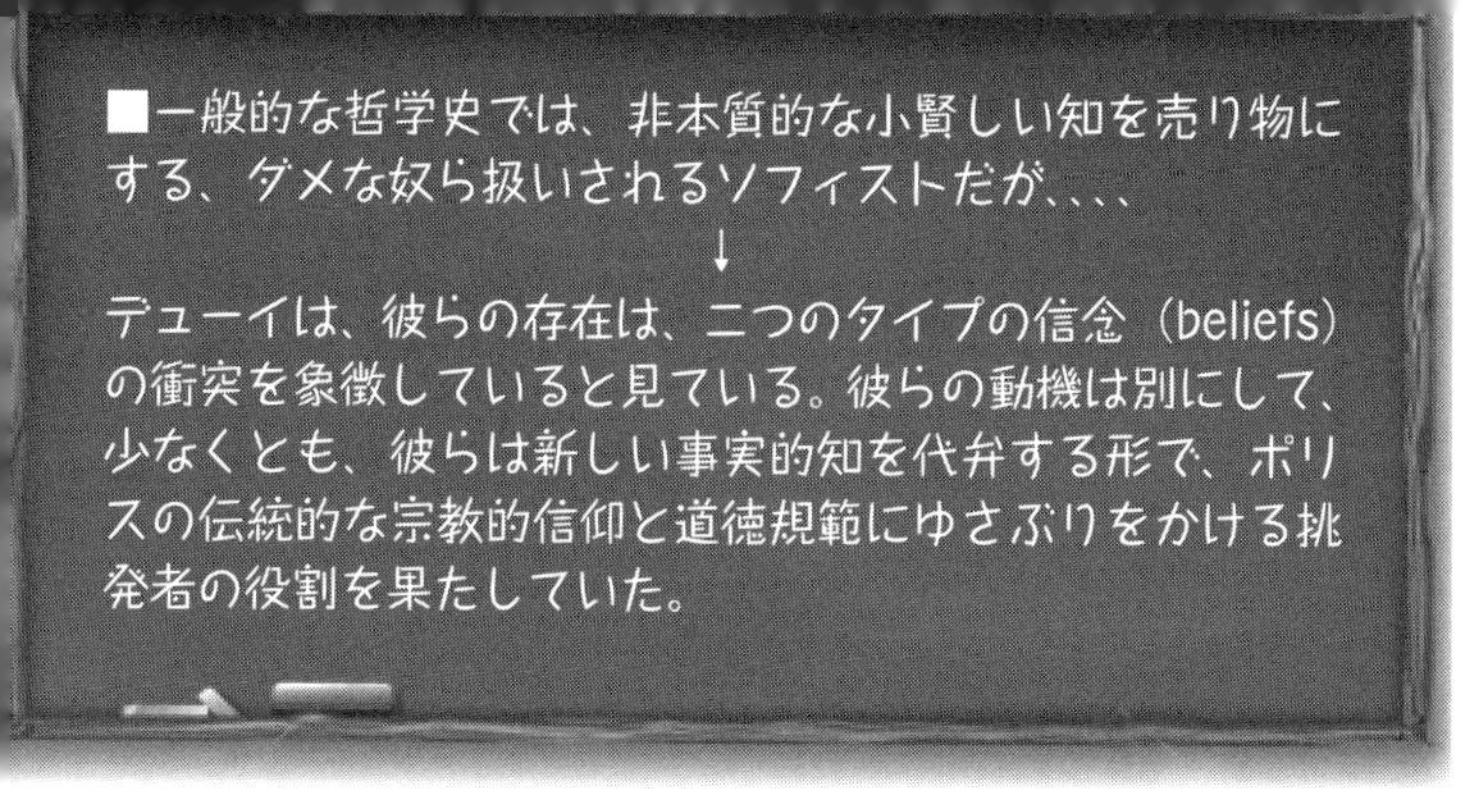

■一般的な哲学史では、非本質的な小賢しい知を売り物にする、ダメな奴ら扱いされるソフィストだが、、、、
↓
デューイは、彼らの存在は、二つのタイプの信念（beliefs）の衝突を象徴していると見ている。彼らの動機は別にして、少なくとも、彼らは新しい事実的知を代弁する形で、ポリスの伝統的な宗教的信仰と道徳規範にゆさぶりをかける挑発者の役割を果たしていた。

った。誰が、靴屋の技術を国家統治の技術と同列に置くであろう。肉体を癒す医者の技術はやや高級であるとはいえ、誰が、これを魂を癒す司祭の技術と同列に置くであろう。こういう調子で、プラトンは、対話篇において幾度か比較を行なっている。靴屋は、一足の善い靴について判断を下すことは出来るが、靴を穿くのは善いことか、いつ穿けば善いか、という更に重要な問題については全く判断を下すことが出来ない。医者は、健康について立派に判断を下すことが出来るけれども、健康は善いことか否か、死ぬ方が善いのではないか、という問題については、彼は知らない。非常に狭い技術的な問題に関する限り、職人は専門家であるが、それこそ本当に重要な問題、つまり、価値に関する道徳的問題になると、職人は手も足も出せない。

ここは分かりやすいですね。ソクラテス自身がどう思っていたかは別として、プラトンの対話篇を見る限り、ソクラテスが、技術的な知はあっても、本質的なこと、市民としての善き生き方を知らないソフィストたちを問い詰め、自分の無知を認めさせるという構図になっていることが多いですね。そのソクラテスが、ポリスの情緒的な信仰を乱すものとして処刑されたので、話が少し分かりにくくなっているのですが、ポリスの知の階層構造が、ソクラテスとソフィストの間のやりとりにおけるソクラテス優位の展開、そして、そのソクラテスさえも、事実を重視しすぎるということで、ポリスの有力者たちににらまれるという事態に反映している、とデューイは見ているわけです。

従って、もともと、職人型の知識は下等なもので、究極の目標や目的を明らかにし、それで技術的機械的な知識を本来の場所に落ち着かせるような高級な知識によってコントロールさせる必要がある。しかも、これはプラトンの優れたドラマティックなセンスのお蔭であるが、彼の著作には、個々の人間の内部に、伝統と純粋な知的認識の新しい主張との葛藤が生み出す衝撃が生き生きと描き出されている。保守的な人間は、軍事技術を抽象的な規則によって、すなわち、科学によって教えるという考えに非常なショックを受ける。ただ戦うのでなく、自分の国のために戦うのである。抽象的な科学というのは、愛情や忠節を教えることも出来ないし、また、もっと技術的な側面について見ても、伝統的に祖国への献身の具体的表現であるような戦闘方法の代りになることも出来ない。

私たちは、プラトンのテクストに出てくるソフィストたちは、ソクラテスの偉大さを引き立てる脇役にすぎないという先入観を持ちがちですが、虚心坦懐に読めば、ポリスという共同体の中に、物事を抽象的規則に従って認識し、実用的に応用する「科学」が台頭し、それを追求しようとするソフィストたちが、従来の思考の枠組みとぶつかって葛藤するさまが、描き出されていると見るわけです。「技術的機械的知識 technical and mechanical knowledge」という言い方をすると、いかにも浅薄な感じがしますが、デューイはそれらを行き当たりばったりの知識ではなく、「抽象的科学 abstract science」の萌芽と見ているようです。

戦闘技術習得の方法は、祖国防衛を自分で学んだ人たちとの接触を通じ、祖国の理想と慣習とを体得すること、約言すれば、戦闘に関するギリシアの伝統に実際に習熟することにある。味方の戦闘方法と敵の戦闘方法との比較から抽象的なルールを引き出そうとするのは、既に敵の伝統と神々とに屈するものである。

「戦闘技術 fighting art」という言い方をしているので、技術的な知の話のようにも聞こえますが、文章の流れからしてそうではないことが分かりますね。恐らく、伝統的な「戦闘技術」は、純粋な技術知ではなく、情緒的な信仰と結び付いた、愛国心や祖国愛を身に付けさせる営みでもあった、ということでしょう。優れた技術を発展させることよりも、信仰共同体の仲間にすることに主眼があったわけです。それに対して、新しい「戦闘技術」は、敵味方の関係なく優れた戦闘方法を比較して、「抽象的ルール abstract rules」を引き出そうとするものなので、非効率だと分かれば、伝統も廃止しようとします。

右のような見方が生き生きと描き出されると、私たちは、実証的見地が伝統的見地と衝突し始めた時に惹き起した敵意というものを理解することが出来る。伝統的見地は、社会的な習慣や忠誠心に深く根を下ろしていた。つまり、そこには、人生の目指す道徳的目標、人生を律する道徳的規則が充満していた。それゆえ、伝統的見地は、人生そのものと同じように基礎的で包括的であり、それには、人間の自己実現の場所である共同体の生活の暖かく燃え立つような色彩が脈を打っていた。反対に、実証的知識は、ただ役に立つ品物に関するもので、祖先が払った犠牲や同時代人の行なう崇拝によって権威を与えられた信仰との血の通った絆が欠けていた。実証的知識は、その狭い具体的な性格のために、ドライな、硬い、冷たいものであった。

伝統的知識が共同体の存続と不可分に結び付いていて、人々を情緒的に結び付けていたのに対して、実証的知識はそうした絆とは関係なく、物事を動かしている法則だけを追求するので、ドライで、冷たい感じがする、というわけですね。では、プラトンはどういう態度を取ったのか？　デューイは、プラトンは、技術的な知に対して批判的な態度を取る一方で、もはや保守的な市民と一緒に昔ながらの信仰に甘んじることはできなかった、と述べていますね。そもそも、プラトンの好き嫌いに関わらず、技術的な知の浸透を阻止することはできなかったわけです。

明確、精密、検証可能という長所はすべて新しい知識の側にあった。伝統は、目標や範囲は立派であったが、基礎は薄弱であった。人間は理性を持つ存在であるがゆえに疑いを持つ存在なのであるから、疑いのない人生というのは、生きるに値いしない人生である、とソクラテスは言った。それゆえ、人間は事物の根拠を探究しなければならず、慣習や政治的権威の説くままに事物を受け容れることがあってはならない。では、どうすればよかったのか。伝統的信仰の本質的諸要素を確乎たる基礎の上に据えるような合理的な研究および証明の方法を開発すること、一方で伝統を純化しつつ、他方で伝統の道徳的社会的価値をそのまま保存するような、いや、純化によって価値の力と権威とを増すような、そういう思考および知識の方法を開発すること。要するに、今まで慣習に依拠していたものを再建せねばならないのだが、もはや過去の習慣を基礎とせず、存在と宇宙との形而上学そのものを基礎とするのである。

ここは比較的分かりやすいですね。伝統に基づくポリス的秩序を維持する必要はあるけれど、そこには新しい時代のニーズに堪えられない非合理的な要素が多く含まれている。そこで、伝統の中の保持すべき最も本質な要素は何であるか合理的な探究を通して明らかにしたうえで、ポリス的秩序を理論的に再定義しようというわけです。一言で言うと、ポリスの合理的再編です。理論である以上、過去の慣習を無批判的に前提にするわけにはいかないし、単に「事実的知識」の寄せ集めをしていればいい、というわけにはいかない。存在や宇宙に関する形而上学にまで遡る、根源的洞察によって基礎付けられたものでなければならない。近代法は、慣習的なルールや社会通念のようなものをじっくり観察・吟味して、その本質的な部分を相互に整合性がある形で体系化する形で出来上がってくるわけですが、プラトンはそれを古代においてより根源的なレベルで行うとした、ということでしょう。プラトンの対話篇では、ソフィスト批判が前面に出ているので、ポリスの伝統の批判的再編という要素が見えにくくなっていますが、デューイはそこに注意を向けているわけです。

形而上学とは、高い道徳的社会的価値――これが、プラトンおよびアリストテレスに始まるヨーロッパ古典哲学の主要テーマである――の源泉および保証人としての慣習に代わるものであり、そして、いつも忘れてならないことであるが、中世ヨーロッパのキリスト教哲学によって更新され再述された哲学なのである。

極く最近に至るまで体系的建設的な西洋哲学を支配して来た、哲学の機能と役割とに関する全伝統は、私の誤解でないならば、右のような状況から生じたものである。

「形而上学 metaphysics」というのは、知覚できないけれど、この世界を支配しているものについての学を意味するのはご存知ですね。この言葉は、アリストテレスの残した著作が、後に彼の学派の継承者によって整理・分類された際、自然に関する学（ta physica）の後に、そうした内容の論考が配置され、「自然に関する学の後に来るもの ta meta ta physica」と呼ばれたことに由来します。ギリシア語の前置詞もしく

「形而上学 metaphysics」

プラグマティストであるデューイ ⇒「形而上学」を、慣習的道徳に替わる、「高い道徳的社会的価値 higher moral and social values」を用意するための学であったとして肯定的に評価。

は接頭辞〈meta〉は、「後」という意味です。「形而上学」は役に立たない抽象的な思弁と見なされて、唯物論者や功利主義者、ニヒリスト等に非難されることが多いので、プラグマティストであるデューイもそういう態度を取りそうですが、意外にも彼は「形而上学」を、慣習的道徳に代わる、「高い道徳的社会的価値 higher moral and social values」を用意するための学であったとして肯定的に評価しようとしているわけですね。前にお話ししていたように、パースも、宇宙の進化の原理についての学としての形而上学を重視していました。

デューイは、形而上学として出発した哲学は、二つの精神的産物――情緒的伝統と、合理的な実際的知識――を調和させようとする試みから生まれたものであるので、その起源に由来するいくつかの性質を持っていると述べていますね。どちらかと言うと、負の性質です。

哲学の性質1――本質的な道徳的核心の抽出

第一に、哲学は、自由で囚われぬ起源から真直ぐに発展して来たものではなかった。哲学には、最初から負わされた仕事があった。果すべき使命があり、この使命に対する忠誠を予め誓わされていた。哲学は、危機に瀕していた過去の伝統的信仰の中から、本質的な道徳的核心を抽出しなければならなかった。そこまではよかった。なぜなら、この仕事は批判的なものであったし、唯一の正しい保守主義――人類が作り出した価値を守り、傷つけまいとする保守主義――のために役立ったから。ところが、同時に、哲学は、この道徳的エッセンスの抽出を過去の信仰の精神に合致した精神において行なうという制約を予め受けていた。想像力や社会的権威との結合はあまりにも深く、根本的に攪乱されることを許さなかった。社会制度の内容というものは、過去にあった社会制度の形式と根本的に違った形式で考えることは出来なかった。受け容れられて来た信仰や伝統的慣習の――形式ではないが――精神を合理的根拠によって正当化することが哲学の仕事になった。

哲学は、過去の伝統的信仰の中から「本質的な道徳的核心 the essential moral kernel」を取り出して、それを合理的なものとして正当化する「唯一の正しい保守主義 the only true coral conservatism」という性格を持っているわけです。伝統に対する合理主義的批判に徹することで、伝統の中の最も大事なものを保守するという、一見、逆説的な性格です。哲学の社会的な機能を強調する人は、概して、哲学がユートピア的な理想を掲げることによって、現状を変革し、革命の原動力になることだけを念頭に置く傾向がありますが、その理想が一体どこから来るのか具体的に考えると、何らかの伝統が源泉になっているはずですから、そこに注目すれば、変革の哲学は、必然的に保守的な性質を持っていると言えます――天才的な哲学者は、啓示やインスピレーションによって、伝統の手垢がついていない、純粋な理想を得ることができるというのであれば、話は別ですが。

今でこそ、こういう風に整理して理解できますが、古代のポリスの常識的な市民にとっては、ポリスの秩序に対する攻撃にしか見えなかったでしょう。個別の技術的な知識を披露するだけのソフィストたちよりも、伝統の根源的（ラディカル）な見直しを唱えるソクラテス－プラトンの方が遥かに危険に見えても不思議はありません。

こうして生まれた哲学は、形式や方法が変っていたため、一般のアテナイ人には、ひどくラディカルなもの、危険なものにさえ見えた。確かに、余計なものを切り捨て、一般の市民にとっては基礎的な信仰と一体である諸要素を取り除いたという意味では、哲学はラディカルであった。けれども、歴史的な見地から観察し、その後さまざまな社会的環境の中で発展したさまざまな思想のタイプと比較すれば、プラトンやアリストテレスも、結局のところ、ギリシアの伝統および習慣の意味を非常に深く反映していたことが、今日ではよく判るのである。それゆえにこそ、あの偉大なドラマ作家たちの作品と並んで、彼らの作品が、ギリシア特有の生活の奥底にある理想や願望を知ろうとするものにとって、今も最上の手引きなのである。

アリストテレスの哲学がアテネのポリスの政治をモデルにしていて現実的であるのに対し、プラトンはイデアの世界をモデルにしたユートピア的な政治を目指していたと対比されることが多いですが、デューイは二人とも、人間の普遍的理想を代表していたわけではなく、特殊ギリシア的な思想家であり、彼らのテクストには、ギリシア人たちの生活の根底にある理想や願望が表われていると見ているわけですね。

哲学のこうした護教的精神は、十二世紀前後の中世キリスト教が自己を体系的合理的に表現しようとし、自己を理性によって弁護するために古代哲学、特にアリストテレス哲学を利用した時、一層明白になった。十九世紀初頭、これに似た事柄がドイツの主要な哲学体系を特徴づけている。すなわち、当時、科学および民主政治の新しい精神に脅やかされていた教義と制度とをヘーゲルが合理的観念論の名において弁護する仕事を引受けたのであった。その結果、偉大な諸体系は、既存の信仰のために働く党派的精神から解放されないことになった。ところが、他面、諸体系は、完全な知的独立性と合理性とを名乗っていたため、その結果、往々にして、哲学は一抹の不誠実を帯びることになり、しかも、哲学の信奉者の側が全くそれに気づかなかっただけに、いよいよ陰険なものになった。

伝統の中から生まれてきた「哲学」は、自分の母体になった伝統を、「理性」の名によって擁護しようとする護教的性格を不可避的に帯びている、ということですね。「党派的精神 party spirit」を帯びているということです。哲学が不可避的に党派性を帯びるというのは、マルクス主義が主張することですが、デューイもそれに近い見方をしているわけですね。マルクス主義のように、階級的利害が党派性の原因だと断定しているわけではないですが。「哲学」は、既存の信仰を防衛することを使命として出発し、アリストテレスによって教会の存在を正当化したスコラ哲学や、理性的かつ現実的に自己展開する絶対精神の名においてプロイセン国家を擁護したヘーゲルがそうであるように、徹底した批判による合理性の追求という姿勢に徹することができず、何としても自らの母体を守ろうとする体質を持っているわけです。

哲学の性質2——厳密な思考や精密な論証

ここで、哲学の第二の性質が問題になってきます。

こうして、私たちは、その起源から来る哲学の第二の特徴に導かれる。哲学は、かつては情緒的適合性や社会的威厳のゆえに受け容れられていた事柄を合理的に弁護するのを目指したため、推論や証明という道具に重きを置かねばならなかった。哲学が扱う事柄自身には本来の合理性が欠けているので、哲学は、謂わば逆に出て、論理的形式を誇示したのである。事実問題を扱う場合は、もっと単純で粗雑な論証方法に訴えることで済む。その事実を提示し、それを指摘する——これが、すべての論証基

▼哲学の性質１
信仰の中から「本質的な道徳的核心 the essential moral kernel」を取り出して、それを合理的なものとして正当化する「唯一の正しい保守主義 the only true conservatism」という性格
伝統に対する合理主義的批判に徹することで、伝統の中の最も大事なものを保守する役割 ⇒ 理想が一体どこから来るのか具体的に考えると、何等かの伝統が源泉になっているはずですから、そこに注目すれば、変革の哲学は、必然的に保守的な性質を持っていると言える。

▼哲学の性質２
哲学が抽象的な定義や厳密な論証形式を用いることを、歴史的経緯に即して批判的に見ると、初期の哲学は、非合理的・情緒的に見える伝統にも実は合理的な根拠があるんだということを人々に納得させ、正当化するために厳密な論証方式を誇示していた、と言える。
哲学は、自分は科学を根拠付ける超科学であり、自分がいなければ本当の意味で真理を獲得することができないことを強くアピールすることで自分の立場を守ろうとする。哲学は批判的な視点や仮説を提供することで、人々が先入見から離脱したり、何か新しい着想を得るのを助けるのが精々。

本形式である——ことで足りるとも言える。ところが、もはや慣習や社会的権威の力のままに受け容れることも出来ず、といって、経験的に検証することも出来ない、そういう教義の正しさを人々に納得させるとなると、大袈裟に厳密な思考や精密な論証をやって見せる以外に頼みにするものはない。そこから、抽象的定義や超科学的論証の体裁が生じ、それが多くの人びとを哲学から遠ざけ、しかも、それが哲学の帰依者にとっては主たる魅力の一つになったのである。

哲学が抽象的な定義や厳密な論証形式を用いることを、歴史的経緯に即して批判的に見ているわけです。初期の哲学は、非合理的・情緒的に見える伝統にも実は合理的な根拠があるんだということを人々に納得させ、正当化するために厳密な論証方式を誇示していたということですね。要するに、こけおどしだというわけです。中世のスコラ哲学が複雑な議論をしていることを念頭に置くと、分かるような気がしますね。信仰をめぐる形而上学的な話ではなく、事実の問題であれ

ば、その事実を示すだけでいいので、こけおどしの必要はないはず、と言っているわけですが、こういうところはプラグマティズム的な感じがしますね。後の時代になって、哲学が信仰から次第に分離し、慣習や社会的権威を受け容れさせる役目はあまり期待されなくなりましたが、そうなると、哲学は存続するために自前の権威を必要とするようになります。そこで哲学は、尚更厳密な思考や精密な論証を求めるようになった。信仰ゆえに、仕方なく哲学にも関心を持っていた人はどんどん離れていき、ジェイムズの講義に出てきた哲学少年のような人はかえってそれに引き寄せられる、ということになります。

> そのため、最悪の場合、哲学は、精緻な用語のショー、些末な論理、包括的な、あるいは微細な論証のための単に外的な形式への偽りの献身になった。最良の場合でも、体系のための体系への病的な愛着、確実性に対する法外な要求を生む傾向を示した。（…）慣習は、確実不変の行為規則を与えると称した。哲学も、その歴史の極く初期においては、同じような決定的性格を自負していたし、以来、こうした性格の一部が、古典的哲学から離れないことになった。古典的哲学は、自分の方が科学より科学的である――結局、特殊科学は究極の完全な真理に到達することが出来ないから、どうしても、哲学が必要である――と主張して来た。ウィリアム・ジェームズのように、「哲学はヴィジョンである」、哲学の主な機能は、人間精神を偏見や先入観から解放し、周囲の世界に対する見方を拡げるにある、と敢えて主張する異端者もあった。しかし、大体において、哲学は、もっと野心的な主張を行なって来た。哲学は仮説しか提供することが出来ず、しかも、その仮説の価値は、人間の精神を周囲の生活に対して敏感にさせる点だけにある、などとフランクに言ったら、哲学そのものの否定のように見られるであろう。

ここはいかにも私たちが一般的にイメージしている〝プラグマティスト〟らしいコメントですね。哲学は、自分は科学を根拠付ける超科学であり、自分がいなければ本当の意味で真理を獲得することができないことを強くアピールすることで自分の立場を守ろうとする、というわけです。デューイの哲学観は、恐らくジェイムズと同じで、哲学は批判的な視点や仮説を提供することで、人々が先入見から離脱したり、何か新しい着想を得るのを助けるのが精々ということでしょう。しかし、それを正直に認めてしまったら、大学の予算を削減されるし、哲学書を買ってくれる人もいなくなるので、演技し続けないといけないと思っている人が多いわけです。現代日本で、これはかなり切実な話になっていますね。ただ最近では、哲学者が演技しても、信じてくれる人はあまりいないので、大きな大学の偉い先生たちは、ごく小さい仲間内のサークルを維持することだけに関心を持ち、〝哲学者〟を自称する、あまり専門的に哲学を勉強していない〝何でも評論家〟っぽい人たちだけが、一般向けの啓蒙書で「哲学は使える！」とか「哲学はおいしい！」とか叫んでいるのが現状ですが（笑）。

哲学の性質3——「反省的思考 reflective thought」

次に出て来る第三の特徴は、前の二つほどネガティヴな感じはしませんが、その分、哲学の本質に関わる根深い問題です。

第三に、欲望や想像によって規定され、共同体の権威の影響によって権威ある伝統に発展した信仰内容は、浸透的で包括的であった。言ってみれば、集団生活の隅々まで偏在していた。その圧力は休むことなく、その影響力の及ばぬところはなかった。そのため、この信仰に対抗する原理である反省的思考が同様の普遍性と包括性とを目指したとしても、それは避け難いことであったであろう。反省的思考は、伝統が社会的な意味で包括的且つ遠大であったのに対して、形而上学的な意味で包括的且つ遠大であろうとした。

ここは、最初の文で主語が哲学ではなく、「権威ある伝統 authoritative tradition」に発展した「信仰内容」――原語が〈the body of beliefs〉なので、「信仰の体系」と訳した方がいいでしょう――になっているので、論旨が分かりにくいですが、そうした伝統的な信仰の性格を継承しようとする性格を哲学が持っているということです。伝統的な信仰は、「浸透的 pervasive」で「包括的 comprehensive」であるというのは、人々の共同体的な生活のあらゆる側面を深いところまで規定してい

▼哲学の性質３

伝統的な信仰は、「浸透的 pervasive」で「包括的 comprehensive」である。人々の共同体的な生活のあらゆる側面を深いところまで規定していて、信仰と関係のないものはほとんどない。

↓

伝統的な信仰 ⇔ 「反省的思考 reflective thought」

「反省的」であることを強調。

※伝統的な信仰の共同体に生きる人々は、自分自身のあり方を「反省的」に捉え直すことが少ないし、信仰自体がそれを阻害するような性質を持っている。「反省的思考」というのはそれに対して一定の距離を置いて批判的な見方。
哲学は社会的影響力の面では、「浸透性」と「包括性」をあまり発揮することはできないけれど、その分、形而上学の世界においてそうした力を発揮しようとするようになった。

▼近代の宗教が「公 public ／私 private」の区別を前提にし、「私」の領域での営みとして自己限定しているのに対し、前近代の伝統的な信仰はそういう性格を持っている。
信仰や世界観が公的領域にまで進出してくると、近代的な意味での「政治」は困難になる。これは後期のロールズが集中的に取り組んだ問題。

て、信仰と関係のないものはほとんどない、ということです。近代の宗教が「公 public／私 private」の区別を前提にし、「私」の領域での営みとして自己限定しているのに対し、前近代の伝統的な信仰がそういう性格を持っているのはよく知られていることですね。信仰や世界観が公的領域にまで進出してくると、近代的な意味での「政治」は困難になります。これは後期のロールズが集中的に取り組んだ問題です。

伝統的な信仰に対立する「反省的思考 reflective thought」というのは、「哲学」のことですが、わざわざ言い換えているのは、「反省的」であることを強調するためです。伝統的な信仰の共同体に生きる人々は、自分自身のあり方を「反省的」に捉え直すことが少ないし、信仰自体がそれを阻害するような性質を持っているので、「浸透的」で「包括的」であり続けることができたわけですが、「反省的思考」というのはそれに対して一定の距離を置いて批判的に見るということです。そういう冷静で批判的な姿勢を特徴とする思考は、素朴な信仰のように人々の生活を全般的に支配することは困難です。反省的思考＝哲学によって、斜に構えて物事を見ることを教えられた人は、懐疑的になるので、生活の全般を支配されることに抵抗することでしょう。

哲学は社会的影響力の面では、「浸透性」と「包括性」をあまり発揮することはできないけれど、その分、形而上学の世界においてそうした力を発揮しようとするようになった。デューイはそう見ているわけです。もう少し分かりやすく言うと、自分の思うようになる観念の世界を作り出し、そこに入ってくる哲学少年っぽい人たちの思考を完全に支配しようとするようになる、ということです。形而上学によってヴァーチャルな共同体を作るわけです。ただし、先ほどの第二の性格のところで述べられていたように、哲学は論理的体系性と確実性を自らのウリにしています。厳密性を求めながら、「浸透性」と「包括性」も実現することができるのか。何でもかんでも同じ論理によって説明し切ろうとすると、どうしても破綻が生じます。その解決法として、哲学は二つの存在領域を分けるという戦略を採った、と述べられています。

哲学の戦略

すべて古典的なタイプの哲学は、二つの存在領域の間に、一つの確固たる根本的区別を設けて来た。その一つは、民族的伝統の宗教的超自然的な世界に当り、この世界は、形而上学的に表現すれば、最高究極の実在の世界ということになった。共同体生活における一切の重要な真理および行為規則の究極的な源泉や承認が、超越的で明白な宗教的信仰のうちに見出される以上、哲学上の絶対最高の実在こそ、経験的事柄に関する真理の唯一確実な保証を与えることが出来、また、正しい社会制度および個人の行動の唯一の合理的な指導を与えることが出来るのであった。哲学自体の体系的な訓練を経てのみ理解される、この絶対的叡智的な実在の反対側にあるのが、日常的経験という、通常の、経験的な、相対的にのみ実在的な現象的世界であった。人間の実際的な問題や効用と結びついていたのは、この世界であった。事実的、実証的な科学に関係があったのも、この不完全な亡び行く世界であった。

「絶対的叡知的な実在 absolute and noumenal reality」の世界と、「日常的経験 everyday experience」の「現象的世界 phenomenal world」を分けるということですね。プラトン以来、西欧の哲学がこの二分法を使ってきた、というのは有名な話です。二つの領域を切り離したうえで、様々な事実が乱立しているように見え、いろんな矛盾が生じるのは後者の不完全な世界であって、前者は完全な論理によって制御されている、ということにするわけです。前者が後者に何らかの形で影響を与えているのかもしれないけど、後者は前者の完全なコピーではなく、いろんな偶然による不正確さを含んでいる、ということにすると、前者は守られます。少なくとも哲学に魅了されている人は、現実に矛盾があっても、それは哲学の描く形而上学的世界とは関係ないと考えて、自分を納得させることができます。

「絶対的叡知的な実在 absolute and noumenal reality」の世界

〜〜〜〜〜〜〜〜〜〜〜〜〜〜〜〜〜〜〜〜〜〜〜〜〜〜〜〜〜〜〜〜〜〜

「日常的経験 everyday experience」の「現象的世界 phenomenal world」

プラトン以来、西欧の哲学はこの二分法を使ってきた。

▼デューイの見立てでは、哲学は実証的な知の勃興に刺激されて、伝統的な信仰を刷新するという目的のために生まれてきたわけだが、最終的には、現実の世界は実証科学に任せてしまって、自分はより"高尚な世界"を受け持つことにした。まさに、こういう哲学の在り方、実証科学から自己分離して保身を図るようなやり方を、プラグマティストとしてのデューイは問題視。

※デューイは哲学の歴史を、哲学の諸教説の歴史としてのみ考えるのではなく、人類学とか宗教史、文学、社会制度の研究と結び付けて再検討すれば、哲学に対する違った見方ができるのではないか、と示唆。

こうした二つの世界の分離がどうして生じるか、どれくらい根深いかについては、フランスのポストモダン系の思想で散々議論されていますが、デューイの説明は結構分かりやすいですね。支配階級の利害を守るために、現実から目をそらせるため、叡知界をでっちあげたのだ、というマルクス主義の説明の方がもっと分かりやすいですが、これは、完全に哲学の外の視点からの話ですね。デューイはある程度、哲学の内在的な事情により添いながら説明しているわけです。

私の考えでは、これが、哲学の本質に関する古典的な見方に極めて深い影響を与えた特徴なのである。哲学は、超越的で絶対的で内的な実在の存在を証明し、同時に、この究極的で高遠な実在の本性や特徴を人間に示すという役割を我がものにしたのである。そのため、哲学は、実証科学や普通の実際的経験で用いられているより高級な認識器官を持つと主張し、高い威厳と意義とを特徴とすると主張した。

デューイの見立てでは、哲学は実証的な知の勃興に刺激されて、伝統的な信仰を刷新するという目的のために生まれてきたわけですが、最終的には、現実の世界は実証科学に任せてしまって、自分はより〝高尚な世界〟を受け持つことにしたわけです。まさに、こういう哲学の在り方、実証科学から自己分離して保身を図るようなやり方を、プラグマティストとしてのデューイは問題視しているわけです。

正直のところ、絶対的存在を体系的に論ずると称する哲学の起源を右のように説明したのには、悪意があったのである。こういう発生的方法で進む方が、いかなる論理的反駁の試みよりも、このタイプの哲学を掘り崩すのに有効な方法と思われるからである。

本当に正直ですね（笑）。「発生的方法 genetic method」という言い方が少し難しそうですが、歴史的な経緯に即してということです。言いたいことは分かりますね。哲学の形而上学的体質の矛盾を論理的に指摘したら、抽象的な理屈に更に抽象的な理屈を重ねてしまうことになるだけなので、哲学のそもそもの起源、社会の中での役割や立ち位置を明らかにすることで、その権威を掘り崩していこうとしているわけです。確かに、形而上学を、形而上学に内在する形で批判したら、ハイデガーとかデリダみたいにかなり難しい話になってしまうでしょうね。

デューイは哲学の歴史を、哲学の諸教説の歴史としてのみ考えるのではなく、人類学とか宗教史、文学、社会制度の研究と結び付けて再検討すれば、哲学に対する違った見方ができるのではないか、と示唆しています。

実在の本性に関する敵対者間の論争に代って、社会的な目的および願望をめぐる人間の衝突のシーンが現われる。経験を超えようとする不可能な企てに代って、人間が非常に深い激しい執着を持つ経験的な事柄を明らかにしようという努力の貴重な記録が現われる。遠くから眺めるような調子で、絶対的な物自体の本性を観察するインパーソナルな純粋思弁的な努力に代って、人間にとって理想の生活は何か、人間が知的活動を営む目的は何かについて思索的な人々が行なった選択の生きた姿が現われる。

「哲学史」研究に対するデューイの問題意識がはっきり表われていますね。デューイは、哲学史を覆い尽くしている「非人格的で純粋思弁的な努力 impersonal and purely speculative endeavors」を単純に無駄だから捨ててしまえ、と言っているわけではなく、そうした表面的な論争の背後には、社会にとっての理想をめぐる人々の葛藤があったはずだから、そこを読み取るようにすべきだと言っているわけです。「哲学史」の社会批判的な読解を提唱しているわけです。現代だったら、フランクフルト学派とか、アルチュセール（一九一八―九〇）以降のフランスの現代思想で、そういうことがしきりと試みられているので、あまり珍しくなくなっていますが、このデューイの講演が行われた当時だと、マルクスによるブルジョワ哲学批判くらいしかなかったので、彼が本気で「哲学史」の再構築を考えていたのだとすれば、かなり斬新な発想のような気がします。

過去の哲学が、それを知りも願いもせぬまま、無意識のうちに、謂わば密かに行なって来たこと、それが今後は公然と意識的に行われねばならぬ、そういう考え方を支持せざるを得ないであろう。究極的実在を論ずるというのは見せかけで、哲学の関心事は社会的伝統のうちに潜む貴重な価値にあったと認められ、社会的目的間の衝突から、また、伝統的制度と、これと相容れぬ時代的傾向との闘争か

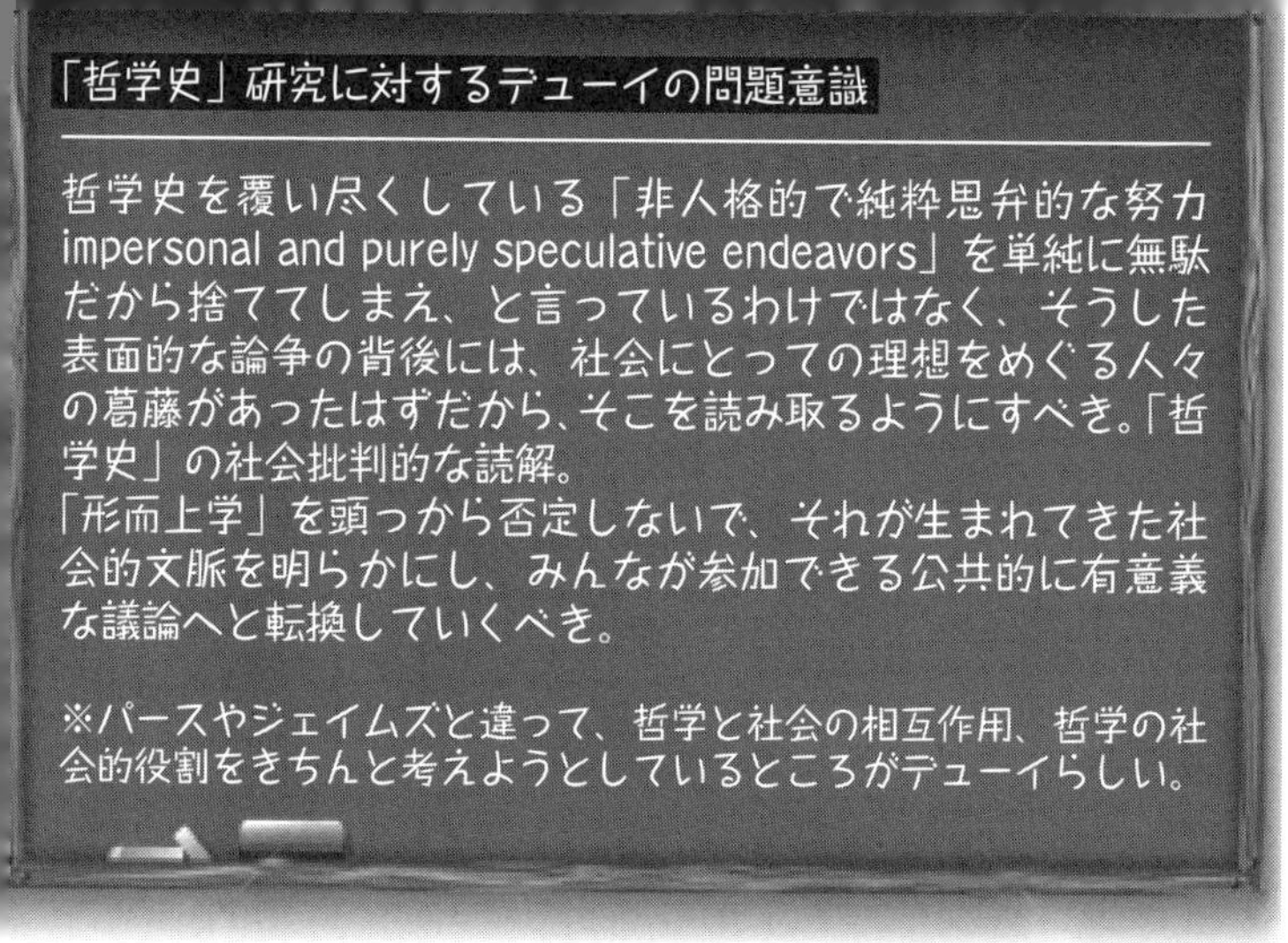
「哲学史」研究に対するデューイの問題意識
哲学史を覆い尽くしている「非人格的で純粋思弁的な努力 impersonal and purely speculative endeavors」を単純に無駄だから捨ててしまえ、と言っているわけではなく、そうした表面的な論争の背後には、社会にとっての理想をめぐる人々の葛藤があったはずだから、そこを読み取るようにすべき。「哲学史」の社会批判的な読解。
「形而上学」を頭っから否定しないで、それが生まれてきた社会的文脈を明らかにし、みんなが参加できる公共的に有意義な議論へと転換していくべき。
※パースやジェイムズと違って、哲学と社会の相互作用、哲学の社会的役割をきちんと考えようとしているところがデューイらしい。

ら哲学が生まれたと認められれば、将来の哲学の仕事が、その時代の社会的および道徳的な闘争について、人々の観念を明晰にすることにあるという点も理解されるであろう。哲学の目的は、人間に可能な限り、こうした闘争を処理する器官になることである。形而上学的な区別を施す場合には非実在的と片づけられるものも、社会的な信仰や理想の闘争のドラマに結びつけられれば、非常に意味深いものになる。

これまで「哲学」が「無意識的 unconsciously」にやってきたことに注目しているところが、まさにフランクフルト学派やアルチュセール、フーコー（一九二六－八四）みたいですね。その無意識のレベルに「社会的目的 social ends」をめぐる闘争があり、「実在／非実在」の形而上学的区別がそれに絡んでいると見ているわけです。いろんな立場の人が、自分に都合いいように「実在≒社会的に重要なもの」と「非実在≒社会的にどうでもいいもの」の間に線を引こうとし、「哲学」はそれに同調したり、反発したりして、自らの体系を構築しようとします。専門的な「哲学者」たちはそれを無意識的・暗黙裡にやってきたので、それを明るみに出したうえで、今度は、公共的な討論の俎上に載せようと、デューイは提案しているわけです。つまり、サンデル（一九五三－　）が白熱教室でやっているように、人々の日常的な思考における社会的諸目的の基本的な対

フランシス・ベーコン

立図式を――「哲学史」を参照しながら――明らかにしたうえで、どれを選択すべきかをめぐる公共的討論を喚起すべきだと提案しているわけです。

「形而上学」を頭っから否定しないで、それが生まれてきた社会的文脈を明らかにし、みんなが参加できる公共的に有意義な議論へと転換していくべきだと考えるところに、デューイの思想の特徴が出ていると思います。パースやジェイムズと違って、哲学と社会の相互作用、哲学の社会的役割をきちんと考えようとしているところがデューイらしいという気がします。

「第二章　哲学の再構成における幾つかの歴史的要因」は、内容的に割愛しますが、ここではフランシス・ベーコンに焦点を当てて、第一章の問題意識の延長で、近代における知の再構成について論じられています。自然科学に代表される新しい知の在り方を代表する形で、アリストテレス的な知識観を批判し、「哲学」の新しい方向性を示した人、プラグマティズムの先駆者として位置付けられています。大体、高校の倫理の教科書での紹介のされ方と同じイメージですが、「帰納法の創始者」であるという位置付けは見当外れであることを指摘していますね。また、先ほどの議論の延長で、ベーコンのテクストの中にも、古いものと新しいものが混淆していることも指摘されていますね。そのうえで、アリストテレスの論理学が既知の事柄を教えることに重きを置いていたのに対し、ベーコンは、新しい事実および真理の発見のための論理を探究した、と述べられていますね。四一頁の記述を少し見ておきましょう。

ベーコンには、真の知識の目的および試金石としての進歩の観念があった。ベーコンの批判によれば、アリストテレス的形式のものも含めて、古典的論理学は、不可避的に、怠惰な保守主義の味方であった。なぜなら、古典的論理学は、真理は既知のものであるという考えに精神を慣らし、過去の知的業績に満足し、これを批判検討なしに受け容れる癖を人々に与えたからである。古代を知識の黄金時代として回顧する傾向は、中世の人間ばかりでなく、ルネサンスの人間にも――もっとも、前者は聖書を基礎とし、後者は非宗教的な文書を基礎とするが――あった。この態度を古典的論理学の責任とばかり見るわけには行かないにしても、認識の技術と、精神が既に所有する真理の論証とを同一視するような論理学は、研究心を鈍らせ、精神を伝統的な学問の範囲内に閉じ込めてしまう、というベーコンの考えは正しかった。

デューイは、そうしたベーコンのプラグマティックな学問観・知的革命の背景として、後の産業革命にまで至る産業・経済の発展、それに伴う政治体制の変動、個人主義の浸透と社会契約論の展開、宗教的・道徳的個人主義の台頭、といったことにも触れています。よくありそうな話ですが、デューイはそれらの変化に伴って、新しい形而上学が求められるようになったという見方をしているわけです。

哲学と科学と世界観

「第三章　哲学の再構成における科学的要因」では、近代科学の自然観が「哲学」の変容にどういう形で寄与したかが論じられています。

ここでは、古代科学と近代科学という対照的な概念を選ぶことにする。なぜなら、近代科学の描く世界像の真の哲学的な意味を評価するには、古典的形而上学を知的な根拠および確証とする古い世界像と対比して示す以外に道はないと思うからである。かつて哲学者が信じていた世界は、閉じた世界であった。内的には限られた数の固定的形相から成り、外的には明確な境界を持つ世界であった。近代科学の世界は、開いた世界である。その内的構造においては、限界を定める由もなく無限に変化する世界、外的には、定め得るすべての境界線を越えて広がる世界である。次に、昔は、最高の知性を持つ人々さえ、自分たちが住んでいると考えた世界は、固定的な世界の内部でのみ変化が起こる領域であった。前に見たように、固定的なもの、不動のものが、動くもの、変ずるものに対して質も権威も優れているような世界であった。第三に、昔の人たちが自分の眼で見た世界、彼らの想像の中で描き出され、行動計画において繰り返されていた世界は、質的に異なり（いろいろな類や種は異なったものでなければならぬ）、優劣の順序に従う、限られた数の階級、類、形相の世界であった。

話が前後しているので少し分かりにくいですが、「古典的形而上学」に対応する「古い世界像」の三つの特徴が述べられています。それは、①閉じていて、②不動で、③限られた数の階級（classes）、類（kinds）、形相（forms）から成る世界です。③が分かりにくいですが、先ず、〈classes〉が、必ずしも社会階級のことだけではなく、分類とか、等級といった意味も持っていることを確認しておきましょう。恐らくデューイは社会的階級だけではなく、事物の階層秩序のようなものも含める意味でこの言葉を使っているのだと思います。〈form〉は「形相」と訳すと、アリストテレスの専門用語っぽくなりますが、ここでは、単純に「形態」という意味で理解していいでしょう。つまり、古代の世界に存在するものは、取り得る形態や種類、万物の中での位置付けが予め決まっていて、そのフォーマットからはみ出すものはない、と想定されていたということです。これは、近代に入ってからも、進化論が認められていなかったこと、諸事物はいろんな方向に変容し続け、その種類も無限にありえます。分子、原子、

近代的な世界観では、諸事物はいろんな方向に変容し続け、その種類も無限にありえます。分子、原子、無理数の存在を認めるかどうかが数学の大問題だったことを念頭に置くと、分かりやすくなると思います。

・「古典的形而上学」に対応する「古い世界像」の三つの特徴

①閉じていて、②不動で、③限られた数の階級（classes）、類（kinds）、形相（forms）から成る世界。
地球は、そうした古代の世界観を象徴するようなイメージで表象されていた。

陽子、中性子などの素粒子の存在や、高校の化学で習うプランクの法則のこととか考えると、近代科学の世界観でも、③が全面的に否定されるわけではないのではないか、という気もしてくるのですが、そこまで考える必要はないでしょう。

地球は、そうした古代の世界観を象徴するようなイメージで表象されていたと述べられていますね。

> すなわち、地球を不変不動の中心とし、聖なるエーテルの不滅の円環のうちを動く恒星の荘厳なアーチを不動の円周とし、一切を包み、一切を永遠に同じ場所に整然と保つところの、文字通りの視覚的な意味で宇宙と呼べるようなものを思い浮べてみる必要がある。地球は、中心にこそあるが、この閉じた世界の諸部分のうち、最も低級、最も粗雑、最も物質的、重要性と善（あるいは完全性）とが最も少ない部分である。最大限の変動と転変との舞台である。合理性が最も少なく、従って、注意あるいは認識に最も適さない部分である。観想に報いることも、讃美の気持ちを動かすことも、行為を導くことも、極めて少ない。この甚だ物質的な中心と非物質的で霊的で永遠な天空との間に、月、遊星、太陽など、或る限られた数の天域があって、それらは、地球から遠くなり、天空に近くなるにつれて、順位、価値、合理性、実在性が高くなって行く。

これは分かりやすいですね。地球の上ではいろいろな変化が生じるけれど、それは地球が宇宙の階層秩序の一番低い所に位置し、物質の割合が高く、そのため偶然性を多く含んでいるからで、天球の高い所に位置するより高級な天体は霊的な成分から構成されており、事物は、合理的な秩序に従って整然と存在し続けるわけです。本当に価値があるものは非物質的で、不変であり、我々の手の届かない所にあるとすると、私たちの周囲にある、物質の偶然的な運動に強い関心を持って認識すべき理由はありません。物質的なものに関心を持つのは、私たち自身の卑しさの表われである、ということになるでしょう。

その卑しい地球上の事物も、本質的には宇宙の永遠の秩序に従っているので、物質の運動の偶然性が働かない限り、決まったパターンで循環的に運動し、動物や植物はある確定した形態から他の確定した形態へと移行するだけです。

偶然的な不幸な変種を別にすれば、各個体には、辿るべく定められた径路、進むべく定められた進路がある。アリストテレスの思想には、可能性や発展という言葉のように、近代的な響きのする用語が多いので、或る人たちは、アリストテレス思想の中に近代的な意味を読み込む誤りを犯した。けれども、古代および中世の思想では、これらの言葉の意味は、その文脈によって厳密に規定されている。発展といっても、その種に属する個々のものの内部に起る変化のコースを意味するに過ぎない。団栗が樫になるという予定された運動を現わす名称に過ぎない。発展は、事物のうちに一般的に起るのではなく、樫という種に属する少数のものの或る一つにのみ起るのである。発展や進化というのは、近代科学の場合とは異なって、決して新しい形態の発生や、古い種からの突然変異という意味ではなく、予定された変化のサイクルを単調に動いて行くという意味に過ぎない。

ここで「可能性 potentiality」および「発展 development」と呼ばれているのは、アリストテレス用語として有名な「デュナミス（可能態）dynamis」と「エネルゲイア（現実態）energeia」のことでしょう。〈dynamis〉と〈energeia〉からそれぞれ派生した、〈dynamics〉と〈energy〉を念頭に置くと、逆のような印象を受けますが、アリストテレスにあっては、〈dynamis〉の方が「潜在的な可能性」で、それが現実の中で生成したのが〈energeia〉です。デューイが言っているのは、それを英語で［potentiality－development］と訳すと、近代的な先入観で、無限の可能性からの無限の発展であるかのように勝手に連想してしまうけど、アリストテレスの世界は、先ほど言ったように、閉じた系になっていて、同じサイクルが永遠に続いていて、基本的に逸脱はない、ということです。

個体の数は殆ど限りなく多いにも拘らず、種や類は限られた数しか存在しない。そして、世界というのは、本質的に、幾つかの類から成る世界であり、異なった諸階級に予め整理されている。（…）事物が自己の本性に従って属する異なった諸階級は、一つの上下関係の秩序を形作っている。自然の中にカストがある。宇宙は、貴族政治的な、いや、封建的な計画に基づいて構成されている。

「カスト caste」というのは、インドのカースト制のことです。私たちは自然の事物に高い低いの等級があるわけではなく、人間が自分の好みで勝手にランク付けしているだけだと考えるのが当たり前になっていますが、古代の人にとっては自然界にも、というより自然界にこそ、宇宙の普遍的な法則に従ったランキングが見出されたわけです。人間社会の階級もまた、事物の本性（nature）によって決まっているわけです。これは身分制を維持するのに都合のよい考え方です。自然が同じサイクルを永遠に続け、階層間の秩序を保っているように、人間の社会も階層間の秩序を保つのが、本来の自然のあり方だということになるからです。

古代の宇宙観——目的因—形相因

すべてのものは自己の位置、身分、階級を知り、それを守っている。それゆえ目的因や形相因という術語で知られるものが最高で、動力因は低い位置に追われる。謂わゆる目的因とは、事物の階級や類に固有な或る固定的形相が存在し、この形相が変化の進行を支配して、事物が自己の本性の実現という目的およびゴールとしての形相へと向うという事実を現わす名称にほかならない。月より上の天体は、空気および火に固有な運動の目的であり、目的因である。地球は鈍い重い事物の運動の、樫は団栗の、一般に成熟した芽の形態の、目的であり、目的因である。

アリストテレスが『自然学 Physica』で、事物の運動には四つの原因があると述べ、それが中世のスコラ哲学に影響を与えたことはよく知られています。質料因（material cause）、形相因（formal cause）、動力因もしくは作用因（efficient cause）、目的因（final cause）の四つです。「質料因」は、英語の〈material〉が素材とか材料という意味であることからも分かるように、素材という意味での原因です。銅像が銅からできている、というように。「形相因」はその逆に、形あるいは本質という意味での原因です。銅像で言うと、まさにそのフォルム、あるいは、その銅像で表現されているものの本質的な部分ということになるでしょう。「動力因」は、文字通り、ある物の動きを引き起こすもののことです。「目的因」は、文字通り、「Xのためにある」とか「Xを目指して動く」という時の〈X〉のことです。

自然科学中心の世界観に何となく慣れている私たちは、原因と聞くと、概ね物理的な因果関係の原因、つまり動力因を思い浮かべますね。「目的因」は、人工物ならまだしも、自然界の事物について語るのは、神話的世界観に基づくナンセンスだと思いがちですが、古代においては、むしろ物質的な運動である動力因は低く、目的因や形相因の方がランクが高いものであると見なされていたわけです。デューイは、目的因と形相因がほぼイコールであるような言い方をしていますが、それは「目的」というのは、運動が目指すゴールだからです。「目的」を意味する英語の〈end〉に「終わり」という意味があるように、ギリシア語の〈telos〉も元の意味は、「終わり」です。運動の「目的＝終わり」は、その事物の形相＝本質と関係しています。

運動を起し、運動を促す「動力因」というのは、未熟で不完全な存在に一種の衝撃を与え、完全な形態、実現された形態へと向かわせるものであるから、外的な変化に過ぎない。目的因は、先行の変化の説明あるいは理由として見れば、完成された形態である。変化が完了した休止状態との関係においてではなく、それ自体として見れば、目的因は「形相因」である。すなわち、事物を、それが真に存在する限りにおいてそれであるところのもの、つまり、変化しない限りにおいてそれであるところのもの「たらしめる」ような、あるいは、そういうものを構成するような固有の本性乃至特質である。

難しい言い方をしていますが、諸事物の運動は、その本質＝形相に基づく本来のあり方に到達することを目指していると想定されていたわけですね。完成された形態、変化が完了した休止状態が、その運動の「目的＝終わり」です。その運動を導いて、本来（真）のあり方＝完成態（perfected form）へと導いているのが、その物の「形相＝固有の本性乃至特質自らの本質＝形相に基づいて自己を完成させることを目指していると想定されていたわけですね。完成された形態、変化が完了した休止状態が、その運動の「目的＝終わり」です。その運動を導いて、本来

the inherent nature or character」です。アリストテレス用語で、完成態は「エンテレケイア entelecheia」と言います。〈telos〉に到達した状態という意味の造語です。例えば、市民の生き方にとっての本質が正義だとすると、正義に適った生き方をする人間になることが、市民にとっての目的であり、完全に正義に適った生き方をする人間になったら、その人はエンテレケイアに達したわけです。

こういう理屈を聞かされると、「だったら、どうして事物は最初から本来の姿をしていないのか。どうして未完成な形で運動しているのか?」、と突っ込みたくなりますが、古代の世界観がそうなっていたのだから仕方ありません。彼らにとっては、昆虫が幼虫から成虫になるように、植物が種から成長して、木になったり、花になったりするように、自然なことだったのかもしれません。

閉じた宇宙に代わって、現在、科学が私たちに示してくれるのは、空間的にも、時間的にも無限で、こちらにも、あちらにも、謂わば、こちらの端にも、あちらの端にも、限界というものがなく、広がりにおいても無限、内的構造においても無限に複雑な、そういう宇宙である。従って、また、それは開いた世界、無限の変化に富む世界、古い意味では断じて宇宙と呼べないような世界である。(…)近代の科学者が関心を持つ法則は、運動の法則、発生と結果との法則である。古代人なら類や本質を云々する時に、科学者は法則を云々する。なぜなら、科学者の求めるのは、変化の相関関係であり、他の変化と対応して生ずる或る変化を見出し得ることであるから。科学者は、変化のうちでいつもコンスタントであるようなものを定義したり、その限界を定めたり試みはしない。彼が試みるのは、変化のコンスタントな秩序の記述である。「コンスタント」という言葉が二つの命題に現われているが、この言葉の意味は同じではない。第一の場合には、自然的であれ、形而上学的であれ、存在においてコンスタントなものが問題であり、第二の場合には、機能および作用においてコンスタントなものが問題である。前者は、独立な存在の形相、後者は、相互依存的な変化の記述および計算の方式である。

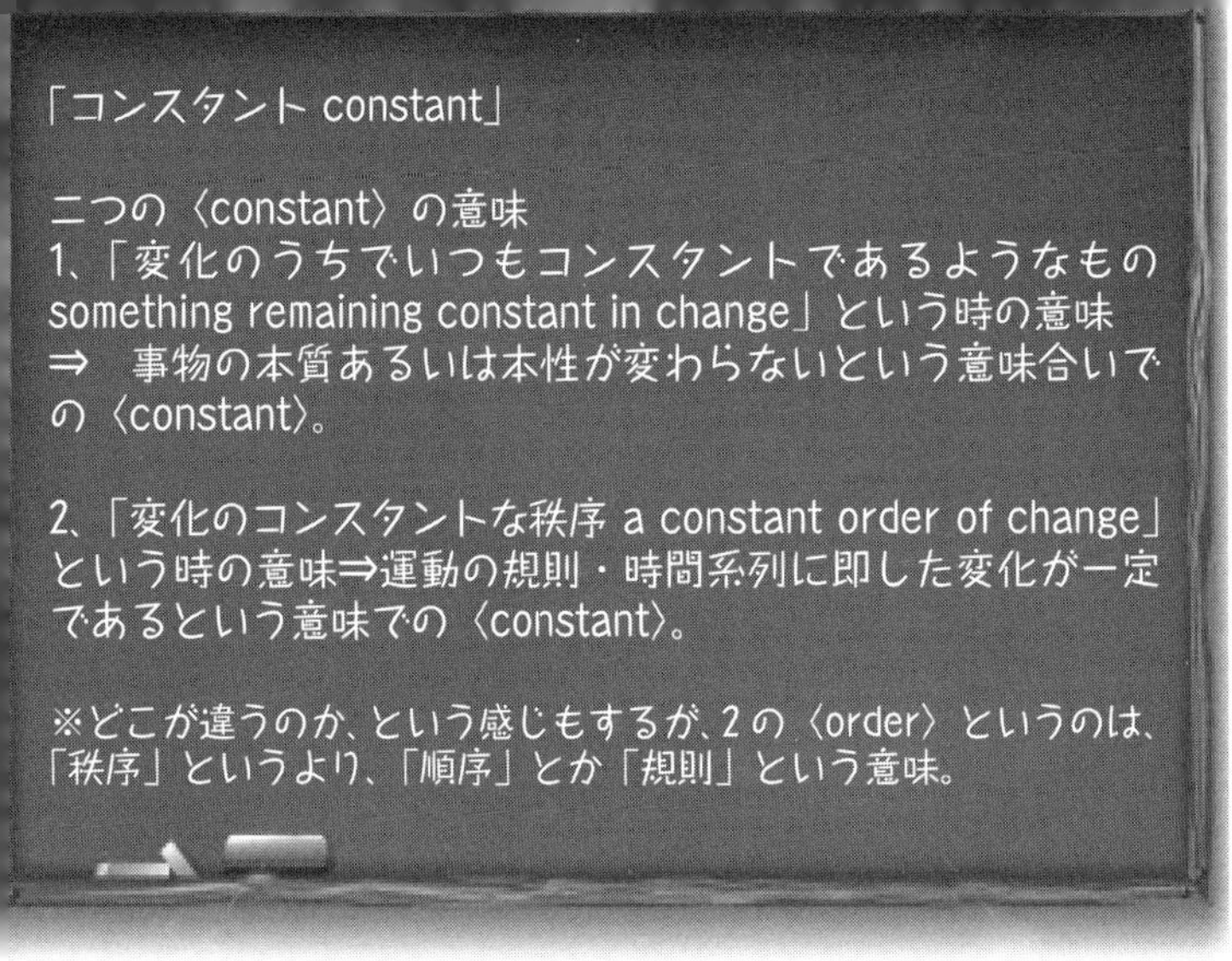
「コンスタント constant」
二つの〈constant〉の意味
1、「変化のうちでいつもコンスタントであるようなもの something remaining constant in change」という時の意味
⇒　事物の本質あるいは本性が変わらないという意味合いでの〈constant〉。
2、「変化のコンスタントな秩序 a constant order of change」という時の意味⇒運動の規則・時間系列に即した変化が一定であるという意味での〈constant〉。
※どこが違うのか、という感じもするが、2の〈order〉というのは、「秩序」というより、「順序」とか「規則」という意味。

近代の科学者はもっぱら、事物の運動がどのように始まり、その過程でどのような要素に外的に観察できる変化が現われ、どのような結果に至るかということに関心を持ち、その事物がどのような本質を有するかとか、何を目的としているかといった形而上学的な問題は最初から排除されます。物質の運動や生物の変化は様々な要因によって引き起こされるので、動力因という意味での原因さえ、一つに特定することはできません。ちゃんとした自然科学者なら、そう考えるでしょう。

「コンスタント constant」の話が少し難しそうですが、先ずごく初歩的な訳語の問題を指摘しておきます。「二つの命題に現われている～」という言い方をしているので、難しそうな感じに聞こえますが、「命題」の原語は〈statement〉で、この場合は単純に、デューイ自身の先行する二つの文のことです。「私は先ほど二回『コンスタント』という言葉を使ったが、この言葉の意味は同じではない」とシンプルに訳した方がよかったでしょう。

で、その二つの〈constant〉の意味ですが、一方は、「変化のうちでいつもコンスタントであるようなもの something remaining constant in change」という時の意味で、もう一方は、「変化のコンスタントな秩序 a constant order of change」という時の意味だということですね。同じような言い回しなので、どこが違うのか、という感じがしますが、後者の〈order〉というのは、「秩序」というより、「順序」とか「規則」という意味でしょう。要するに、事物の本質あるいは本性が変わらないという意味合いでの〈constant〉と、運動の規則・時間系列に即した変化が一定であるという意味での〈constant〉は違う、ということです。後者のコンスタントは、高校の物理とか化学で出てきますね。

要するに、古典的な思想が受け容れていたのは、階級や類の封建的な秩序で、そこでは、各自が上位のものから行為と奉仕との規則を「受け」、その代わり、下位のものにこれを与えていた。

目的＝形相因を中心とした古代の宇宙観と、封建的な社会秩序が対応しているということですね。閉じられた宇宙において各事物のその本性に応じた位置があるように、各人が各社会、集団の中で占めるべき本来の位置がある、というアナロジーで身分制が正当化されていたわけです。デューイは封建制の三つの特徴として、①血縁の原理に基づく統一性②因果的な作用／反作用の関係として捉えられる上下関係③軍事を中心とする身分制度、を挙げています。こうした封建的な社会秩序が、「自然」に投影されて、自然界に本来の階層秩序があると見なされ、それによって、既存の社会秩序が正当化される、という循環的な関係が成立していたわけです。

近代社会——目的因の消滅・「法則」〈law〉と「力学」〈mechanics〉

彼は、そうした身分制社会と結び付いた自然観の名残が、近代の西欧の言語にも見出されることを指摘します。例えば、「法則」を意味する〈law〉は、「法」、「法律」の意味も持っています。これは、両者が同じ性質のものとして理解されていたことを含意しています。

私たちは、諸事情を「支配する」法則ということをよく耳にするし、また、秩序づける法則がなければ、諸現象は全く無秩序になると考えられていることが多いように思う。この考え方は、自然の中へ社会関係――封建的関係と限らず、支配者と被支配者との関係、君主と臣民との関係でもよい――を読み込むことの名残りである。法則が、命令や指令と同じに見られているのである。人格的な意志という要因が（ギリシアの最も優れた思想に見られるように）取り除かれても、法則や普遍という観念には、上位のものが本性において下位にあるものに及ぼす指導や支配の力という意味が依然として滲み込んでいる。普遍的なものが支配するのは、職人の心のうちにある目的やモデルが職人の行動を「支配する」のと同じである。中世は、この統御というギリシア的な概念に、一つの高い意志から発する命令という観念を加え、その結果、自然の諸作用を、行為指導の権威を持つ存在の定める任務の遂行であるかのように考えたのであった。

私たちも何となく、○○の「法則」によって「支配されている」という言い方をしていますし、デューイが言うように、「法則による支配」がないと、全てはカオスになるように思いがちです。私たちは、大地の意志とか、自然の掟とか、自然を擬人的に表現することがありますが、デューイによると、そういうのは、自然と社会をアナロジーで捉えていた過去の思考の名残だということになるわけです。自然が予め決まった普遍的法則によって支配されていることを、職人が自らの心の内に目的やモデルによって自らの行動を制御するのと同じだと述べていますが、これはプラトンが、造物主（デミウルゴス）による宇宙の創造を、職人（デミウルゴス）の製作とのアナロジーで理解していたことを念頭に置いているのかもしれません。

中世になると、単に「自然」の中で下のものが上のものによって制御されているというだけでなく、「自然」を超えたより高いもの、神の「命令 command」によって導かれているという世界観へと〝発展〟したわけです。一人の絶対的な存在による命令は、先ほどの軍事を中心とする身分制のイメージに対応していますね。

これに対比すると、近代科学の描く自然像の特徴が非常に明らかになる。大胆な天文学者たちが、天上に作用する高級で崇高な理念的な力と、地上の事象を動かす低級で物質的な力との差別を取り払った時、近代科学は第一歩を踏み出したのである。天上と地上との間にあると称する実態や力の相違は否定された。同じ法則がどこでも通用すること、自然全体を通じて、どこでも物質や過程は同じであることが主張された。遥かな美しく崇高なものも、見慣れた平凡な事象や力を通して科学的に記述され説明されねばならぬ。直接に触れたり観察したり出来る物質が、最も確実なものである。よりよく知られているものである。

宇宙の階層の上下のようなものが想定されていて、上と下では事物の［精神─物質］の割合や運動の仕方が異なっていたわけですが、近代科学の下では、宇宙にはそうした階層構造、形相とそのコピー、目的と手段というような区別はなく、至るところで同じ物質の運動法則が作用しているわけです。自分の身近なところで観察できる物質の運動法則は、きちんと検証して定式化すれば、宇宙のあらゆる所に普遍的に適用できるはず、と考えられるようになりました。別の言い方をすれば、それまでは地球から遠い天体にこそ事物の本質が現われるとされていたのに対し、近代では、身近なもの、知覚可能なものに見出される法則が基準になり、その法則が、直接的にはよく分からない遠い天体にも同様に当てはまるはず、と想定されるようになったわけです。こうした均一な法則の働く宇宙観は、階層制のない平等化・同質化された近代社会に対応していると考えられます。

新しい科学に伴って生じた一つの重要な事柄は、地球を宇宙の中心と見る観念の破壊であった。固定した中心という観念が崩れると、それとともに、閉じた宇宙とか、天上の円環状の境界とかいう観念も崩れて行った。ギリシア人の感覚では、彼らの知識論が美的動機に支配されていたため、有限なものが完全なものであった。文字通り、有限なものは、完結したもの、完了したもの、完成したもの、不揃いな縁や不可解な作用を全く含まぬものであった。無限なものや再現のないものは、限界を欠くゆえにこそ性格を欠くものであった。(…) 無限ということを、限りない力、終りを知らぬ発展の能力、外に限界を持たぬ進歩の喜びなどと結びつける私たちの現在の感覚は、美的なものから実用的なものへの関心の移行がなかったら、つまり、調和のある完成された光景を眺める関心から不調和な光景を変形する関心への移行がなかったら、不可解なものであるに違いない。過渡期の著作家たち――例えば、ジョルダーノ・ブルーノ――を読むだけで、閉じた有限の世界が、いかに窮屈に息苦しく感じられていたか、外は時間および空間に限りなく拡がり、内は限りなく小さく限りなく多い要素から成る世界という思想が、いかに爽快、宏大、限りない可能性の気分を生んだかが伝わって来る。

前近代の人たちは、理性によってきっちり把握し、表現することができない「無限 the infinite」を嫌い、「有限 the finite」こそが美しいと考えていたわけです。「文字通り、有限なものは、完結したもの、完了しりなのか分かりにくいですが、原文に即して考えると、どうして文字通りなのか分かります。〈Literally, the finite was the finished, the ended, the completed〉となっています。フランス語で「終わり」のことを〈fin〉というのはご存知だと思いますが、〈finish〉も〈finite／infinite〉もこの系統の言葉です。〈end = fin〉は、時間的な「終わり」というだけでなく、空間的な意味合いでの終わり、つまり「終端」とか「(進んでいける) 限界」という意味も持っています。美学っぽい言い方をすると、「縁」ですね。前近代では、ちゃんと「縁どり」されているものが美しかったわけです。「不揃いな縁 no ragged edges」は美しくないわけです。

その後の「その不可解な作用 unaccountable operations」というのは、微分のように、一つの量をどこまでも無限に分割していく作用、あるいはその分割によってそれまで潜在的に存在していたけど、隠れていた襞のような細部の構造が顕になっていく作用のことを念頭に置いているのだと思います。きれいな直線か曲線のように見えるものをミクロに観察すると、不揃いのぎざぎざとか、不規則な湾曲、断絶とかが見つかる可能性があるし、その細部の長さを測り始めると、無限大にまで伸びていく可能性があります。フランス系の現代思想で一時期、そうした無限小に折りたたまれた襞のようなものの意味が、ドゥルーズ(一九二四－九五)などの議論に即して話題になっていましたね。近代の人たちは、そうした無限の領域を探究し、技術的に利用しようとしたわけです。

ブルーノはジェイムズの『プラグマティズム』にも登場しましたね。一六世紀のイタリアのドミニコ会の修道士で、コペルニクス(一四七三－一五四三)の天動説を擁護すると共に、宇宙が地球を中心とした同心円状の球体をなしており、その意味で有限であるという古代の宇宙観には根拠はないとして、無限の宇宙観を呈示したことで知られています。コペルニクスは、天動説は呈示しましたが、天球的なイメージの宇宙観を否定したわけではありませんでした。デューイはブルーノのテクストの中に、それまで有限な世界（像）に押し込められていた人たちの、無限に広がる空間への憧れが表現されていると見ているわけです。

「その不可解な作用 unaccountable operations」 ⇒ 微分のように、一つの量をどこまでも無限に分割していく作用、あるいはその分割によってそれまで潜在的に存在していたけど、隠れていた襞のような細部の構造が顕わになっていく作用。きれいな直線か曲線のように見えるものをミクロに観察すると、不揃いのぎざぎざとか、不規則な湾曲、断絶とかが見つかる可能性があるし、その細部の長さを測り始めると、無限大にまで伸びていく可能性がある。
フランス系の現代思想で一時期、そうした無限小に折りたたまれた襞のようなものの意味が、ドゥルーズ（1924−95）などの議論に即して話題になった。

歴史を研究するものは、ギリシア人が、幾何学と同様、力学でも非常に進歩していたことをよく知っている。力学のそういう進歩がありながら、近代科学の方向への進歩が殆ど行なわれなかったことは、一見奇妙に思われる。このパラドックスと見えるものから、なぜ力学が孤立した科学にとどまっていたのか、なぜ力学がガリレオやニュートンのように自然の諸現象の記述および説明に利用されなかったのか、という疑問が生じて来る。その答えは、前に述べた社会的平行関係のうちにある。社会的に言えば、機械や道具というのは、職人の使うものであった。力学は、機械工が使うような種類の物を論じなければならず、そして、機械工は不遇な生まれの人たちであった。機械工が最低の社会的身分である以上、どうして、至高の天体を照らし出す光が彼らから得られるであろう。

初期の「力学」は、第一章で述べられていたような、職人たちの実証的・技術的な知であって、伝統的な共同体の教義や、それを補完・刷新すべく登場した哲学のような高尚な知に比べて低い扱いで、それを理論化して、「自然」の真理を探究しようという発想は出てこなかったわけです。「力学」の原語は〈mechanics〉ですが、古代ギリシアでそれを扱ったのは、文字通り、「機械工mechanics」だったわけです。低い身分の「機械工」の知識によって、最も高級な「天体」の〝メカニズム〟を解明するというのは、ありえないことだったわけです。

その上、力学的考察を自然の諸現象に適用することは、これらの現象の実用的なコントロールおよび利用という関心を含んでいるのが普通であったが、こういう関心は、自然の永遠の決定者たる目的因の持つ意味と全く相容れぬものであった。十六世紀および十七世紀の科学改革者たちは、全く異口同音、目的因の学説こそ科学衰退の決定因と説いている。なぜか。目的因の学説が、自然の諸過程は或る固定した目的に縛られ、その目的実現に向かうべきものと教えていたからである。

デューイが「目的因」のことを説明していた理由がはっきりしましたね。宇宙全体の「目的因」があるとすれば、その「目的」は人間を超えた存在によって作り出されたものであり、人間の関知するところではありません。人間が自然物の運動について少々の機械的知識を得たところで、それは精々動力因のレベルにとどまり、最も本質的な「目的因」には到達できません。目的因については、思弁的に推測するしかない。だから、アリストテレスの「自然は真空を嫌う」という命題が通用していたわけです。「自然」が嫌うのだったら、人間がそういう状態を人為的に作り出して、利用することなどあり得ません。今から考えたら、自然を擬人化するおかしな考え方ですが、万物には、その存在目的に従ってその本性が定まっており、その目的を完成・実現する方向へと動いていく、という発想が根底にある限り、別におかしくなかったわけです。自然あるいは神がいろんな物に役割を与え、命令していたわけです。

固定的目的という堅い留め金が自然から外されると、観察や想像が解放され、科学的実用的な目的のための実験的コントロールが著しく活気を帯びて来た。自然の諸過程は、もはや、固定した数の不動の目的や結果に限られないから、どんなことでも起こり得ると考えられた。いかなる諸要素を結合すれば相互作用が生じるかということだけが問題であった。忽ちにして、力学は孤立した科学でなくなり、自然攻略の一つの器官になった。梃子、車輪、滑車、斜面の力学は、一定時間、空間中の諸物を相互作用させた場合に何が起るかを正確に教えた。

「目的因」が消滅してしまうと、これこれの物質はこの方向にこういう風に動いていかねばならないという想定はなくなります。自然界を支配し、命令する者はもはや存在しません。神のようなものの意向を知る必要はないわけです。個々の事物の運動の仕組み＝動力因さえ分かれば、それらをいろいろと組み合わせることで、今まで想像することができなかった様々な効果を生み出すことができるはず、という考え方が浸透し、それが自然科学の発展の原動力になりました。蒸気や電気の法則を使って、人間には到底できないことをやってくれる機械や、化学の法則によって自然界に存在しない物質を作り出すこともできるようになりました。観察を通して見出された法則を通して自然を征服することが可能になったわけです。

宇宙から目的と形相とを追放することは、多くの人々にとって、理念と精神とを失わせるものと映った。自然が一組の機械的相互作用と考えられた時、明らかに、自然はすべての意味および目標を失った。栄光は亡んだ。質的差異の排除によって、自然は美を奪われた。(…)残るのは、機械的な諸力の荒々しい、無残にも精神を失った姿だけのように見えた。その結果、多くの哲学者にとっては、この純粋に機械的な世界の存在と、客観的合理性および目標への信仰とを調停すること——卑しい物質主義から生命を守ること――が自分たちの主要問題の一つであるように見えた。それゆえ、多くの哲学者は、古代にあっては宇宙論という基礎の上に支えられていた理念的存在の優越性という信仰を、知識過程の分析、すなわち、認識論によって取り戻そうと考えた。けれども、機械論的な見方が、自然のエネルギーの実験的なコントロールという要求に規定されていると判ってしまえば、もう、この調停の問題で悩むこともなくなる。

「目的」と「形相＝本質」が消滅した宇宙は、そうした宇宙にそれまで馴染んでいた人にとって、物質だけから成る醜い宇宙に思えた。そこで彼らは、その空白を埋めるべく、哲学者たちは自分たちの理性によって宇宙を合理的に把握することを試みるようになったわけです。人間は自分でこの宇宙を作ったわけではないので諸事物が存在する目的は知りようがないけれど、人間から見て合理的な法則に従って諸事物が運動していると確認できれば、宇宙は単なる醜い物質の集まりではなくなる。そこで近代では、存在論に代わって、認識論哲学が発展しました。

「機械論的な見方が、自然のエネルギーの実験的なコントロールという要求に規定されていると判ってしまえば、もう、この調停の問題で悩むこともなくなる」というのが少し分かりにくいですが、これは簡単に言うと、人間の開き直りです。宇宙が「機械論的 mechanical」な様相を呈するのは、人間自身が、自然のエネルギーを機械的にコントロールしたいと願っており、そのために実験的にアプローチをしているのだ、とすれば、自然が「機械的」な様相を呈するのは、私たちの願望の投影です。自分の気持ちに正直になり、自然は利用・搾取する対象なのだと割り切ってしまえば、もはや葛藤はないわけです。そういう風に自然を、「機械」のように利用すべきものだという見方が確立すれば、それまで、単なる職人の技術と見なされてきた「機械」の発明や組み立てについての知識＝機械学（mechanics）が、自然界の法則とし

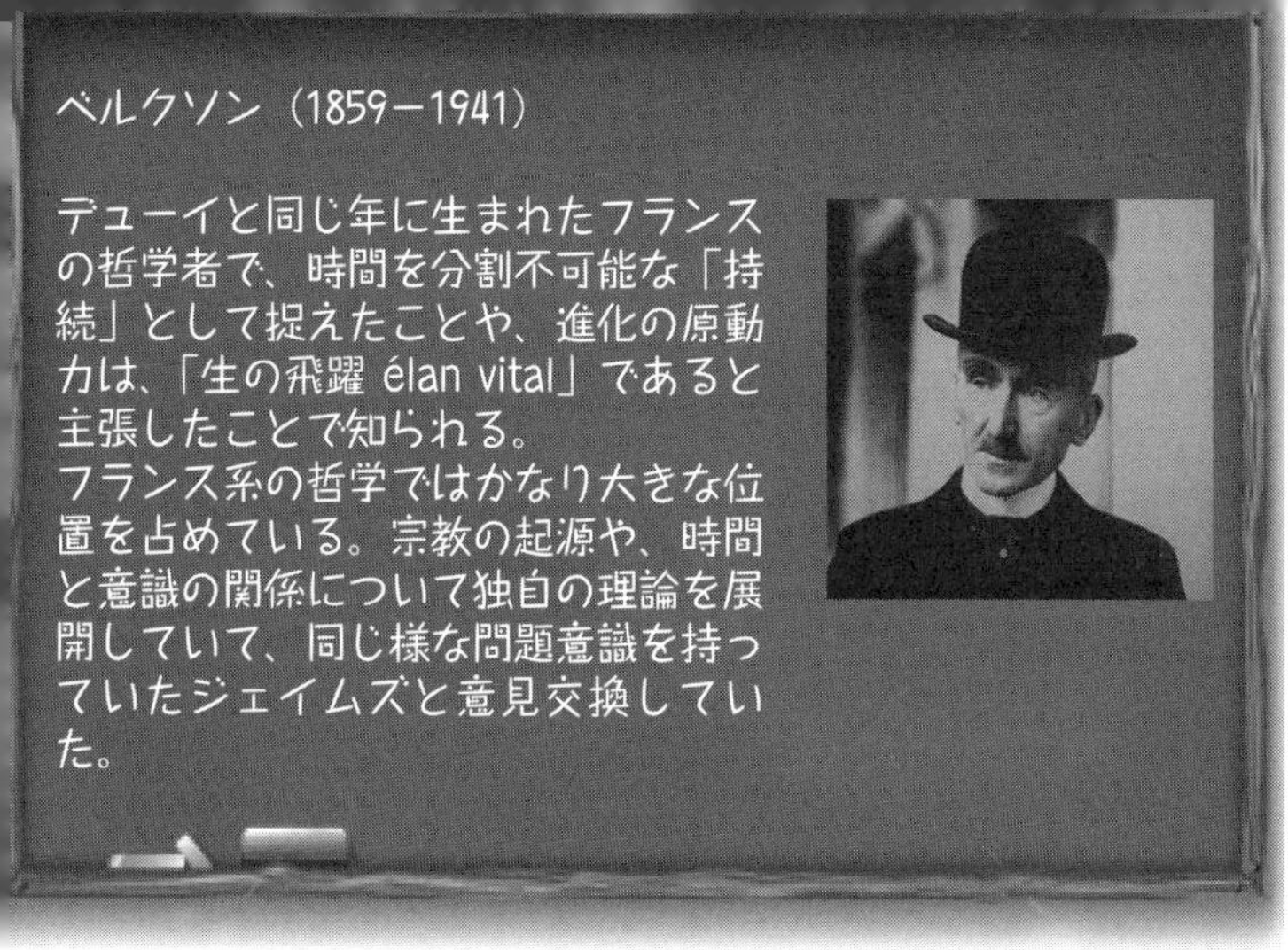
ベルクソン（1859－1941）
デューイと同じ年に生まれたフランスの哲学者で、時間を分割不可能な「持続」として捉えたことや、進化の原動力は、「生の飛躍 élan vital」であると主張したことで知られる。
フランス系の哲学ではかなり大きな位置を占めている。宗教の起源や、時間と意識の関係について独自の理論を展開していて、同じ様な問題意識を持っていたジェイムズと意見交換していた。

ての「力学 mechanics」と本質的に一致するわけです。自然は、今や人間がこれから作ろうとする「機械」の素材にすぎないわけですから。

人間はホモ・ファーベルと呼ぶべきである、とベルクソンは言った。人間には、道具を作る動物という特徴がある。人間が人間である以上、それに間違いはない。しかし、自然を攻め自然を変えるような道具の製作は、自然が力学的に解釈されないうちは、散発的な偶然的なものであった。そういう状況であったら、ベルクソンでも、道具を作るという人間能力が人間の定義に使えるほど重要な根本的なものであるとは思わなかったであろう。物理学者の自然を美的には無味単調たらしめている当の事情が、自然を人間のコントロールに対して従順たらしめている事情なのである。

ベルクソン（一八五九―一九四一）はデューイと同じ年に生まれたフランスの哲学者で、時間を分割不可能な「持続」として捉えたことや、進化の原動力は、「生の飛躍 élan vital」であると主張したことで知られています。日本だとそれほど目立たないですが、フランス系の哲学ではかなり大きな位置を占めています。宗教の起源や、時間と意識の関係について独自の理論を展開していて、同じような問題意識を持っていたジェイムズと意見交換しています。「ホモ・ファーベル（工作人）homo faber」という表現はいろんなところで目にするので、結構古い時代から使われていそうな気がしますが、ベルクソンが『創造的進化』（一九〇七）で使ったのが最初です。

そのベルクソンの概念をデューイは自分の文脈に合わせて解釈しているわけです。単に偶然の機会に、何か役に立ちそうな仕組みを思いつくだけだったら、人間の本質は、道具を作る動物だということにはならないはず、ということです。自然の「力学」を、「機械」の仕組みとして捉え、利用しようとするからこそ、「工作人」だというわけです。「物理学者の自然を美的には無味単調たらしめている当の事情」という言い回しが少し分かりにくいですが、これは、物理学者が自然を美しいとか調和しているとかいった美的な観点抜きに、純粋に機械＝力学的な法則の視点からのみ観察し、記述するということです。そういう風に扱うからこそ、自然を工作人として人間の意図に従わせることができるわけです。

物質に対する遠い昔からの恐怖や嫌悪によって、物質は、精神に敵対し、精神を脅かすもの、承認を最低限にとどめるべきもの、理念的目標を侵して、果ては現実の世界からこれを締め出すことのないよう極力否認すべきもの、と考えられて来たが、この恐怖や嫌悪は、既に知的に無力であったのみならず、実際的にも不合理であることが明らかになった。物質が何を為すか、いかに作用するか、という唯一の科学的見地から見ると、物質とは諸条件を意味する。物質を重んずるのは、成功の諸条件を重んずることである。

プラトン哲学やキリスト教は、単に「精神／物質」の二元論を設定しただけでなく、「物質」を、「精神」を汚染し、堕落させるものとして否定的に捉えられてきたわけですが、機械的な世界観が支配的になると、物質に対して特別の感情を抱く必要はなくなります。「物質」は、人間が自らの願望を実現する際に考慮に入れるべき「条件 condition」でしかないからです。むしろ、願望＝目的に到達するための「手段」としての「物質」をじっくり観察するようになったわけです。

ギリシア人の生活では経験的な知識は低いものと見なされたせいで、人々の想像力を掻き立てなかった。そうした想像力は、第一章で見たように、特殊な制度や慣習に対する信仰のためのものでした。目的因・形相因の追放と機械＝力学的な自然観の導入によって、想像力は信仰から解放され、経験的知識とより強く結び付くようになりました。科学が発展するには、経験的知識に加えて想像力が必要です。

哲学は、社会の責任にいかに答えるべきか？

しかし、今、その経験的知識が成長を遂げ、適用および評価における低い狭い境界を突き破るに至った。限りない可能性、無限の進歩、自由な運動、固定的限界を知らぬ平等な機会、こういう観念の導入を通じて、経験的知識は、想像力を励ます一つの器官になった。経験的知識は、社会制度を作り変え、それによって、新しい道徳を発展させた。それは、理念的な価値を成就した。経験的知識は、想像的な建設的な哲学に転化し得るものなのである。

社会制度の桎梏から解放され、想像力によって増強された経験的知識は、今度は逆に、自らに合った社会制度を作り出すようになったわけです。それは、目的論的な階層秩序を持つことなく、各人が自らの欲求や利益に従って自由に行動する社会、特定のアプリオリな目的や価値に縛られることがなく、無限に進歩し、拡大し続けようとする社会です。

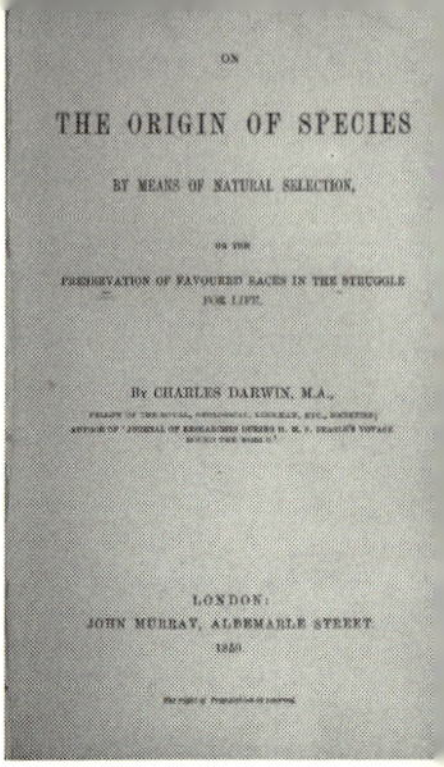

種の起源

このように、科学の発展に伴って、伝統的な宇宙観とそれを支える古典哲学が徐々に解体されてきたわけですが、デューイはその変化に際しての混乱を最小限に留めるべく哲学者たちは努力してきた、と述べていますね。哲学者自身の中にも、古典的な観点が根強く残っていたので、徐々にそれを新しい宇宙観に適合するものに変えていかねばならなかった、ということです。ソクラテスやプラトンのような調整の努力が必要ということですね。

人々の心を完全に摑んでいた古い観念的秩序を知るのには、ダーウィン以前の動植物学、今も道徳や政治の問題に力を振っている諸観念のことを考えてみればよいのである。固定的な不変の型や種があるとか、上下の階級に排列されているとか、一時的な個体は普遍や類に従属するとか、そういうドグマが生命の科学における力を失うまでは、新しい観念および方法が社会生活や道徳生活のうちに落ち着くことは不可能であった。この最後の一歩を進めるのが、二十世紀の知的課題であると考えられないであろうか。この一歩を進めれば、科学的発展の円環は完結し、哲学の再構成は一つの既成事実になるのである。

デューイが生まれた年（一八五九年）は、ダーウィンの『種の起源』が刊行された年で、彼の幼少期から青年期にかけては、ダーウィニズムが様々な抵抗を受けながらも、徐々に西欧社会に浸透した時期です。デューイは、新しい科学の観念がそう簡単に普及しないのは、科学の理論だけの問題ではなく、その理論の背景になる形而上学的な基本図式が人々の価値観や世界観に深く浸透していて、その振る舞いを本人も気づかないうちに規定しているからです。哲学は、科学と社会の変化のズレを調整する装置の役割を演じると同時に、自らも新しく台頭してきた宇宙観・自然観に対応して変化しなければならない。それが「哲学の改造」というこの本の主題です。

■質疑応答

Q　情緒（emotion）という言葉が出てきたのが気になりました。現在、医学とか心理学で〈emotion〉と呼ばれているものは、生物学的な欲求に由来する情動という意味合いが強いと思いますが、デューイの言っている〈emotion〉というのは、人間固有の生活様式の中で言語や思索などに関係しているという意味合いで使っているのでしょうか？

A　私は心理学者ではないので、それほど詳しくないのですが、デューイは実験心理学者でもあるので、基本的には、実験によって検証される科学的な事実として〈emotion〉を捉えていたようです。ただ、最初の実験心理学の学派であるヴィルヘルム・ヴント（一八三二―一九二〇）の学派が、様々な感覚がいかに意識へと統合されるか、統覚をめぐる研究に重点を置き、訓練された内観を唯一の方法としていたのに対し、ジェイムズやデューイの機能主義学派は、環境に対する各人の適応としての「行動」という面から、心理にアプローチしようとします。彼らは、基本的には、心理を刺激に対する反応と捉えていたけれど、

Q　デューイは先生のお話にも、またこの訳書の解説にもあるようにダーウィンの進化論に相当影響を受けているように思えます。

A　確かに強く影響を受けていますし、第三章でも、目的論的自然観の最後の仕上げとして、ダーウィンの進化論が登場してきたという見方を示していますが、〈emotion〉の問題に関しては、別のようです。『感情の理論 Theory of Emotion』（一八九四─九五）という論文で、ダーウィンの『人間と動物の感情表現』（一八七二）を批判しています。ダーウィンは、人間の感情表現の起源は、特定の目的を達成するための動物の仕草にあることを主張しました。デューイはダーウィンの論証の不備を指摘し、動物のそれらしい仕草が人間の感情表現へとストレートに繋がっているわけではないことを論証しています。

Q　ダーウィニズムの世界観の影響というと、やはりスペンサーが出てくると思うのですが、社会進化論と、プラグマティズムの関係について教えていただけないでしょうか。

Q　デューイは先生のお話にも、またこの訳書の解説にもあるようにダーウィンの進化論に相当影響を受けているように思えます。

単純に機械的な反応ではなく、自らの状況をどう把握しているかによって、あるいは、以前の経験によって左右されるという見方をしていました。そうした視点から〈emotion〉を重視していたようです。デューイは、行為の進行過程で二つ以上の可能性が生じて、どう反応すべきか葛藤する場面で〈emotion〉が生じてくる、という見方をしていました。『経験としての芸術』（一九三四）という著作では、芸術創作における〈emotion〉の役割について論じています。デューイは、動物に〈emotion〉があるとしてもごく初期的なもので、基本的には人間固有の現象と見ていたようです。少なくとも、この本の第一章の冒頭に出てくるような〈emotion〉は、記憶の世界を持たない、他の動物には関係のないものでしょう。

A　先ほど読んだところにはっきり表われているように、デューイは、進化論を単なる生物学上の理論ではなく、従来の目的論・身分制的な秩序観に根ざした社会制度を根底から変化させる理論と見ていました。その点で、社会進化論をポジティヴに評価していたと言えると思います。近年、デューイに対するスペンサーの影響を指摘する研究者は少なくないようです。

ジェイムズとスペンサーの関係については、初回に読んだジェイムズの講義を思い出して下さい。彼はスペンサーを「硬い心＝経験論」の代表者として位置付けていましたね。ジェイムズは、従来の合理論の楽観主義を批判する一方で、人間にとって宗教が有用であることを強く示唆し、プラグマティズム的な視点からの合理主義と経験主義の融和を訴えていました。当然、スペンサーの社会進化論を無条件に肯定するわけにはいかないでしょう。スペンサーは無神論者ではありませんでしたが、神のような「不可知のもの the Unknowable」について勝手なイメージを作り出し、教義の体系を構築してきた伝統的な宗教を拒否し、不可知論の立場を取っていました。

デューイはジェイムズほど宗教に拘っていなかったので、その点でスペンサーとの相性は悪くないはずですが、経済思想の面で対立関係にあったと思います。スペンサーは、進化論の適者生存の法則に基づいて、自由放任経済を主張しました。それに対して、デューイは、ソ連型の国家社会主義を批判する一方で、民主主義と個人主義の更なる発展のためには、産業や社会環境を民主的にコントロールする民主的社会主義へ移行する必要があることを示唆し、ニューディール政策では資本主義を修正するための改革が不十分だと主張しました。初回にお話ししたように、ジェイムズやパースの友人だったホームズ判事は、スペンサーの自由放任主義に批判的で、労働者の権利を尊重しようとしました。

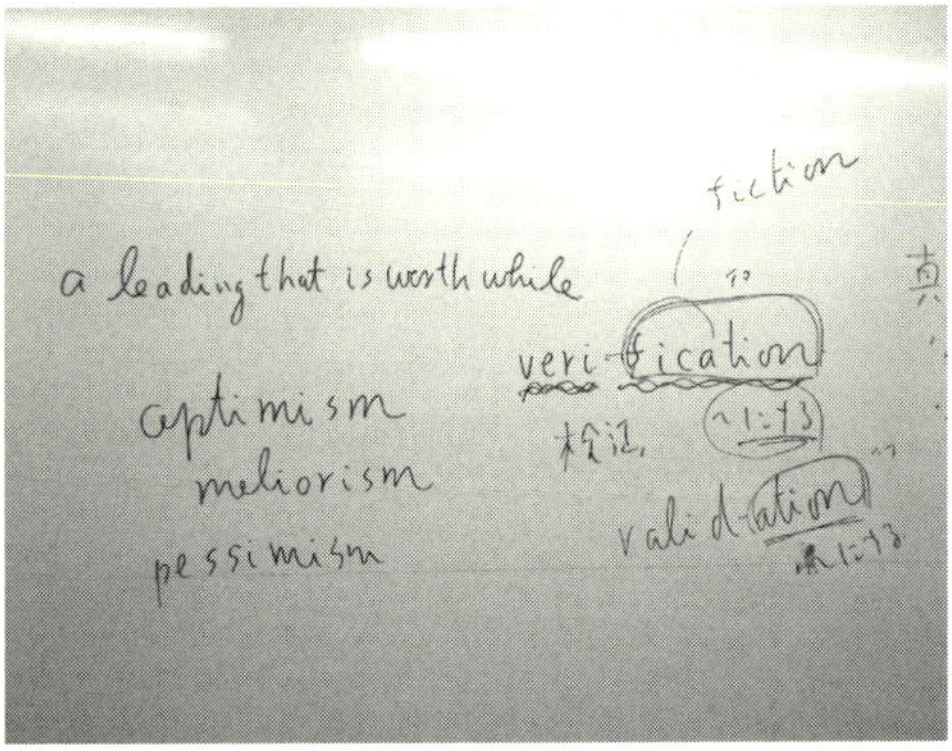
fiction
a leading that is worth while
veri-fication
optimism
meliorism
pessimism
validation

第四回講義から

［講義］第五回

哲学本来の役割とは？

——デューイ『哲学の改造』を読む2

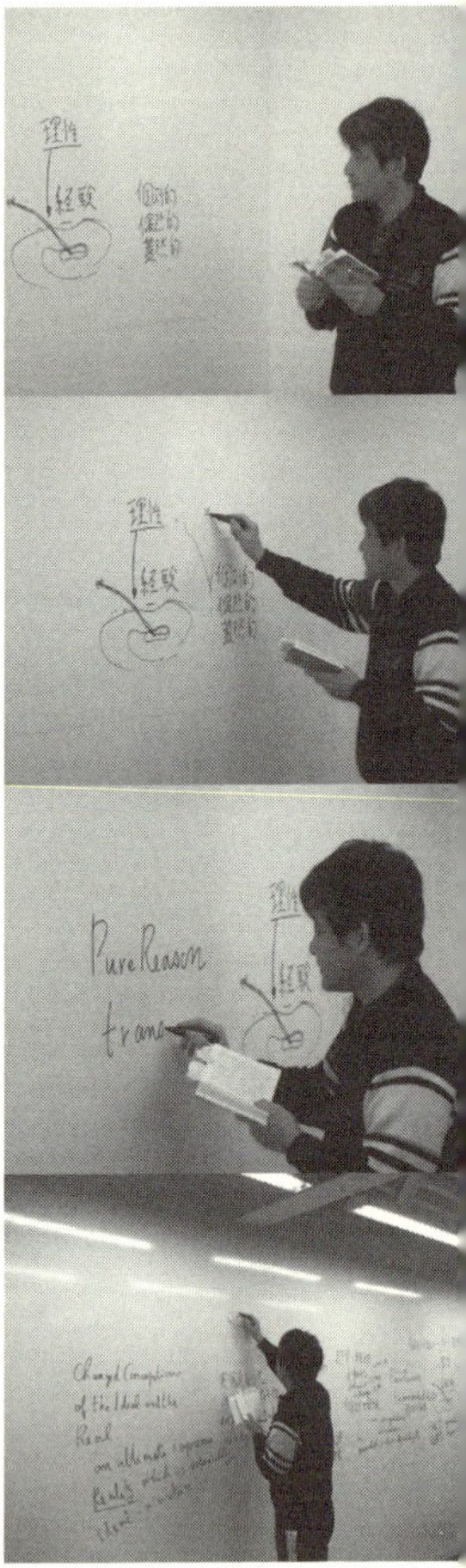

哲学は、観念的なものと実在的なものとの関係という問題を「解く」ことは出来ない。これは、人生の永遠の問題である。しかし、少なくとも、哲学は、右のような問題を処理するという人類の重荷を、哲学自身が育んで来た誤謬——新しいものへの運動とは無関係に実在する条件が存在するとか、物質的なものや物理的なものの可能性から独立な理想、精神、理性が存在するとかという誤謬——から人間を解放することによって、軽くすることは出来る。というのは、この根本的に誤った先入見に捕えられている限り、人類は、目隠しをされ、手足を縛られて歩いて行くことになるからである。そして、望みさえすれば、哲学は、こういう消極的な仕事以上のことが出来るのである。哲学は、社会の具体的な事象や力の観察および理解に適用された共感的な綜合的な知性こそ、幻想でもなく単なる感情的代償でもない理想——すなわち、目的——を作り得るという点を明らかにすることを通じて、人類の正しい前進を助けることが出来るのである。

ジョン・デューイ『哲学の改造』

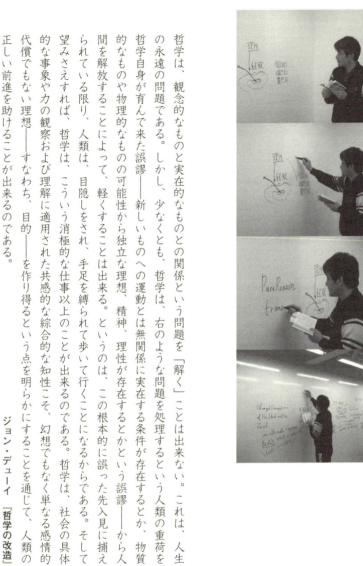

デューイ

「経験」及び「理性」「精神」といった概念が自明のものではなく、歴史的に変化してきたものであることを、社会的制度と関係付けながら論じる。

「経験」と人生

今回は、「第四章　経験観念および理性観念の変化」から見ていきます。哲学史ではよく大陸合理論と英国経験論の対立図式が強調されますし、ジェイムズもこの図式を利用してプラグマティズムのメリットを強調しましたが、この章でデューイは、この対立図式の中核にある「経験」及び「理性」「精神」といった概念が自明のものではなく、歴史的に変化してきたものであることを、前回見た第一章や第三章と同じように社会的制度と関係付けながら論じています。特に「経験」概念に焦点が当てられています。

経験とは何か。理性、精神とは何か。経験の範囲はどこまで及び、その限界はどこにあるか。経験は、どの程度まで信念の確実な根拠、行為の信頼し得る指針であるか。科学および行動において、私たちは経験を信用することが出来るか。それとも、経験というのは、私たちが幾つかの低級な物質的関心を超えた途端に、泥沼に化するものであろうか。堅固な足場、肥沃な畑に通ずる安全な道を与える代わりに、私たちを迷わせ、欺き、深淵に投ずるような、頼りにならぬ、変わり易い、浅薄なものなのであろうか。科学および行為に確実な原理を与えるためには、経験の外にあり経験の上にある理性が必要なのであろうか。

少し難しい言い回しですが、ポイントは分かりますね。「経験」自体の中に、人間に信念を抱かせ、行為を導くものが備わっているのか、それとも「経験」というのは物質的な世界における偶然的な事象の寄せ集めにすぎず、何の秩序も備えていないので、外部から「理性」によって導かれねばならないのか、という問題設定です。認識は、「経験」から始まるのか、それとも、「理性」から始まるのかという議論は近代の初めからずっとありますし、現代の分析哲学でも、物理的な因果作用と、人間の心の働きの関係をめぐる問題として論じられています。ローティの影響を強く受けているジョン・マクダウェル（一九四二－）という哲学者が、物理的因果作用に基づいて、表象が組織化するとする自然主義に対抗する議論を展開しています。そういう議論をする場合、そもそも「経験」とはどういうものかはっきりさせておく必要があるわけで、デューイはそれを指摘しているわけです。無論、「経験」をどのように定義するかに応じて、「理性」の意味するところも変わってくるはずです。

デューイはこの問いは「哲学」の学術的な問いに留まらず、人生の在り方に関わってくると指摘します。

人間は、超経験的なものへ導いてくれる独自の性格を持つ或る器官によって、経験を超越しなければならないのであろうか。それに失敗したら、懐疑と幻滅とを抱いて彷徨せねばならないのであろうか。それとも、人間の経験は、その目標と指導の方法とにおいて、独自の価値を持つものなのであろうか。経験は、安定した道筋へ自己を組織して行くことが出来るものであろうか。それとも、外から支えられねばならぬものであろうか。

この場合の「経験」というのは、感性的な知覚だけでなく、社会的な経験のようなものも含んだ、広い意味での「経験」でしょう。人生訓っぽい話になりますね。いろいろな経験を積んでいくと、それらの経験が次第に組織化されていって、次に何をやればいいのか自らを導くようになるのか、それとも、経験を超えた理性の働きがなければダメなのか。日常的な会話のレベルだと、経験をたくさん積んだ職人さんのような人の庶民の知恵と、理性的に思考する知識人の判断とどっちが信用できるか、という話がありますが、そういうのを突き詰めると、このテーマになるわけです。こういう話になると、職人さんの経験の方が信用できる、学者はダメだ、と言いたがる人が多いので、疲れます（笑）。そんな〝一般論〟を言うこと自体が、その人の社会経験が貧しいことの証拠なので、無視していいと思いますが（笑）。政治哲学や倫理学の議論では、純粋な理論知とは異なって、実践に内在している知、具体的な状況に応じて発揮される知としての賢慮（prudence）と呼んで重視することがあります。これを入れて考えると、話が複雑になるのですが、ここでのデューイは、「経験」と「（純粋）理性」という典型的な二項対立を起点として話を進めています。

伝統的哲学が与える答えは判っている。その答えの間に完全な一致があるわけではないが、経験が個別的なもの、偶然的なもの、蓋然的なもののレベルを決して超えないという点では一致している。起原においても内容においても一切の経験を超越した力だけが、普遍的な必然的な確実な権威と指導力とに達することが出来る。経験論者さえ、こういう主張の正しさを認めていたのである。経験論者は、人類は純粋理性という能力を所有していないから、私たちが所有しているもので、つまり、経験で我慢し、出来るだけ経験を利用すべきである、と言うにとどまった。経験論者は、先験論者に懐疑の攻撃を加えることで満足し、束の間の意味と善とを最もよく捕え得る方法を示すことで満足したのである。また、ロックなどは、経験には限界があっても、人間の行為の一歩一歩を慎ましく導くのに必要な光は投じてくれる、と主張した。実際は、高次の能力による謂わゆる権威ある導きが人間を縛りつけていることを経験論者たちも認めていたのである。

デューイ

「経験論」⇒「純粋理性 Pure Reason」の存在を前提に議論する「先験論者 transcendentalists」を批判し、認識の形成における「経験」の中心的役割を主張するということはしてきたが、「経験」自体の中に行為主体としての人間を導くものを見出すことができず、受け身の立場に留まっていた。

デューイの見方では、哲学の「経験論」は、「純粋理性 Pure Reason」の存在を前提に議論する「先験論者 transcendentalists」を批判し、認識の形成における「経験」の中心的役割を主張するということはしてきたけれど、「経験」自体の中に行為主体としての人間を導くものを見出すことができず、受け身の立場に留まっていたわけですね。「純粋理性」というのは、当然、カントを念頭に置いているのでしょう。〈transcendental〉というのは、自我の内部で生じていることを、それを超えた視点から見る視点を指す形容詞であって、経験に先んじているかどうかという話とは基本的に無関係なので、〈transcendentalists〉は文字通り、「超越論者」と訳すべきですが、デューイはあまり厳密な意味で使っていないかもしれません――初回にお話ししたように、エマソンやソローのように、既成のプロテスタントの教義や経験論哲学の枠を超えて、多元的な経験を肯定しようとした一九世紀前半の北米の宗教・哲学運動のことも〈transcendentalism〉と言いますが、文脈的にここでは関係ないでしょう。「懐疑の攻撃を加えることで満足」という表現は、恐らく因果法則の絶対性を否定し、自我とは知覚の束にすぎないと言ったヒュームを念頭に置いているのだと思います。

そういう風に議論の従来の状況を整理したうえで、「昔の経験論者が、経験を科学および道徳生活の案内者として主張」しなかったのに対して、現在ではそれが可能になったとデューイは主張します。何故可能になったのか？

経験と習慣

かなり奇妙なことであるが、問題の鍵は、古い経験観念そのものが、経験——当時の人々に知られていた唯一の経験——の産物であったという事実に見出されるように思う。現在、それとは別の経験観念が可能なのは、現に行なわれ得る経験の質が、昔の経験の質とは違って、深い社会的及び知的な変化を経て来ているためにほかならない。プラトンやアリストテレスに見られる経験の説明は、現実にギリシア人の経験であったものの説明である。それは、現代の心理学者が、観念による学習法と区別して試行錯誤による学習法として理解しているものと非常によく似ている。人間が或る行動を試み、或る苦痛や満足を味わったとする。これらの苦痛や満足の一つ一つは、それが生じる時は、孤立した個別的なものである。——それに対応するのは、一時的な欲望であり、一時的な感覚である。ところが、記憶は、これらの独立した出来事を保存し蓄積する。出来事が積み重ねられて行くと、不規則な偏差が取り除かれ、共通の特徴が選び出され、強められ、結び合わされる。次第に行為の或る習慣が作り上げられ、この習慣に応じて、対象や状況の或る一般的な姿が形作られて来る。個別的なものは、厳密に言って、個別的なものとしては全く知ることが出来ないものである（分類されていないから、特徴を挙げることも、見分けることも出来ないため）が、この個別的なものを私たちは知るようになり、気をつけるようになる。いや、更に進んで、それを人間、木、石、革として——つまり、その種全体の特徴で或る普遍的形式によって区別される、或る類に属する個体として認めるようになる。こ

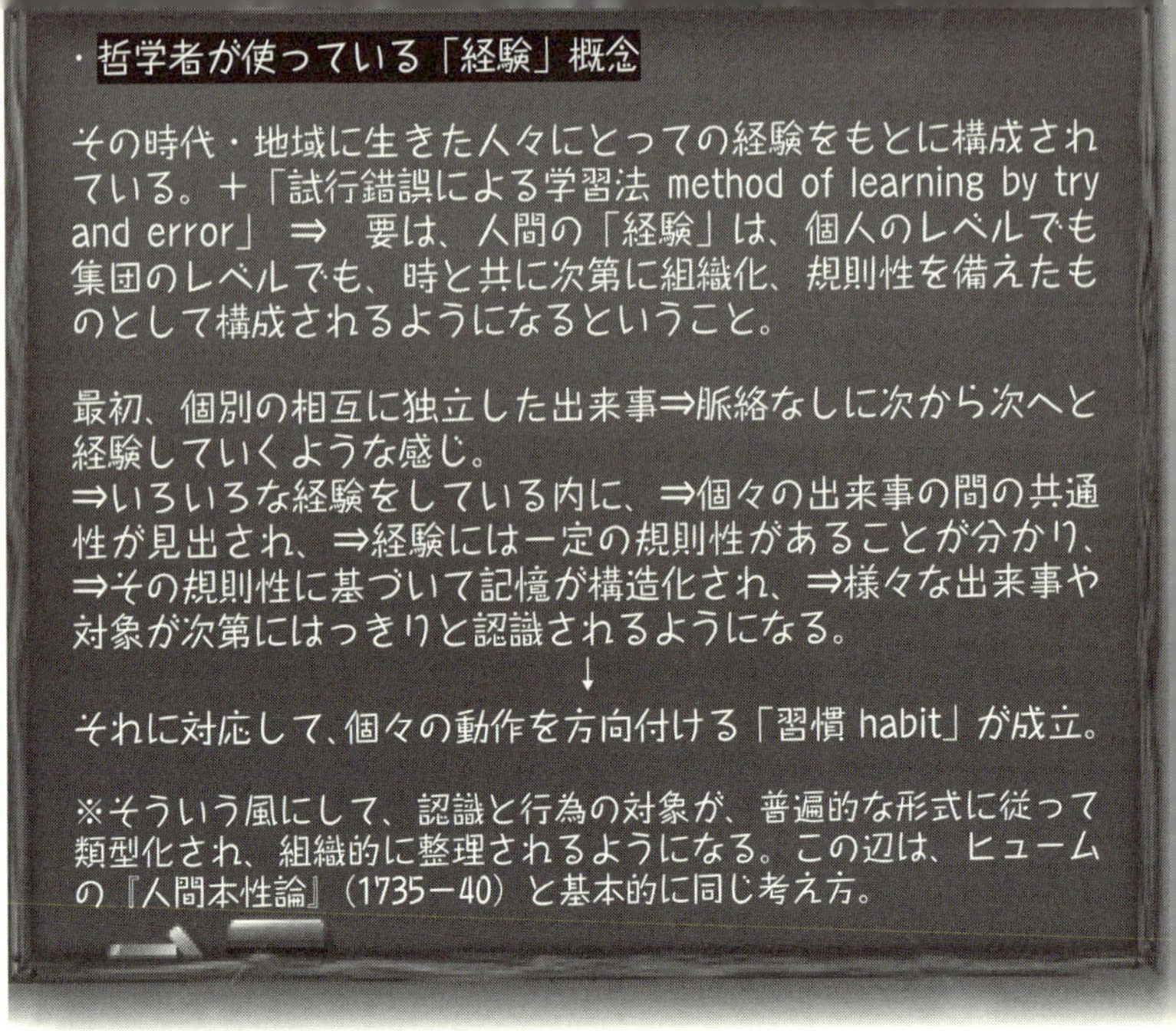
・哲学者が使っている「経験」概念
その時代・地域に生きた人々にとっての経験をもとに構成されている。＋「試行錯誤による学習法 method of learning by try and error」 ⇒ 要は、人間の「経験」は、個人のレベルでも集団のレベルでも、時と共に次第に組織化、規則性を備えたものとして構成されるようになるということ。
最初、個別の相互に独立した出来事⇒脈絡なしに次から次へと経験していくような感じ。
⇒いろいろな経験をしている内に、⇒個々の出来事の間の共通性が見出され、⇒経験には一定の規則性があることが分かり、⇒その規則性に基づいて記憶が構造化され、⇒様々な出来事や対象が次第にはっきりと認識されるようになる。
↓
それに対応して、個々の動作を方向付ける「習慣 habit」が成立。
※そういう風にして、認識と行為の対象が、普遍的な形式に従って類型化され、組織的に整理されるようになる。この辺は、ヒュームの『人間本性論』（1735－40）と基本的に同じ考え方。

ういう常識的認識の発展に伴って、行為の或る規則性ということも発展して来る。個別的な出来事が融合する。

回りくどい言い方をしていますが、ポイントは分かりますね。哲学者が使っている「経験」概念が、その時代・地域に生きた人々にとっての経験をもとに構成されている、ということです。それぞれの哲学者は、自分の時代・地域の人たちが「経験」だと思っているものを説明しようとするわけです。そのことと、「試行錯誤による学習法 method of learning by try and error」がどう繋がっているのか、説明が少し飛んでいるのでやや分かりにくいですが、要は、人間の「経験」は、個人のレベルでも集団のレベルでも、時と共に次第に組織化、規則性を備えたものとして構成されるようになるということです。最初、個別の相互に独立した出来事を脈絡なしに次から次へと経験していくような感じだったのに対し、いろいろな経験をしているうちに、個々の出来事の間の共通性が見出され、経験には一定の規則性があることが分かり、その規則性に基づいて記憶が構造化され、様々な出来事や対象が次第にはっきりと認識されるようになります。どういう動物か分からないうちは記憶が曖昧だけれど、犬だとか猫だとかいう種類と、その特性を知ると、どの動物のどういう動作や様子であるかはっきり認識できるようになりますね。それに対応して、個々の動作を方向付ける「習慣 habit」が成立します。そういう風にして、認識と行為の対象が、普遍的な形式に従って類型化され、組織的に整理されるようになるわけです。この辺は、ヒュームの『人間本性論』（一七三五－四〇）と基本的に同じ考え方です。デューイはそうした一般化が、個人の成長過程において次第に洗練されていくのと同様に、社会全体としても進行し、かつてはバラバラに個別の出来事としてしか認識されていなかったものが、類型的に整理されてはっきりと認識されるようになり、それに伴って社会的な実践が取るべき方向性も明確になると言っているわけです。

医者は、沢山の違った病気に出会ううち、病気の或るものを消化不良して分類することを学び、また、これに属する沢山のケースを共通の一般的な方法で処置することを学ぶ。或る食物を勧め、或る薬を処方する規則を作る。これらはすべて、私たちが経験と呼ぶものを形作っている。右の例から明らかなように、経験は、或る一般的な洞察と或る組織的な行為能力とを生み出すものである。

医療の例は分かりやすいですね。治療の経験が蓄積されていくに従って、個々の症状がどういう種類の病気に属するものか次第に高度に類型化され、患者に対してどういう方式で治療するか適切に決定する個々の医師の能力も高まっていきます。経験の中から、次の行為を導く原理が形成されてくるわけです。

「経験」の中から生み出される規則性の限界を超えて、本当の「普遍性 universality」と「確実性 certainty」を獲得するには、「経験」を超えた「領域 region」にある「合理的なで概念的なもの the rational and conceptual」に依拠する必要がある。

⇒「領域」に属する「概念 conception」や「原理 principle」は、「イメージ」や「習慣」をベースにして生まれて来るけれど、いったん成立すると、もはや経験と直接関係を持たなくなる。

「近代的な経験観念」と「古典的な経験観念」

しかし、言うまでもなく、この一般性や組織性は、狭いものであり、誤り易いものである。アリストテレスが好んで指摘したように、こういう一般性や組織性は、普通の大抵の場合に一つの規則として通用するものであって、普遍的に必然的に一つの原理として通用するものではない。医師が誤診を免れないのは、個々のケースが始末のつかぬほど多様であることを免れぬためである。

「経験」主義を支持するかと思ったら、今度は「経験」の有効性を限定する方向に議論を進めています。医師のそれのような実践に裏打ちされた「経験」は「一般性 generality」や「組織性 organization」を獲得することはできるけれど、本当の意味で、「普遍的 universal」にはならないと言っているわけですね。

こういう困難は、或る経験が不完全だから起るとか、もっと良い経験なら除かれるとかいうようなものではない。経験そのものが不完全なのであって、それゆえ、欠陥は避けることも直すこともできない。唯一の普遍性および確実性は、経験を超えた一つの領域にある。合理的なものおよび概念的なものの領域にある。個別的なものがイメージや習慣への踏み石であったが、今度はイメージや習慣が概念や原理への踏み石になる。けれども、概念や原理は、手も触れずに経験を置き去りにして行く。つまり経験を修正するという反作用を行なわないのである。

「経験」の中から生み出される規則性の限界を超えて、本当の「普遍性 universality」と「確実性 certainty」を獲得するには、「経験」を超えた「領域 region」にある「合理的で概念的なもの the rational and conceptual」に依拠する必要があるわけですね。この「領域」に属する「概念 conception」や「原理 principle」は、「イメージ」や「習慣」をベースにして生まれて来るけれど、いったん成立すると、もはや経験と直接関係を持たなくなるわけです。

「経験」を「修正 rectify」するという役割を果たさないのなら、何のために「概念」や「原理」があるのか、という疑問が出てきますね。確かに分かりにくい理屈なのですが、デューイが念頭に置いているのは恐らく、哲学とか数学などの抽象的な概念や原理のことでしょう。私たちが現に何かを見たり聞いたり、あるいは、何か動作をする時には、習慣やイメージに導かれますが、数学の概念のようなものによって直接導かれているわけではありません。認識や行動がいったん終わってから、概念によって、経験したことを分類・整理し、次の行動の目標ややり方を合理的に決めます。あるいは、厳密な法則に従って動く機械を製作・操作することで、自分の目標を達成しようとします。そういうことまで含めて、〝経験〟と言うのであれば、概念や原理も〝経験〟の領域に属することになるでしょうが、（少なくともこの箇所での）デューイは、そういう身体性を伴わない抽象的な思考は、「経験」に含めていないようです。その意味で、「概念」や「原理」は、「経験」それ自体の内側に入り込んで、直接導くことはありませんし、数学や論理学の法則は、「経験」とは関係ない、自己完結した領域を形成します。デューイはかなり大雑把に記述していますが、彼と同じ年に生まれたフッサール——デューイ、ベルクソン、フッサールの三人が同じ年に生まれたというのは興味深い偶然ですね——は、この辺の問題にものすごく拘り、その拘りから現象学が生まれてきます。

或る建築家や医者の方法が経験的で、科学的ではないと私たちが言う場合の、「経験的」と「合理的」というコントラストのうちに名残りをとどめている観念は、右のようなものなのである。しかし、古典的な経験観念と近代的な経験観念との差異は、こういう言い方が、現在では、或る特定の建築家や医者に向けられた非難であり糾弾であるという事実に現われている。プラトン、アリストテレス、スコラ哲学者の場合は、右のような言い方は、これらの職業自身に対する非難なのであった。これらの職業は経験の諸形態であったから。それは、概念的な観想に対立する実践的行為の全体に対する告発であった。

「概念」や「原理」が「経験」とは別の「領域」に属している、という話からいきなり、冒頭の話題に戻っているので、説明不足の感じになっていますが、先ほど話題になっていた「経験」は、「古典的な経験観念」のことだと考えれば、話は通ります。「古典的な経験観念」には、「概念」や「原理」は含まれていなかったわけです。「近代的な経験観念」は「概念」や「原理」を含む方向に拡張されているのだけれど、「古典的な経験観念」の印象が残っているので、「経験的 empirical」という形容詞を、「合理的 rational」という形容詞に対置するような語法があるわけです。「経験」が「概念」や「原理」を含むのであれば、こういう対比は無意味になります。

プラトン、アリストテレス、中世スコラ哲学は、「古典的な経験観念」を前提にしたうえで、自分たちがやっている「概念的な観想 conceptual contemplation」、つまり理論的な知を上位に置いていたので、建築家や医師の〝経験〟に基づく実践知を下に見ていた。でしゃばることを許さなかったわけです。これは

・「古典的な経験観念」：「概念」や「原理」は含まれていなかった。

・「近代的な経験観念」：「概念」や「原理」を含む方向に拡張されているのだけれど、「古典的な経験観念」の印象が残っているので、「経験的 empirical」という形容詞を、「合理的 rational」という形容詞に対置するような語法が残る。

前回見た、第一章と第三章でも繰り返し述べられていたことです。

> みずから経験論者と名乗る近代の哲学者たちは、心中、一般に批判的意図を抱いていた。例えば、ベーコン、ロック、コンディヤック、エルヴェシウスのように、経験論者は、一群の信仰、一組の制度に深い疑いをもって向き合っていた。経験論者の問題は、人類が空しく背負っている莫大な重荷、人類を押し潰し歪めている重荷を攻撃するという問題であった。それを掘り崩し解体する最も手近な方法は、最終的なテストおよび規準としての経験に訴えることであった。どんな場合でも、積極的な改革者は、哲学的な意味においては「経験論者」であった。彼らが自分たちの任務としたのは、生得観念や必然的概念によって承認されていると称し、また、理性の権威的な啓示に由来すると称する現行の信仰および制度も、実は、経験的な低い由来を持ち、偶然、階級的利益、偏った権威などによって確証されたものであるという事実を明らかにすることであった。

コンディヤック（一七一五－八〇）は、フランスの啓蒙主義時代の哲学者で、ロックの経験論の影響を受けて、感覚に重点を置いた認識論哲学を体系的に展開しました。同じ時期のフランスの啓蒙主義哲学者エルヴェシウス（一七一五－九一）は、コンディヤックの議論を唯物論に結び付けたうえで、社交や思想などの人間の精神的な活動の全ては「身体的感性 sensibilité physique」に起源があると

コンディヤック

いう議論を展開します。エルヴェシウスは、公共の利益の基盤になるのは、最大多数の人にとっての「効用 utilité」であると主張して、ベンサムに影響を与えたことでも知られています。

彼ら経験論者たちは、それまで、経験を超えており、理性の管轄に入ると見なされていた「生得観念 innate ideas」や「必然的概念 necessary conceptions」も実は、「経験」から来ているのである、と主張し、そうした理性的なものによって自己を正当化していた信仰や制度に攻撃をかけたわけです。戦略的に「経験」概念を利用したわけです。その際に重要なのは、この場合の「経験」が、単に慣習に基づいた規則性を備えているだけでなく、様々な主張や信念を確証する「最終的なテストおよび基準 a final test and criterion」として位置付けられていることです。理性的な観念によって、経験内容の真偽を吟味していた、古代以来の考え方を逆転したわけです。

> ロックに始まる哲学的経験論は、このように、破壊的な意図を持っていた。愚かな慣習、押しつけられた権威、偶然的な連想という重荷が除かれれば、科学と社会組織との進歩はおのずから行なわれるであろう、という楽天的な信念を経験論は持っていた。その役割は、重荷を除くのを助けることであった。

私たちは哲学や倫理の教科書で、合理論と対立するものとしての英国経験論について学びますし、社会契約論が国家と民衆の関係を大きく再編するきっかけになったことについても学びます。『人間知性論』（一六八九）で有名な「心はタブラ・ラサ（白紙）である」という論を展開し、『統治二論』（一六八九）

で抵抗権を正当化する社会契約論を展開したロックは、両方の流れのキー・パーソンですが、『人間知性論』と『統治二論』はテーマがかなり異質なので、あまり関係ないと見なされがちです――『人間知性論』は哲学における革命だとかいうような漠然とした記述とかならたまに見かけますが。デューイは、「経験論」は、理性の名の下に古い社会組織や学問を擁護してきた議論を破壊するという社会戦略的な意図を含んだ理論の系譜と見ているわけです。

合理主義的観念論

サンタヤナが、この学派の心理学を悪意ある心理学と呼んだのは、もっともなことである。その心理学は、或る種の観念の形成の歴史と、その観念が指している事物の説明とを同一視しようとするものであった。――当然、その事物に不利な結果をもたらすような同一視であった。――しかし、サンタヤナ氏は、悪意に潜む社会的な熱情や目的に注意することを怠っている。彼は、この「悪意」が、既に有用性を失った制度や伝統に向けられている点を見落し、また、これらの制度や伝統に関する限り、その心理学的起源の説明がこれらの事物の破壊的説明と実際に等価である点を見落している。しかし、ヒュームが、信念を感覚および連合に分析することは、「自然的」な観念および制度を、改革者たちが「人為的」な観念および制度を据えたのと同じ地位に置くものである、と明快に説いて以来、事情は一変した。合理論者が感覚主義的経験論の論理を用いて示そうとしたのは、経験は秩序も連絡もない多くの個別的なものを与えるだけであるから、経験は、好ましからぬ制度にとって致命的であるにとどまらず、科学、道徳律、義務にとっても致命的であるという点であった。そして、彼らの結論は、経験に拘束力および結合力のある原理を与えねばならぬなら、「理性」に頼らねばならぬというのであった。カントと彼の後継者たちの新しい合理主義的観念論は、新しい経験論的哲学が完全に破壊的な結果を生んだところから必要になったものと思う。

ジョージ・サンタヤナについては以前も話しましたが、スペイン出身で、ジェイムズの下で学び、ハーバードで教鞭を執った哲学者・詩人で、プラグマティストの一人と見なされることもあります。この「悪意のある心理学 a malicious psychology」というのは、『理性の生活 Life of Reason』（一九〇五－〇六）という著作の第一巻「常識における理性 Reason in Common Sense」の第四章に出てきます。ホッブズ（一五八八－一六七九）、ロック、バークリー、ヒュームなどの経験論系の哲学者と共に、その継承者としてカントの名前も挙げられています。そう考えると、今読み上げたところの最後に出てくるカントに代表される「合理主義的観念論」がこの文脈で持つ意味合いが違ってきますね。デューイが、サンタヤナの文脈に直接依拠して議論を進めているのであれば、カント自身も、「悪意のある心理学」の影響を強く受けていたからこそ、それを克服すべく「合理主義的観念論」を構築しようとした、ということになるでしょう。「心理学」と言っても、当然、ヴント以降に出てきたような専門的な心理学ではなく、人間の心のメカニズムを哲学的に分析する認識論の議論のことです。サンタヤナは、心理学に取り組んだ哲学者たちについて、「彼らは、もし形而上学的な観念がどのように出来上がっているかを示すことができれば、それらの観念の信用を失墜させ、世界から永遠に放逐することができると考えた They thought that if they could once show how metaphysical ideas are made they would discredit those ideas and banish them for ever from the world」と述べています。彼らがターゲットにしたのは、経験的に確かめることができない形而上学的観念だったわけです。そうした観念が人間の心理の中でどのように生み出されるか示すことができれば、ただの作りものにすぎないことを明らかにできると彼らは考えた、とサンタヤナは見たわけです。デューイがサンタヤナが見落としていることとして指摘しているのは、その「悪意」が純粋に認識論的なものではなく、形而上学的観念を破壊することを通して、もはや役に立たなくなった古い制度や伝統を破壊することを目指していたということです。

ヒュームのくだりが分かりにくいので、原文を見ながら確認しておきましょう。「信念を感覚および連合に分析する analysis of beliefs into sensations and associations」というのは、人々の「信念」は様々な感覚やそれらの連合体から構成されていることを、分析によって明らかにするということです。『自然的』な観念および制度を、改革者たちが『人為的』な観念および制度を据えたのと同じ地位に置くものである left "natural" ideas and institutions in the same position in which the reformers had placed "artificial" ones」というところがひどく分かりにくいですが、これをできる限り分かりやすく説明的に言い換えてみましょう。伝統的な制度は、それまで「自然的」と見なされる形而上学的観念によって支えられていました。例えば、身分制は階層構造的な宇宙=天球観によって支えられていました。それに対して、政治的な「改革者」たちは、新しい制度と、それを基礎付ける新たな政治的理念を呈示しようとします。前者が、「自然的」に見えるのに対し、後者は改革者によって人為的に考え出されたもののように見えるので、そのままだと前者の方が有利です。しかし、ヒュームの「悪意の心理学」があらゆる信念は、人間の「感覚」や「連合」によって構成されたものにすぎないことを明らかにしたことによって、前者と後者の間に本質的な差異がないことも明らかになります。それぞれの「信念」を構成する「感覚」や「連合」の具体的な中身と、その古さが違うだけであって、「感覚」と「連合」から構成されていることに変わりはありません。ヒュームの懐疑論は、古い制度と新しい制度を、対等な立場に置いたわけです。そうなってくると、後はどっちが便利かという話です。

経験論者であるヒュームは、多くの経験を経て慣習的なものになった「信念」から、一定の合理性を有する安定した「制度」が生まれて来ると考えたわけですが、（近代の）合理論者たちは、経験と慣習から生み出された「信念」、及びそれをベースにした「制度」を信用しません。先ほど見たように、（少なくとも前近代の）「経験」は個別的なものであって、真の意味で、普遍性に到達しないからです。「経験」的な視点から形而上学的な諸観念とそれに支えられた信念や制度の権威を失墜させるという点では、経験論者と合理論者は概ね共闘関係にあったわけですが、いったん失墜させた後では、経験論者が経験自体に内在する規則性をプラスの方向に発展させていけばいいという態度を取るのに対して、合理論者は、（経験を超越して、普遍的原理を探究する）「理性」的な思考によって、無秩序な「経験」を制御・指導しなければならないと考えるようになりました。そのため、古い「感覚主義的経験論」を引き合いに出して、「経験」の地位を再び貶めようとしました。カントは後者の系譜に属するわけです。

二つの事情が、経験の新しい観念を可能にし、また、理性と経験との関係の新しい観念、いや、経験における理性の地位という新しい観念を可能にした。第一の要因は、経験の実際の性質、実際上の経験の内容および方法に生じた変化である。第二の要因は、生物学を基礎とする心理学の発達であって、これが経験の本性に関する新しい科学的定式化を可能にしている。

合理論は古い「経験」概念を前提にして、「経験」は信用できないという態度を取るけれど、経験論の側から見れば、近代科学の発展に伴って「経験」概念は変化しているわけです。第一は、「経験」の具体的中身がより詳しく分かって来たということですね。第二には、専門的な心理学の登場は結構後だとしても、生物についての知識をベースにして、人間の意識の中で、感性的な知覚を元にして経験が出来上がる仕組みがある程度分かってきた、ということでしょう。

技術的な側面――心理学における変化――から始めることにしよう。十八世紀および十九世紀を通じて哲学を支配して来た心理学がいかに完全に覆えされたか、現在、私たちはそれをようやく知り始めているところである。この理論によれば、精神生活というのは、別々にパッシヴに受け取られた感覚に始まり、その感覚は把持および連合の法則によってイメージ、知覚、概念のモザイクに組み立てられて行く。感覚は、認識の入口、通路と見られていた。精神は、アトム的な諸感覚を結びつける以外、認識作用においては全くパッシヴな従順なものと考えられていた。意志、行為、感情、欲求は、感覚およびイメージの後に起る。最初に、知的乃至認識的要因が現われて、感情や意志の生活というのは、後から観念と快苦の感覚とが結びついたものに過ぎぬ。

要は、感覚的な刺激に受動的に反応する形で、「精神 mind」の中で認識が成立し、更にそれに基づいて、行為や感情が生じてくる、という経路で「経験」が成立する、という考え方が近代初期には支配的であったということです。こういう受動的な見方をすれば、外界の物理的因果連関の延長で、その局所的な現われとして「経験」を捉えることができるので、分かりやすいです。ホッブズのような唯物論的な世界観と親和的です。人間が自然に感じる快苦を「正しさ」の基準とする功利主義の倫理学・政治哲学とも親和的です。

しかし、そういう風に考えると、「経験」や「精神」は自然の動きをそのまま反映するだけですから、「経験」を頼りにして「自然」を人間の生活にとって合理的に改造することは難しそうな気がしますね。しかし、そうした「経験」観は生物学の発達に伴って変化したということですね。

生物的組織と経験

生物学が発達した結果、様子は変った。生命があれば、必ず行動があり、活動がある。生命が続くためには、この活動は持続的でなければならず、環境に適応していなければならぬ。それに、この適応は、完全に受身のものではない。ただ有機体が環境によって形作られるという問題ではない。蛤でも環境に働きかけ、或る程度まで環境を変える。食べる材料を選び、身を守る殻になる材料を選ぶ。(…)生命の維持には、環境の或る要素を変形することが必要である。生命の形態が高級であればあるほど、環境の能動的再構成が必要になる。こういうコントロールの増大は、文明人を未開人に比較すれば明らかになるであろう。

ここは分かりやすいですね。どんな生命体も環境に対して受動的に反応するだけでなく、環境に対して能動的に働きかけるということですね。高等動物ほど、能動性が高いわけですね。「経験」というのが元来そういう能動的なものだとすると、高度に発達した動物である人間の「経験」は、環境を合理的に作り変えるものだと想定することができます。

右のような見方が伝統的な経験観念にいかなる変化を生むかを考えて頂きたい。先ず、経験は、能動的行為の仕事になる。有機体というのは、ミコーバー〔ディケンズの『デーヴィド・カッパーフィールド』中の人物〕のように、拱手傍観、事の成行を見ているものではない。外から我が身に振りかかるものをボンヤリと待っているものではない。有機体は、自分の構造——単純であれ、複雑であれ——に応じた方法で環境に働きかけるものである。その結果、環境で生じた変化が、有機体とその活動とに反作用する。こうして、生物は、自分の行動が生んだ結果に出会い、その結果を受ける。この能動と受動との密接な結合が、経験と呼ばれるものを形作っているのである。

言うまでもないかもしれませんが、ディケンズ（一八一二－九〇）は、深刻化しつつあった貧困をテーマにした作品を書いたことで知られるヴィクトリア朝時代の英国の小説家で、『デーヴィド・カッパーフィールド』（一八四九－五〇）は、貧しい境遇と厳しい家庭関係の中で主人公デーヴィド・カッパーフィールドが成長して一人前になっていく過程を描いた長編小説ですが、ミコーバーというのは家を出たデーヴィッドが居候させてもらう先のご主人ですが、この人自身もかなりの貧乏人で、借金を返せないで、債務者監獄に入れられてしまいます――その点でディケンズの父親がモデルとされています。ただ、後にオーストラリアに渡って成功します。印象的なキャラクターなので、ディケンズ作品のファンの間でかなり人気があるようです。貧乏だけど、必ず将来いいことがあると信じ切っているタイプの人を形容する言葉として広く使われていて、普通の英和辞典にも〈Micawberism〉という言葉が載っているほどです。ここでは受け身一方の存在という意味で使われているわけですね。

ディケンズ

ここでは、生物の環境に対しての働きかけが生物へとフィードバックされて、生物自体にも変化が生じ、その変化した状態で更に環境へと働きかけるという相互変化のサイクルがあって、それが「経験」のベースになっているということですね。ということは、人間が科学を使ってやっているつもりのことを、全ての生物が何らかの形でやっていることになります。

ここから、哲学にとって重要な意味が幾つか出て来る。先ず、有機体と環境との

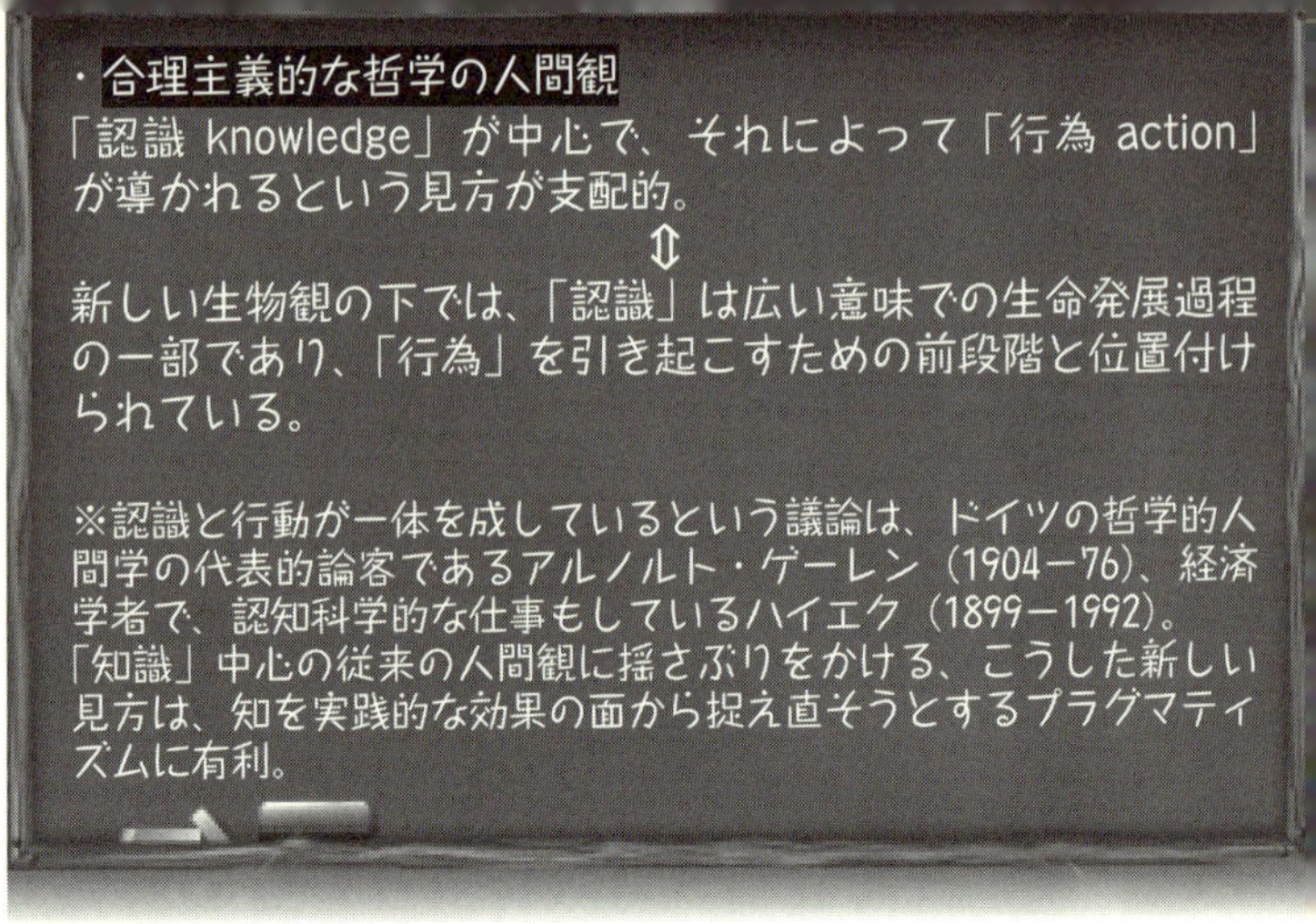
・合理主義的な哲学の人間観
「認識 knowledge」が中心で、それによって「行為 action」が導かれるという見方が支配的。
⇕
新しい生物観の下では、「認識」は広い意味での生命発展過程の一部であり、「行為」を引き起こすための前段階と位置付けられている。
※認識と行動が一体を成しているという議論は、ドイツの哲学的人間学の代表的論客であるアルノルト・ゲーレン（1904－76）、経済学者で、認知科学的な仕事もしているハイエク（1899－1992）。
「知識」中心の従来の人間観に揺さぶりをかける、こうした新しい見方は、知を実践的な効果の面から捉え直そうとするプラグマティズムに有利。

相互作用が、環境の利用を保証するような適応を生むというのは、一つの根本的事実、基礎的な範疇である。認識というのは、その確立された場合の重要性がいかに圧倒的であろうとも、発生的には第二次的な派生的な地位に追いやられる。認識は独立の自足的なものではなく、生命の維持および発展の過程に含まれるものである。感覚は、認識の入口という地位を失い、行為への刺戟という正当な地位を得る。

従来の、合理主義的な哲学の人間観においては、「認識 knowledge」――厳密には「知識」と訳すべきでしょうが、次に出てくる「行為」と平仄を合わせたのでしょう――が中心で、それによって「行為 action」が導かれるという見方が支配的でした。しかし、ここで述べられているような生物観の下では、「認識」は広い意味での生命発展過程の一部であり、「行為」を引き起こすための前段階と位置付けられているわけです。認識と行動が一体を成しているという議論は、ドイツの哲学的人間学の代表的論客であるアルノルト・ゲーレン（一九〇四－七六）や、経済学者で、認知科学的な仕事もしているハイエク（一八九九－一九九二）にも見られます。「知識」中心の従来の人間観に揺さぶりをかける、こうした新しい見方は、知を実践的な効果の面から捉え直そうとするプラグマティズムに有利です。

感覚

意識的要素としての感覚は、既に始められている行為のコースが中断されることを意味する。ホッブスの時代以降、多くの心理学者は、感覚の相対性というものを論じて来た。私たちが冷たいと感じたりその感覚を持つのは、絶対的であるよりは、暖かさからの変り目であるし、堅さも、抵抗の少ないものを背景として感じられるし、色にしても、純粋の明るさや純粋の暗さとの対比、あるいは、何か別の色合いとの対比で感じられるものである。（…）ところが、この事実は、誤って認識の本性に関する一学説に仕立て上げられてしまった。合理論者はこの事実を利用して、感覚から事実認識の確実な方法、高級な方法という信用を奪ってしまった。感覚に頼る限り、私たちは決して何物をもそれ自体として、すなわち、本質的に摑むことが出来ないというのである。感覚論者もこの事実を利用して、絶対的認識などという野心をすべて嘲笑したのである。

ゲーレン

最初の「意識的要素（a conscious element）としての感覚は、既に始められている行為のコースが中断されることを意味する」という文以外は分かりやすいですね。デューイは、「意識」が先にあって、その目指すところを実現すべく「行為」が生じるのではなく、「行為」が何かの機会に中断した時、つまり何かがうまくいかなかった時に、その状態をどうにかして、行為を続けるようにすべく、「意識」が働くことになる、と主張します。確かに、私たちの日常ではルーティンの行動を続けることができる間は何も考えないで無自覚的に行動して、ルーティンが少し外れて、選択が必要になった時に、自分の状況を意識するということが多いですね。物心がついたばかりの子供だと、困った時にな

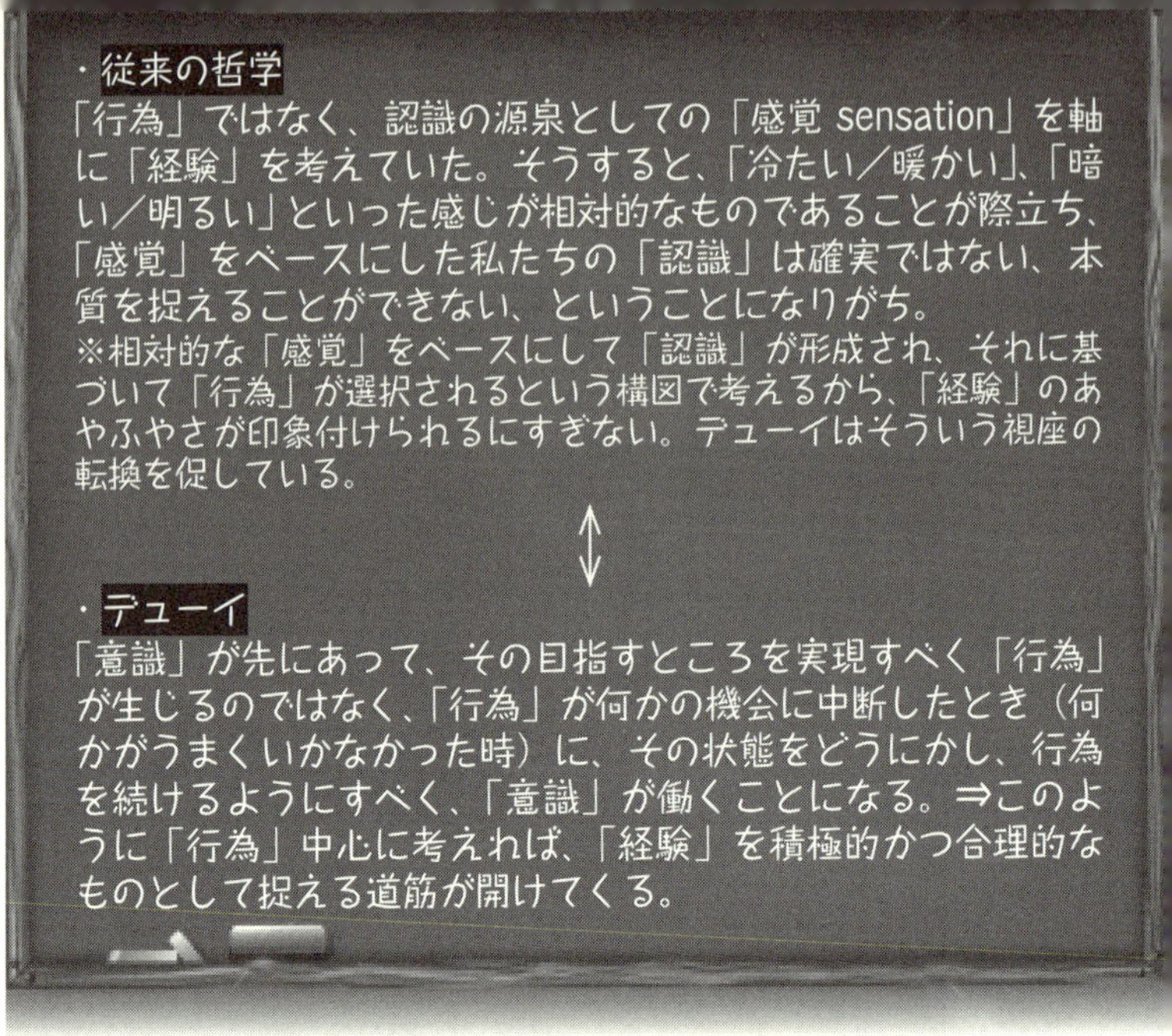
・従来の哲学
「行為」ではなく、認識の源泉としての「感覚 sensation」を軸に「経験」を考えていた。そうすると、「冷たい／暖かい」、「暗い／明るい」といった感じが相対的なものであることが際立ち、「感覚」をベースにした私たちの「認識」は確実ではない、本質を捉えることができない、ということになりがち。
※相対的な「感覚」をベースにして「認識」が形成され、それに基づいて「行為」が選択されるという構図で考えるから、「経験」のあやふやさが印象付けられるにすぎない。デューイはそういう視座の転換を促している。
・デューイ
「意識」が先にあって、その目指すところを実現すべく「行為」が生じるのではなく、「行為」が何かの機会に中断したとき（何かがうまくいかなかった時）に、その状態をどうにかし、行為を続けるようにすべく、「意識」が働くことになる。⇒このように「行為」中心に考えれば、「経験」を積極的かつ合理的なものとして捉える道筋が開けてくる。

って初めて、自分の周囲の状況を意識するという場面が多そうですね。普通の大人は体を動かさない時もいろんなことを考えますが、それらは、考えられる各種の困難に直面した自分がどう行為すべきかをめぐる各種の思案が次第に複雑化し、具体的な動作の場面から遠ざかったものだと言えないことはないでしょう。ベルクソンや先ほどのゲーレンも、そういう風に意識の起源を説明します。

そうやって、「行為」中心に考えれば、「経験」を積極的かつ合理的なものとして捉える道筋が開けてくるわけですが、従来の哲学は、「行為」ではなく、認識の源泉としての「感覚 sensation」を軸に「経験」を考えていたわけです。そうすると、どうしても私たちの「冷たい／暖かい」、「暗い／明るい」といった感じが相対的なものであることが際立ち、「感覚」をベースにした私たちの「認識」は確実ではない、本質を捉えることができない、という話になりがちです。デューイは視点を変えるべきであると示唆します。

けれども、本来、この感覚の相対性という事実は、全く認識の領域に属するものではない。この種の感覚は、認識的、知的というよりは、感情的、実用的なものである。感覚は、今までの適応が中断されたことから生ずる変化のショックなのである。行動の方向を変えろ、というシグナルなのである。身近な例を挙げてみよう。ノートをとっている人間は、鉛筆がうまく動いている限り、鉛筆が紙や手に加える圧力を感じはしない。それは、迅速有効な適応を促す刺戟として働くだけである。感覚的活動は、適切な運動反応を自動的無意識的に刺戟する。ここには、予め形成された一つの生理学的結合がある。この結合は習慣によって得られたものであるが、究極的には、神経系統における根本的結合まで遡るものである。鉛筆の先端が折れたり、丸くなったりして、書くという習慣的行為がスムースに行かなくなると、意識的なショックが起る――何かある、何か工合がわるいという感じが起る。この感情の変化が、必要な行動の変化への刺戟として働く。鉛筆を眺め、それを削るか、または、ポケットから別の鉛筆を取り出す。感覚は、行動の再適応の中心点として働くのである。この感覚は、筆記という今までの機械的操作の中断を告げ、他の行動様式の始まりを告げる。感覚というのは、行動の習慣における一つのコースから他の道への転換を告げるという意味で「相対的」なものである。

デューイ自身の「意識」論に即して、「感覚の相対性 relativity of sensation」は、「認識」の構成要素ではなく、むしろ運動の方向を変えるための刺激であるという見方を呈示しているわけですね。感覚の変動は、運動の中断によって「意識」が生じて来るのと不可分の関係にあるわけですね。つまり、自分のルーティン化している動作がスムーズに進行している間は特に何も考えないし、何も感じないけれど、スムーズにいかなくなるような何かが起こった時、その変化について紙の表面が「滑らかでない」とか鉛筆の芯が「硬すぎる」とか感じ、その状況を意識したうえで、スムーズな行動の連鎖に戻すべく、修正のための行為（アクション）を選択するわけです。そういう風に考えると、「感覚」が相対的であるからこそ、スムーズな動作への回帰が可能になると言えるわけです。相対的な「感覚」をベースにして「認識」が形成され、それに基づいて「行為」が選択されるという構図で考えるから、「経験」のあやふやさが印象付けられるにすぎない。デューイはそういう視座の転換を促しているわけです。

それゆえ、感覚そのものが認識の真の要素であることを否定した点では、合理論者は正しかったわけである。しかし、合理論者がこの結論に与えた理由、そこから引き出した結論は、みな誤っていた。感覚というのは、善悪、優劣、完全不完全を問わず、いかなる認識の部分でもないのである。むしろ、感覚は、やがて認識に終るべき探究行為への挑発であり、刺戟であり、挑戦である。感覚は、反省的方法より、思考や推理を必要とする方法より価値の劣る事物認識の方法ではない。なぜなら、そもそも、感覚は認識の方法ではないのであるから。それは反省および推理への刺戟なのである。（…）それは変化のショックの経験が、終には認識を生むところの研究および比較にとって必要な刺戟であるという意味に過ぎぬ。

デューイによれば、「感覚」は「認識＝知識」の真の要素ではないわけですね。この場合の「認識」というのは、感性的知覚を含まない、反省、思考、推理のプロセスです。これらは、先ほど見たように、ルーティン化されて、無意識的に進行する身体的な運動が中断された時に発動するものです。デューイからしてみれば、経験論者は、「感覚」が「認識」のプロセスの発端になることはちゃんと分かっていたけれど、発端にすぎない「感覚」を「認識」の中核に据えてしまったことが間違いだったわけです。合理論者は、「感覚」を、思考や推理から成る、（デューイの言う意味での）「認識」とは異質のものであると見抜いていた点では正しかったが、レベルの低い認識の出発点であるかのように見なしたのは見当外れであった、ということになります。行動のスムーズなサイクルと、それが中断された時に、本来の状態への復帰を目指して生じて来る、［感覚→意識→反省→推理→意識的行為］のプロセス関係を視野に入れないと、「感覚」をきちんと位置付けることはできないわけです。

経験が生命過程の一部と見られ、感覚が再適応の点と見られるようになると、謂わゆる感覚のアトミズムは完全に姿を消してしまう。それが消えるのと一緒に、諸感覚を結合するという超経験的理性の綜合能力の必要もなくなる。（…）ロックやヒュームにおける孤立した単純な存在というのが、決して真に経験的なものではなく、彼らの精神論の或る必要に応えるものと判れば、経験の素材と称するものを綜合するアプリオリな概念や範疇というカントおよび新カント派の精密な機構は不必要になる。経験の真の「素材」は、行為、習慣、能動的機能、能動受動の結合という適応のコースであり、感覚―運動的調整作用であることが認められる。経験は、結合および組織の原理を自分のうちに含んでいるのである。

これは、近代の認識論において一貫して追求された、感覚を通してバラバラに入って来るデータが、私たちの中でどうやって対象として構成されるのか、という問題設定に意味がなくなった、ということです。ロックのように私たちの心は白紙であるという前提に立つと、視覚、聴覚、触覚、嗅覚などの形で様々な方面から断続的に入って来るデータがどうやって一つの対象へと総合されるのか、また、それを認識して自分のために利用する主体としての私はどうやって形成されるのか説明しないといけなくなります。カントは、認識主体である私の中に対象を構成するための概念や範疇が予め備わっているという形で説明しようとしましたが、そうすると、それらによって感性的データがどのように加工されるのか、その加工作用を理性はどのように統御するのか、といった問題が出てきます。デューイは、「経験」の本質は「感覚―運動的調整作用 sensori-motor co-ordination」であると考えれば、「経験」自体に「結合 connection」と「組織 organization」の原理が含まれていることがあっさりと納得できるようになる、と言っているわけです。「感覚」も「認識」もこの生物学的な調整作用の中で浮上してくる特定の局面にすぎないわけです。

社会的組織と経験

生物学的組織のほかに社会的組織が人間の経験の形成にどのくらい関係しているかを明らかにしても、ひどい脱線にはならないであろう。精神は認識において受動的で受容的であるという観念を強めた一つの事情は、恐らく、人間の子供が無力であるという観察であったと思われる。けれども、この観察が示しているのは、全く別の方向なのである。小さい子供は身体的に依存と無力の状態にあるため、自然との接触は他の人間を媒介として行なわれる。母親や乳母、父親が年長の子供たちが、その子供の持つべき経験を決定する。その子供がすること、されることの意味を絶えず教える。子供が自分自身で意識的に行為をコントロールするようになる遥か以前に、社会的な効用と意義とを持つ諸観念が、その子供の解釈および評価の原理になる。子供の出会う事物は、裸身でなく、言葉を身にまとっている。このコミュニケーションの衣装は、子供を周囲の人々の信念の仲間にする。これらの信念は、彼の出会う多くの事実と同様、子供の精神を形成するものである。それは、子供自身が行なう探究や知覚を整理する中心点を与える。ここに、結合および統一の「範疇」がある。これはカントの範疇と同様に重要であるが、しかし、経験的であって、神話的ではない。

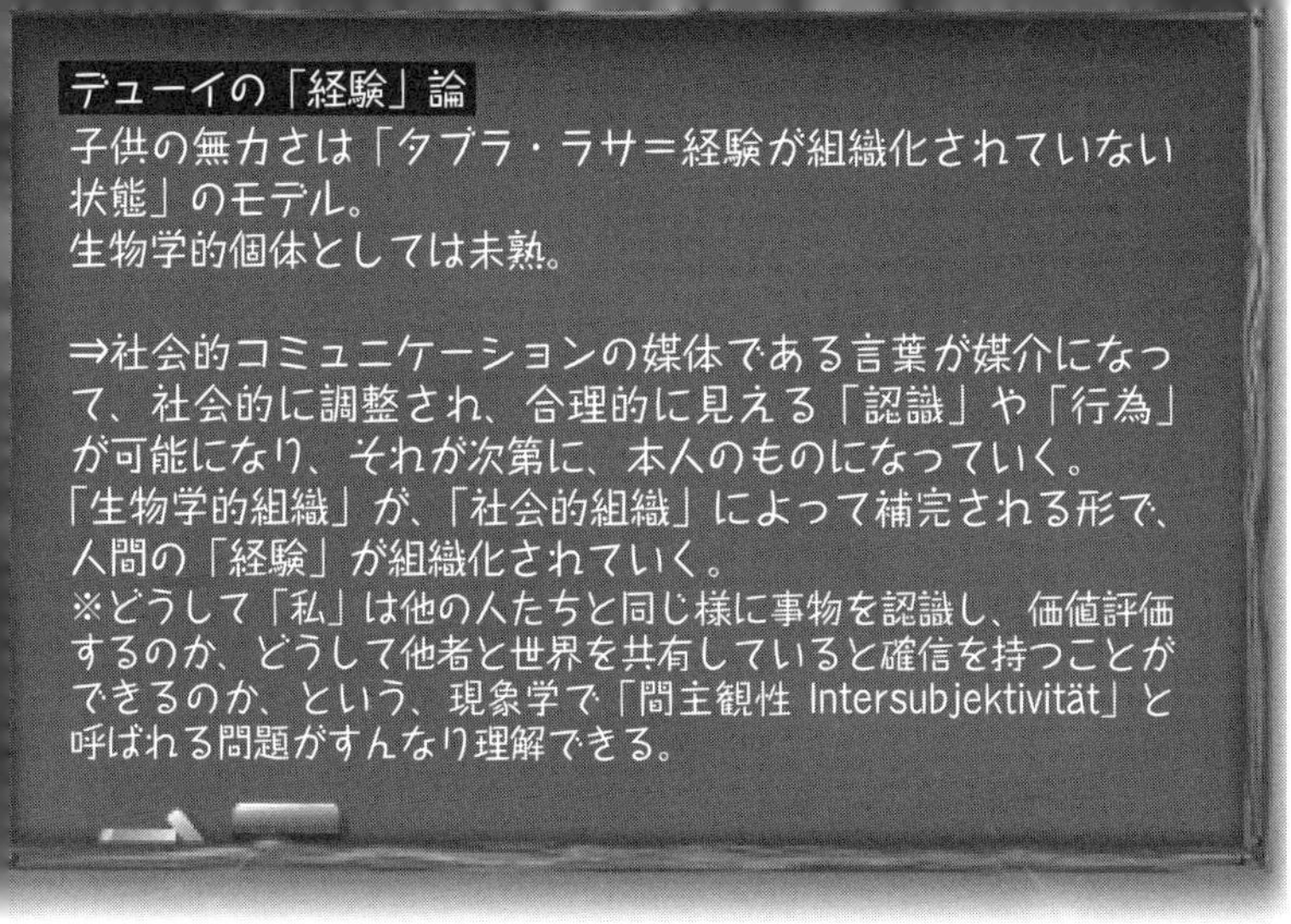
デューイの「経験」論
子供の無力さは「タブラ・ラサ＝経験が組織化されていない状態」のモデル。
生物学的個体としては未熟。
⇒社会的コミュニケーションの媒体である言葉が媒介になって、社会的に調整され、合理的に見える「認識」や「行為」が可能になり、それが次第に、本人のものになっていく。
「生物学的組織」が、「社会的組織」によって補完される形で、人間の「経験」が組織化されていく。
※どうして「私」は他の人たちと同じ様に事物を認識し、価値評価するのか、どうして他者と世界を共有していると確信を持つことができるのか、という、現象学で「間主観性 Intersubjektivität」と呼ばれる問題がすんなり理解できる。

先ほどは、「生物学的組織」の面に限定して「経験」のメカニズムを説明したわけですが、今度は「社会的組織」の方からも説明しようというわけです。人間は単純に生命体として運動しているわけではなく、社会的な関係性に適応すべく行動している面もあるので、こちらも考える必要があるわけです。子供の無力さについての観察が示しているのは「全く別の方向」であると言っていますが、説明不足でやや分かりにくいですが、これは子供の無力さを、「タブラ・ラサ＝経験が組織化されていない状態」のモデルと見なすのはいいとしても、それは生物学的組織の話と考えるべきではないということです。先ほどのデューイの議論の筋からいけば、子供であっても、生物学的組織はそれなりに出来上がっていて、運動の中断をきっかけに、意識が生じる仕組みも元々備わっているはずだからです。それよりも肝心なのは、社会的な関係性で、この点では、子供は確かに「タブラ・ラサ」です。

　子供が自分自身で「意識」的に自分の行動をコントロールできるようになる前に、周囲の他者たちによって「社会的な効用と意義とを持つ諸観念 the conceptions that are socially current and important」が示され、それに従って行為するよう誘導されるわけです。それらの観念を自分のものとして理解していなくても、あたかもそうした「観念」に従っているかのように振る舞うことになるわけです。生物学的個体としては未熟でも、社会的コミュニケーションの媒体である言葉が媒介になって、社会的に調整され、合理的に見える「認識」や「行為」が可能になり、それが次第に、本人のものになっていくわけです。このように、「生物学的組織」が、「社会的組織」によって補完される形で、人間の「経験」が組織化されていく、というのがデューイの「経験」論です。このように考えると、どうして「私」は他の人たちと同じように事物を認識し、価値評価するのか、どうして他者と世界を共有していると確信を持つことができるのか、という、現象学で「間主観性 Intersubjektivität」と呼ばれる問題がすんなり理解できるような気がしますね。

カント哲学における「範疇 category」というのは、「悟性 Verstand」――カント哲学における「悟性」というのは、概念を操作する能力のことで、通常「理性」と呼ばれているものに相当し、「理性 Vernunft」は「悟性」の上位にあってそれを制御すると共に、一定の方向へと導いていく能力です――が事物の在り方について判断する際の基本的形式です。量（Quantität）、質（Qualität）、関係（Relation）、様態（Modalität）の四つのグループがあり、それぞれに三つの種類があります。例えば、量は単一性（Einheit）、多数性（Vielheit）、全体性（Allheit）、様態は可能性（Möglichkeit）、現存在（Dasein）、必然性（Notwendigkeit）という具合です。それはアプリオリに定まっていることによって、私たちの認識の仕方は規定されています。デューイはそれらは、アプリオリに与えられるものではなくて、言語を媒介にして各人が身に付けるものだと見ているわけです。

近代の「経験」観――保守的な合理論 VS. 破壊的な経験論

このようにデューイ自身の「経験」観を示したうえで、近代に入って「経験」観がどのように変化したのか、という歴史的な話に戻します。

プラトンにとっては、経験は、過去への、慣習への隷従を意味した。経験というのは、既成の慣習——理性や知的コントロールによってでなく、反覆や見当によって作られた慣習——と殆ど同義であった。理性のみが、過去の偶然への服従から私たちを救い出すことが出来る。ベーコンとその後継者たちまで来ると、奇妙な逆転が認められる。理性と、そのボディガードである一般的諸観念が、今度は保守的な要因になる。精神を隷属させる要因になる。経験が解放の力になる。経験は、新しいものを意味する。過去への執着から私たちを呼び戻す新しいもの、新奇な事実および真理を見せてくれる新しいものを意味する。経験への信頼は、慣習への信奉ではなく、進歩への努力を生む。

古代と近代では、「慣習」に対する「理性」と「経験」の関係が一八〇度逆転しているわけですね。プラトンは、「経験」が「慣習」に隷従する傾向があると見なして、「理性」によって克服しようとしたのに対し、ベーコンは逆に、「理性」が「慣習」に従属していると考え、「経験」を、それを打ち破る武器にしようとした。それぞれの概念の純粋な学問的理解が変化したということだけではなく、それらに対する知識人の戦略的期待も変化しているわけですね。

数学および他の合理的科学がギリシア人の間で発達していた時も、科学的真理が日常的経験に反作用を及ぼすということはなかった。科学的真理は、日常的経験から孤立し、それから離れ、その上に載ったままであった。医術は、実証的知識を恐らく最も大量に獲得した技術であったろうが、科学としての権威を得るには至らなかった。医術は一つの技術に過ぎなかった。（…）職人は伝来の手本を踏襲していたし、既成の規準やモデルに反した場合は、生産に失敗するのが常であった。改良は、緩慢な漸次的な変化が知らぬ間に蓄積された結果であるか、新しい基準を一挙に打ち樹ててしまうような予期せぬインスピレーションの結果であった。

古代ギリシア人の間では、数学のような合理的な科学と、医術のような技術、実証的知識は別物と見なされていたわけですね。そのため、前者の代表する理性と、後者の代表する経験が対立的に捉えられると共に、抽象的な理性によって発見された法則によって技術が飛躍的に向上するということもなかったわけです。理論的な後押しのない経験的技術はなかなか飛躍できなかったわけです。

実験科学の成果が環境を計画的にコントロールする能力を人間に与えるという点は、これまでにも幾度か論じて来たので、繰り返す必要はないと思う。けれども、このコントロールが伝統的な経験観念に与えた衝撃は見落されることが多いから、経験が経験的であることをやめ、実験的になった時、根本的に重大な事柄が起ったという点は明らかにしておかねばならぬ。昔の人間が古い経験の結果を利用したのは、ただ慣習を作るためで、その後は、慣習が盲目的に守られたり、盲目的に破られたりするほかはなかった。ところが、今度は、古い経験が、新しい改良された経験を育てるための目標や方法を暗示するものとして利用される。従って、その意味で、経験は構成的な自己調整を行なうものになる。

「経験（experience）が経験的（empirical）であることをやめる」というのは逆説的な言い方ですが、言いたいことは分かりますね。「経験」というのはそれまで、文字通り、人々が様々に行動する中で身をもって知り得たことであったわけですが、「実験」が「経験」概念の中に含まれるようになったことで、「経験」がより能動的な様相を呈するようになりました。「経験」は、慣習に従って受動的に振る舞いながら知識を蓄積するだけでなく、「実験」という形で自然に能動的に働きかけ、「構成的な自己調整を行なうconstructively self-regulative」ものへと変貌したわけです。先ほどは、一九世紀の新しい生物学の発展で、生物学的な意味での「経験」が構成的な自己調整の性格を帯びていることが明らかになったという話でしたが、ここでは、「実験」が発見されたおかげで、社会制度的な意味での「経験」が構成的で自己調整的なものになったことが指摘されているわけです。

従って、科学にしろ、「理性」にしろ、経験の上に添えられたものではない。これらのものは、経験の中で着想されテストされるものであり、更に発明を通して、無数の方法で経験を広げ豊かにするのに用いられるものである。(…)経験と区別された一つの能力として、私たちを普遍的真理という超越的領域に導き入れる「理性」も、今では、私たちにとって影の薄い、興味のない、意味のないものに見え始めている。経験の中へ一般性と規則性とを導き入れるというカント的な能力としての理性というのは、ますます余計なもの——伝統的な形式主義と精巧な術語とに溺れた人たちの空しい創作——に思われて来る。

ここは分かりますね。合理論の人たちは、「経験」の上位に「理性」を置こうとするけれど、近代科学の発展に伴って、そういう超越的で、あるのかないのか分からないような〝理性〟概念は次第に意味のないものになり、それに代わって、実験的な営みによって常にテストされ、その現実的な有用性を証明され、実践的な「理性」観、言ってみれば、プラグマティズム的な「理性」観が台頭している、というわけです。少し後の箇所で、「理性」とは「実験的知性 experimental intelligence」であり、私たちの行動を再構成し、未来の行動のためのプログラムを提供してくれるものになった、と述べられていますね。

一〇六頁で、「この実験的な再適応的な知性 experimental and readjusting intelligence」に比べると、歴史上の合理主義は「軽率、高慢、無責任、頑迷なところがあった」と述べていますね。そうした合理主義は、この世界に不完全で醜いことがあってもそれを素直に認めず、そういう風に悪く見えるのは経験が不完全で偏っているからで、宇宙全体は理性によって把握できる普遍的な法則に支配され、調和しているのだと強弁します。デューイは、合理主義のそういう態度は、経験の軽視に繋がり、知的な無責任と怠慢の状態を永続させた、と酷評しています。この延長線上でカント哲学も批判します。

そのままでは混沌である経験を純粋概念によって支えようというカントの試みから生まれた諸結果のうちに、合理主義のドグマティックな頑迷が最もよく現われている。カントは、経験から独立な理性の途方もない権利の要求を制限しようという立派な企てから出発した。彼は、自分の哲学を批判的と名づけた。けれども、経験を結合することによって、知られた対象を可能にする（諸性質の安定した規則的な関係）ために、悟性は固定したアプリオリな概念を用いる、とカントが説いたところから、彼はドイツ思想のうちに、経験の生きた多様性に対する奇妙な軽蔑と、体系、秩序、規則性そのものに対する奇妙な過大評価とを生み出すことになった。

カントが単純な合理主義者ではなく、むしろ、宇宙の全てを把握することができるかのように妄想したがる、傲慢な理性の振る舞いに制約をかけようとしたというのは、哲学史でよく知られた話です。理性の働きを批判するので、「批判哲学」と呼ばれるわけです。ただし、諸経験をまとめて一つの対象とする際に、悟性がアプリオリな概念を用いるという議論をしたことによって、その後のドイツの思想に悪影響を与えたということですね。「知られた対象を可能にする」という言い方に少し違和感がありますが、原語は〈make known objects possible〉です。〈known〉を「認識可能な」という意味にとって、「認識可能な対象の存在を可能にする」、もしくは、「対象が認識されるものになることを可能にする」と訳し直せば、すっきりするでしょう。（　）の中に、「諸性質の安定した規則的な関係、量とか質とか因果関係とかが安定することによって、「対象」がはっきりした形を有するようになるからでしょう。

そうしたカントの理論がドイツ思想に与えた悪影響というのは、アプリオリなレベルで成立する認識の基本法則にだけ関心を向けさせ、具体的な経験の多様性を軽視する方向に誘導したということでしょう。無論、カントだけの影響ではないでしょうが、抽象的な法則に純粋に関心を集中するドイツ哲学の一般的傾向に、カントの体系がお墨付きを与えてしまった、ということは言えるでしょう。カントの影響を強く受けていたパースに比べて、デューイはかなり批判的なことが分かりますね。

けれども、カント哲学は、固定的な既存の普遍哲学、「原理」、法則に対する個別的なものの従属を知的に弁明し「合理化」する役を果した。理性と法則とは同義語とされた。そして、理性が外から、上の権威から生活に入り込まねばならなかった。実際に絶対主義に対応するものは、頑迷、硬直、融通のきかぬ気質である。カントは、或る概念——これが重要な概念である——はアプリオリであること、それらは経験から生まれず、経験によって検証もテストもされ得ないこと、そういう既成の注入物がない限り、経験は無政府的であり、混沌であることを説いたが、こうして、彼は、技術的には絶対者の可能者を否定しながら、絶対主義の精神を育成したのである。

tiesという表現が入っているのは、物にまつわる様々な規則的な関係、量とか質とか因果関係とかが安定することによって、「対象」がはっきりした形を有するようになるからでしょう。regular relationships of quali-ties

「理性が外から、上から経験に加わったように、法則も或る外の、上の権威から生活に入り込まねばならなかった」という文の意味が取りにくいですね。これは訳の技術上の問題です。「法則」の原語は、〈law〉ですが、これは自然科学などの法則という意味に加えて、「法」という意味もあります。「固定的な既存の（…）法則に対する個別なものの従属 subordination of individuals to fixed and ready-made … laws」という表現では、単純に「法則」と訳してよかったわけですが、「上の権威から生活に入り込む」という表現で想定されているのは、むしろ「法」でしょう。ただ、この場合も、権威によって与えられた秩序が人々の生活を支配する法則になった、という意味合いも込められている可能性があるので、難しいところです。「法（則）」というように、（ ）を使うと、そのニュアンスが出るかもしれません。

カントがアプリオリな法則の支配を強調する哲学体系を構築したことと、絶対主義への服従とは、当然直接結びつきませんが、デューイが言いたいのは、「私たちの思考の基本原理であり、無条件に従わざるを得ないものがあること」を示唆した点で、後者のメンタリティが強まるのを間接的に支援したということでしょう。デューイは詳しく述べていませんが、実際、カントの政治思想は、啓蒙専制君主であったフリードリヒ二世（一七一二―八六）を持ちあげて、体制迎合しているふしがありました。この辺のことについては、作品社から刊行した拙著『〈法と自由〉講義』（二〇一三年）の第Ⅲ部で論じましたので、関心があればご覧下さい。

一般に認められていることであるが、ドイツ合理主義の成果が護教的であったのに対して、イギリス経験論の成果は懐疑的であった。前者が弁明したのに対して、後者は掘り崩した。ドイツの合理主義的観念論が絶対的理性の必然的展開に基づく深刻な意味を発見したのに対して、イギリス経験論は、自己および階級の利益によって慣習と化した偶然的連合を見出した。哲学が多くの問題について動きのとれぬ反対物の何れかを勝手に選ばせることとしか行なわなかったため、近代世界は苦しみ続けて来た。曰く、破壊的な分析か、それとも、頑固な綜合か。歴史的過去を無意味で有害なものと無視し攻撃する完全な急進主義か、それとも、諸制度を永遠の理性の結晶として理想化する完全な保守主義か。

経験論だったらいいというわけではない、ということですね。ドイツの合理主義的観念論が「絶対的理性の必然的展開」に深刻な意味を見出したというのは、ヘーゲルの話だと思えばいいでしょう。ヘーゲルが歴史を、絶対精神の自己展開と見なしたのは有名な話ですね。ヘーゲルには、「理性的なものは現実的であり、現実的なものは理性的である」という有名なフレーズがありますが、これは、現実に存在する社会的制度や法は、理性を本質とする絶対精神の現われであり、それらが現在のような在り方をしていることには論理的必然性があるということです。イギリス経験論が、「自己および階級の利益によって慣習と化した偶然的連合を見出した」というのが分かりにくいですが、原文は〈It detected accidental associations formed into customs under the influence of self- or class-interest〉です。訳で、「影響」が抜けていて、〈detect〉を「見出す」という中立的な言葉に訳したせいで、ニュアンスが伝わりにくくなっているわけです。「自己および階級の利益の影響の下で、偶然的連合が慣習へと形成されているのをかぎつけた」と訳せば、少し分かりやすくなるでしょう。問題は、「偶然的連合」の意味ですが、「連合 association」という言葉は、経験論的な認識論では、「観念 idea」の「結合 connexion」の意味で使われます。ロックは「観念」の「結合」を「自然的 natural」なものと、「偶然的」で、「慣習によって by custom」維持されているものとに区分していて、主として後者の意味で「観念連合 association of ideas」という表現を使っています。恐らく、デューイはこの意味で使っているのだと思いますが、〈association〉には、社会的な「結社」という意味も

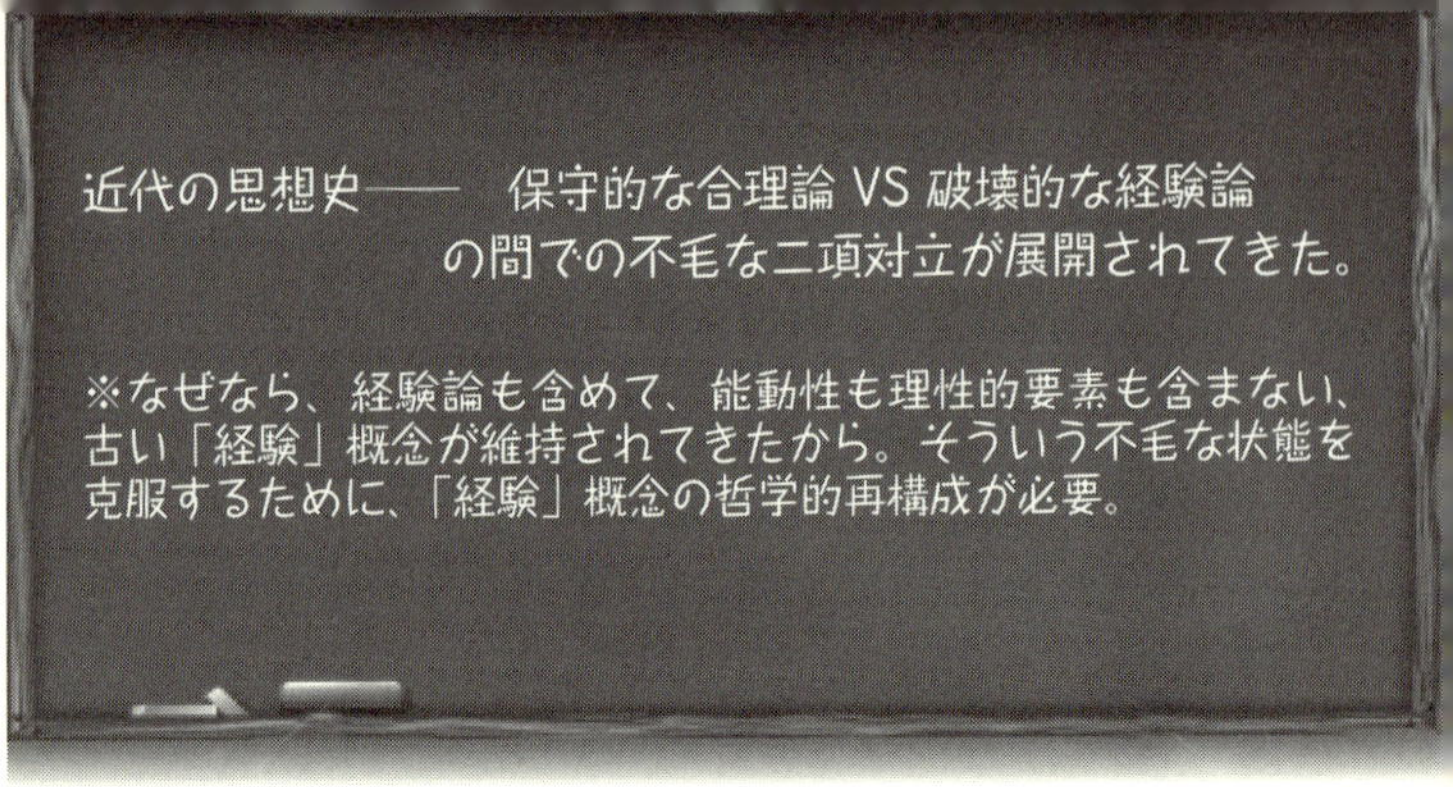
近代の思想史―― 保守的な合理論 VS 破壊的な経験論
の間での不毛な二項対立が展開されてきた。
※なぜなら、経験論も含めて、能動性も理性的要素も含まない、古い「経験」概念が維持されてきたから。そういう不毛な状態を克服するために、「経験」概念の哲学的再構成が必要。

あるので、それを念頭において、「社会的結合」という意味も込められているように思えます。デューイの見方では、経験論者は、社会的な関係性や制度を、偶然の産物が慣習によって固定化されたにすぎないことを暴き立てること〝だけ〟に力を入れるわけです。裏を返せば、破壊するだけで、建設的でないということです。

近代の思想史では、保守的な合理論と、破壊的な経験論の間で不毛な二項対立が展開されてきた。それがデューイの見方です。そういう状態が続いたのは、経験論も含めて、能動性も理性的要素も含まない、古い「経験」概念が維持されてきたからです。そういう不毛な状態を克服するために、「経験」概念の哲学的再構成が必要とされている、というのがこの章の結論です。

美しい理念？

では第五章の「観念的なるものと実在的なるものとの観念の変化」を読んでいきます。「観念」という言葉が二回出てきますが、これは訳としてまずいと思います。原文では、〈Changed Conceptions of the Ideal and the Real〉で、〈conception〉と〈ideal〉という別の単語が使われています。「『観念的なもの／実在的なもの』という概念対の変化」と訳せば、何が論じられているかはっきりするでしょう。プラトンからフッサールに至るまで、西欧の哲学では「観念／実在（現実）」の二項対立が重要な位置を占めていましたが、先ほどの章の「経験」と「理性」の場合のように、両者の中身と境界線が歴史的に変化している、という話です。ただ、〈reality〉という言葉は、「観念」と対置される、日常的な「現実」の意味で使われるだけでなく、「観念」に対応する「究極の実在」というような意味で使われることもあるので、注意が必要です。この章では、その両義性も問題になっています。そのため、話の進み方が少し複雑で、混乱を招くような言い方も多いです。

最初に人間は自らの感情や想像力によって「経験」を「理想（理念）化 idealize」し、「実在（現実）reality」を作り変えようとする傾向がある、と述べられていますね。

> 想像力が自由になり、具体的事実に拘束されることが少なくなると、理想化の傾向は、散文的世界の手綱を放れて高く飛翔する。経験を作り直す際に想像のうちで最も強調されるのは、現実に存在しない事物である。生活が落着いた楽なものであれば、それだけ、想像力は鈍く遅い。生活が辛く苦しいと、それだけ、空想が刺戟されて、現状とは反対の有様を思い浮べるようになる。（…）事実においてネガティヴなことが、空想の描くイメージにおいてはポジティヴになる。行為において苦悩であるものが、理想化する想像力の中では綺麗に償われる。

デューイの見方では、人々が具体的事実から離れて、想像力を働かせるようになり、「現実」を「理想化」した形で見るようになった時、「理念的なもの」が生まれてきたということのようですね。「理念（理想）」は、辛い「現実 reality」とは対照的な、美しいイメージとして生み出されたわけです。

そうした「理念」は、単なる個人的な好き嫌いに留まらず、神の観念を生み出しました。それは、「本質的に観念的な性質を持つ究極の最高の実在 an ultimate supreme Reality which is essentially ideal in nature」という観念へと発展し、古代の哲学の最も重要なテーマになりました。

歴史家たちは、一再ならず、ギリシアの宗教に栄えたオリュンポスの神々とプラトン哲学のイデア界との間の意味深い類似を説いて来た。その血統や本来の性質が何であれ、その神々は、ギリシア人が彼ら死を免かれぬものの間で嘆賞を惜しまなかった完成円熟の功業の理想化された投影であった。神々も死を免れぬ人間に似てはいたものの、ただ、強い力と完全な美と円満な知恵とをもって、人間が正に生きたいと望むように生きるものであった。アリストテレスは、その師プラトンのイデア論を批判して、結局、イデアとは永遠化された感覚的事物に過ぎない、と言ったが、事実、アリストテレスは、右に見た哲学と宗教および芸術との類似を明らかにしたのであった。そして、純粋に技術的意味しか持たぬ事柄を別にすれば、プラトンのイデアについてアリストテレスが語ったことは、そのまま、アリストテレスの形相についても言えるのではないか。数世紀にわたって科学と神学との進路を大きく決定した形相および本質というのは、日常的経験の諸対象から汚点を除き、欠陥を去り、不足を補い、含みやヒントを生かしたものでないとしたら、一体、それは何なのであろうか。約言すれば、イデアにしろ、本質にしろ、日常生活の諸対象が神格化されたもの、つまり、正に現実の経験が挫折した点において欲求を満たすために理想化的想像力によって作り直されたものにほかならないのではないか。

ここは分かりやすいですね。神々が人間の理想の姿であったように、プラトンの「イデア Idea」、アリストテレスの「形相 Form」および「Essence」も、人間の理想化する想像力によって生み出された、ということですね。「イデア」や「形相」のような抽象的なものと、神々は違うような気もしますが、人間の日常的な現実から、汚ないもの、不快なものを取り去って純化する形で生まれてきたという点は共通しています。この後の箇所で、プラトン以降の多くの哲学者は、「究極的実在は、本性において完全に観念的

パルメニデス

であり合理的である、あるいは、絶対的な観念性（ideality）と合理性（rationality）とをその必然的属性として持つ」、と説いたことが指摘されていますね。「現実」から不完全な部分を取り去っていって、抽象的な核＝本質（＝究極的実在）だけ残すと、それはナマの現実との接点を失っているという意味で「観念的」であり、矛盾がなくなっているという意味で「合理的」であるわけです。こういう風に考えると、「観念的」で「合理的」なものが、「理想的」なものと一致するということにそれなりに納得がいきますね。「実在（現実）」の究極の形が、「観念＝理想的」なものになるというのは、日本語の表現としては変ですし、哲学に縁のない欧米語のネイティヴにもチンプンカンプンでしょうが、哲学用語というのは、そういうものだと思って我慢して下さい。デューイは、そういうおかしな用語法を批判するためにこういう議論をしているわけですが、批判されている元の文脈が分からないと、かえって分かりにくくなりますね。

プラトンやアリストテレスは、理想（理念）化された「真の存在 true Being」は変化しないという前提に立って、「時間」、「変化」、「運動」などはそれを侵食する「非存在 Non-Being」と見なしていたと述べられていますね。そうした意味での、「存在／非存在」の二項対立が、西欧の哲学の基本構造を規定してきた、ということですね。「非存在」というと、抽象的でとっつきにくそうですが、日本語で「無」と呼ばれているもののことだと思って下さい。西欧の哲学には、「～があること（存在）」あるいは、「～であること」の否定を名詞化・実体化した概念としての〈Non-Being〉あるいは〈Nothing〉の本質、もしくは「～でない」という否定作用（negation）をめぐる議論の系譜が、パルメニデス（前五一五頃－四五〇頃）以来連綿としてあります。パルメニデスは、「有ること」と「ないこと」の関係について立ち入った議論をしています。新プラトン主義とか、中世のマイスター・エックハルト（一二六〇頃－一三二八頃）などのキリスト教神秘主義は、万物の根底として

プラトンやアリストテレスの議論

理想（理念）化された「真の存在 true Being」は変化しないという前提に立って、「時間」、「変化」、「運動」などはそれを侵食する「非存在 Non-Being」と見なしていた。
⇒「存在／非存在」の二項対立が、西欧の哲学の基本構造を規定してきた。

↓

「非存在」とは、簡単に言うと、日本語で「無」と呼ばれるもの。

※西欧の哲学には、「～があること（存在）」あるいは、「～であること」の否定を名詞化・実体化した概念としての〈Non-Being〉あるいは〈Nothing〉の本質、もしくは「～でない」という否定作用（negation）をめぐる議論の系譜がある。

・パルメニデス（前515頃～450頃）：「有ること」と「ないこと」の関係について立ち入った議論。
・新プラトン主義や、中世のマイスター・エックハルト（1260頃－1328頃）などのキリスト教神秘主義は、万物の根底としての「無」を重視
・ヘーゲルも「無」の「否定作用」を自らの弁証法の中に位置付けている。

※※「非存在」という概念は、デューイの時代にはあまり使われなくなかったけれど、その代用として、「有限なもの the Finite」とか「不完全なもの the Imperfect」といった概念が使われていた。

・ハイデガー『存在と時間』（1927）：「無」に対する実存的不安について。
・ハイデガーの影響を受けたサルトル（1905－80）が第二次大戦中に刊行した主著のタイトルは、『存在と無 L'Être et le néant』（1943）。

の「無」を重視する議論をしていますし、初期のデューイが強く影響を受けていたヘーゲルも「無」の「否定作用」を自らの弁証法の中に位置付けています。

「非存在」という概念は、デューイの時代にはあまり使われなくなったけれど、その代用として、「有限なもの the Finite」とか「不完全なもの the Imperfect」といった概念が使われていると述べられていますね。ただ、ご存知のように、デューイより三十歳若いハイデガーは、このデューイの著作の七年後に刊行された『存在と時間』（一九二七）で「無」に対する実存的不安について論じていますし、ハイデガーの影響を受けたサルトル（一九〇五－八〇）が第二次大戦中に刊行した主著のタイトルは、『存在と無 L'Être et le néant』（一九四三）です。

「実在」をめぐって

本文に戻りましょう。「実生活の不完全な実在 the imperfect realities of practical life」を超えた、「究極的実在 the Ultimate Reality」が想定され、その区別を前提にして、後者が変化しないものとしてイメージされていた理由について述べられていますね。先ほどもお話ししたように、同じ「実在」という言葉が、「現実」という素朴な意味で使われたり、「理念的なもの」とほぼ同義で使われたりするので、紛らわしいですが、原文では、後者の意味で使われる時には大文字になっています。

変化のあるところには、必ず不安定があり、不安定は、何か問題があり、欠けたところ、足りないところ、不備なところのある証拠である。これは、変化、生成、消滅を、非存在、有限、不完全と結びつける場合に共通した考え方である。従って、完全な真の実在は、不変不易、存在に満ちて、常に変ることなく不動の静止と安静とのうちにとどまっていなければならない、当代随一弁証に長けた絶対主義者ブラッドレーは、「完全に実在的なるものは運動しない」という説を述べている。また、何れかと言えば、プラトンが、変化は流出に過ぎぬというペッシミスティックな見方をしたのに対し、アリストテレスは、変化は実現への傾向であるという明るい見方をしているが、アリストテレスにしても、完全に実現された実在、神的な究極的な実在は変化を知らぬものであると信ずる点でプラトンに劣るわけではなかった。アリストテレスの実在は、能動性とかエネルゲイアと呼ばれているものの、変化を知らぬ能動性、何もしないエネルゲイアであった。いつまでも足踏みするばかりで、絶対にどこへも出動しない軍隊の能動性であった。

ポイントは分かりますね。完全無欠なものは不変であるというイメージがあって、それとの対比で、変化するものは不完全で何かが不足しているからだと考えられたわけです。現代人の感覚からすると、動かないのが完全だというのはおかしな気がしますが、この本の他の章でも述べられているように、古代・中世の哲学的世界観は、体制維持の傾向を持っていたとすれば、不動であることを美化するのは当然のことかもしれません。

ブラッドレーというのは、この連続講義の第二回、ジェイムズのところでも出てきた、ジェイムズやデューイと同時代の英国の観念論の哲学者で、真の実在は「絶対者」であると主張した人です。ヘーゲルの影響を強く受け、弁証法を自らの理論に取り入れています。その彼が「絶対者＝完全に実在的なもの」に関して、プラトンやアリストテレスと同じような議論をしているわけです。

「エネルゲイア energeia」は前回も出てきましたが、「潜在的可能性（デュナミス）」が現実化した状態を意味するアリストテレス用語ですが、現実化することによって同じ一つの状態に留まるのではなく、作用し続けている状態であることを含意する言葉です。英語の〈work〉のように、「作品」と同時に「作用」

とか「仕事」を意味する〈ergon〉という言葉があって、それから派生した言葉で、「〈ergon〉の状態にあること」が元の意味です。つまり、原義からすると「エネルゲイア」は能動的であり、この世界に実在するものは全て、「エネルゲイア」化したものであるはずですが、アリストテレスの実在の記述は、恐ろしく静的である、とデューイは指摘しているわけです。これは恐らく、身分制を前提にしたアリストテレスのポリス的秩序のことを主として念頭に置いているのだと思います。ただこれに続く箇所を見ると、アリストテレスの自然学的な認識論も、静的な性質を示しているようです。

認識および真理の諸段階は、一つ一つ、実在の諸段階に対応する。実在が高く完全であればあるほど、それに関する認識は、ますます真理と重要性とを増す。生成の世界、すなわち、発生および消滅の世界は、真の存在を欠いているがゆえに、最も優れた意味における認識は不可能である。こういう世界を認識するというのは、その流動や変化を無視して、時間的変化の過程に限界を与える或る永遠の形相を見出すことである。団栗は連続的変化を辿る。この変化は、木の数が多くても、樫の種の全体を通じて変らない樫の固定的形相というものを考えて初めて認識することが出来る。

「実在」に様々の段階があるというのは、現代人でも納得する、ごく健全な考え方ですが、アリストテレスの世界観においては、時間と共に変化する、感性的・個別的な要素についての認識は、変化があるので不完全に終わらざるを得ない低いレベルであるものに対して、時間的な変動を蒙らない、普遍的で本質的な要素、形相（form）に関する認識こそは、「究極の実在」に到達し得る、高次の認識だというわけです。現代人であれば、抽象的な本質などというものこそあやふやで、感性的・科学的に計測し得るデータこそ確実的に認識し得ると考えるので、発想が逆ですね。同じ科学的事実でも、様々な要素を含んだナマの経験よりも、特定の数値にだけ注目する抽象化されたデータがより確実とされ、生物学よりも物理学の方が高尚と見なされるといったことを考慮に入れると、現代人にとっての認識論は結構複雑な様相を呈してくるわけですが、ここではそこまで考える必要はないでしょう。

右の事実から生ずるのは、実践的認識に対する観想的認識の優位であり、実験に対する、また、事物の変化に頼り、事物に変化を生むような認識のすべてに対する純粋理論的思弁の優位である。純粋な認識とは、純粋に眺めること、見ること、眼を向けることである。それは、それ自体で完全である。自分の外に何物も求めない。欠けるものがないのであるから、目標も目的もない。純粋認識自身が、その最も有力な存在理由なのである。

「実践的認識 practical knowledge」に対する「観想的認識 contemplate knowledge」の優位については、ハンナ・アーレント（一九〇六―七五）が拘って論じています。「実践」と「観想」の関係については、『ハンナ・アーレント「人間の条件」入門講義』（作品社・二〇一四年）で紹介しておきました。ただし、アーレントの言っている「実践」が、主として、人間同士の言語的な相互作用を指しているのに対して、ここでデューイが話題にしている「実践」は、様々な事物を作ったり、それを活用したりする行為、アーレントの用語で言えば、「制作 work」と「労働 labor」を含んだものになっています。いずれにしても、「観想」は、現実に対して距離を置き、物事の本質を見つめようとする、哲学者的な営みです。

「観想」という訳語に「観る」という漢字が使われていることに示唆されているように、〈contemplation〉というのは、元々「注視」とか「凝視」という意味の言葉ですが、そこから転じて、「熟考する」という意味でも使われるようになりました。これに対応するギリシア語は、英語の〈theory〉の語源になった

「実践的認識 practical knowledge」に対する「観想的認識 contemplate knowledge」の優位

■ハンナ・アーレント：「実践」は、主として、人間同士の言語的な相互作用を指している。
■デューイ：「実践」は、様々な事物を作ったり、それを活用したりする行為。アーレントの用語で言えば、「制作 work」と「労働 labor」を含んだものになっている。

「観想」
・〈contemplation〉というのは、元々「注視」とか「凝視」という意味、そこから転じて、「熟考する」という意味。これに対応するギリシア語は、英語の〈theory〉の語源になった〈theoria〉で、これも同じように、「じっくり見ること」が原義で、「熟考」という意味合いで使われるようになった。

※西欧の哲学には、「見ること」を特権視する伝統がある。

「見る」といっても、物体を見ることではなくて、心の中で事物の本質的な部分を思い浮かべ、それを注視するというような意味合い。
・本質をはっきりと見て取ることができることが、全ての「認識」の基盤。
・フッサール：「見ること Sehen」が「理性」の働きの起点になることを強調。

「見る」営みは自己完結的であり、自分の思い通りに理想的な世界を描き出し、そこに安住し続けることができるので、何も欠けるところがない。

〈theoria〉で、これも同じように、「じっくり見ること」が原義で、「熟考」という意味合いで使われるようになった言葉です。「純粋な認識とは、純粋に眺めること」であるというのは、この〈theoria〉を念頭に置いた言い回しでしょう。語源の話だけではピンと来ないかもしれませんが、西欧の哲学には、「見ること」を特権視する伝統があります。「見る」といっても、物体を見ることではなくて、心の中で事物の本質的な部分を思い浮かべ、それを注視するというような意味合いです。本質をはっきりと見て取ることができることが、全ての「認識」の基盤になります。フッサールも、「見ることSehen」が「理性」の働きの起点になることを強調しています。こうした抽象化された「見る」という営みは、いわば、外界から遮断された精神の中での営みであるので、不純物を取り除いた、理想化されたあり方を、事物の本質として思い浮かべることができます。幾何学とか哲学とかは、まさに心の中で思い浮かべることができた本質を描き出す学問だと言えます。そういう意味で「見る」営みは自己完結的であり、自分の思い通りに理想的な世界を描き出し、そこに安住し続けることができるので、何も欠けるところがありません。デューイはそれを皮肉っているわけです。

それに対して、職人の知識は、木や石をわざわざ別の形に加工するという変化に対応したものであり、しかも、人間の身体という変化しやすいもののニーズを満たすための営みですから、低い認識として位置付けられていました。

政治的および道徳的な認識は職人の考え方より地位の高いものではあろうが、本質的に考えてみると、低い誤ったタイプのものである。道徳的および政治的な行為は、実践的なものである。換言すれば、必要を含み、それを満たす努力を含む。外に目的がある。しかも、社会という事実そのものが、自己充足が欠けていることを物語っている。すなわち、他人への依存を物語っている。純粋認識はひとり孤独なもので、完全な自己充足的な独立のうちに行なわれ得るものである。

アーレントが高く評価する道徳的・政治的行為も、自己充足的ではなく、「自己の外 beyond itself」に「目的」を持っていたので、低く評価されていたということですね。「観想」による「純粋認識」が、一人の人間の精神の中で成立するのに対し、社会は、他者との関係性によって成り立つものなので、政治や道徳に関する認識は格下になるという理屈ですね。「純粋認識」という発想は現代人から見るとヘンですが、人間の社会的関係性を扱う倫理学や政治学、社会学などは、純理論的な可能性を追求できる、数学・論理学や自然科学に比べて、漠然として適当な学問であるという発想は、現代人にもありますね。

要するに、ここではアリストテレスの見解を要約したのだが、彼に従えば、認識の価値の尺度は、それが純粋に観想的である程度と同じになる。最高段階は、究極のイデア的存在、純粋な精神の認識において達せられる。それがイデアであり、形相の形相であるのは、欠けたもの、必要なものがなく、いかなる変化も変様も知らないからである。(…)それは完全な存在であるから、完全な精神であり、完全な幸福である。——合理性と観念性の極致である。(…)この究極的実在性(これは同時に究極的観念性である)を取扱うような種類の認識が哲学である。それゆえ、哲学は、純粋の観想における最後の最高のものである。

観想の度合い、つまり外界の物質的な要素から離脱している度合いが高いほど、認識のレベルが高いということになれば、「形相の形相 the Form of Forms」としての「イデア Ideal」を見つめる「哲学」が最上位に位置することになります。哲学史の教科書では、アリストテレスは、「イデア」的な世界を基準に考えたプラトンに対して、ポリス的な現実を見据えていたということになっていますが、デューイは、究極の「観想」としての「哲学」を特権化している点で、結局はプラトンと同じだと断じているわけです。このプラトン＝アリストテレス的な考え方が、新プラトン主義とアウグスティヌス（三五四－四三〇）を経由してキリスト教に入り込み、スコラ哲学者たちが「観想」こそが、「真の存在（True Being）＝神」に至る道だと考えるに至った、と述べられていますね。ただし、スコラ哲学の場合、人間は自分の力で神の認識に至ることはできず、神の恩寵の助けが必要ということになります。「観想」が宗教的な色合いを帯びた営みになったわけです。

前近代の「観想」と現代の「実在」

デューイはそうした、前近代の「純粋認識＝観想」との対比で、現代における、「実在」へのアプローチを特徴付けます。

今日では、或る人間、例えば、物理学者や化学者が何事かを知ろうとする場合、単なる観想は決して行なわない。対象の不変で固有の形相が発見されるものと期待して、いつまでも熱心に対象を眺めているということはない。どんなに冷静な眼で見つめても、それで何か秘密が明らかになるとは期待していない。彼は何か活動を始める。その物質の反応を見るために、或る適当なエネルギーを加え始める。何か変化が起るように、物質を特別の条件の下に置く。天文学者は遠い星を変えることは出来ないが、それでも、今日では、星をただ見つめるようなことはしない。星そのものを変えることは出来ないにしても、少なくとも、レンズやプリズムを使って、地上に届く星の光を変えることは出来る。

「観想」することで対象の不動の本質を看取するという古代の哲学者の発想と、対象に何らかの形で能動的に働きかけ、その反応を見ることで、対象の性質を明らかにしようとする自然科学者のそれとは対極にあるわけですね。科学者ほどではないにしても、現代人で沈思黙考することによって、事物の本質を見抜くことができると考える人はほとんどいないでしょう。

要するに、変化は、もう堕落、実在の流出、存在の不完全性の証拠とは考えられていない。近代科学は、もはや、個々の変化過程の背後に或る固定的な形相や本質を発見しようとは考えない。むしろ、実験的方法は、固定的に見えるものを破壊して、変化を起そうとする。

事物に積極的に働きかける実験的方法の台頭は、変化は不完全性の現われであるというアリストテレス的な見方がもはや通用しなくなったことを象徴しているわけですね。現代人はむしろ、自然物を変化させることに価値を置くようになっています。デューイは、そうした近代的な認識観を、大工を例にとって説明しています。

大工を建築家たらしめるものは、彼が物を単に対象自体として見ず、その物について行なおうと欲するものとの関係において、すなわち、彼の抱く目的との関係において見るという事実である。彼がその成功を欲する或る特殊な変化を生み易いという条件、それが、彼の観察する木材、石、鉄の中で彼の関心を惹くものなのである。(…)そして、彼は、自分の欲する結果を与えてくれるような変化の組み合わせを選ぶことが出来る。目標実現のために事物を積極的に操作する過程を通してのみ、彼は、事物の属性が何であるかを発見するのである。もし彼が自分の目標を捨て、「真にある」がままの事物に対する慎ましく謙虚に従うと称して、「ある」がままの事物を自分の目標に従わせようとしないなら、彼は決して自分の目標を達成し得ないばかりか、事物自体が何であるかも決して学ばないであろう。事物というのは、事物が為し得ること、為され得ることと同じである――すなわち、意図的な試みによって見出され得るところの事物なのである。

近代においては、動かないで沈思黙考する「観想」的な態度だけでなく、『真にあるがまま』の事物 things as they "really are"」を明らかにしようとする、純粋「理論」的な思考も信用失墜したわけですね。それに代わって、自分の「目的 end」に合わせて「対象」としての事物を認識する、ある意味、事物を自らの目的に適合する「対象」として再構築しようとする「建築家＝構築者 builder」的な思考が台頭してきたわけです。建築家は、実際、「自分の欲する結果 his desired result」をもたらすべく、目の前にある事物を変化させます。自分の生産活動を離れたところで、その事物の真の姿がどうなっているかは彼にとってはどうでもいいわけです。このように事物を、「事物が為し得ること what they can do」あるいは「(事物によって)為され得ること what can be done with them」と同一視するのは、まさにプラグマティズム的な認識論ですね。

正しい認識方法に関するこのような観念は、自然的世界に対する人間の態度に一つの根本的な変化を生むものである。社会的条件の異なるにつれて、かつての古典的観念は、時に断念や屈従を生み、時に軽蔑や逃避の願望を生んだが、時には、特にギリシア人の場合のように、与えられた対象の全特性の鋭敏な感得として現われる強烈な美的関心を生んだ。実際、観照とか感得とかいう認識観念はすべて、根本において、美しい環境と穏かな生活との中では美的な享受や鑑賞と結びつき、苦しい生活と陰気な荒々しい自然との中では美的な嫌悪や軽蔑と結びつくような観念なのである。しかし、積極的な認識観念が広まるにつれ、また、環境を真に知るためには、これを変化させなければならぬと考えられるにつれて、人間には勇気が生まれ、自然に対する攻撃的態度とでも呼ぶべきものが生まれて来る。自然の方は、柔軟なもの、人間の役に立つものになる。

受け身の傾向が強い「観照」は人々の生き方に対して単純にネガティヴな作用だけを及ぼしていたわけではなく、自然や周囲の環境に対する美的な感情・感性を育む働きもしていたわけですが、近代においては、主体である自らの目的実現のために、自然を攻略し、支配しようとする、ベーコン的な姿勢の方が優先されるようになったわけです。一二六頁から一二七頁にかけて、そうした人々の基本的なメンタリティの変化にも関わらず、哲学者たちは古い認識論の枠組みに囚われたままなので、時代遅れになっているという趣旨のことが述べられていますね。

世界に対する人間の気持に右のような変化があっても、人間が理想を持たなくなるとか、根本的に想像の動物でなくなるとかいう意味ではない、そうではなくて、人間が自分のために形作る観念的領域の性格および機能が根本的に変ることを意味するのである。古典哲学の場合、観念的世界というのは、もともと、人間が人生の嵐を避けて休息する港である。これのみが最高の実在的なものという静かな安心をもって生活の苦労から逃れる避難所である。しかし、認識は活動的な操作的なものであるという信念が支配的になると、観念的領域は、もう超越的な孤立したものではなくなる。むしろ、人間を新しい努力と実現とへ駆り立てる想像的可能性の集合になる。人間の経験する煩労は、依然として、より良い事態の姿を描かせる推進力であろう。しかし、古典哲学の場合にイデアが既成のものとして本体の世界に属していたのに対し、より良い事態の像は、行動に役立つように形作られる。従って、イデアが個人の願望や慰藉の対象に過ぎないのに対して、近代人にとって、観念というのは、為すべきことを示唆するものであり、また、活動の道を示唆するものである。

「観念的領域 the ideal realm」

唯物論者だったら、「観念的領域 the ideal realm」が消滅しつつあると言うところでしょうが、デューイはその役割が変わったと言っているわけです。古典哲学における「観念的領域」が、この世界の変化が多くて生きづらい現実からの避難所を、各人の精神に提供するものであったので、そこに属する諸「観念」は、先ほどから述べられているように、静的で安定したものである必要があったわけです。それに対してデューイの時代には、「観念」というのは、人々の「想像」を掻き立てて、「想像的可能性 imagined possibilities」の空間を広げ、行動の指針を与えるものになったわけです。いずれの場合も「観念 idea」は「理想 ideal」を含意しているわけですが、古典的哲学の場合は、現実を離れて、絶対不動で平穏であるがゆえの「理想」であって、現代のプラグマティズム的な世界観の場合は、現実を変革する実践へと誘導するという意味での「理想」です。

細かい話をしておきますと、「本体の世界 a noumenal world」という表現は、カントによる「現象 phaenomenon」と「本体＝叡知体 noumenon」の区別を念頭に置いていると思います。〈noumenon〉というのは、「思考する」という意味のギリシア語〈noein〉の現在分詞の複数形で、カントはこれを感性的知覚によって認識することはできず、理性的な直観によってしか捉えられないものというような意味で、この言葉を使っています。「物自体 Ding an sich」とほぼ同義です。それから、「イデアが個人の願望や慰藉の対象に過ぎないのに対して、近代人にとって、観念というのは、為すべきことを示唆するものであり～」という箇所の原文では、「イデア」が〈Idea〉と大文字で表記されているのに対して、「観念」は〈idea〉と小文字で表記されています。「イデア」の幻影が抜け落ちて、地上で使われる「観念」になったわけですね。「観念」が「為すべきことを示唆するもの」であることの例として、「距離」の「観念」が取り上げられています。

距離というのは、一つの障害であり、面倒の起るもとである。それは、友人たちを引き離し、往来の邪魔になる。彼らを隔てるから、接触や相互理解を難かしくする。こういう状態は、不満や不安を惹き起す。それが想像力を刺戟して、空間が人間の往来を不当に妨げないような状態の姿を思い描かせることになる。この場合、解決法は二つある。一つの道は、距離がなくなり、何かの魔法ですべての友人たちが絶えず直接に交際することが出来る天国のような世界をただ夢みることから出発して、つまり、怠惰な空想から出発して、そこから哲学的考察へと進んで行く。その場合は、空間も距離も現象的なものに過ぎない、もっと近代的に言えば、主観的なものに過ぎないことになる。形而上学的に言えば、実在的でないことになる。従って、そこから生まれる障害や面倒も、実在の形而上学的な意味からすれば、結局、「実在的」なものでないことになる。

「距離」という観念は、人と人、あるいは人と物の間に隔たりがあり、直接的な接触が困難であることを示唆しているわけですね。その困難に対してどう対処するかをめぐって、先ほどの二つの「観念」の違いが出て来るわけです。古典哲学的な「観念」は、空間も距離もない、空想の世界を描いてみせて、現実の距離などないものであるかのように思わせてしまうわけです。無論、現実に目を向ければ、依然として距離はあるのですが、現実を直視することなく、理想化された世界の中で距離など関係のない哲学的な思考に浸るように仕向けるわけです。

では、「観念」によるもう一つの解決法、プラグマティズム的な発想による解決法とはどのようなものか。

観念が一つの足場になって、そこから現在の出来事の吟味が行なわれ、その中に遠方との通信を可能にする方法のヒントになるもの、遠距離の会話の手段として利用すべきものがありはしないかという検討が行なわれる。着想や空想は、まだ観念的なものではあるが、具体的な自然的世界の中で実現出来る可能性として——この世界を離れた超越的な実在としてでなく——取扱われる。こうして、それは、自然現象を研究する足がかりになる。この可能性という立場から観察すると、事物は、今まで気がつかなかった諸性質を見せてくれる。（…）可能性や観念は、現実の存在を観察するための方法として用いられ、発見されたものに導かれて、可能性が具体的存在という姿になる。単なる観念、空想、望まれた可能性というものが減り、現実的事実が増す。発明が行なわれて、やがて私たちは電信や電話を持つようになる。（…）具体的環境が望ましい方向へ変形される。それは、事実において理想化されたのであって、ただ空想において理想化されたのではない。観念的なものは、具体的な自然の作用の検査、実験、選択、結合の道具乃至方法として利用されることを通じて現実化されるのである。

「観念」が、困難を克服すべく現実的な探究を行うように促すわけですね。その探究は、当初は空想的なものかもしれないけれど、探究の過程で自然の法則が次第に明らかになり、それによって「観念」は、具体的可能性を示すようになります。それに基づいて、更なる探究を進めていくうちに、可能性はより具体的になり、結果として、距離を部分的に克服する機械が発明される。それによって人々の暮らしている環境が現実的な意味で、「理想的」なものになるわけです。「理想化する idealize」という表現は、字面的には、空想の世界で理想像を作るという話であるかのように聞こえますが、ここでは、(現実が) 理想のようになる、という意味でしょう。

知の中心――「観想」から「実践」へ

世界を二種の存在に分けて、その一つを優れた、理性だけが知り得る、本質的に観念的なものとし、もう一つを劣った、物質的な、可変的な、経験的な、感性的観察で知り得るものとすれば、どうしても、認識は本質的に観想的なものであるという見解になる。それは、理論と実践との対立を認めることになり、そして、この対立では、実践がひどく不利になるのであった。ところが、科学の発達が現実に行なわれるうち、大変な変化が起って来た。実際の認識が弁証的なものでなくなり、実験的なものになり、知るという働きは変化に向けられ、或る変化を生む能力の有無が認識をテストするものになった。実験的諸科学にとって、知るということは、知的に管理された一種の行為を意味する。観想的であることをやめて、真の意味で実践的になる。ところで、このことは、正統の科学的精神と完全に絶縁しない限り、哲学もまた性質を変えねばならぬことを意味する。哲学は、実践的性質を持たねばならぬ。すなわち、操作的な実験的なものにならねばならぬ。

プラトンやアリストテレスによって確立された「理性だけが知り得る、本質的に観念的なもの/物質的な、可変的な、経験的な、感性的観察で知り得るもの」という二分法は、「理論/実践」の二分法と結び付いていて、しかも、後者に対する前者の絶対的な優位が前提になっているわけですね。実験的科学の台

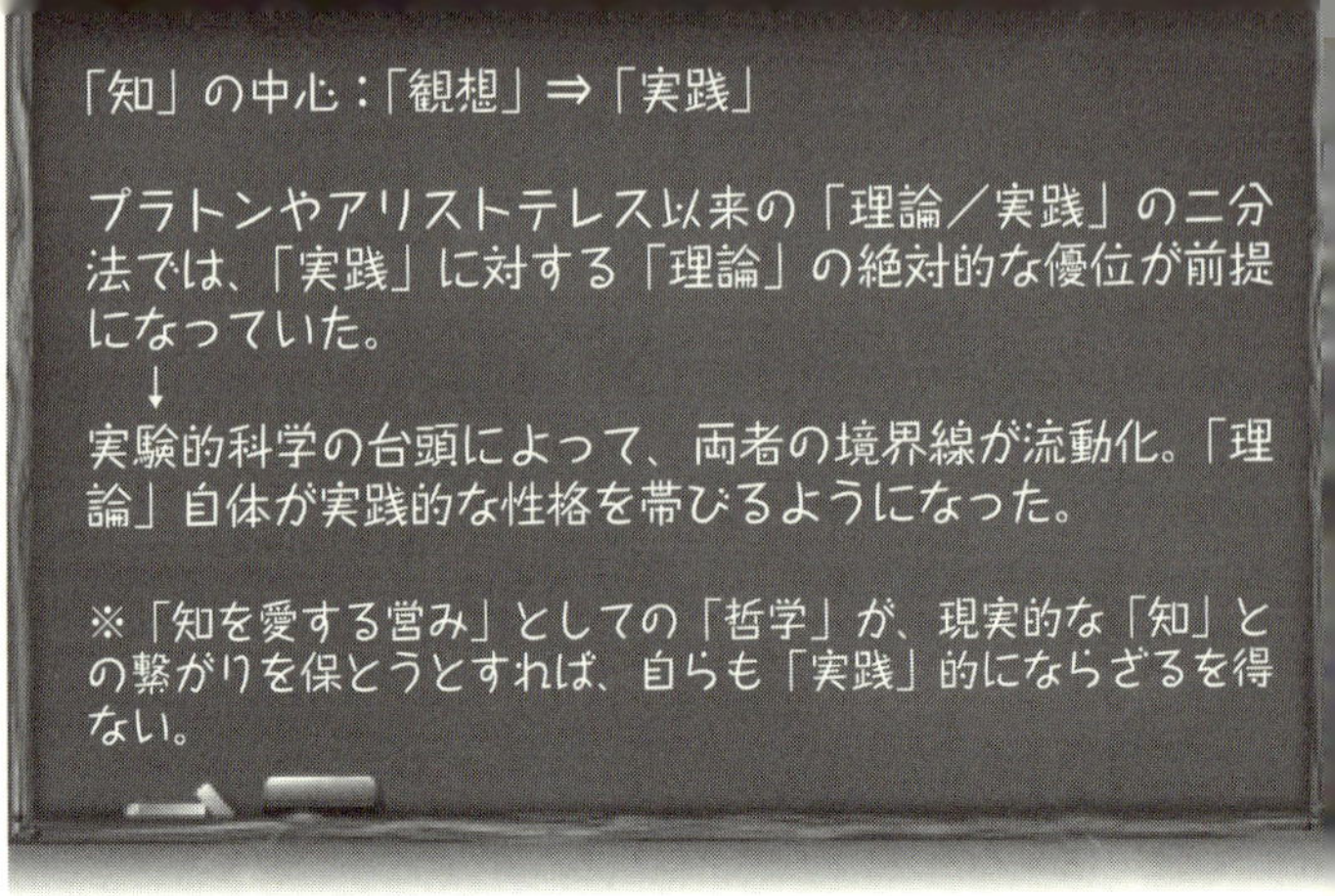
「知」の中心：「観想」⇒「実践」
プラトンやアリストテレス以来の「理論／実践」の二分法では、「実践」に対する「理論」の絶対的な優位が前提になっていた。
↓
実験的科学の台頭によって、両者の境界線が流動化。「理論」自体が実践的な性格を帯びるようになった。
※「知を愛する営み」としての「哲学」が、現実的な「知」との繋がりを保とうとすれば、自らも「実践」的にならざるを得ない。

頭によって、両者の境界線が流動化し、「理論」自体が実践的な性格を帯びるようになりました。

「弁証的 dialectical」という表現が少し気になりますね。文脈からして、ヘーゲル＝マルクスの文脈で出てくる、一定の作用に対して必ず反作用が出てきて、更にその反作用に対する反作用が出てきて……という形で事態が自動的に進行していくというような意味ではなく、プラトンの描いたソクラテスの問答のように、理性的な推論によって討論を進め、論理的な矛盾を取り除いていく形で真理に近づいていく哲学の方法論のことを言っているのでしょう。弁証（法）は、二人以上の人が討論に参加するという想定の下で進行するので、ある意味、〝実践〟的ですが、哲学的な素養のある人間同士の決まったルールの下での討論だと、現実離れした抽象的な真理探究になりがちです。それに対して実験は、問題になっている「観念」が、現実の中でどのように作用するかを見極めるものです。

このように「知」の中心が、「観想」から「実践」へと移っていくのに伴って、「知を愛する営み」としての「哲学」が、現実的な「知」との繋がりを保とうとすれば、自らも「実践」的にならざるを得ないわけです。

前に述べた通り、哲学のこの変化は、歴史上の哲学思想に最大の役割を演じて来た二つの観念――「実在的」と「観念的」という観念に、それぞれ、非常に大きな変化を生んだのである。前者は、既成の究極的なものでなくなり、変化の素材、或る望まれた変化の障害および手段として解釈すべきものになる。観念的なもの、理性的なものも、現実の経験的世界を変えるレバーの役に立たぬ孤立した既成の世界でなくなり、経験的な欠陥から逃れるための単なる隠れ家でなくなった。それらは、現存の世界の含む可能性の知的結晶であり、現存の世界の改造および改良の方法として用いることが出来るものである。

「実在的なもの」が、「既成の究極的なもの」でなくなるという言い方が少しひっかかりますね。原文は〈ready-made and final〉なので、「出来上がった、最終的なもの」でなくなる、と訳した方が分かりやすいでしょう。この場合の「実在的なもの」というのは、現実に存在している個々のものというより、先ほど出てきた、アリストテレスやブラッドレーが言っているような意味での「真の実在」のことでしょう。個々の事物の背後にある「真の実在」というイメージがなくなって、「実在的なもの」が変化するということが、肯定的かつ具体的に受け止められるようになり、その変化のパターンが積極的に研究され、実践に応用されるようになったわけです。「観念的なもの」も「実在的なもの」も、「理想」の実現に向けての変化を媒介するものになったわけです。

「見物人 spectator」と「芸術家 artist」

哲学的に言えば、これは、認識および哲学における観想的なものから操作的なものへの変化に含まれる大きな相違なのである。けれども、この変化は、哲学の権威が高遠な段階から下等な功利主義の段階へ落ちたという意味ではない。それは、哲学の第一の機能が経験の——特に人間の集団的な経験の可能性の理性化にあることを意味する。この変化の大きさは、その完了がいかに遠い話であるかを考えれば明らかになるであろう。自然のエネルギーを人間の目的に利用させる発明は多いが、それでも、私たちは認識を自然および経験を積極的にコントロールする方法として見る習慣を持つに至っていない。認識を考えるのに、私たちは、絵を描いている芸術家をモデルとせずに、むしろ、出来上った絵を眺める見物人をモデルとしがちである。そこから、専門の哲学研究者がよく知っている認識論上のあらゆる問題が生じているのであるが、これらの問題のために、特に近世哲学は、普通の人間の理解にとっても、科学の成果や手続にとっても縁のないものになってしまったのである。なぜなら、これら一切の問題は、ただ眺めるだけの精神を一方に、そして、眺められ注目される別の離れた対象を他方に仮定することから生じているから。それは、精神と世界、主観と客観とが別の独立したものでありながら、図らずも真の認識を可能にするような関係へ入り込む、その次第を問題にするのである。もしも、仮説に導かれる実験からの類推により、また、或る可能性の想像に導かれた発明からの類推によって、認識の働きを積極的な操作的なものと見る習慣があったら、差当って、哲学は、今も悩みの種である認識論上のすべての謎から解放されていたであろう、と言っても言い過ぎではあるまい。

ポイントは、「経験の可能性の理性化 rationalizing of the possibilities of experience」と、「見物人 spectator」をモデルにした「認識」観と「芸術家 artist」をモデルにしたそれとの違いです。「見物人」というのは、「対象」を離れた所から何もしないで見ている存在です。主観=見物人と、客観の間に何ら特別の繋がりはありません。にもかかわらず、見物人モデルを採用する近代の哲学者は、主観による客観の「真の認識」が、何らかの条件の下で可能になるのではないかと想定して、それを探究しようとするわけです。基本的な設定に無理があるわけです。それに対して「芸術家」は、様々な素材から対象=作品を自ら創り出す存在です。芸術家にあっては、主体は常に客体と不可分に絡まり合っているわけです——この場合の

「見物人」：「対象」を離れた所から何もしないで見ている存在。主観＝見物人と、客観の間に何ら特別の繋がりはない。にもかかわらず、見物人モデルを採用する近代の哲学者は、主観による客観の「真の認識」が、何らかの条件の下で可能になるのではないかと想定。基本的な設定に無理がある。

「芸術家」：様々な素材から対象＝作品を自ら創り出す存在。芸術家にあっては、主体は常に客体と不可分に絡まり合っている

この場合の「客体」⇒作品の素材になる様々の物質や感性的刺激と、創作された、あるいは創作されつつある作品を合わせたもの。言い換えれば、芸術家が経験の中で遭遇する「物」の総体。

「科学者」：物＝客体に対して、「芸術家」的に関わる。それだけに留まらず、自らの「経験」の仕方を「合理化」しようとする。つまり、自分の眼や耳で素朴に観察して、手で加工するのではなく、各種の機器によって、対象をより正確に捉え、加工できるようにする。

※「哲学」は、今後は科学との繋がりを強めながら、私たちの「経験」をどういう風に「合理化」していくべきか考えるべきである。

「客体」は、作品の素材になる様々の物質や感性的刺激と、創作された、あるいは創作されつつある作品を合わせたもの、言い換えれば、芸術家が経験の中で遭遇する「物」の総体と考えて下さい。

「科学者」は、客体に対して、この意味で「芸術家」的に関わるわけですが、それだけに留まらず、自らの「経験」の仕方を「合理化」しようとします。つまり、自分の眼や耳で素朴に観察して、手で加工するのではなく、各種の機器によって、対象をより正確に捉え、加工できるようにします。「哲学」は、今後は科学との繋がりを強めながら、私たちの「経験」をどういう風に「合理化」していくべきか考えるべきである、とデューイは提案しているわけです。科学哲学ですね。

「主体」と「客体」を二元的に分離したうえで、「客体」を正しく認識することを目指す、近代の認識論哲学が抱える矛盾を指摘し、「主体／客体」の関係を再編しようとするデューイの問題提起は、『哲学と自然の鏡』でのローティの議論に通じます。何度もお話ししているように、ローティは、デューイの影響を強く受けて、近代の「認識論」の脱構築を目指しました。

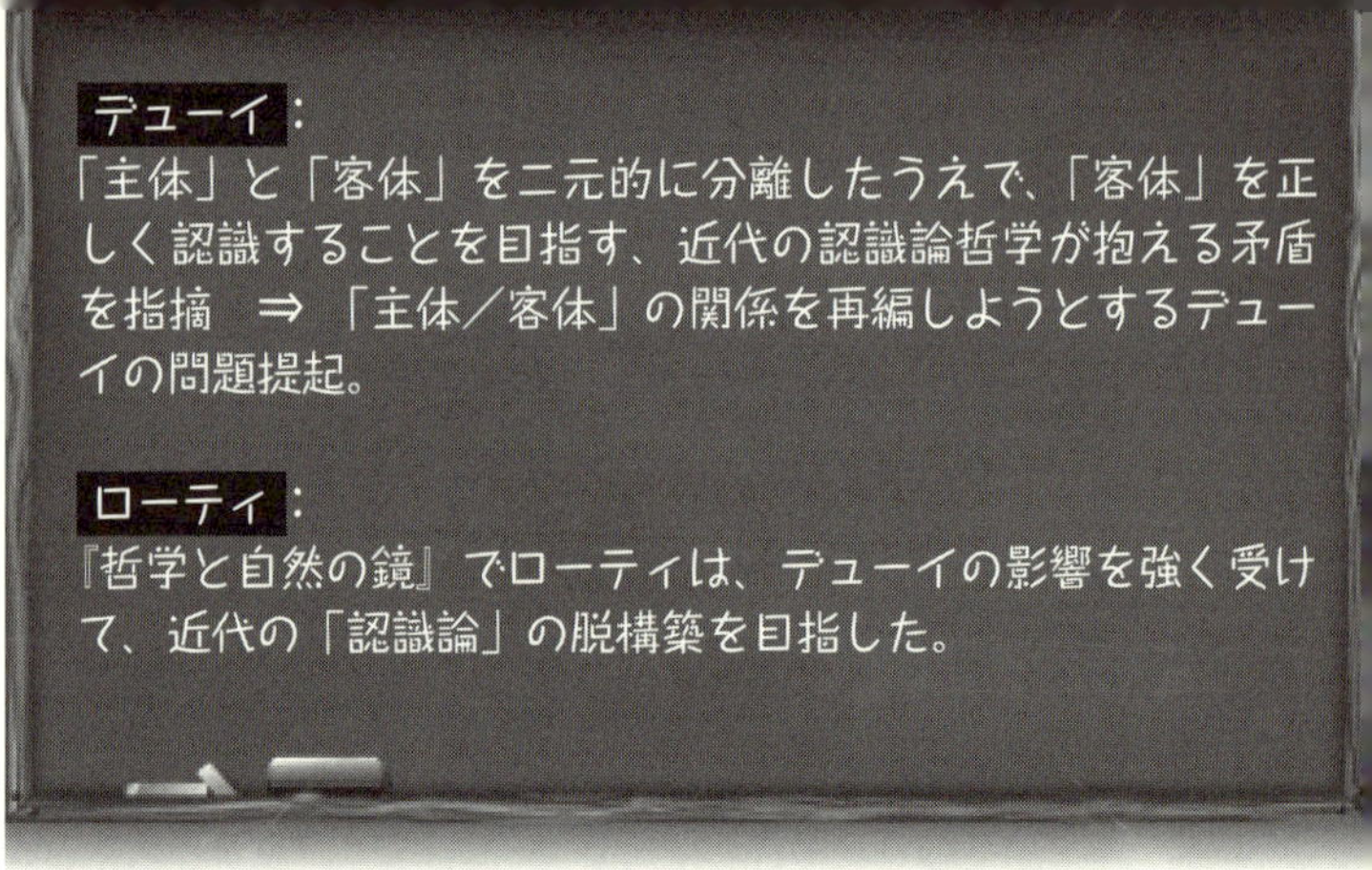
デューイ：
「主体」と「客体」を二元的に分離したうえで、「客体」を正しく認識することを目指す、近代の認識論哲学が抱える矛盾を指摘　⇒「主体／客体」の関係を再編しようとするデューイの問題提起。
ローティ：
『哲学と自然の鏡』でローティは、デューイの影響を強く受けて、近代の「認識論」の脱構築を目指した。

> 近代の哲学思想は、右のような認識論上の謎や、実在論者と観念論者、現象主義者と絶対主義者との間の論争に心を奪われて来たので、本体の世界と現象の世界とを区別する形而上学の仕事、孤立した主観が独立の客観をいかにして知り得るかを説く認識論の仕事がなくなった場合、哲学には何が残ることになるのか、多くの研究者は途方に暮れている。しかし、こういう伝統的な諸問題が除かれたら、哲学は、もっと生産的で、もっと緊急な仕事に専念出来るようになるのではないか。また、人類を苦しめている重大な社会的道徳的な欠陥や問題を直視する勇気、これらの弊害の原因および真の性質を明らかにし、より良い社会的可能性に関する明瞭な観念を発展させることに専心する勇気を哲学に与えるのではないか。

見物人としての主観がどのようにして客観を正しく認識するのか、どのようにして「自然の鏡」になり切れるのかという不毛な問題など捨ててしまった方が、「哲学」に新しい可能性が開けてくるというわけですね。先ほどの「経験の可能性の理性化」に加えて、「社会的可能性に関する明瞭な観念」を発展させるという役割も、哲学が担うべきだと言っているわけですね。分野で言うと、社会哲学です。今読み上げた箇所の少し後で、こうした社会的可能性をめぐる探究は、この本の第一章で取り上げた、哲学の起源と合致するとも述べていますね。デューイの理解では、ソクラテス、プラトン、アリストテレスは、新しい技術知の台頭と伝統的な信仰の体系の対立状況に直面し、前者の攻勢で動揺していた後者を、批判的・合理的な精神によって再考し、新しい形而上学的土台の上に基礎付けることによって、ポリス的な秩序を守っていこうとした、ということでした。そうした社会哲学的な問題意識へ哲学は回帰すべきだ、とデューイは示唆しているわけです。無論、ソクラテスたちのように、日常的な知と形而上学を分けるやり方で、社会的秩序を救うというやり方はもはや通用しないので、それとは異なった仕方で、社会的問題に取り組み、科学との折り合いを付けるようにすべき、ということでしょう。ローティも、哲学は、〝自然の正しい認識〟に拘り続けるよりも、認識の枠組みを成り立たしめている社会的関係性をめぐる問題にもっと力を入れるべきことを提唱しています。

「観念的なもの」と「リアル（実在的）なもの」

前に述べたように、観想的観念が本当に効果的に用いられるのは、科学ではなく、芸術の領域である。世界の形態や運動に対する、それらの用途など全く考えない、好奇心に溢れ、愛情に満ちた関心のないところに美術の高度の発達を想像することは困難である。そして、大いに強調しておきたいのは、美術において高度の発展を遂げた民族は、例外なく、観想的態度の発達した民族――例えば、ギリシア人、ヒンズー教徒、中世のキリスト教徒――であったという事実である。これに対して、実際に科学の進歩の中に現われた科学的態度は、既に述べた通り、実践的態度である。この態度は、形態は過程を隠す仮面であると考える。この態度が変化に対して持つ興味は、変化がいかなる結果を生むか、変化をいかに扱ったらよいか、いかなる役に立つかという興味である。科学的態度は自然を征服したけれども、自然に対するその態度には、世界の美的享受と相容れない、非情な攻撃的なところがある。

疑いもなく、実践的科学の態度と観想的美的鑑賞の態度とを融和させる可能性や方法という問題に優る重要な問題はないであろう。

デューイは、自然に対して攻撃的な「実践的科学の態度」のみが一方的に強まっていけばよいと思っているわけではなく、あるがままの世界、自然を美的に享受し、芸術的な創造性を育む「観想的態度」との間でバランスを取ることが必要だとも考えているわけです。この後の箇所で、そうした努力は、観想的な態度が生活習慣の中に浸透している東洋の諸民族との相互理解にも繋がる、と述べていますね。デューイは『学校と社会』などで、教育における芸術的要素の重要性を強調していますし、後に、『経験としての芸術』という著作で、芸術の本質は、作品における物質的な表現よりも、作品を媒介とする、人々の「経験」の発展であるとして、芸術と日常的・共同体的経験を連続的に捉える理論を提示しています。

デューイは更に、第一次大戦において顕在化した「観念的なもの」と「リアル（実在的）なもの」のギャップの問題に言及しています。少しごちゃごちゃした記述になっていますが、要は、表面的には、「人道」、「正義」、「平等」といった観念＝理想的な諸目的を掲げて戦争が行われたものの、その戦争は高性能火薬、爆撃機、封鎖のための巧みな機構などの極めて「リアル」な――つまり、「リアル」なダメージを敵国とその国民に与える――手段によって遂行され、「理想」の背後にある経済的な利害、力のバランスなどの「リアル」な関係が露呈された、ということです。そういう状況の中で、「観念＝理想」は「現実（リアリティ）」を隠すための隠れ蓑ではないかという見方をする人たちが出てくる一方で、科学中心主義が様々な社会悪を生み出した原因と見て、少数のエリートが精神的な問題に献身すべき時代が再びやって来たと主張している人たちも出てきた、と述べていますね。

当然、デューイはどちらの見方にも賛成しません。

けれども、最も明白な結論は、すべて大規模な抽象的な形で宣言された理想の無力および有害、つまり、個々の具体的存在——その運動の可能性を理想は現わしている——から離れた独立な存在の無力および有害ということであると思う。真の道徳は、独立に存在する精神的世界を信ずる観念論の悲劇と、力と結果との極めてリアリスティックな研究——謂わゆる現実政策などより科学的に正確完全な方法で行なわれる研究——の悲劇的必要とを明らかにすることにあるように思う。なぜなら、近視眼的であること、目先の必要に追われて未来を犠牲にすること、不愉快な事実や力を無視すること、切迫した欲望に合うものなら、その永続性を誇張すること、これらは本当にリアリスティックでも科学的でもないからである。現状の諸悪が理想の欠如から生じているというのは誤りで、それらは誤った理想から生じているのである。更に、この誤った理想は、「リアル」で操作的な諸条件の系統的で組織的で公平で批判的で細心な探究——これこそ、私たちが科学と呼ぶものであり、技術的領域において、人間を自然エネルギーの支配者たらしめるものである——が社会問題に欠けていることに基づくものである。

少しごちゃごちゃした文章ですが、落ち着いて読めば、ポイントは分かりますね。現実離れした「観念」は本当の意味で「理想」ではないけれど、「近視眼的」で、「目先の必要に追われて未来を犠牲に」し、「不愉快な事実や力を無視する」ような考え方も、本当の意味で「リアル」ではない、と言っているわけです。社会の中で科学が進んでいくべき現実的な方向を吟味できるような「理想」こそが必要だということですね。「この誤った理想は、『リアル』で操作的な諸条件の系統的で組織的で公平で批判的で細心な研究（…）が社会問題に欠けていることに基づく」という言い方は、日本語として少し違和感がありますが、引っかかるのは、「〜が社会問題に欠けている」という部分ですね。ここは原文では、〈in the absence in social matters of 〜〉となっています。「〜が社会的な課題になっていない」とか訳し直すと、すっきりするでしょう。「〜が社会問題として意識されていない」とか、「〜が社会的な課題になっていない」とか訳し直すと、すっきりするでしょう。「系統的で組織的で公平で批判的で methodic, systematic, impartial, critical」というのは、要するに、個々の発見の成果にすぐに飛びついて、短期的な利益を出そうとするのではなくて、その長期的で広範な影響を、大きな視野から捉え直すというような意味合いでしょう。現代では、様々なシステムの相互関係を探究するシステム工学 (system engineering) や、広い意味での技術の社会的影響を研究する社会工学 (social engineering) が管轄するような問題領域でしょう。エネルギー政策とか、国土開発計画とかで、「全体のスキーム」とか呼ばれているもののことだと思えば分かりやすいでしょう。

　哲学は、観念的なものと実在的なものとの関係という問題を「解く」ことは出来ない。これは、人生の永遠の問題である。しかし、少なくとも、哲学は、右のような問題を処理するという人類の重荷を、哲学自身が育んで来た誤謬——新しいものへの運動とは無関係に実在する条件が存在するとか、物質的なものや物理的なものの可能性から独立な理想、精神、理性が存在するとかという誤謬——から人間を解放することによって、軽くすることは出来る。というのは、この根本的に誤った先入見に捕えられている限り、人類は、目隠しをされ、手足を縛られて歩いて行くことになるからである。そして、望みさえすれば、哲学は、こういう消極的な仕事以上のことが出来るのである。哲学は、社会の具体的な事象や力の観察および理解に適用された共感的な綜合的な知性こそ、幻想でもなく単なる感情的代償でもない理想——すなわち、目的——を作り得るという点を明らかにすることを通じて、人類の正しい前進を助けることが出来るのである。

「哲学」は、自分自身が作り出してしまった、二項対立図式がもはや無効であること、不要の混乱を生み出してきたことを明らかにしたうえで、社会が目指すべき共通の「目的＝理想」をいかに作り出すか、そのための議論の土台を作り出すこと——ちょうどサンデルが白熱教室で試みているようなことですね——を自らの課題とすれば、哲学は、かつてのソクラテスの時代のように、建設的な役割を果たせるようになるだろう、という希望的観測を語っているわけです。

この結論だけ見ると単純な感じもしますが、全体を通して見ると、少なくとも、「観念」をその時々の都合で使い捨てにすればいいというような短絡的なニュアンスで〝道具主義〟を提唱しているわけではなく、「哲学」がこれまで辿って来た歴史を概観し、二項対立図式が生まれ、硬直化するようになった原因を彼なりに分析・解釈したうえで、これからの哲学史をより生産的な方向へ導いていこうとしていることが分かります。

■質疑応答

Q　美的事実に対する観想的な態度と、実験的な態度の対比を面白く感じました。それに関してですが、一二七頁に、「傍観者的認識観というのは、知的な傾向の人たちが、自分たちの献身する思想的職業が現実的社会的に無力であることをみずから慰めようとして作り上げた全く代償的な学説なのである。条件のゆえに妨げられたにせよ、勇気の不足のゆえに控えたにせよ、とにかく、自分の知識を事態の発展を決定する一要素たらしめ得なかった時、彼らは、知識は、変化するものや実用的なものに触れて汚すにはあまりに崇高なものであるという観念に気持のよい避難所を求めたのであった」とありますね。これを読んで小林秀雄（一九〇二―八三）の『モオツァルト』（一九四六）と、それを音楽家の高橋悠治（一九三八―）が『ユリイカ』に一九七四年に掲載された「小林秀雄『モオツァルト』読書ノート」という文章で徹底批判したこと、そして岡本太郎（一九一一―九六）も『日本の伝統』（一九五六）だったと思いますが、小林秀雄を批判するような文章を書いていたのですが、そのことを思い出しました。これは僕の勝手な連想かもしれませんが、更にそれとの関連で、小林秀雄が戦争中に、雑誌『文学界』誌上で行われた「近代の超克」座談会に参加していたことも思い出しました。その辺について、先生のご意見をお聞きしたいと思います。

A　私は音楽は詳しくないのですが、高橋悠治の小林批判は、小林がモーツァルト（一七五六―九一）についてあまりにも傍観者然とした態度で、つまりモーツァルトの作品が小林自身の人生、生き方とまるで無関係であるかのような、（高橋から見て）よそよそしい態度で、しかもあの難しい文体で評論を書いたことを問題にしたんでしたね。岡本太郎の『日本の伝統』での批判というのは、戦前、岡本がフランスから帰って来た時、小林に自慢の骨董の壺を見せられたというエピソードのことですね。岡本は壺に関しては全く素人だったけど、小林の見せる壺の価値を、率直な印象で語ると、ぴたりと当たってしまう。それに小林はすごく感動するけど、岡本には全然面白くないし、そういうことに感動する小林を気の毒に思う。小林について直接的に言及しているのはそれだけですが、この文脈で岡本は、批評というのは、素人の眼で物を素朴に見て、その価値を発見、創造することであって、玄人ぶって作品の真贋とか来歴について鑑定することではないと述べています。現代の美術批評家は、鑑定と批評を混同している、というわけです。これは、小林に対する痛烈な批判と取れますね。『私の現代芸術』（一九六三）では、小林の名前は出していませんが、天真爛漫なモーツァルトの音楽を、抽象的な観念によって厳粛な雰囲気で形容しようとする、批評家たちをくさしています。高橋や岡本の問題提起は、批評家が作品から距離を取るのは当然だとしても、自分とは全く関係ない、観念の世界を分析するような姿勢はどうなのか、ということだと思います。

デューイは、「観想」が芸術と親和性があると言っているわけですが、ご指摘は、芸術を鑑賞する人間は、純粋に「観想」的な態度を取るのが本来の在り方か、ということですね。恐らく、デューイも、芸術においても、当事者的な態度が必要だと言うのではないか、という気がします。先ほど見たように、デューイは「見物人」と「芸術家」を区別して、認識論はむしろ後者をモデルにすべきだったと言っていますし、『経験としての芸術』では、芸術を、エリートとしての芸術家だけでなく、すべての人の「経験」を感性の面から豊かにし、コミュニケーションを活性化する営みとして広く捉えています。「批評 criticism」も、そうした「経験」の拡張のプロセスを補助すべきものだとしています。当然、「作品」を人々の日常から離れたものとして扱うことに反対しています。彼は、科学的な経験だけでなく、信仰や芸術、政治など、あらゆる面での「経験」を重視する思想家です。

「近代の超克論」との繋がりですが、小林の観想的な態度が、深刻化していく戦争の現実を無視させ、「東西の文化を融合することで、西欧近代が陥った人間疎外の状況を打破する」というような観念の遊戯に走らせたのではないか、ということをおっしゃりたいわけですね。

Q　確信はないですが、そういう印象を持っています。

A　小林自身が、デューイが批判している人たちのように、現実を直視しないで、観念の世界に逃避していたと言い切れるかどうかは別として、文学者とか哲学者は一般的にそういう傾向があると思います。「近代の超克」座談会などで、「近代の超克」について非現実的で、極めて観念的な議論をしたのは、実際、京都学派の哲学者や文芸批評家たちです。

そういうのはまさに、第五章の終わりの方で、デューイが批判していたこと、「誤った理想」によるミスリードでしょう。ただ、あれは戦争中に行われた座談会なので、参加者たちも、何か戦争に協力するようなことを言わないといけないと思って、無理して観念的な議論をしたのではないか、という面もあるはずなので、そこは割り引いて考えないといけません。京都学派の哲学者たちは、彼らなりに、科学・技術や政治、文化の「系統的で組織的」な発展の可能性を模索したわけですが、それが恐ろしく観念的で、偏ったものになってしまったということだと思います。ご存知だと思いますが、この辺のことは、講談社学術文庫に入っている、廣松渉（一九三三―九四）の『〈近代の超克〉論』で詳しく解説されています。

そう言えば、高橋の小林批判でも、戦中に小林がファシズム体制に対して沈黙し、現実から逃避するかのように観念的な美の世界に逃げて、その流れでモーツァルト論の構想に思い至ったこと、反近代の音楽家に仕立てあげたことを問題にしていますね。高橋の論文は、今、平凡社ライブラリーの『高橋悠治――コレクション一九七〇年代』に入っているんでしたね。おっしゃるように、「近代の超克」をめぐる日本の哲学者・批評家の態度は、デューイによる「傍観者」モデル批判と、テーマ的に深く繋がっているのかもしれません。

Q2　特に第五章を、アーレントの『人間の条件』（一九五八）を思い出しながら読みました。特に「観想＝テオリア」をめぐる記述が、アーレントの議論と重なっているように思えました。先生も、『ハンナ・アーレント「人間の条件」入門講義』で指摘されていたように、アーレントも、「観想」と、「活動」としての「実践」の区別を強調していたと思います。ただ、アーレントは、プラトンの「イデア」論が、職人による「制作」をモデルにしている面もあることを指摘していましたよね。「イデア」を参考にして、デミウルゴス（造物主）がこの世界を創ったという話だったと思います。その面では、「イデア」は、デューイが言っている意味での「実践」と無縁ではないような気がします。「イデア」と「エイドス」はいずれも「見る」という動詞から派生した言葉でしたね。いろんな関係を連想するのですが、「観想」と「実践」の相互関係について、デューイとアーレントを簡単に比較して頂けないでしょうか。

A　ソクラテス－プラトン－アリストテレスにまで遡って、西欧の思想を支配してきた「観想」と「実践」の二項対立の起源を明らかにし、それを軸に自らの哲学史観を展開したのは、両者の共通点です。ただ講義の中で触れたように、両者の用語にはずれがあります。デューイが「実践」と呼んでいるものは、アーレントの用語だと、人工物を作る「制作」と、人間相互の「活動」を一緒にしたもので、この本では、「制作」という側面の方が強調されていますね。アーレントは、「制作」が肥大化して「活動」の余地を減らし、次第に、生命過程の現われである「労働」へと退化していく危険を指摘しています。それに対して、デューイは、「制作」的な「実践」の発展によって、人々が古い世界観から解放され、人々が自由にコミュニケーションし、連帯できるようになる可能性を示唆しています。「ホモ・ファーベル」を肯定的に捉えている点で、デューイは、ある意味分かりやすい近代主義者です。「ホモ・ファーベル」の危うさを指摘するアーレントとは決定的に異なります。ただ、この本の元になったデューイの講義が、第一次大戦の直後で、近代に対する信頼が完全に失われていない時期に行われ、一方の『人間の条件』が刊行されたのは、第二次大戦、ホロコーストの後、東西冷戦の真っただ中で、科学技術によって資本主義の限界を超えると自称していたソ連型社会主義の欠陥が露呈し始めた時期ですから、「ホモ・ファーベル」観が異なるのはある意味当然でしょう。

あと、「観想」に対する二人のスタンスも違います。先ほど見たように、デューイは「観想」が自己目的化して、社会的現実から遊離していること――その結果、身分制秩序を間接的に正当化していること――を問題視し、実験科学によって新たな可能性が広がった「実践＝制作」と、「観想＝理論」が再び融合して、社会を能動的に再編していくべきだと主張します。アーレントは、「制作」を強化・拡張して、「世界」を流動化させることには批判的です。それをやりすぎると、「人間」の居場所としての「世界」が掘り崩され、「制作」は、先ほど言ったように、生命維持のためのオートメーションになってしまいます。アーレントは中世のキリスト教が、（修道院的瞑想に耽るという意味での）〝観想的生活〟を、「実践（活動）的生活」の上に置いたことや、デカルト的な理性中心主義に対しては批判的ですが、「観想」それ自体に対するスタンスは微妙です。少なくとも、ソクラテスやアリストテレスが、「観想」を、人間の最高の営みとしたこと自体を否定的に捉えてはいません。近代において「制作」モードが支配的になり、「観想」としての「理論」があまり重視されなくなったことを問題視しているようにも見えます。ただ、「観想」の力によって、自らを世界から疎外しつつある「ホモ・ファーベル」の行き過ぎを抑止できるとか、「活動」を再活性化できるとか思っていないのも確かでしょう。そうした意味で、アーレントの「観想」に対するスタンスは微妙です。

実践知によって、（観念的な世界観と融合してきた）古い秩序を打破すれば、「哲学」は本来の役割を発揮できるようになると見るデューイは、遥かに楽観的です。そこは、確かにアメリカっぽい気がします

（笑）。今日見たところでは、古い桎梏から解放された「哲学」が、社会の再編にどのように貢献するのか具体的に論じられていませんが、次回見る第八章では、それがテーマになります。

予備知識として言っておきますと、アーレントが晩年に教鞭を執ったニュー・スクール・フォー・ソーシャル・リサーチは、一九一九年に著名な学者たちによって創設されたのですが、デューイは、経済学者のウェブレン（一八五七—一九二九）などと並んで創設メンバーの一人です。コロンビア大学が第一次大戦中に、教育や学生に合衆国への忠誠を明らかにするよう要求したことに反発して辞職した人たちが中心になりました。デューイはコロンビア大学を辞職しませんでしたが、自由な精神の学術機関を創設するという趣旨に賛同して、創設メンバーになりました。一九三三年には、ナチスとかイタリアのファシズム等から亡命してきた学者にポストを提供するため、ニュー・スクールに〈University in Exile（亡命大学）〉と呼ばれる大学院が設置されます。カール・レーヴィット（一八九七—一九七三）やレオ・シュトラウス（一八九九—一九七三）、レヴィ＝ストロース（一九〇八—二〇〇九）なども亡命中にここで教鞭を執っています。映画『ハンナ・アーレント』（二〇一二）に登場する、倫理学者のハンス・ヨナス（一九〇三—九三）も、五五年からここの教授になっています。

第五回講義から

［講義］第六回

未来の思想？・

――デューイ『哲学の改造』を読む３＋ネオ・プラグマティズムとは？

権利と義務との間、法律と自由との間の長期にわたる論争は、固定的概念としての個人と社会との間の闘争を言い換えたものである。個人にとっての自由とは、成長のことであり、修正が必要とあれば直ちに行なわれるような変化のことである。

ジョン・デューイ　『哲学の改造』

前回のおさらい：
従来の哲学が、古代ギリシア以来、
理性／経験、理想／実在、理論／実践といった二項対立を前提にし、これらの対立の左側の項のみを自らの領分として、現実を無視してきたため、哲学が何のためにあるのか分からなくなっていると指摘。

⇒　実験科学の発展⇒哲学はこの二元論を自らの責任で解消し、ソクラテスたちの問題意識の原点でもあった哲学の本来の役割、社会のあるべき形を考える役割へと回帰すべき。

社会と個人と民主主義の問題

本日は、先ず『哲学の改造』の第八章「社会哲学に関する再構成」を読んで、後半で、デューイに代表されるプラグマティズムが現代のネオ・プラグマティズムとどう繋がっているのかをお話ししたいと思います。

これまで見て来たようにデューイは、従来の哲学が、古代ギリシアにおいて確立された、理性／経験、理想／実在、理論／実践といった二項対立を前提にし、これらの対立の上の項のみを自らの領分として、現実を無視してきたため、哲学が何のためにあるのか分からなくなっていると指摘します。そのうえで、実験科学の発展を踏まえて、哲学はこの二元論を自らの責任で解消し、ソクラテスたちの問題意識の原点でもあった哲学の本来の役割、社会のあるべき形を考える役割へと回帰すべきことを主張します。それで、最終章では社会哲学の役割について論じられているわけです。これに先行する第七章「道徳観念」では、最終的な目的、善、究極の法則などがあることを大前提に議論をし、間接的に既存の秩序への順応を正当化してきた従来の倫理学を批判したうえで、功利主義を評価しますが、功利主義も、快楽の最大化を、究極的で、最高の目的として固定化してしまっている点で、古い思考の枠組みを脱し切れていないと批判します。各人の経験の発展の多様性を考慮に入れた民主主義的思考法が必要だと示唆しています。

第八章の冒頭で、「社会」は諸「個人」から構成されるものであることは、疑い得ない事実としたうえで、両者の関係を考えるうえで三つの道があるとしています。

社会は諸個人のために存在すべきものである。あるいは、諸個人は、社会によって定められた目的および生活方法を持つべきものである。あるいは、社会と諸個人とは、相互に相関的、有機的なもので、社会は諸個人の奉仕と服従とを要求し、同時に、諸個人に奉仕するために存在する。

「相関的 correlative」と「有機的 organic」

社会が個人のためにあるのか、個人が社会のためにあるのか、というよくありがちの二択問題を示した後で、三番目に両者の関係は、「相関的 correlative」あるいは「有機的 organic」であるという中間的な見方を示しているわけです。こういう言い方をする際には、三番目を推している場合が多いのですが、単純に推しているわけではなく、「有機的」に対して多少批判的な見方らしきものも示しています。

特に、「有機的」な考え方は、プラトンおよびベンサムの誤謬を相共に避けながら、極端な個人主義的学説および極端な社会主義的学説へのあらゆる抗議に応えていると見てよい。社会が諸個人から成ればこそ、諸個人と、彼らを結び合わせる結合関係とは等しく重要でなければならないように思われ

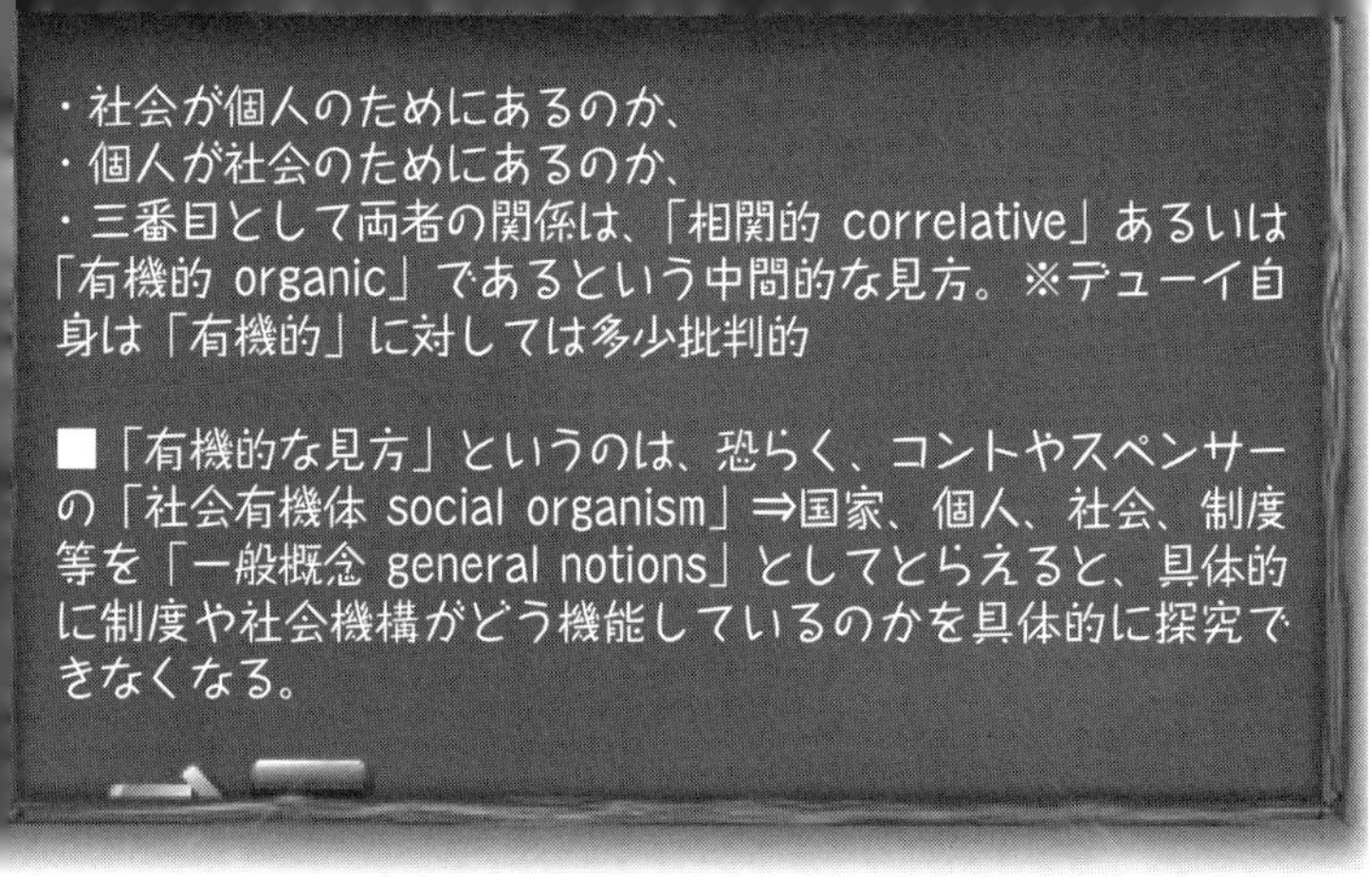

・社会が個人のためにあるのか、
・個人が社会のためにあるのか、
・三番目として両者の関係は、「相関的 correlative」あるいは「有機的 organic」であるという中間的な見方。※デューイ自身は「有機的」に対しては多少批判的
■「有機的な見方」というのは、恐らく、コントやスペンサーの「社会有機体 social organism」⇒国家、個人、社会、制度等を「一般概念 general notions」としてとらえると、具体的に制度や社会機構がどう機能しているのかを具体的に探究できなくなる。

る。強力で有能な個人がいなければ、社会を形作る絆や紐帯にしても、支配すべき相手がいないことになるであろう。相互的結合から離れたら、諸個人は相互に孤立して、影が薄くなり、委縮する。また、相互に敵対することになれば、彼らの闘争が各人の発達を損なうであろう。諸個人が成長を遂げ、自分の特殊な能力や機能を自覚するためには、法律、国家、教会、家族、友人関係、産業上の集団、いろいろな制度や機構が必要である。

「プラトンの誤謬」というのは、この本でのこれまでの議論の流れからすると恐らく、プラトンはポリスの秩序を合理的に基礎付けし直そうとしたけれど、イデア的な世界を自己完結的なものとして描き出してしまったため、ポリスの古い秩序や、後代の身分制を容認することになってしまった、ということでしょう。ベンサムの誤謬というのは、先ほどお話ししたように、ベンサムは古い秩序や価値観を解体して、諸個人の欲求に即した善を追求する道を開いたけれど、全体の快楽の総量を増大させることを唯一の目的として固定化したということでしょう。いずれの場合も、個人と社会全体の関係が十分に考慮に入れられないことになります。現代の有機的な理論は、そういう誤謬をうまく避けて、個人の成長を支える社会的諸制度についてきちんと研究している、と言っているわけです。

「有機的な見方」というのは、恐らく、コントやスペンサーの「社会有機体 social organism」論のことでしょう。コントは、社会を、社会契約論の

デュルケム

ように人為的な構築物として見るのではなく、生物のような有機体として見るべきだと主張しました。それを受けてスペンサーは、生物体が単純なものから複雑なものへと分化・発展するように、有機体としての社会も単純な形から複雑に分化した形へと発展すると主張しました。スペンサーには「社会的有機体」（一八六〇）という論文もあります。デューイとほぼ同年代のフランスの社会学者デュルケム（一八五八－一九一七）は、コントースペンサーの社会有機体説を継承したとされています。デュルケムの主著の一つ『社会分業論』（一八九三）で、社会的連帯は、身近で似たような性質や技能を持つ人たちだけから成る「機械的連帯 solidarité mécanique」から、お互いに独立し、異なった技能によってお互いに補完し合う人たちから成る「有機的連帯 solidarité organique」へと移行する傾向があると主張しています。

「有機体」論――物事を具体的なものでなく一般概念で捉える問題

デューイはそうした有機体論を評価しているようですが、これらも含めて従来の理論全般には共通の欠陥があると見ているようです。

直ちに問題の核心に入って、これらの諸学説に共通の欠陥を述べようと思う。これらの学説は、例外なく、特殊な状況を支配する一般概念という論理を採用している。私たちが明らかにしたいと思うのは、諸個人の作る特定の集団であり、特定の具体的な人間であり、特定の特殊な制度や社会的機構である。ところが、伝統的に受け容れられて来た論理は、右のような探究の論理の代わりに、諸概念の意味、その弁証的相互関係という議論を持ち出して来る。議論は、国家そのもの、個人そのもの、制度そのものの本質、社会一般という調子で行なわれる。

デューイはこれらの理論が、国家、個人、社会、制度等の「一般概念 general notions」があることを最初から前提にしていることを問題視しているわけです。それらについて一般的に成り立つ概念があるはずだと決めつけてしまうと、具体的な個人や制度、国家を把握するうえでの障害になるわけです。ここで「弁証的相互関係」と呼ばれているのは、このすぐ後でヘーゲルの名前を挙げていることからして、ヘーゲルと見ていいでしょう。ヘーゲルの弁証法のことだとすると、「全体」と「個」の間に矛盾・対立が生じ、相互に否定し合うことによってお互い変化し、発展していくという歴史哲学的な図式のことでしょう。ヘーゲルの専門的な研究者の人は否定するでしょうが、ヘーゲルの弁証法的発展図式は、決まったルートを通って、決まったゴールに向かっていくものと理解されることが多いです。デューイは元々ヘーゲル主義者だったわけですが、この本では、ヘーゲルに代表されるドイツ観念論に対して厳しい態度を取っているように見えます。

デューイとしては、抽象的な図式に当てはめて社会と個人の関係を理解するのではなく、個々の制度や社会機構がどう機能していくのか具体的に探究するための理論こそ必要だと言っているわけです。因みに、一九三八年に刊行されたデューイの『論理学 Logic』の副題は、「探究の理論 the Theory of Inquiry」です。人間の科学新社から『行動の論理学』というタイトルで翻訳が出ています。

家庭生活の細かな面倒な問題に関するガイダンスが必要な時に、家族一般に関する学術論文や個人の人格一般の神聖なる所以を説く主張に出会う。私たちが知りたいのは、或る時代と場所という一定の条件の下で機能する私有財産制度の価値なのである。それなのに、私たちが出会うのは、財産は一般

プルードン

に盗みである、というプルードンの答えであり、また、意志の実現は一切の制度の目的であり、物理的自然に対する人格の支配の表現としての私的所有は、意志の実現の必然的要素である、というヘーゲルの答えである。何れの答えも、特殊な状況との関係においては或る示唆を含んでいるであろう。しかし、これらの考え方が持ち出されるのは、特殊な歴史的現象との関係において価値があるからではない。それらは、あらゆる個別的なものを包含し支配するような普遍的意味を持つと考えられた一般的な答えなのである。それゆえ、これらの答えは、探究を助けはしない。探究を終らせるのである。

プルードン（一八〇九―六五）が、フランスの無政府主義的社会主義者で、初期マルクスによってその理論の粗雑さを徹底的に批判されたことはご存知ですね。彼は、『財産とは何か』（一八四〇）という著作で、財産は盗みだと主張しています。ヘーゲルが、「物理的自然に対する人格の支配の表現」として「私有財産」を捉えていたというのは、少し難しそうですが、これはヘーゲル独特の「歴史」観・「法」観に基づく「財産」観です。彼は、「歴史」を、人間が他者としての自然を客体として支配することで、自由になっていく、つまり自己の意志を実現できるようになる過程として捉えています。自発的に自らの理性を働かせていない状態の人間は、自然からの影響を受けて受動的に反応するだけで、何の主体性も示しません。その過程で各人は、様々な物を自らの支配下に収め、自らの意志で支配できるようにします。それを、他の人にも分かるように表示したものが、各人の「権利 Recht」であり、各人が自らの「権利」を承認し合うことによって社会――ヘーゲルは「人倫 Sittlichkeit」という用語を使います――を作ると、「権利」の相互調整のメカニズムとして「法 Recht」が形成されます。私有財産は、「法」

によって承認された各人の「権利」です。このようにして、各人が所有物や社会制度を媒介にして、自由になっていく過程を、全体として観察すると、絶対精神の自己展開という形で現われてくる歴史の発展法則だということになるわけです。デューイからしてみると、いずれも「私有財産」の本質とはこうであると自分の関心に合わせて一義的に定義してしまって、それで答えが出たことにするので、具体的な「私有財産」の研究には使えません。どのような文化圏、時代において、「私有財産」がどのように意義付けされ、どのように評価され、保護されているのか、あるいは保護されていないのか、家族とどのように関係しているのかといったことを探究するための理論を提供してくれない。

次に、「有機体説」に内在するより根本的な問題について述べていますね。先ほどは、現在の「有機体説」が話題になっていたので、スペンサーなどの社会学的有機体説のことではないかと言いましたが、「国家」を有機体と見る考え方は、遅くとも、一九世紀の初め頃からあります。ドイツ・ロマン派のアダム・ミュラー（一七七九－一八二九）の議論が有名です。ホッブズの『リヴァイアサン』（一六五一）も、国家を一つの巨大な身体を持った生命体であるかのように表象しているので、国家有機体説と見ることもできます。プラトンも、国家を一人の人物であるかのように擬人的に描写しているので、有機体的国家論者と見なされることもあります。デューイはその広い意味での有機体説を問題にします。

『リヴァイアサン』口絵

問題を具体的状況から定義や概念的演繹へ移すことによって、特に有機体説の場合、現存秩序の知的正当化の手段を与えるという結果になる。実際の社会的進歩や、抑圧からの諸集団の解放に深い関心を持つ人々は、有機体説を白い眼で見て来た。社会哲学に適用されたドイツ観念論の意図はとにかく、その結果は、革命的なフランスから押し寄

せる急進思想の大波に対して政治的現状を維持する砦を用意することであった。ヘーゲルは、国家お
よび制度の目的は万人の自由の実現を促進することにある、と明瞭に主張したけれども、その結果は、
プロイセン国家を神聖化し、官僚的絶対主義を神殿に祭ることであった。この護教的傾向は、偶然な
ものであったのか、それとも、それに用いられた概念の論理の何かから生じたものであるのか。

有機体説が、国家を有機体的なものとして一般的に定義するというのはいいとして、何故現存秩序の知
的正当化の手段を提供するのか、この手の議論に慣れてないとピンと来ないかもしれませんが、ホッブズ
の『リヴァイアサン』の有名な扉絵を思い浮かべると分かります。王様が頭になって、多くの人が鱗のよ
うに体の表面を覆っています。有機体的国家論は、各人を生物の身体のどこかのパーツとして位置付け、
その身体を離れては生きていけないかのようにイメージ化します。また、身体がバラバラになると、その
生物も、その各パーツ、細胞も生きていけません。だから、国家という有機体を壊してしまうような大き
な変革は避けましょう、ということになるわけです。

ヘーゲルの国家論は、デューイも指摘しているように、[個人→家族→市民社会→国家]という人倫の
発展の最終形態として登場する、現実の「国家」を理性的なものと見なし、その法体系の下で、国家公民
としての各人は真に自由になると主張するものなので、通常は、有機体説とは異なるものだと言われてい
ます。しかし、国家の中に組み込まれた職業団体の一員として生きることが個人にとっての〝真の自由〟
であるとする発想は、国家を単なる個人の集合体を超えたものと見なしているようにも見えるので、広い
意味で有機体的国家論の一種と見なせなくもありません。

西欧近代史の教科書でよく指摘されていることですが、ドイツでは国家や社会を一つの生き物のように捉え、そ
を一気に破壊したフランス革命に対する反動で、ドイツでは国家や社会を一つの生き物のように捉え、そ
の意味で有機体的国家論の一種と見なせなくもありません。
自由や平等を理念として掲げ、前近代の身分制

の命を守っていこうとする考え方が生まれてきました。ドイツ流の国民経済学、ドイツ観念論、政治的ロマン主義などが、それを正当化する理論を提供しました。ヘーゲルの国家観も、そういう傾向のものと見ることができます。ヘーゲルが『法哲学』（一八二一）で描く国家には、職業団体の代表から成る議会はありますが、それは官僚が作る政策を承認するだけの機関です。そうしたヘーゲルの国家観は、彼が仕えていたプロイセン国家の現状を正当化するものであると言われることが多いです。

私たちが、特定の政治組織や、困窮の人たちの特定の集団でなく、国家そのものや個人そのものについて語るならば、この傾向は、一般概念に固有の魅力や威光、意味や価値で具体的状況を包み込み、それによって、具体的状況の欠陥を隠し、重大な改革の必要を胡麻化してしまう。一般概念のうちに見出される意味が、それに属する個別的なものに注ぎ込まれる。具体的ケースを理解し説明するためには、これを厳格な普遍概念に包摂せねばならぬという論理を認めてしまえば、そうなるのは全く当然の話である。

言い回しが抽象的でとっつきにくいですが、要は、国家や社会の全体についての「一般概念」が、個別具体的な状況における様々な問題を見えにくくするということです。そう言っても、まだピンと来ないかもしれませんが、例えば、ヘーゲルのように、国家の本質は理性的な秩序であるという前提に立った時、どうなるか考えてみましょう。国家が制定する民法や刑法などの法律は、条文や判例の間でいろんな矛盾があったり、現実との齟齬があったりします。人々は、具体的な法律問題に直面した時、しばしばそういう個々の欠陥に気付きます。しかし、法律の本質は国家を構成する普遍的理性に基づいているのだという大前提に立ち返って考えると、自分が欠陥だと思ったものは実はそうではなく、何らかの積極的な意味があるのだけど、それが自分には分からないだけではないか、という気がしてきます。そこまで〝ポジティヴ思考〟でなくても、細かいところで矛盾が目立っているが、全体としてはうまく調和がとれているのかもしれないとか、次第に欠陥が除去されていくはずだとか考えて、問題を重視しなくなる可能性はありません。それに加えて更に、「国家」に対する各個人の本来のあるべき関係、各人は国家という巨大な身体を構成する細胞のようなものであるというような前提が加われば、個人が蒙る不幸や不平等のようなものも、国家という身体が生きていく中でたまたま生じてきた些細な不具合であるかのように見なされることになりがちです。

これに加えて、有機的見方には、個々の闘争の意義というものを低く見る傾向がある。個人と国家乃至社会制度とは同じ実在の両側面に過ぎないがゆえに、特殊ケースにおける闘争などというものは、すべて見かけだけのものに過ぎない。理論上、個人と社会とが相互に必要であり、相互に有用である以上、どうして、国家においてすべての諸個人が圧制的条件に苦しんでいるというような事実に多くの注意を払う必要があろうか。「実在」においては、諸個人の利害は、彼らの属する国家の利害と矛盾することは不可能であり、対立は表面的な偶然的なものに過ぎない。資本と労働とは「実在的」に矛盾することは不可能である。なぜなら、一方は他方にとって有機的必要物であり、両者は、全体としての有機的社会にとって有機的必要物であるから。セックスの問題などというものは、「実在的」には不可能である。なぜなら、男性と女性とは相互に不可欠であり、また、両者は国家にとって不可欠であるから。アリストテレスは、その当時、奴隷制度が国家および奴隷階級の双方の利益になるこ欠であるから。アリストテレスは、その当時、奴隷制度が国家および奴隷階級の双方の利益になることを示すために、当然、個体に優越する一般概念の論理を利用することが出来た。現存秩序を正当化することが意図でないにしても、結果は、特殊な状況から注意を逸らせることになる。

ここは分かりやすいですね。諸個人が国家あるいは社会の細胞だとすれば、本当の意味で、闘争が生じるはずがありません。「実在的」と訳されているところの原語は、〈really〉で、「実在」は〈reality〉で、原文では〃〃に入っています。ここでは第五章とは違って、哲学的な意味での「実在性」を本当に問題にしているのではなくて、対立があるようだけど、「本当のところは」そうではないとされる傾向があることを示唆しているわけではないので、「実際には」と軽く訳した方がいいと思います。有機体的な比喩で考えると、マルクス主義が階級闘争と呼んでいるものも、本格的な意味での闘争ではないことになってしまうわけです。アリストテレスが、生まれつき奴隷になるのに適した人たちがいるとして奴隷制を擁護したうえで、奴隷制込みのポリスを、人間の自然な共同体として描き出したのは有名な話ですね。

そういう風にして具体的な困難や矛盾を見ようとせず、物事を一般的概念によって成立するだけの従来の社会理論をデューイは激しく非難します。

> 理論の上では、個別的なものはすべてスマートに処理されている。適当な項目や種類に分類されている。ラベルが貼られていて、政治学とか社会学とかラベルを貼った分類用のファイリング・キャビネットの整然たる棚に入れられている。しかし、経験的事実としては、個別的なものは、相変わらず、面倒な、混乱した、無組織なものとして残っている。（…）それでも世界は続いている。つまり、何とか凌いで来たのである——これだけは否定することは出来ない。試行錯誤法と利己心による競争とが、とにかく、多くの改善を生んで来たのである。それなのに、社会理論の方は、探究や計画を導く方法としてではなく、無用の贅沢品としてである。哲学的再構成の真実の意味は、制度、個性、国家、自由、法律、秩序、進歩などという一般概念の精密化にあるのではなく、特殊な状況の再構成に関す

る方法の問題にあるのである。

分類・整理のための一般概念を作るだけで、個別具体的な社会問題を直視し、解決を目指そうとしない社会理論に対する怒りの表明ですね。この辺は、「哲学者たちは世界を様々に解釈してきた。肝心なのは世界を変革することである」と宣言したマルクスと似た雰囲気がしますね。ただ、この箇所をよく見れば、マルクスとの違いも分かりますね。マルクスは、観念的な哲学と、現実社会の支配的階級のコラボによって矛盾した生産体制が永続しているので、自分たちのような実践的思想家・活動家がその現状を打破しなければならないと考えるのに対して、デューイは、社会理論が観念的な世界にぐずぐずと留まっているのに対し、人々の試行錯誤や利己心に基づく競争によって、現実はどんどん「改善」されていると見なしたうえで、理論も現実に追いつくべきだと言っているわけです。「利己心による競争 competition of selfishnesses」による「改善 improvements」を認めているということは、資本主義を否定してはいないということでしょう。そういうところはいかにも、プラグマティズムっぽいですね。彼は、マルクスのように理論は体制変革の実践のためにあると主張しているのではなく、まずは、問題をきちんと認識し、解決のためのシミュレーションができるよう、様々な具体的状況を「再構成 reconstruct」するための方法を見出すことに力を入れるべきだと言っているわけです。

「個人」とは?

次にデューイは、従来の社会理論における「個人」観の問題を指摘します。

個人の自我という概念を考えてみよう。十八世紀および十九世紀におけるイギリスやフランスの個人主義的学派は、意図においては経験主義的であった。この個人主義の基礎は、哲学的に言えば、個人のみが実在で、階級や組織は第二次的で派生的であるという信仰であった。個人が自然的であるのに対し、階級や組織は人為的である。それでは、どういう点で、個人主義は、従来、当然の批判を受けて来たと言えるのであろうか。その欠点は、この学派が各個人の構造の一部である他の人間との結合を見落した点にあるという議論は、その限りでは当っている。しかし、残念なことに、この議論は、個人主義によって批判された制度の全体的な弁護という域をあまり出ていないのである。

ここで「個人主義的学派」と呼ばれているのは、恐らく、前回出てきたコンディヤックやエルヴェシウスのようなフランスの啓蒙思想家や、アダム・スミス（一七二三―九〇）からミルやスペンサーに至るまでのイギリスの古典派経済学者たちのことを指しているのではないかと思います。コンディヤックは市場の自由を擁護する議論も展開しています。「個人主義」に対する批判としては、デューイが述べているように、他の人間、あるいは、社会全体と個人の有機的な繋がりを見ていないという趣旨のものが定番としてありますが、彼は、そういうのは本当に重大な問題ではなく、もっと別の次元に注目すべきだと言っているわけです。

真の難点は、個人を与えられたもの、既にあるものと見るところにある。そう見れば、個人は、その要求を満たすべきもの、その快楽を増すべきもの、その財産を殖やすべきものであるほかはない。個人が既に与えられているものであれば、個人に対して、また個人のために為し得るものはすべて、外からの印象や所有物によるほかはない。すなわち、快楽の感覚、生活を楽しくする品々、安全を守るものなどによるほかはない。確かに、社会機構、法律、制度は人間のために作られたもので、人間がそれらのために作られたのではなく、それらは人間の福祉および進歩の手段であり機関であることに間違いはない。しかし、それらは、個人のために何かを獲得するための手段ではない。幸福を獲得するための手段でもない。それらは、個人を創造するための手段なのである。

「個人」を、「与えられたもの＝所与 something *given*」、「既にあるもの something already there」と見なす、というのはどういうことか分かりますね。社会的な関係性が成立する〝以前〟に、各種の個性を備えた「個人」が自己完結的に存在している、ということです。社会的関係性は、そうした出来上がった個人間の合意、あるいは、慣習的な利害の一致によって形成されるのであって、その逆ではありません。そうした、絶対的に自己完結した所与としての「個人」を起点として展開される社会科学の方法論上の傾向を、方法論的個人主義と言います。

ただ、このことと、その後の、そうした「個人」は「その要求を満たすべきものか、その快楽を増すべきもの、その財産を殖やすべきものであるほかはない」という主張がどう繋がっているのか、説明不足で少し分かりにくいですね。これは、文脈からすると、その「個人」は人格として既に完成しているので、何に快楽を感じるか、生きるうえで何を必要としているか、どういう制度があれば、その人が安心して自分の人生の目的を追求できるのかは、各人にとって既に決まっている、ということでしょう。既に決まっていて動かしようがないとすると、個人の欲求をどこまで達成できるか、全員の欲求を全部達成できない、それどころか欲求同士が対立するとすれば、どう妥協するか、なるべくみんなの満足度を全体的に上げるにはどういう方法があるか、という話しかありません。そうすると、どうしても功利主義的な発想になっていきます。ベンサム流の「最大多数の最大幸福」というのは、まるでみんなが同じ「幸福」を求めているかのような話になるので、単純すぎるとしても、心理学や経済学、社会学の理論によって、幸福の中身を細かく規定・分類し、どういうタイプの人がどういう幸福をどのくらいの強さで求めているかを想定したうえで、集計して計算することはできます。現代の厚生経済学とか公共選択論は実際、そういうことをやっています。功利主義を特に意識しなくても、民主化された社会での政策論は、どうしても功利主義的になっていく傾向があります。個人の価値観に優劣をつけないとすると、功利主義的な集計を行うしかない。

そういう発想に対して、デューイは「個人」は、それ自体として完成した実体ではない、と主張します。

> 感覚的に一つ一つ独立に見える肉体という物理的意味においてのみ、個性は根源的所与なのである。社会的道徳的意味の個性は、作り出すべきものである。それは、創意、工夫、豊かな着想、信念および行為の選択における責任ある態度を意味する。これらは与えられたものではなく、獲得されるものである。獲得されるものとしても、絶対的なものではなく、その用途に相対的なものである。そして、用途は環境によって異なる。

「肉体」は所与と見てもよいけれど、「社会的道徳的意味の個性 individuality in a social and moral sense」は社会的な「環境 environment」の中で各人が活動する中で身に付き、しかも、その「環境」と共に変化するので、固定しているわけでも、完全に自立しているわけでもないということですね。政治や社会理論が注目するのは、市民の平均的体型とか必要摂取カロリーなどよりも、むしろ、人々の信念や、どのような行為の選択をする傾向があるかということですから、「社会的道徳的意味の個性」が可変的である以上、「個人」を所与のものと見なすのは、本当は不合理なはずです。

アメリカ産の哲学であるということと、「道具主義」という標語からの連想で、プラグマティズムは、

プラグマティズムは、個人の欲望の最大限の実現を目指すという意味での“個人主義”？

⇒　デューイは、「個人」が社会の「環境」の中で生成する存在であるので、単純に、社会を「個人」の総和と見なすことはできないと言っている。

個人の欲望の最大限の実現を目指すという意味での〝個人主義〟だと思われがちですが、デューイは、「個人」が社会の「環境」の中で生成する存在であるので、単純に、社会を「個人」の総和と見なすことはできないと言っているわけです。「個性」が、「用途に相対的である」という言い方は、「個性」を自我本体の道具のように見なしているように聞こえますが、「用途」の原語の〈use〉には、「機能」「役割」あるいは「習慣」という意味もあります。ここでは、「役割」と「習慣」を合わせたような意味で使われているのではないかと思います。

> このような考え方の意味は、私利という観念の辿った運命を考えれば明らかになるであろう。経験主義的学派の人たちは、一人残らず、この観念を強調した。それは人類の唯一の動機と見られた。徳は、慈悲深い行為を当の個人にとって有利なものたらしめることによって得られるべきもの、社会機構は、利己心と他人に対する利他的配慮とが一致するように改革すべきものとされた。反対派の道徳学者たちは、道徳と政治学とを私利計算の手段たらしめる一切の学説の害悪を遠慮なく指摘した。結局、道徳学者たちは、利益という観念の全体を道徳にとって好ましからぬものとして投げ捨ててしまった。この反動の結果は、権威および政治的反動の主張を強めることになった。

先ほどの話の延長で読むと、ここでのデューイの指摘のポイントははっきりしていますね。一方に、古典派の経済学者たちのように、「個人」が本当に求めているのは、経済学的な観察の対象となる、「私利

self-interest」だけであると考えて、そうした人間本性に合うように社会制度を設計しようとした。それに対して、そういう私利中心の発想は、人間の本来の道徳的品性に反していてとんでもない、と主張する道徳学者たちがいる。この道徳学者というのは、カントやヘーゲルのようなドイツの哲学者たちのことではないかと思います。カントやヘーゲルは、私的利害追求の効能を認めていないわけではありませんが、国家は私利を超える道徳的理性によって統治されるべきという立場を取っていました。デューイから見ると、両陣営とも、「私利」なるものが生身に人間を動かしている主要な動機であることを大前提にして、それがいいか悪いかを論じているわけです。対立する双方が、ほぼ同じ認識から出発しているという、現代思想でよく問題になる、典型的な二項対立状況です。そういう対立を始める前に、「個人」が求めている「利益」とは何なのか、ちゃんと探究すべきである、というのがデューイの立場です。

自我を出来上ったものと同一視し、自我の利益を快楽および利潤の獲得と同一視した人々は、法律、正義、主権、自由などという抽象的概念の論理を復活するための最も効果的な手段を選んだのである——これらすべての曖昧な一般的観念は、一見厳密に思われるため、抜け目のない政治家なら、自分の意図を隠し、悪い主張を良い主張に見せるために利用することが出来る。利益は特殊的なもの、ダイナミックなものである。それは、すべての具体的な、社会的思考における自然的要素である。しかし、それが卑小な利己心と同一視されたら、全く救い難いものになる。自我が進行過程にあるものと見られ、利益が、すべて自我の運動の推進に関するものの名称と見られる場合にのみ、利益は生きた要素として用いることが出来る。

ここでデューイが批判している「私利」推進派は、「自己」——原語は〈self〉なので、「自我」よりも

「自己」と訳す方が適切でしょう——を「出来上ったもの」と見なしたうえで、その「自己」の「利益」を、「快楽 pleasure」もしくは、経済的な「利潤 profit」と同一視するということですね。私たちは「利益」と聞くと、ついついそう連想しがちですね。この話と、法律、正義、主権、自由などの抽象的概念の論理の復権がどう繋がっているのかすぐにはピンと来にくいですね。恐らく、各人が「快楽」や「利潤」を自らの意志で追求していることを大前提にして、そうした「自由」を「法律」によって保障することが「正義」であり、それを実現するのが国家「主権」の役割だとするような理論を指すのでしょう。こういう言い方をすると、当たり前のことを言っているように聞こえると思いますが、デューイはまさに〝当たり前〟に聞こえることを問題にしているわけです。問題は、そういう〝当たり前〟の理論がどういう風に悪用されるかですが、考えられるのは例えば、人々の欲求は自由競争が行われる市場において極めて自然な形で現われているという前提の下で、市場の現在の状態を維持すべく、大企業とか地主に有利な政策を行うというようなことでしょう。あるいは、物質的な意味で生活水準を上昇させることが各人の求めていることだという前提で、最も効率的に経済成長できそうな政策を採り、国家がそれを合理的に計画する、国家社会主義的な路線も考えられます。人民にとっての「利益」を一義的に定義し、それを可能な限り増大させるのが〝自然で〟、〝正しい〟ことであるかのように、抽象的な——一見中立的に見える——一般概念によって装うことによって、権力者に都合の良い政策を正当化できるわけです。

デューイに言わせれば、各人にとっての「利益=関心 interest」は、「自己」の社会の中での成長・変化に伴って生成変化するものであって、固定的に捉えることはできないはずです。かといって、社会や国家が、諸個人をそのパーツとして組み込む「有機体」であるかのような理論がいいというわけではありません。社会が「個人」の発展に影響を与えているのは間違いないけれど、「個人」のあり方を全面的に規定しているという話ではありません。「社会」と「個人」のいずれかを実体的に固定化して、それが全てのデューイのプラグマティックな方法：

「社会」と「個人」のいずれかを実体的に固定化して、それが全ての起点であるかのように論ずる議論、あるいは「社会」と「個人」の間の矛盾・対立によって弁証法的な運動が進んで行くかのように語る議論は意味がない。

どういう制度が、個人の発展にどういう影響を与えるか、その個別具体的な因果関係（causation）を探究するのが重要だ。

「個人的」あるいは「社会的」というのは、文脈によっていろんな意味を持つ形容詞なので、それらに対応する実体があると想定して論理を展開しようとすると、現実から遊離した、形而上学に陥ってしまう。

↓

これらの言葉に対応する実体を解明しようとするのではなく、これらの言葉が様々な文脈で意味する、問題や目的ごとに異なる事実にピンポイントで焦点を当てて探究しようとするのがプラグマティズムの方法。


起点であるかのように論ずる議論、あるいは「社会」と「個人」の間の矛盾・対立によって弁証法的な運動が進んで行くかのように語る議論は意味がないのであって、どういう制度が、個人の発展にどういう影響を与えるか、その個別具体的な因果関係（causation）を探究するのが重要だ、とデューイは強調していますね。

> 「個人的」というのは一つの物ではなく、社会生活の影響の下に喚起され確立された、人間性の実にさまざまな特殊な反応、習慣、気質、力などを現わす総括的な用語であって、「社会的」というのも同じである。社会という言葉は一つであるが、限りなく多くの事柄を現わしている。これは、人々が結合によって彼らの経験を共有し、共通の利害や目標を作り出す、その方法のすべてを含んでいる。街のギャング、泥棒教室、徒党、派閥、労働組合、株式会社、村、国家間の同盟。新しい方法は、一般概念の荘重な操作の代りに、右のような特殊的で変動的で相対的

な（形而上学的な意味で相対的なのではなく、問題や目的に相対的な）事実の探究を進めるという効果を持つものである。

「個人的」あるいは「社会的」というのは、文脈によっていろんな意味を持つ形容詞なので、それらに対応する実体があると想定して論理を展開しようとすると、現実から遊離した、形而上学に陥ってしまうというわけですね。従来の社会理論はそうした過ちに陥ってきたのに対し、デューイのプラグマティズム的な方法というのは、これらの言葉に対応する実体を解明しようとするのではなく、これらの言葉が様々な文脈で意味する、問題や目的ごとに異なる事実にピンポイントで焦点を当てて探究しようとするわけです。当たり前の話のように聞こえますが、社会哲学・社会理論は、無自覚的に実在論的な前提にのっかってしまいがちですね。自然科学は発展していく過程で、実験的な方法によって〝自然〟と、そうした前提を除去していきましたが、プラグマティズムが登場する以前の社会哲学・社会理論は、実験的なことをやらないので、実在論的な発想法がなかなか抜けなかった。デューイはそれを問題にしているわけです。

「国家」とは？

全く奇妙な話であるが、現代の国家概念というのが、その適例である。というのは、固定的な種が上下の秩序に排列されているという古典的秩序から生まれた一つの直接的な結果が、それぞれ本質的な永遠の意味を持つ一定数の制度を挙げ、それぞれの意味の重みや高さに応じて「発展」の秩序に排列しようという、十九世紀のドイツ政治哲学の試みであるからである。民族国家は、他のあらゆる制度の完成および極致として頂点に置かれると同時に、それらのものの基礎なのであった。

文章の繋がりが少し分かりにくいですね。二番目の文の主語は、「固定的な種が上下の秩序に排列されているという古典的秩序から生まれた一つの直接的な結果」、という部分です。「結果」の原語は〈influence〉なので、「影響」と訳した方がいいでしょう。これは、これまで何度か出てきた、様々な種の生物や鉱物がそれぞれ固有の場を占めている永遠普遍の自然の秩序と対応した身分制秩序のことです。その「影響」を直接的に受ける形で、「それぞれ本質的な永遠の意味を持つ一定数の制度を挙げ、それぞれの意味の重みや高さに応じて『発展』の秩序に排列しようという、十九世紀のドイツ政治哲学」が生まれてきたわけです。これは、主として、ヘーゲルの「人倫」の段階的発展図式のことを言っているのだと思います。すぐ次の段落にヘーゲルの名前が出てくることから見ても、そうでしょう。「人倫」というのは、そのメンバーに対する道徳的な拘束力を持った人間の結び付き、共同体です。最初に個人が支え合うために家族が形成されますが、家族だけでは解決できない問題や家族間の対立が生じると、それらを解決すべく、人々の欲求と相互依存の体系としての市民社会が形成されます。市民社会には、市民相互の関係を調整するための職業団体や司法、福祉行政などの仕組みがありますが、それでも解決できない問題が生じてきた時、理性を法という形で具現する国家が登場してきます。国家には、官僚制や承認機関としての議会があります。これらの制度は、理性の普遍的な発展の秩序＝順序（order）の中で、それぞれの段階で必然性をもって生じてくるものとして位置付けられます。

「民族国家」の原語は、〈National State〉です。これは現在、「国民国家 nation-state」と呼ばれているものと同じと考えていいでしょう。言語や歴史、習慣を共有する各「国民」が一つにまとまって「国家」を形成することが、理性の発展の最終段階だと見なされたわけです。

ヘーゲルは、この事業における顕著な例であるが、彼が唯一の例であるわけではない。彼と烈しく論争した多くの人にしても、「発展」の細部や、挙げられた諸制度の一つに本質的概念として認めるべき特別の意味について意見を異にしたに過ぎない。論争が烈しかったのは、根本の前提が同じであったためにほかならない。特に、思想上の多くの学派は、方法や結論で意見が大きく異なる場合でも、国家の究極至高の地位については一致していた。

この少し後の箇所で述べられているように、デューイは近代の政治史において「国民国家」が重要な役割を果たしたことを認めています。一九世紀に入って、ドイツ、イタリア、日本などが、フランス、英国、スペインのモデルに倣って国民国家形成を目指すようになり、それがギリシアやセルビアなどにも影響を与えたことが第一次大戦の原因になったと述べていますね。これは、世界史の教科書に普通に書かれていることです。科学・技術を含めて歴史の「進歩」が「国家」を軸に進んだわけですから、政治学者たちの研究者がそこに集中したのは当然のことだったとも述べていますね。

しかしながら、あたかも統合および統一の事業がクライマックスに達した現在、既に堅固に打ち建てられ、もはや戦うべき強敵もいない民族国家は、最高の自己目的であるよりは、他の自発的な集団形態を促進し保護する手段に過ぎないのではないか、という疑問が生じている。現代の二つの現象を指摘することによって、これに肯定的に答えることが出来る。国家という大きな、包括的な、統一的な組織が発達するに従って、個人は、かつて慣習や身分によって課せられていた制限や隷属から解放されるようになった。しかし、外的な強制的な束縛から自由になった個人は、孤立状態にとどまってはいなかった。忽ち、これらの社会的分子は、再び結合して、新しい集団や組織を作ったのである。強制的集団に代わって、自発的集団が現われ、厳重な組織に代わって、人間の選択や目的を受け容れ易い——直接に意のままに変え得る——組織が現われた。

「国民国家」による統一事業が一段落すると、それまで絶対視されていった国家の役割が次第に相対化されていって、むしろ、「自発的な集団形態 voluntary form of association」を促進するために国家があるのではないかという見方が生まれてきたわけですね。そのことを傍証する現代の二つの現象があるということですね。その一つが、従来の慣習や身分から解放された個人が自発的集団を結成して活動するようになった、ということです。この後の箇所に自発的集団の例が挙げられていますね。政党、会社、学問あるいは芸術上の組織、労働組合、教会、学校、クラブ。これらの活動を調整するために、国家が存在しているように見えるというわけですね。このように国家の「至上権 supremacy」を相対化し、むしろ、国家の枠内で活動する様々な集団の意志決定によって政治が動いているとする見方を、多元的国家論と言います。英国の労働党左派の政治学者ラスキ（一八九三－一九五〇）が『主権の諸問題の研究』（一九一七）や『現代国家の権威』（一九一九）等でこの見方を提示しています。アメリカでは、社会・政治学者のロバート・モリソン・マッキーヴァー（一八八二－一九七〇）が『コミュニティ』（一九一七）や『近代国家』（一九二六）で多元主義的な見方を示しています。

もう一つの現象というのは、二一六頁で述べられている、「地域的民族国家のための独立主権の要求 the claim of independent sovereignty in behalf of the territorial national state」と「国際的——巧みな命名によれば——利害の発達 the growth of international and what have well been called trans-national interests」の間の対立です。つまり、国民国家はそれぞれの領域において独立の主権を確立しようとするけれど、経済、学問、芸術、労働運動などは国境を越えて影響を拡大し、分野ごとに超国家的な集団を自発的に形成しつつある、ということです。国家の枠には収まり切らなくなっているわけですね。

「組織」・「コミュニケーション」・「善 goods」

社会というのは、多くの集団のことであって、一つの組織のことではない。社会は集団を意味する。

集団とは、あらゆる形の経験のより良い実現のために共通の交際および行動に参加することであり、経験は、共有されることによって高められる善と同じ数だけの集団が存在する。それゆえ、相互的なコミュニケーションおよび参加によって高められる善と同じ数だけの集団が存在する。それゆえ、相互的なコミュニケーションおよび参加によって高められる善は、文字通り限りのないものである。いや、公共性とコミュニケーションとに堪え得るか否かが、その謂わゆる善が本物であるか偽物であるかを決定するテストなのである。モラリストたちは、いつも、善は普遍的、客観的であって、単に私的、個別的なものではない、と主張して来た。しかし、非常に多くの場合、彼らは、プラトンのように、形而上学的普遍性で満足したり、あるいは、カントのように、論理的普遍性で満足した。けれども、コミュニケーション、共有、共同参加こそ、道徳的な法則および目的を普遍化する唯一の現実的な道なのである。すべての本質的な善がユニックな性格のものであることは、前章に述べた。しかし、この主張の裏には、或る善が意識的に実現される状況は、一時的な感覚や私的な欲望の状況ではなく、共有およびコミュニケーションの——公的な社会的な——状況であるということがある。

「集団」の原語は〈association〉です。「結社」と訳されることが多いですね。人々の自由な繋がりというニュアンスを含んでいる言葉で、現在では、カタカナで「アソシエーション」と表記されることもありま

「集団」〈association〉⇒「結社」と訳されることが多い。人々の自由な繋がりというニュアンスを含んでいる言葉で、現在では、カタカナで「アソシエーション」と表記される。⇒ デューイは、人々が「結社」を介して「共通の交際および行為 joint intercourse and action」に参加することや、相互に「コミュニケーション」することを重視 ⇒ それによって、「善 goods」とそれを実現する手段が増大するから。

この場合の「善」 ⇒ 当然、善悪の善ではなくて、各人にとって善きもの、価値のあるもの、幸福をもたらしてくれるものといった意味合いの言葉。各人にとっての幸福としての「善」が問題。

※現代のリベラリズム系の政治哲学
この相対的な意味での「善」と、（それぞれのやり方で自らの「善」を追求する人びと相互の関係を公正に調整する）「正（義）」の関係がしばしば問題になる。

す。デューイは、人々が「結社」を介して「共通の交際および行為 joint intercourse and action」に参加することや、相互に「コミュニケーション」することを重視します。それによって、「善 goods」とそれを実現する手段が増大するからです。

　この場合の「善」は、当然、善悪の善ではなくて、各人にとって善きもの、価値のあるもの、幸福をもたらしてくれるものといった意味合いの言葉です。〈goods〉という複数形には、財とか所有物という意味もありますね。プラトンやカントは、善悪の善の意味に通じる、絶対的な「善」を規定しようとしますが、デューイは、各人にとっての幸福としての「善」を問題にします。現代のリベラリズム系の政治哲学では、この相対的な意味での「善」と、（それぞれのやり方で自らの「善」を追求する人々相互の関係を公正に調整する）「正（義）」の関係がしばしば問題になります。

　デューイは、『公衆とその諸問題』（一九二七）で、社会に民主主義を定着・浸透させるには、コミュニケーションを通して「公衆 the public」が、様々な「善」の観念を共有し、共に実践するようになることが必要だと論じています。万人に共有されるべき、絶対的かつ普遍的な「善」の基準があるとすれば、それを最初から「国家」の統一的目標として追求

デューイ『公衆とその諸問題』（1927）

社会に民主主義を定着・浸透させるには、コミュニケーションを通して「公衆 the public」が、様々な「善」の観念を共有し、共に実践するようになることが必要。ここで述べられているデューイの発想だと、人々が様々の自発的集団を結成してそれぞれの「善」を協力し合って追求すると共に、異なった集団に属する人達の間でもコミュニケーションが行われる中で、次第に「共通の諸善」が見出され、それが公共的な政治の課題になっていく。しかもそれらの「善」の中身は社会の状態に応じて流動的である。

⇒「私的利益」が公共的コミュニケーションを通して「公共的利益」に転化するというハーバマス（1929－　）の市民的公共圏論に通じる考え方。

すればいいわけですが、ここで述べられているデューイの発想だと、人々が様々の自発的集団を結成してそれぞれの「善」を協力し合って追求すると共に、異なった集団に属する人たちの間でもコミュニケーションが行われる中で、次第に「共通の諸善」が見出され、それが公共的な政治の課題になっていく、しかもそれらの「善」の中身は社会の状態に応じて流動的である、ということになるわけです。これは、「私的利益」が公共的コミュニケーションを通して「公共的利益」に転化するというハーバマス（一九二九－　）の市民的公共圏論に通じる考え方ですね。

ヒューマニティや民主主義という近代意識の背後には、善はコミュニケーションによってのみ存在し存続する、また、集団は共同の関与の手段であるという認識の発達がある。この認識は、利他主義や博愛主義における救いの塩である。この要素がなかった場合、これらの主義は、他人のために尽すという口実で他人の問題に手を出したり、また、恵みであるかのように或る権利を授けたりして、道徳的に恩を着せ干渉することになる。こうして、組織が決して自己目的でないことが明らかになる。組織は、集団を助長し、人間の間の有効な接触点を増して、彼らの交際を最大の生産性を持つ状態へ導くための手段である。

「善」がコミュニケーション的に存在するというのは、先ほどお話ししたような意味です。これ自体は分かりやすいですが、これと「利他主義 altruism」や「博愛主義 philanthropy」の問題がどう関係しているのか、更にそれが「組織 organization」の存在目的とどう関係しているのか、この言い方では、繋がりが分かりにくいですね。これは、「集団＝結社」や「組織」の行動原理としての、「利他主義」や「博愛主義」のことを言っているのだと考えると、話が通じやすくなります。「組織」が、これが本人のためだと決めつけて、個人の一挙手一投足に干渉して、導くようになる危険性、現代では、パターナリズム（paternalism）と呼ばれている問題を指摘しているわけです。デューイは、私的な結社にしろ国家にしろ、「組織」がパターナリズムに陥るのは、これこそが人間にとっての「善」だというものを決めつけてしまうからだと見て、それを防ぐためには、コミュニケーションや実際の協働を通して「善」は生み出されるのだ、というプラグマティズム的な見方に徹すべきだと考えているわけですね。「善」のアプリオリ性やパターナリズム的な押し付けに反対する点では、デューイの理論はリベラリズム的ですが、孤立した個人にとっての「善」が固定的な形で実在し、各人が自らの「善」だけを追求しているというわけではなく、集団内あるいは集団間のコミュニケーション的行為の連鎖の中で結果として、その人にとっての「善」が決まって来るという見方は、リベラル系の正義論の問題の立て方とは若干異なって、むしろハーバマスやポストモダン系の理論に近いように思えます。

組織を自己目的として扱う傾向は、社会という高貴な名前を与えられた或る制度に個人を従属させる一切の病的な学説の原因である。社会というのは、経験、観念、感情、価値が伝達共有されるような結合の過程なのである。この積極的な過程に対しては、個人も、制度的組織も、相共に従属するものと言ってよい。個人が従属するというのは、他人との間の経験の相互的コミュニケーションのうちでなければ、また、それを通じてでなければ、彼はいつまでも声をあげず、ただ感覚のみの、野獣であるからである。仲間との結合のうちにおいてのみ、彼は経験の意識的中心になる。

「組織」が自己目的な存在であるかのように思えてしまうのは、個人が組織に従属する傾向であるからだというのは現代でもよく聞きそうな話ですね。日本の会社人間とか。ここでのデューイの指摘で興味深いのは、その傾向が生じるのは、人間は相互の関係性があってこそ主体として善を追求できるからで、単独では獣に等しいからだ、という見方です。だから、「組織」に属するわけですが、それは「組織」の予め設定された目的に組み込まれてしまうことを必然的に意味するわけではありません。諸個人間の相互作用を通して、集団や組織が形成され、それが各人にフィードバックされるわけですが、そのプロセスが、一面的に誤解されている、ということですね。

権利と義務との間、法律と自由との間の長期にわたる論争は、固定的概念としての個人と社会との間の闘争を言い換えたものである。個人にとっての自由とは、成長のことであり、修正が必要とあれば直ちに行なわれるような変化のことである。

権利と義務、法律と自由の間の緊張関係が、「個人」と「社会」の間の緊張関係から生じるというのは、取り立てて論じる必要がないと思われる当たり前の話ですが、少しユニークなのは、自由が「個人」の成長や変化と、及びそれに対する「社会」の側の反応に対応している、という点です。

個人 VS 社会？？

「自由」は、「個人」が自らを制約しているものから脱して、自らの能力を発揮するようになることなので、その意味では、「社会」と対立。
しかし、そうした見方において対立しているように見える、「個人」と「社会」というのは、ある特定の時点において、特定の側面から見た「個人」と「社会」を概念的に固定化・実体化したものにすぎない。

⇒　両者は、常に変動しているはず。“社会”は、それに属する諸“個人”が最大限に活動してこそ、安定し、発展できるから、長期的に見れば、“個人の自由”の拡大と対立することはない。

自由は、積極的な過程、それを閉じ込める一切のものからの能力の解放の過程を意味する。しかし、社会は、新しい資源を利用出来て初めて発達し得るものである以上、自由は個性にとっては積極的意味を持つが、社会の利益にとっては消極的意味しか持たぬなどと考えるのは不合理である。社会の全メンバーが能力の限界まで活動することが出来てこそ、社会は、強いもの、力に満ちたもの、不慮の事件に動じないものになる。こうした活動は、既成の公認の慣習の限界を超えて実験するだけの余裕が認められねば、これを行うことは出来ない。能力発揮の条件である自由の余地を認めれば、多少とも、明らかな混乱や無秩序が伴い易いものである。

ポイントは分かりますね。「自由」は、「個人」が自らを制約しているものから脱して、自らの能力を発揮するようになることなので、その意味では、「社会」と対立します。しかし、そうした見方において対立しているように見える、「個人」と「社会」というのは、ある特定の時点において、特定の側面から見た「個人」と「社会」を概念的に固定化・実体化したものにすぎません。両者は、常に変動しているはずです。〝社会〟は、それに属する諸〝個人〟が最大限に活動してこそ、安定し、発展できるわけですから、長期的に見れば、〝個人の自由〟の拡大と対立することはないということです。

イギリスの自由主義的社会哲学は、その原子論的経験論の精神を忠実に守って、自由および権利の行使を自己目的たらしめようとしたが、その対策は、ドイツ政治思想の特徴たる固定的義務および権威的法律の哲学に救いを求めることにあるのではない。いろいろな事情からも明らかなように、ドイツ政治思想は、暗黙のうちに他の社会集団の自由な自己決定を脅かすがゆえに危険なものである。それは、最終的にテストした場合、内的に脆いものである。ドイツ政治思想は、社会問題の決定における個人の自由なる実験および選択力に敵意を抱き、社会の運営に積極的に参加する能力を多くの人々、大部分の人々に認めず、こうして、全メンバーの完全な寄与を社会から奪うものである。（…）人格は教育されねばならぬ。しかし、人格の活動を技術的な狭い事柄や、あまり重要でない生活の部面に局限したのでは、教育は不可能である。自分の属する社会集団の目標や政策の作成に各個人が能力に応じた責任ある参加を行なう場合にのみ、十分な教育は行なわれる。この事実こそ、民主主義の意義を決定するものである。

イギリスの自由主義的社会哲学が原子論的経験論を守っているというのはいいとして、「その対策 the remedy」というのが、何に対する対策のことか述べられていないので、繋がりが分からないですね。これは恐らく、原子論的経験論に徹すると、人々の間の社会的繋がりが見出しにくくなることに対する対策でしょう。どうしてドイツ政治思想が引き合いに出されているのかというと、恐らくこの連続講義でも何度か出てきた、カントやヘーゲルの影響を受けて登場した英国理想主義（British Idealism）、特にデューイ自身にも影響を与えたとされるT・H・グリーンの社会的自由主義（social liberalism）のようなものを念頭に

T・H・グリーンの社会的自由主義（social liberalism）

従来の自由放任主義に対して距離を置く新しい自由主義の潮流。市場経済と、市民の権利と自由の拡大を支持するけれど、個人の自由を実現するには、社会的・文化的環境が整備されていることが不可欠だとして、貧困、福祉、教育等の問題に政府が積極的に関与することを主張。

※この潮流の思想家たちは、「新自由主義者 New Liberals」と呼ばれる――「新自由主義」という名称は、歴史的に様々の全く異なる立場に対して用いられてきたので、名称から、今、日本のマスコミで流通しているイメージをすぐに抱かないように気を付ける必要がある。

置いているからでしょう。社会的自由主義というのは、従来の自由放任主義に対して距離を置く新しい自由主義の潮流です。市場経済と、市民の権利と自由の拡大を支持するけれど、個人の自由を実現するには、社会的・文化的環境が整備されていることが不可欠だとして、貧困、福祉、教育等の問題に政府が積極的に関与することを主張します。この潮流の思想家たちは、「新自由主義者 New Liberals」と呼ばれます――「新自由主義」という名称は、歴史的に様々の全く異なる立場に対して用いられてきたので、名称から、今日本のマスコミで流通しているイメージをすぐに抱かないように気を付ける必要があります。

　理想主義の哲学者でもあるグリーンの他、労働組合運動を支持し、福祉国家への転換を提唱したホブハウス（一八六四―一九二九）とか、『帝国主義』（一九〇二）を著わして、帝国主義研究の先駆者となったホブソン（一八五八―一九四〇）などがいます。グリーンは、国家が再分配的な機能を果たすだけでなく、諸個人の関係性の基礎にある「共通善 common good」が政治の基礎になるべきという見地から、国家が「共通善」を積極的に促進すべきことや、市民が「共通善」の見地から愛国心を持ち、国家の公的仕事にコミットすべきことを説いています。ボザンケットは、『国家の哲学的理論』（一八九九）で、ヘーゲルに強く依拠する形で、国家と個人のあるべき関係を論じています。

　グリーンやボザンケットのような人たちは、現実のドイツの政治体制を賛美しているわけではなく、カントやヘーゲルの理性的な国家論のようなものにヒントを求めているだけでしょう。しかし、デューイからしてみると、そちらの方に傾斜していくと、予め設定された国家の目的の下に、諸個人の活動を包摂するようなことになるので、危ないということでしょう。もっと簡単に言うと、〝自由競争の歪みを正す〟という名目の下に、国家の強い干渉を容認する理論は避けるべき、ということでしょう。この系統の話は、現代でもよく聞きますね。

「個人／国家」の二項対立の克服

民主主義は、派閥的あるいは人種的な問題と考えることは出来ないし、また、既に制度として承認されている或る政治形態を尊重することと考えることも出来ない。民主主義というのは、人間性が発達するのは、その諸要素が、共通の問題、すなわち、多くの男女が集団——家族、社会、政府、教会、学会など——を作る、その目的の決定に参加する場合に限られるという事実を言い現わすものに過ぎない。この原理は、政治上の集団形態に当て嵌まると同様、産業や商業などの集団形態にも当て嵌まる。民主主義の失敗の多くは、民主主義を政治上の民主主義と同じに見るところから生じているが、この同一視は、個人および国家を独立の実体と考える伝統的思想に基づくものである。

「派閥的あるいは人種的な問題と考えることは出来ない」という表現は唐突な感じがしますが、これは「民主主義」は、特定の政治的派閥に属して、互いに抗争したり、合従連衡している人たちだけの問題でも、特定の人種、つまり白人の専売特許でもなく、普遍的な問題だということでしょう。デューイの「民主主義」観で特徴的なのは、民主主義を政治制度だけの問題ではなく、全ての人間集団の問題であること、かつ、そうした集団の自治に参加することを通して、各人が自らの「人間性 human nature」を発達させ西欧の社会哲学が、「個人」と「国家」、「個人」と「個人」、「自由」と「義務」のような一連の二項対立の袋小路に突き当たっているのは、古い時代の哲学によって作り出された、事物には絶対不変の本質があることを前提にした静的な概念に未だに固執し、変化を恐れているから。

⇒　人々の想像力も歪めてしまう。そうした硬直化した概念の桎梏を取り去って、人々が自由に想像力を働かせ、コミュニケーションを活発にすることが、これからの哲学の課題。

るということです。このデューイの立場からすれば、「民主主義」を「政治上の民主主義」と同一視して、「人間」の活動の他の側面を無視してしまうのが問題であるのは当然であるとしても、そのことと、「個人」および「国家」を「独立（既成）の実体 ready-made entities」と見ることの間の繋がりが、この文からだけでは分からないですね。恐らく、これまで見てきたように、「個人」を自らに固有の目的を追求する「実体」、「国家」もそれ固有の予め設定された目的を追求する「実体」という風にそれぞれ捉えると、「個人」と「国家」のいずれが譲歩するかという二項対立的な話にしかならない、ということでしょう。仮に、「個人」の側を優先するにしても、各「個人」の目的は異なるので、少数派に譲歩させるという話にしかならない。デューイはそういう型にはまった発想をするのではなくて、諸個人が様々な集団を作ってお互いにコミュニケーションを通して影響を与え合い、各人の本性も変化させながら、みんなにとっての幸福の利益――その利益も当然、変化し続けます――を協働で追求する枠組みが国家である、というような捉え方をすべきである、と言いたいのでしょう。無論、そういう柔軟で、総合的な見方をしたからといって、問題がすぐに解決するわけではないでしょうが、「個人／国家」の二項対立の袋小路から出るためのきっかけにはなるでしょう。

　本書の初めに指摘したように、知的方法および科学的結果が、かつて自発的な欲望や空想の産物を統一し具体化していた社会的伝統から離れた時、ヨーロッパの哲学は生まれたのであった。これも前に指摘したことであるが、それ以来、哲学は、ドライで無味乾燥な科学的見地を、暖かく豊かな想像的信仰の根強い鞏固な体系と調和させるという問題を持ち続けて来た。確かに、可能性、進歩、自由な運動、無限に多くの機会などという概念が、近代科学によって示唆された。けれども、これらの概念が、不動のものとか、完全な秩序や体系を有するものとかいう遺物を想像力から追放しないうちは、メカニズムや物質の観念が、感情の上に重たく横たわって、宗教を無力にし、芸術を歪めることであろう。能力の解放ということが、組織および既存制度にとって脅威であるとか、実際には避けられないが過去のこの上なく貴い価値の保存にとって脅威であるとか思われないようになれば、また、人間能力の解放が社会の創造的な力として作用するようになれば、芸術は、贅沢ではなくなるし、生計のための日常の仕事に縁のないものでもなくなる。（…）そして、コミュニケーションが、すなわち、共有された生活および経験の奇蹟が持つ情緒的な力——神秘的な力と言ってよい——が自然に感じられるようになれば、現代の生活の粗野なところも冷たいところも、かつて陸にも海にもなかったような光に洗われるであろう。

このまとめは分かりやすいですね。西欧の社会哲学が、「個人」と「国家」、「個人」と「個人」、「自由」と「義務」のような一連の二項対立の袋小路に突き当たっているのは、古い時代の哲学によって作り出された、事物には絶対不変の本質があることを前提にした静的な概念に未だに固執し、変化を恐れているからだというわけですね。それが、人々の想像力も歪めてしまうわけです。そうした硬直化した概念の桎梏を取り去って、人々が自由に想像力を働かせ、コミュニケーションを活発にすることが、これからの哲学の課題だというわけですね。

ネオ・プラグマティズムと分析哲学とは？

では、『哲学の改造』はここで終わりにして、ここからはネオ・プラグマティズムのお話をしましょう。狭義のプラグマティズムの思想家と見なされるのは通常、パース、ジェイムズ、デューイ、そして社会心理学者のミードくらいでしょう。初回にもお話ししましたが、ミードは、「自我」は、人が集団の中で、（もう一人の〝私〟としての）他者から期待される〝自分〟の役割を意識し、どうしたら他者から認められるように振る舞えるか模索する中で生まれてくる、という理論を打ち出し、社会学におけるシンボリック相互作用論の元祖となりました。先ほど見たデューイの「個人」論やコミュニケーション論は、シカゴ大学の同僚だったミードの影響を受けているとされます。サンタヤナはジェイムズの弟子でプラグマティズムと縁が深いことは確かですが、本人がプラグマティストかどうかは微妙です。鶴見俊輔さんの『アメリカ哲学』では、プラグマティズムの周辺人物という扱いになっています。かなり長生きしたデューイが亡くなった一九五二年をもって、哲学におけるプラグマティズムの影響は一気に低下していきますが、それとほぼ同時期に、後にネオ・プラグマティズムと呼ばれることになる、新たな潮流が、分析哲学の中から生まれてきます。カギになるのは、分析哲学を広げていくうえで大きな役割を果たしたクワインが打ち出した路線です。

クワイン

クワインは、認識論における「全体論 wholism」という立場を取ったことが知られています。科学的な命題は、お互いに独立に自己完結的に成立しているものではなく、大きなネットワークを形成していて、互いに支え合っている、つまりそれぞれが正しいという論拠を提供し合っているということです。他の命題と無関係に自分単独で自分の正しさを証明できる命題などないということです。常識的に考えれば、ごく当たり前の話のように感じられますね。その当

分析哲学

・世界の哲学のメインストリームが、今、「分析哲学」だといっても過言ではない。
・「分析哲学」に決まった定義はない。
・現代では、英米の狭い意味での専門的哲学者の圧倒的多数が分析哲学者と見なされているので、共通の属性を上げるのは難しい。
・哲学的な議論から曖昧さや神秘主義的な前提を排して、可能な限り厳密な論理的言語によって問題を記述・分析することが特徴。
分析哲学の源流は、ドイツのフレーゲや英国のラッセルによって創始された記号論理学、ラッセルの弟子で、世界を論理的に記述することを哲学の使命とした前期のウィトゲンシュタイン、それに、1920年代の末から30年代にかけてウィーンで活動したウィーン・サークルと呼ばれる論理実証主義のグループ。

↑　クワインが批判の主たるターゲットにしたのは、論理実証主義系の議論。

たり前のように思える考え方が、どうして画期的だったのか。

現在、英米の哲学の主流は、「分析哲学」と呼ばれています。というより、世界の哲学のメインストリームが分析哲学だといっても過言ではありません。「分析哲学」に決まった定義はありませんし、現代では、英米の狭い意味での専門的哲学者の圧倒的多数が分析哲学者と見なされているので、共通の属性を挙げるのは難しいですが、哲学的な議論から曖昧さや神秘主義的な前提を排して、可能な限り厳密な論理的言語によって問題を記述・分析することを特徴としている、と言うことはできるしょう。ドイツ・ロマン派とかヘーゲルとか、ハイデガーとか、実存主義のように、そもそも何を指しているのか分からない曖昧な用語を使って、何をどう証明しようとしているのかはっきりしない議論をしてはいけない、という立場です。

分析哲学の源流が何であるかについては、定説らしきものがあります。先ず、ドイツのフレーゲや英国のラッセルによって創始された記号論理学の影響があります。記号論理学というのは、命題を数学的な記号によって表わし、数学のように客観的に処理できるようなものにすることを目指す現代論理学の主流派です。それから、ラッセルの弟子で、世界を論理的に記述することを哲学の使命とした前期のウィトゲンシュタイン、それに、一九二〇年代の末から三〇年代にかけてウィーンで活動したウィーン学団と呼ばれる論理実証主義のグループです。この中では、論理実証主義の立場が一番分かりやすいと思います。クワインが批判の主たるターゲットにしたのも、論理実証主義系の議論です。

「実証主義 positivism」と呼ばれる考え方にはいくつかの系統のものがあります。大きく分けて、コントによって創始された社会科学の実証主義、ベンサムを元祖とし、オーストリアの法哲学者ケルゼン（一八八一－一九七三）によって理論的に精緻化された法実証主義、それに哲学における実証主義である論理実証主義の三つがあります。対象が異なるので方法論は大分違うのですが、共通しているのは、形而上学的な前提に基づいて、自然科学のように経験的に検証できる事実だけを探究しようとすること、数学のような厳密な論理によって体系を構築しようとするということでしょう。

物理や化学などは、経験的に観察される事態から、法則を導き出し、実際にその法則で予測された通りの現象が起これば、その法則は証明されたと見なします。それらの法則は、ばらばらに作用しているわけではなく、物理学だったら、高校で習う力学の三法則のようないくつかの基本法則、数学で言うと公理に当たるものから論理的に導き出せると想定されています。自然科学は、そうした論理的かつ経験的に証明可能な体系を構築することを目指して来ました。そうした数学・物理学モデルに近付くほど、科学は実証主義的になると考えるのが、社会科学における実証主義です。論理実証主義は、哲学は、「存在」とか「実在」とか「イデア」とか、あるのかないのかはっきりしないようなものについて無駄なトークを繰り広げるのではなく、全ての科学の営みの共通の基礎になるような理論を提供し、科学の統一に貢献すべきだという立場です。当然、哲学自体も、自然科学のような厳密を言語によって記述されるべきということになります。そういう立場だとすると、フレーゲやラッセルの記号論理学と相性はいいし、「語り得ないものについては沈黙すべきだ」というウィトゲンシュタインの立場とうまく合致するように見えます。ウィトゲンシュタインは、有名な『論理哲学論考』（一九二一）で、「世界」は「要素命題 elementary propositions」によって表現される、諸々の「事実 fact」あるいは「事態 state of affairs」——「事実」と「事態」と「要素命題」の関係をちゃんと説明しようとすると、ちょっとややこしくなるのですが、ここでは拘る必要はないでしょう——から構成されるという、論理実証主義的な見解を表明しています。ウィーン学団の主要メンバーであったカルナップ（一八九一－一九七〇）は、ナチスの台頭に際して、アメリカに移住し、アメリカでの分析哲学の発展に寄与するようになります。

カルナップ

クワイン

クワインは、最初は論理実証主義の影響を強く受けていたのですが、「経験主義の二つのドグマ」という有名な論文で、論理実証主義に代表される経験主義的な哲学の欠陥を問題にします。ドグマ（教義）という言い方は、それが証明できないものであることを示唆します。この論文の翻訳は、勁草書房から出ているクワインの論文集『論理的観点から』に入っています。

第一のドグマは、「分析的真理／総合的真理」が区別できるというものです。「分析的真理」とは、ある概念を分析、分解することによって、そこから一義的に導き出すことができる真理です。例えば、「人間は動物である」というような命題がそうです。「人間」は「動物」に含まれるので、この命題は常に真になるわけです。アプリオリな真理です。これだけだと当たり前すぎてあまり意味がないような感じがしますが、数学基礎論や論理学は、そうした当たり前の関係を明らかにする学問です。論理実証主義に代表される分析哲学は、日常言語の曖昧さに隠されている、分析的な関係を明らかにすることを目指します。

「総合的真理」とは、経験的事実に基づいて、AとBという二つの概念を結び付ける形で成立する真理です。「○○という動物は、△△という刺激を与えられると、◇◇の反応をする」というような命題です。自然科学の具体的な命題のほとんどは、総合的真理です。カントはアプリオリな総合的真理の存在を示唆しましたが、ごく普通の意味では、総合的真理は経験的に検証しないと分からないので、アポステリオリでしょう。

何故、経験主義がこのような区別をするのかと言うと、分析的真理がないと、論理的な必然性が成り立たなくなり、経験的事実をいくら観察して集めてきても、それらを法則化して、相互に関係付けることができないからです。「Aという瞬間に、○○に見える物質は、■■的に見えた」というような文が、いくら寄せ集まっても、経験的な科学にはならない。年寄りの知恵のようなものにしかならない。ただ、その逆に、いかなる前提もなく、経験的事実だけで成り立つ総合的命題というものもなければなりません。そうでないと、いくら実験や観察によって〝事実〟が確認されても、その〝事実〟を表わす文が、何らかの約束事——論理学的な規則とか、文法とか、慣習的な思考法とか——の下でしか成り立たないとすれば、絶対的に確実な真理でなくなってしまうからです。

第二のドグマはこの点に関係します。これは還元主義のドグマと呼ばれるもので、科学的な言明は直接的経験を指示する名辞（名前）に還元できる、というものです。別の言い方をすると、科学的に意味のある言明は、感性的な経験として直接的にその存在を確かめることのできる〝もの〟から構成されている、ということです。例えば、引力とか、相対性理論で言うところの空間の歪みのようなものは、一見すると、抽象的で捉えどころがないですが、一定の条件の下での実験や観察によって、それが意味するところのものを、可視化することができますね。どんな法則も、分解していけば、実体として存在していることが直接確認できる物とか事態に辿り着くことができる、という想定です。「直接的」というのは、いかなる理論的前提も含んでいないということです。直接的に経験できるものを、論理的法則を使って正しく組み合わせることによって、科学的言明が出来上がる、ということです。論理実証主義は、言明の意味というのは、その言明の検証可能性（verifiability）であるという立場を取ります。これを検証理論と言います。この連続講義でも話題になったように、この理論は元々パースやジェイムズが提唱していたものですが、カルナップがそれを純化して、全ての科学的言明を直接的経験にまで還元して基礎付けし直すことを企てました。

この一見当たり前のような二つのドグマが経験主義を支えているわけです。ただ、こういう風に二つのドグマとして特徴付けると、どこに突っ込んだらいいか何となく分かりますね。哲学の論争を相手の言いたいことをうまく〝まとめて〟あげたうえで、その弱点を指摘するという形を取ることが多いです。クワインは先ず、第一のドグマの区別は自明ではないことを明らかにします。クワイン自身は、「独身男は結婚していない」という文を例にして説明しています。この文は一見分析的真理のように見えますが、そう言えるのは、「独身男」＝「結婚していない」という同義性が前提になっている場合です。日本語で言うとピンと来にくいですが、英語だと〈bachelors〉と〈unmarried men〉です。辞書を見ると、〈bachelor〉には全然別の意味もありますね。また、〈man〉の方には、「人間」という意味もあります。そういう意味は、英語や日本語という言語の規約によって決まって来るわけですが、そういうことを視野に入れると、全ての命題は、何らかの言語体系の規則に依拠しているので、それだけで単独に成り立つということはありえません。

同じ種類の理屈を、「直接的経験」に対しても適用することができます。私たちは、日々、自分の五感やそれを補助する道具を使っていろんなことを経験しています。よく考えてみると、純粋にそれ単独で成立する経験などありません。例えば、私が目の前で、本を落とすと、その本は地面に落ちます。これは直クワイン：認識論における「全体論 wholism」という立場を取った。
⇒　科学的な命題は、お互いに独立に自己完結的に成立しているものではなく、大きなネットワークを形成していて、互いに支え合っている　⇒　それぞれが正しいという論拠を提供し合っているということ。
他の命題と無関係に自分単独で自分の正しさを証明できる命題などない。
※最初は論理実証主義の影響を強く受けていた
⇒　「経験主義の二つのドグマ」（1951）という有名な論文
論理実証主義に代表される経験主義的な哲学の欠陥を問題に。

■第一のドグマ
「分析的真理／総合的真理」が区別できる。
・「分析的真理」とは、ある概念を分析、分解することによって、そこから一義的に導き出すことができる真理。アプリオリな真理。
・「総合的真理」とは、経験的事実に基づいて、AとBという二つの概念を結び付ける形で成立する真理。基本的にはアポステリオリな真理。
いかなる前提もなく、経験的事実だけで成り立つ、総合的命題はないといけない。
分析的真理がないと、論理的な必然性が成り立たなくなり、経験的事実をいくら観察して集めてきても、それらを法則化して、相互に関係付けることができない。また、いくら実験や観察によって“事実”が確認されても、その“事実”を表すなんらかの約束事の下で、成り立たないとすれば、絶対的に確実な真理でなくなってしまう。
それに関連して、
↓
■第二のドグマ
還元主義のドグマ
科学的な言明は直接的経験を指示する名辞（名前）に還元できる。別の言い方をすると、科学的に意味のある言明は、感性的な経験として直接的にその存在を確かめることのできる“もの”から構成されている、ということ。
この理論は元々パースやジェイムズが提唱していたもの。カルナップがそれを純化して、全ての科学的言明を直接的経験にまで還元して基礎付けし直すことを企てた。
⇒　この一見当たり前のような二つのドグマが経験主義を支えている。
しかし、クワインは、先ず第一のドグマの区別は自明ではないこと、次いで、第二ドグマの還元は不可能であることを明らかにした。

デュエムが物理学の分野で論じたことを、クワインが「経験」一般に拡張したので、この考え方を「デュエム＝クワイン・テーゼ」と呼ぶ。

接的な経験のように思えます。しかし、それが確実であると言えるには、私が錯覚ではなく実際に本を持っていたこと、私が目で見たことが幻影でないこと、落とした本と地面に落ちている本が同一であること、それを私が見分けることができること……といった一連の前提が必要です。無論、それらのほとんどは〝経験〟的に確かめることができますが、その確かめるための〝経験〟にはまた、いくつもの前提がくっついてきます。そうやって考えていくと、経験というのは、原子的な経験のようなものにきれいに還元できるわけではなく、互いに支え合う巨大な連鎖を成しているのではないか、というイメージが浮かんできますね。それが「ホーリズム」です。

こうした見方は、哲学の基礎的な概念を固定化することに反対する、先ほど見たデューイの発想に通じていますね。また、クワインは「経験主義の二つのドグマ」の中で、フランスの物理学者ピエール・デュエムの議論を参照しています。デュエムというのは、この講義の第二回目に見たジェイムズのテクストにも名前が出てきます。物理学的な観察をする際、その実験装置に関する様々な仮説が必要である、だからどんなに単純に見える命題でも、それ単独では証明できない、と主張した人です。例えば、物質の運動に関する法則を証明するには、それが動いた距離を厳密に測定しないといけません。厳密に距離を測ろうとすると、正確な測定機器が必要です。では、それが何故正確と言えるのかというと、その機器を構成している物質の材質の性質が明らかでないといけません。その物質の性質が、想定されている通りだということは、原子や分子の運動法則などによって証明しないといけません。では、その原子や分子の運動法則は……という風に考えると、どこまでも続いていって限りがありません。前提の前提の……と考えていくと、基礎付けられているものが、自らを基礎付けているものを、何段階か間に挟んで、間接的に基礎付けている、というような循環も見出されるでしょう。デュエムが物理学の分野で論じたことを、クワインが「経験」一般に拡張したので、この考え方を「デュエム＝クワイン・テーゼ」と呼びます。

ジェイムズ：
真理はそれぞれ個別に成立しているわけではなく、体系をなして支え合う関係にあり、体系全体として安定性を保っているので、古くなってしまった真理＝信念でもすぐに捨てられることはなく、新しい真理＝信念と既成の体系との整合性が問題になるという見解。

デューイ：
絶対的な実体としての「個人」があるわけではなく、諸「個人」がコミュニケーションを通して相互に影響を与え合いながら生成発展しつつある状態として「社会」を捉える見方、
↓
※それ単独で絶対的な真理性を主張できるようなものはないという考え方は、プラグマティズムとクワインに共通。クワイン自身、「経験主義の二つのドグマ」の中で何回か、単独で成立する絶対的な真理を否定し、物事をネットワーク的な視点から考える自らの発想を、「プラグマティズム的」と形容している。

前に見たように、ジェイムズは、真理はそれぞれ個別に成立しているわけではなく、体系をなして支え合う関係にあり、体系全体として安定性を保っているので、古くなってしまった真理＝信念でもすぐに捨てられることはなく、新しい真理＝信念と既成の体系との整合性が問題になるという見解を示していましたが、この見方は、ホーリズム的な感じがしますね。それから違うレベルの話ですが、絶対的な実体としての「個人」があるわけではなく、諸「個人」がコミュニケーションを通して相互に影響を与え合いながら生成発展しつつある状態として「社会」を捉えるデューイの見方も、ホーリズム的な感じがします。それ単独で絶対的な真理性を主張できるようなものはないという考え方は、プラグマティズムとクワインに共通していると思います。クワイン自身、「経験主義の二つのドグマ」の中で何回か、単独で成立する絶対的な真理を否定し、物事をネットワーク的な視点から考える自らの発想を、「プラグマティズム的」と形容しています。

ヒラリー・パトナム

それから、心の哲学、言語哲学、数学の哲学、存在論

など様々な方面で活躍しているヒラリー・パトナム（一九二六－　）というアメリカの哲学者がいます。彼は一九八〇年代末くらいから、分析哲学の科学主義的な傾向から距離を取り、プラグマティズムに関心を持ち始め、九五年には『プラグマティズム』という著作を出します。九二年にローマで行った三つの講義を本にしたものです。第一講では、ジェイムズの真理論がホーリズム的な性格を持っていること、可謬主義を前提にしていることが指摘されています。第二講では、後期のウィトゲンシュタインの言語ゲーム論を、プラグマティズムの視点から読み解くことが試みられています。言語ゲーム論というのは、簡単に言うと、言葉の意味は、それがどのような種類の言語ゲームで使用されているかによって、そのゲームの文法や慣習、他の言葉との関係で規定されてくるので、言葉の究極の定義のようなものを求めることに意味はない、という議論です。科学の言語も、言語ゲームであって、絶対的なものではありません。ある概念の使い方が正しいかどうかは、それが私にとって良い使い方かどうかということでしかありません。そう考えると、言語ゲーム論は、全体論的で、プラグマティズム的な発想に基づいているように思えてきますね。ウィトゲンシュタイン自身がプラグマティズムとの関係をどう考えていたかはよく分かりません。後期の代表的著作『哲学探究』（一九五三）の身体論の文脈で、ジェイムズを批判する形で自らの論を展開しているのですが、これは影響を受けていたからこその批判なのかもしれません。

第三講では、現代哲学における事実と価値をめぐる論争に即して、プラグマティズム－後期ウィトゲンシュタイン的方向性を示している哲学者が増えていることを指摘しています。この流れで、パトナムは、カルナップが、誰かが見ていようといまいと関係なく、それ自体として成立する事態を――一人の孤立した観察者の視点から――客観的に記述する「観察文」を探究したのに対し、パース、ジェイムズ、デューイたちは科学的探究を、環境と、探究に従事する人々の共同体との相互作用として捉えていたと指摘します。つまり、先ず、探究する営みは、探究の対象に対して何らかの影響を与えます。観察するために、光

ヒラリー・パトナム（1926－　）
1995年『プラグマティズム』
・**第一講**：ジェイムズの真理論がホーリズム的な性格を持っていること、可謬主義を前提にしていることを指摘。
・**第二講**：後期のウィトゲンシュタインの言語ゲーム論を、プラグマティズムの視点から読み解く。
言語ゲーム論：言葉の意味は、それがどのような種類の言語ゲームで使用されているかによって、そのゲームの文法や慣習、他の言葉との関係で規定されてくる。言葉の究極の定義のようなものを求めることに意味はない。
※言語ゲーム論は、全体論的で、プラグマティズム的な発想に基づいている？
ウィトゲンシュタイン後期の代表的著作『哲学探究』（1953）の身体論の文脈で、ジェイムズを批判する形で自らの論を展開。これは影響を受けていたからこその批判？
・**第三講**：現代哲学における事実と価値をめぐる論争に即して、プラグマティズム－後期ウィトゲンシュタイン的方向性を示している哲学者が増えていることを指摘。
・この流れで、パトナムは、カルナップが、誰かが見ていようといまいと関係なく、それ自体として成立する事態を――一人の孤立した観察者の視点から――客観的に記述する「観察文」を探究したのに対し、
・パース、ジェイムズ、デューイたちは科学的探究を、環境と、探究に従事する人々の共同体との相互作用として捉えていたと指摘。⇒先ず、探究する営みは、探究の対象に対して何らかの影響を与える。観察するために、光を当てただけで、その対象はそれ以前とは異なった状態になる（これは、物理学の相対性理論や不確定性原理の入門書に書かれていること）。
また、探究は、探究する科学者の共同体の中の協働作業における諸前提に依拠しており、そうした協働作業から独立に成立する、絶対的な真理はない。真理は間主観的に成立。
→　パトナムは、科学が健全に発展するには探究の民主化が必要だと主張。そのことをデューイの民主主義重視と関連付ける。
※プラグマティズムの「道具主義」
一人の科学者が、概念を自分だけの都合で「道具」として利用し、用がなくなったら、あるいは関心がなくなったら気ままに使い捨てていいという話ではない。
↓
科学者の共同体、その背後にある社会にとっての共有の「道具」である。プラグマティストたちは、そのことを強く意識して、「道具」をめぐる協働性・共有性の意識を高めようとした。

■プラグマティズムの道具主義は、言語的実践の倫理的・公共的意義を強調するハーバマスの討議倫理学に通じている。パトナムもこのことを指摘。

を当てただけで、その対象はそれ以前とは異なった状態になります。これは、物理学の相対性理論や不確定性原理の入門書に書かれていることですね。また、探究は、探究する科学者の共同体の中の協働作業における諸前提に依拠しており、そうした協働作業から独立に成立する、絶対的な真理はありません。真理は間主観的に成立します。そうした視点からパトナムは、科学が健全に発展するには探究の民主化が必要だと主張し、そのことをデューイの民主主義重視と関連付けます。

こういう風に考えると、プラグマティズムの「道具主義」が、通常、かなり単純化されたイメージで理解されていることが分かります。一人の科学者が、概念を自分だけの都合で「道具」として利用し、用がなくなったら、あるいは関心がなくなったら気ままに使い捨てていいという話ではなく、科学者の共同体、延いては、その背後にある社会にとっての共有の「道具」であるわけです。プラグマティストたちは、そのことを強く意識して、「道具」をめぐる協働性・共有性の意識を高めようとした、と言うべきでしょう。このように考えると、プラグマティズムの道具主義は、言語的実践の倫理的・公共的意義を強調するハーバマスの討議倫理学に通じていると言えます。パトナムもこのことを指摘しています。

リチャード・ローティ

ネオ・プラグマティズムを新しい哲学の潮流として認知させることに最も貢献したのは、何度か名前が出てきたリチャード・ローティです。ローティは六〇年代から、分析哲学の言語への拘りを、プラグマティズム的な方向に転換すべきことを主張していましたが、その主張を集大成したのが、一九七九年の『哲学と自然の鏡』です。

ローティによれば、認識論を中心に発展した近代の哲学は、人間の「心」を、「自然」を映し出す「鏡」として表象し、この「鏡」が本当に「自然」を忠実に映し出しているのか、そう言えるとすれば、その根拠は何か、あるいは、部分的にしか正確でないとすれば、どのような制約の下で映し出しているのかを明らかにすることに従事してきました。そこから「主観／客観」の二項対立図式が生まれてきました。現代の分析哲学は、「心」の分析から「言語」の分析へと関心を転化したとされています。それを、「言語論的転回 linguistic turn」と言います――ローティは、『言語論的転回：哲学の方法論における諸論考』（一九六七）という論文集の編者を務めています。しかしローティに言わせれば、今度は、「心」の代わりに、（論理学的に純化された）「言語」を「鏡」にした、同じような二項図式が生まれて来て、事態は根本的に変わっていません。近代哲学は、「自然の鏡」としての、「心」あるいは第二の「心」である「言語」に（形而上学的に）特別なステータスを付与したうえで、その〝本性〟を明らかにすることを通して、全ての知識を基礎付けようとする「基礎付け主義 foundationalism」の発想を共有し続けています。

そうした営みを更に続けることに、そもそも意味があるのか、というのがローティの問題提起です。何故、そうした営みが不毛なのかと言えば、「心」にしろ「（論理的）言語」にしろ、そういう問題設定をしている哲学者たち自身が使っている言語に依拠しているからです。先ほどの言語ゲーム論式に考えれば、彼らは自分で「心」とか「言語」を共通の基礎にするゲームを設定して、そのゲームの枠内で〝正しい答え〟を出そうとしているわけです。初期設定が全く同じだと、〝同じ正しい答え〟に到達できますが、ズレていると〝同じ答え〟には到達しません。にもかかわらず、「知識」の究極の基礎付けを求めるのは、不毛です。プラグマティストだったら、誰が何のためにやっている言語ゲームなのか、というところに関心を向けるでしょう。

ローティは、現代の分析哲学の議論の最前線でそうしたプラグマティズム的な方向性が次第に顕著になりつつあるとしたうえで、その先駆者としてクワイン、行為と理由の関係についての研究で知られるドナルド・デイヴィドソン（一九一七―二〇〇三）、ウィルフリド・セラーズ（一九一二―八九）の三人を挙げています。デイヴィドソンは、クワインやパトナムと並んで、戦後のアメリカにおいて分析哲学の土台を作り上げた大物として分析哲学の本にしばしば登場しますが、セラーズはそれほど知られていません。彼は「所与の神話 myth of given」を徹底的に批判し、根拠がないことを明らかにしたことで、ローティ以降のネオ・プラグマティズム的な文脈で高く評価されています。「所与の神話」というのは、簡単に言うと、我々の認識の原点になる「所与」が実在し、それは経験的に観察し得る、という神話です。感覚的なデータ（所与）の刺激によって、私たちの心の内で認識が始動するという前提がないと、経験論的な認識論は成り立ちません。セラーズは、「所与」をめぐる哲学的言説を考察することで、「所与」が私たちの言語の中で構成されるものであって、絶対的な実在を主張できるものでないことを明らかにします。この問題に関するセラーズの論文『経験論と心の哲学』（一九五六）は勁草書房と岩波書店から訳が出ています。先ほど見たように、デューイも、「個体」と「社会」をめぐる社会哲学的問題についてですが、「所与」を批判していましたね。

ローティによると、「基礎付け」に拘る従来の哲学者は、学問や言説相互間の対立を共通の基盤を示すことによって裁定しようとする「文化の監督者」の役割を演じようとしてきました。そうした不毛なことを続けるよりは、様々な言語を語る人々の間の開かれた対話を取りもつ、仲介者的な役割を目指すべきだと彼は主張します。観察可能な究極の所与とか、完全に自立的に成立するアプリオリな真理のようなものを探究する従来の分析系言語哲学の路線から、それぞれの言説を成り立たしめている文化や世界観を解釈し、共通理解の余地を広げていく「解釈学 hermeneutics」的なアプローチへ転換すべきだということです。「解釈学」というのは、聖書などの文献解釈の方法論を、人間の「生」の歴史的表現の解釈という方向へと拡充した、ドイツの哲学者ディルタイ（一八三三－一九一一）に由来する哲学方法論で、一般的には、プラグマティズムとは全く異質か、対極にあると見られがちです——解釈学がドイツの重々しい学問の権化であるのに対し、プラグマティズムはアメリカの軽い学問の代表というイメージです。しかしローティは、言語的実践＝コミュニケーションに対するホーリズム的で非基礎付け主義的なアプローチという面で、両者は通底していると見ているようです。

ローティによるプラグマティズム再評価のもう一つの側面を示すテクストとして重要なのが、一九九八年に出された『アメリカ　未完のプロジェクト』というテクストです。これはプラグマティズムの実践への応用です。アメリカには、アメリカ固有のプラグマティズム的左翼、もしくは「改良主義左翼 Reformist Left」の伝統があり、それは六〇年代後半以降に、アメリカのアカデミズムを席巻するようになった「文化左翼 Cultural Left」のそれとは根本的に異なるものである、というのがこの本の基本的主張です。アメリカでは、マルクス主義は広がらなかったけど、それは、アメリカ社会の現実に合わせて徐々に改良を進めてきた「改良主義左翼」がいたからである。ローティは、歴史の弁証法的な発展の法則のような形而上学的な理論に基づいて現実を把握しようとするマルクス主義をむしろ有害と見ているようです。「改良主義左翼」が労働や貧困、人種差別など具体的な問題の解決を模索したのに対し、「文化左翼」はニーチェ（一八四四－一九〇〇）とかフーコー、デリダなどのポストモダン系の哲学の影響を受け、「カルチュラル・スタディーズ」をかじっている人たちです。ローティからしてみれば、西欧文化の根底にある男根＝ロゴス中心主義とか、言説の中に作用するミクロな権力とか、どういう実体があるのか分からないものを批判することに熱を入れて、社会を具体的に改革することから人々の眼をそらしている。だからこそ、アメリカという国の未来に対するユートピア的な希望を掲げ、人々を改革へと促したプラグマティズム的な伝統が蘇らないといけない。

ローティはそうしたプラグマティズム的な左派思想の代表選手として詩人ウォルト・ホイットマンとデューイを挙げています。ホイットマンは、ジェイムズの『プラグマティズム』にも出てきましたね。性的

リチャード・ローティ

60年代から、分析哲学の言語への拘りを、プラグマティズム的な方向に転換すべきことを主張。その主張を集大成したのが、1979年の『哲学と自然の鏡』。
↓
認識論を中心に発展した近代の哲学は、人間の「心」を、「自然」を映し出す「鏡」として表象し、この「鏡」が本当に「自然」を忠実に映し出しているのか、そう言えるとすれば、その根拠は何か、あるいは、部分的にしか正確でないとすれば、どのような制約の下で映し出しているのかを明らかにすることに従事してきた。
⇒「主観／客観」の二項対立図式が生まれてきた。
現代の分析哲学は、「心」の分析から「言語」の分析へと関心を転化した　⇒「言語論的転回 linguistic turn」――『言語論的転回：哲学の方法論における諸論考』（1967）という論文集の編者を務めている。

しかし、今度は、「心」の代わりに、（論理学的に純化された）「言語」を「鏡」にした、同じような二項図式が生まれ来て、事態は根本的に変わっていない。近代哲学は、「自然の鏡」としての、「心」あるいは第二の「心」である「言語」に（形而上学的に）特別なステータスを付与したうえで、その“本性”を明らかにすることを通して、全ての知識を基礎付けようとする「基礎付け主義 foundationalism」の発想を共有し続けている。

⇒　そうした営みを更に続けることに、そもそも意味があるのか、という問題提起。

※そうした営みが不毛なのかと言えば、「心」にしろ「（論理的）言語」にしろ、そういう問題設定をしている哲学者たち自身が使っている言語に依拠しているから言語ゲーム論に。

■セラーズ「所与の神話」批判⇒簡単に言うと、我々の認識の原点になる「所与」が実在し、それは経験的に観察し得る、という神話。

ローティ
⇒　言葉の使われ方をめぐるコミュニケーションの方に焦点、解釈学 hermeneutics」的なアプローチへ転換すべきだと主張に刺激的な表現と、アメリカの国土に対する愛情をうたい上げたことで知られる詩人です。二人とも、アメリカの「民主主義」の潜在的可能性を強く信じ、それを実現しようとした人として性格付けられています。二人の思想についてローティは以下のように述べています。晃洋書房から出ている、小澤照彦さん（一九四七－　）による訳から引用します。二七頁です。

デューイとホイットマンの間に信条上の相違はほとんどない、とわたしは考えている。だが、強調の置かれている点で明らかな相違がある。つまり、一方は主として愛について語っており、他方は主として国民性について語っているという相違がある。ホイットマンの民主主義のイメージは恋人同士の抱擁であり、デューイの民主主義のイメージはタウン・ミーティングであった。デューイが力説していることは、イスラエルの哲学者アヴィシャイ・マルガリート（Avishai Margalit）が品位のある社会と呼んだものを、それは制度が自尊心を傷つけない社会と定義されているのであるが、そのような社会を創る必要性であった。ホイットマンの希望は、マルガリートが品位のある社会と対照させて洗練された社会と呼んでいるものの創造に集中していた。その洗練された社会は個々人が互いの自尊心を傷つけ合うことのない社会――他の人々の空想や選択に対して寛容であるが、その寛容さが生得的で習慣となっている社会――と定義されている。デューイの主要な攻撃目標は、制度化された利己心であった。それに対して、ホイットマンの主要な攻撃目標は性的抑圧、および愛することができない結果生まれている社会的に容認されたサディズムであった。

マルガリート（一九三九－　）とはここで述べられているようにイスラエルの哲学者で、「品位ある社会 decent society」をめぐる議論で有名です。西欧近代の政治哲学では、「正義に適った社会 just society」

をめぐる議論が中心になっていますが、マルガリートはその前段階として「品位ある社会」になっている必要があると主張します。具体的には、プライバシーの尊重、完全な市民権、完全雇用などによって、人としての尊厳が保たれることが制度的に保障されている社会です。「洗練された社会 civilized society」というのは、ここで述べられているように、市民たち自身がお互いの尊厳を認め合っている社会です。ホイットマンとデューイは、現実のアメリカにおいて人々の尊厳が守られていないことを感じ取り、非寛容と闘うことで、本当の意味での「民主主義」、人々がコミュニケーションを通してお互いを高め合う社会を実現しようとしたわけです。

政治哲学的には、ローティは広い意味でリベラルに分類できますが、彼は自分の立場を「リベラル・アイロニズム」と呼んでいます。簡単に言うと、先ほど言ったような意味での「基礎付け」がない自由主義です。現代アメリカの自由主義系の政治哲学では、ジョン・ロールズやロバート・ノージック（一九三八―二〇〇二）のそれのように、正義、公正、権利、自由、平等といった基礎的な概念を明確に定義したうえで、そこから正義に適った政治体制を体系的・論理的に導き出すという形を取ります。彼らの議論は分析哲学の影響を強く受けているので、論理的体系性を重視する傾向があります――こうしたことについては、拙著『集中講義アメリカ現代思想』（NHK出版）や『いまこそロールズに学べ』（春秋社）等で論じましたので、関心があればそれらをご覧下さい。「正義」や「自由」を厳密に基礎付けしようとすると、どうしても経験的に証明できない仮定に拘ることになります。

ローティはそういうレベルでの議論に拘ることに意味はないと断じます。「リベラルな共同体」を理論的に正当化することに意味はない。ローティがリベラル（自由主義者）であるのは、たまたまアメリカという、自由や権利が尊重され、それが制度化、慣習化されている社会に生まれ育ったからです。アメリカで尊重されている規範が普遍的なものであることを証明しようとしても、それはローティの属しているアローティによるプラグマティズム再評価のもう一つの側面を示すテクストとして重要。

1998年に出された『アメリカ　未完のプロジェクト』。


プラグマティズムの実践への応用。

・アメリカには、アメリカ固有のプラグマティズム的左翼、もしくは「改良主義左翼 Reformist Left」の伝統があり、それは60年代後半以降に、アメリカのアカデミズムを席巻するようになった「文化左翼 Cultural Left」のそれとは根本的に異なるものである。
・アメリカでは、マルクス主義は広がらなかったけど、それは、アメリカ社会の現実に合わせて徐々に改良を進めてきた「改良主義左翼」がいたからである。
・歴史の弁証法的な発展の法則のような形而上学的な理論に基づいて現実を把握しようとするマルクス主義をむしろ有害と見ているようです。
「改良主義左翼」が労働や貧困、人種差別など具体的な問題の解決を模索したのに対し、

↕

「文化左翼」とは？

ニーチェ（1844−1900）とかフーコー（1926−84）、デリダ（1930−2004）などのポストモダン系の哲学の影響を受け、「カルチュラル・スタディーズ」をかじっている人達。

ローティ：西欧文化の根底にある男根＝ロゴス中心主義とか、言説の中に作用するミクロな権力とか、どういう実体があるのか分からないものを批判することに熱を入れて、社会を具体的に改革することから人々の眼をそらしている。

だからこそ、アメリカという国の未来に対するユートピア的な希望を掲げ、人々を改革へと促したプラグマティズム的な伝統が蘇らないといけない。
※詩人ウォルト・ホイットマンとデューイ

※現実のアメリカにおいて人々の尊厳が守られていないことを感じ取り、非寛容と闘うことで、本当の意味での「民主主義」、人々がコミュニケーションを通してお互いを高め合う社会を実現しようとした。

ローティの政治哲学的特徴

広い意味でリベラル、彼は自分の立場を「リベラル・アイロニズム」。「基礎付け」がない自由主義。⇒　生の偶然を受け容れるというニーチェ的な感覚を、プラグマティズムの非基礎付け的な実践と融合しようとする。

↓

ネオ・プラグマティズムの特徴

・リベラリズムの偶然性を自覚した改良の実践としてプラグマティズムを再解釈するローティの路線。

・言語を中心とする人間の文化的・社会的実践の探究として哲学を捉え直そうとするところ。

メリカ的な言語ゲームの枠内での証明でしかありません。そういう風に普遍的な基礎付けを放棄して、偶然だということを認めてしまうと、自由を擁護する力が出てこないと思う人がいるだろうが、そう思い込む必要はない。自分たちの立ち位置の偶然性を受け容れたうえで、公共的な討論を通じて、偶然与えられたリベラルな共同体を維持し、改善するよう試みることはできる、と主張します。生の偶然を受け容れるというニーチェ的な感覚を、プラグマティズムの非基礎付け的な実践と融合しようとするのが面白いところです。

ローティは、ロールズが八五年の論文「公正としての正義──形而上学的ではなく政治的な」で、正義の哲学的な基礎付けに拘るよりも、異なった立場の人々の間に合意を作り出す民主主義の実践がより重要であると言い始めたことに注目し、それは自分の自由主義観と一致するとして、ロールズを肯定的に評価し始めます。ロールズの「政治的リベラリズム」を、アメリカ固有のリベラルな文脈に根ざしたプラグマティックな民主主義論と見なしたわけです──この点についても、先ほどの二つの拙著の中で論じています。

そうやって、リベラリズムの偶然性を自覚した改良の実践としてプラグマティズムを再解釈するローティの路線が、ネオ・プラグマティズムの方向性は下火になってきた感じがしますが、ネオ・プラグマティズム自体が全く途絶えてしまったわけでは

ティズムの中心的なイメージになっています。ローティが亡くなって以降、そうした実践政治学的な方向性は下火になってきた感じがしますが、ネオ・プラグマティズム自体が全く途絶えてしまったわけでは

ありません。現在では、セラーズの「所与の神話」批判を継承して精緻化したジョン・マクダウェルと、「理由」をめぐる言語ゲームを研究しているロバート・ブランダム（一九五〇－　）の二人がネオ・プラグマティズムの継承者と見なされることが多いです。ただ二人とも、ローティのような政治的議論はしていないようです。ブランダムはヘーゲル研究もやっていて、ヘーゲル研究者の岡本裕一朗さん（一九五四－　）が、『ネオ・プラグマティズムとは何か』（二〇一二年）という本で、この二人を含めてネオ・プラグマティズム全体を紹介しています。岡本さんが生命・環境倫理学をやっていることもあって、環境問題におけるプラグマティズムの動向も紹介されています。

いずれにしても、言語を中心とする人間の文化的・社会的実践の探究として哲学を捉え直そうとするところに、ネオ・プラグマティズムの特徴があると思います。

■質疑応答

Q　ローティは、哲学の二つの立場としてのイデアリズム（観念論）とプラグマティズムを対立的に捉えていたと思います。今日の先生のお話に出てきた、「基礎付け」は、イデアリズムだと言えるのでしょうか？

Ａ　イデアリズムと対立していたというより、「イデアリズム／リアリズム」の二項対立に回収されないものとしてプラグマティズムを位置付けようとしていたのだと思います。認識の「基礎付け」がないという主張は、一見すると、バークリーの名前と結び付いている主観的観念論、つまり、この世界は私の幻想かもしれないと示唆する議論のようにも聞こえてしまいます。リアリズムと勘違いされることはないでしょうが、イデアリズムだと誤解されてはまずい。『哲学と自然の鏡』は、その辺のことに気を付けて、イデアリズムと距離を取るような記述をしています、リアリズムに対してもはっきりと距離を取っています。ごく普通に考えれば、リアリズムの方がイデアリズムよりも基礎付け主義的でしょう。究極の「実在」があるし、見つけると言っているわけですから。ただ、イデアリズムはイデアリズムで、主観の内に、普遍的「理性」を設定して、知識を基礎付けしようとする傾向はあります。カントはその意味での基礎付けをやっていると言えます。

Ｑ２　ネオ・プラグマティズムというのは、日本の中において影響力はあるのでしょうか？

Ａ２　ほとんどありません。政治哲学の業界に限ってもあまり影響力はありません。『アメリカ　未完のプロジェクト』が翻訳された前後に、ポストモダン思想とアメリカのプラグマティズム的伝統を繋ぐ思想家として少し関心が集まって、社会学の北田暁大さん（一九七一－　）とか、ローティ論である『リチャード・ローティ　ポストモダンの魔術師』（一九九九）を書いた政治哲学の渡辺幹雄さん（一九六七－　）、それに私とかが（笑）、一時期しきりとローティを取り上げていましたが、いつのまにか下火になりました。最近、ローティについての著作を出した若手が何人かいますが、ローティが再び注目を集めているようには見えません。大きな本屋でも、ローティの著作を集めて並べているところはまずないですし。

ローティが日本でそんなに一般ウケしないのは、多分、彼がプラグマティズム的に脱構築して、自分の文脈に取り込もうとしたロールズの正義論さえその意義が十分に理解されていないからでしょう。何であんな難しいことを言っているのかといぶかしく思われている理論を批判的に摂取しようとする理論なんて、関心の持たれようがない。本気で基礎付けしようとする人がいて、そういう人が権威を持っていないと、反基礎付け主義やアイロニーが活躍する余地はない。今の日本の思想論壇では、ロールズどころか、マルクス主義を雑にしたような、素朴な実践思想がはびこっているような気がします。理屈なんか、どうでもいいという感じでしょう。プラグマティズムは、素朴な実践思想と相性がいいと思ってる人もいるかもしれないけれど、この連続講義で見てきたように、そんなに単純なものではないし、本気で「理屈などいらない！」、と思っている人は、プラグマティズムの注釈本さえ読まないでしょう。

分析哲学になると、政治哲学よりも更に閉鎖的な世界で、ごく一部の哲学オタクしか関心を持たないので、先ほど名前を挙げたマクダウェルとかブランダムが、幅広く関心を持たれるようになることはないでしょう。誰か名のある知識人が、生命・環境倫理とか、研究倫理、民主主義論などの注目されやすい分野で、デューイやローティの理論を応用した、大風呂敷の議論を展開すれば、話は違ってくるでしょうが。私がそれをやっても、無理なのは分かりきっています（笑）。

第六回講義から

〔後書き〕――プラグマティズムを最も必要とするのは誰か？

読書案内でも述べているように、デューイの晩年の著作『論理学』（邦訳タイトル『行動の論理学』）は、論理学と科学的探究の再統合を目指した著作である。形式的に整備された数理論理学とは違って数学的な記号や論理式の頻出に由来する、抽象的な難解さはないが、科学的な方法の本質をめぐる議論と、論理学史の批判的な再考が密接に絡み合いながら記述されているので、なかなかついていきにくいうえ、邦訳で五〇〇頁を超える、かなりの大作である。私の印象では、マッハやポパー、クーン、ファイアーアーベントなどの科学哲学の古典的著作よりも難解であり、部分的には、フッサールの『論理学研究』とそん色ないくらいハードである。「プラグマティズム」の初心者がこの著作を最初に読んだとすれば、〔プラグマティズム＝使い勝手の良さを追求する分かりやすい実学的思想〕という、お馴染みの安易なイメージは到底抱けないだろう。

この著作では自然科学だけでなく、社会科学・社会哲学的な探究についても論じられている。その文脈で特に私の印象に残ったのは、彼の「目的」観である。彼によれば、社会的探究とは、何らかの社会的な問題状況に注目し、それと関連する種々の素材から「事実」を再構成する形で「状況」を把握し、解決を目指す営みである。これ自体は、常識的な〝プラグマティズム〟観から、当然予想されることだが、デューイがユニークなのは、「解決」という形でその実現が目指される「目的」はアプリオリに決まるわけではなく、「仮説」的な性格のものであり、探究の過程で修正されることもあり得る、という見方である。

通常の実践的な社会哲学では、実現すべき「目的」は所与のものであり、それを実現するのにどういう「手段」があるか、可能な限り最良の「手段」が手に入った場合、どの程度まで実現可能か、どういう副作用があるかといったことを考えることに、自らの探究の範囲を限定する。「目的」は「価値」の領域に属しているので、科学的な探究の管轄外というのが大前提になっている。できるのは、異なる「目的」の間でどのような妥協を成立させるのか、考えることくらいである。

それに対してデューイは、「目的」とは、社会の中で緊張・対立的な関係にある諸力を仲裁へと導くための、暫定的な「仮説」にすぎず、探究の過程で「状況」がより明らかになってくれば、より安定的な解決に達するために変更されることはあり得る、と考える。最終的に確定した「目的」に従って、当初の問題が一応「解決」したとしても、後からまた少し異なったタイプの問題が生じてくるかもしれない。その場合、先の解決に至るまでの過程で判明した事実に基づいて、仮説としての「目的」が新たに立てられ、再び探究が始まる。生成変化する連続性の中にあるものとして「目的」を捉え直すプラグマティズム的な「目的」論は、サンデル等が提唱する、共和主義＝コミュニタリアニズム的な「目的」論を、より柔軟にしたものと見ることもできよう。

本書の最後のまとめをしながら、こうしたプラグマティズム的な「目的」論について改めて考えていた時、それとの対比で、身近にある非常に腹立たしい話が私の中でクローズアップされてきた。二一世紀に入ってから、文科省は、各大学、特に国立大学に対して経営、研究、教育等、あらゆる面での合理化・効率化を要求し、自主的に各種の〝目標〟を立てさせている。具体的な〝目標〟になるよう、数値化することが前提になる。その〝目標〟の最終的達成度によって、各大学は評価される。その〝目標〟を追求していく過程で、いろいろと個別具体的な問題が見えてきて、当初の前提が間違っていたかもしれないので、〝目標〟を修正した方がいい場合もあるはずだが、文科省の役人や文教族の政治家、大学行政にうつつを抜かしている政治屋化した元学者たちは、そのことを理解していない。当初決めた〝目標〟を達成することが、大学の論理だと思い込んでいる。

そうした各種のプロジェクトの中でも、最も皮肉なのが、二〇一四年の秋に〝合格校〟が発表された「スーパーグローバル大学」プロジェクトである。各大学に〝グローバル化〟のための改革目標を掲げさせ、いい計画を掲げた大学に補助金を与えるというだけの話だが、各大学（の理事会）に自分たちの〝グローバル化〟を予め定義し、それに基づいて絶対達成すべき〝目標〟を立てさせること自体が、根本的に矛盾している――これが矛盾だと分からない人間は、論理的思考に不向きな人間である。

私の勤める金沢大学はご丁寧なことに、「自己の立ち位置を知る」「自己を知り、自己を鍛える」「世界とつながる」などをキーコンセプトとする五つのGS（グローバル・スタンダード）コア・カリキュラム群なるものを設置し、それぞれの科目――各科目は、七回（四半期）で完結する――ごとに、金沢大学独自の教科書を作成することを謳っている。独自の〝グローバルな教科書〟で勉強させることを学生に強いるのが〝グローバル化〟だ、と思い込んでいるのだから恐れ入る。おまけに、現場の教員の懸念を無視して、それを強引に推進しようとしている教育担当理事は、ローティの『哲学と自然の鏡』の共訳者の一人である。

一一月の下旬に、金沢大学の（工学部出身の）学長が、読売新聞の取材に答えて、二〇二三年までに金沢大学の学部授業の五〇％以上を「英語でやる」ことを目標にする、と述べている。これこそ、本末転倒の最たるものである。見当外れの保守派〝論客〟のように、「英語の奴隷になるのか！」、などと言いたいわけではない。私は、英語に限らず、外国語での授業は増やすべきだとかねてから思っていた。しかし、それはあくまで、現実の教育上の必要性に基づいて増やす、ということである。

「英語でやる」ことのメリットは大きく分けて二つ考えられる。①日本人学生の英語力を――他の専門的知識の取得をあまり犠牲にしない形で――向上させることと、②優秀な留学生を増やすことである。①に関しては、全く英語に触れることがないまま四年間の大学教育を終えるよりは、たとえ日本人の教師と学生が下手な英会話をすることになっても、英語でやる授業がいくつかあった方がいいというのは、確かであろう。しかし、それによって学生の理解度が著しく低下したり、教師と学生の英語力に合わせて授業の中身を薄めていって、小中学校程度のものになってしまっては、本末転倒だ。また、日本人同士が英語でやりとりする授業が多すぎると、ヘンなくせがついてしまうかもしれないし、どうせ日本人同士という安心感ゆえに緊張感が薄れる恐れもある。国文学、日本史、法学などのように、日本語のテクストを解釈することに主眼を置く科目を無理に全て英語でやろうとすると、ものすごく面倒なことになる。第二外国語の授業や、難解なテクストを使用する外書購読はどうするのか、という問題もある。②に関しても、英語でやる授業を増やしたところで、「優秀な留学生」が増えるとは限らない。本当は東大や京大がいいけれど、日本語の授業はきついので、とりあえずという感じで選ぶ者や、遊び半分の人間ばかり増える可能性がある。何でもいいからとにかく留学生を増やせ、という方針でやると、確実にそうなる。特に、先に挙げた、日本語のテクスト読解が中心の科目を学びたいと言いながら、すべて英語の授業だけですませようとする留学生は、単なる横着者だろう。その逆に、日本の法律や文学、思想史を学びたいと思って留学してくる、中国や韓国などアジア諸国の学生に、英語での授業を受けさせるのは本人たちにとっても不幸であろう。

どういう種類の科目をどれくらいの数、どういうやり方で――ネイティヴの教員の役割の細分化や、ネットを使った海外の大学との提携なども視野に入れるべきだろう――「英語でやる」のが適当か、いろいろと試行錯誤しながら決めていくしかない。五割などという数字を対外的に掲げ、何ら実質を伴わない形式的な英語授業を増やさざるを得ないハメに自らを追い込むのは愚の骨頂である。大学を〝グローバル化〟したい人たちは、〝グローバル大国アメリカ〟をモデルにしているつもりなのだろうが、こういう無意味な〝数値目標〟至上主義こそ、アメリカ固有の思想である「プラグマティズム」が克服しようとした、偽りの〝合理主義〟である。

二〇一四年一二月
〝グローバル化〟の大号令がかけられている金沢大学角間キャンパスにて

●プラグマティズム相関図●

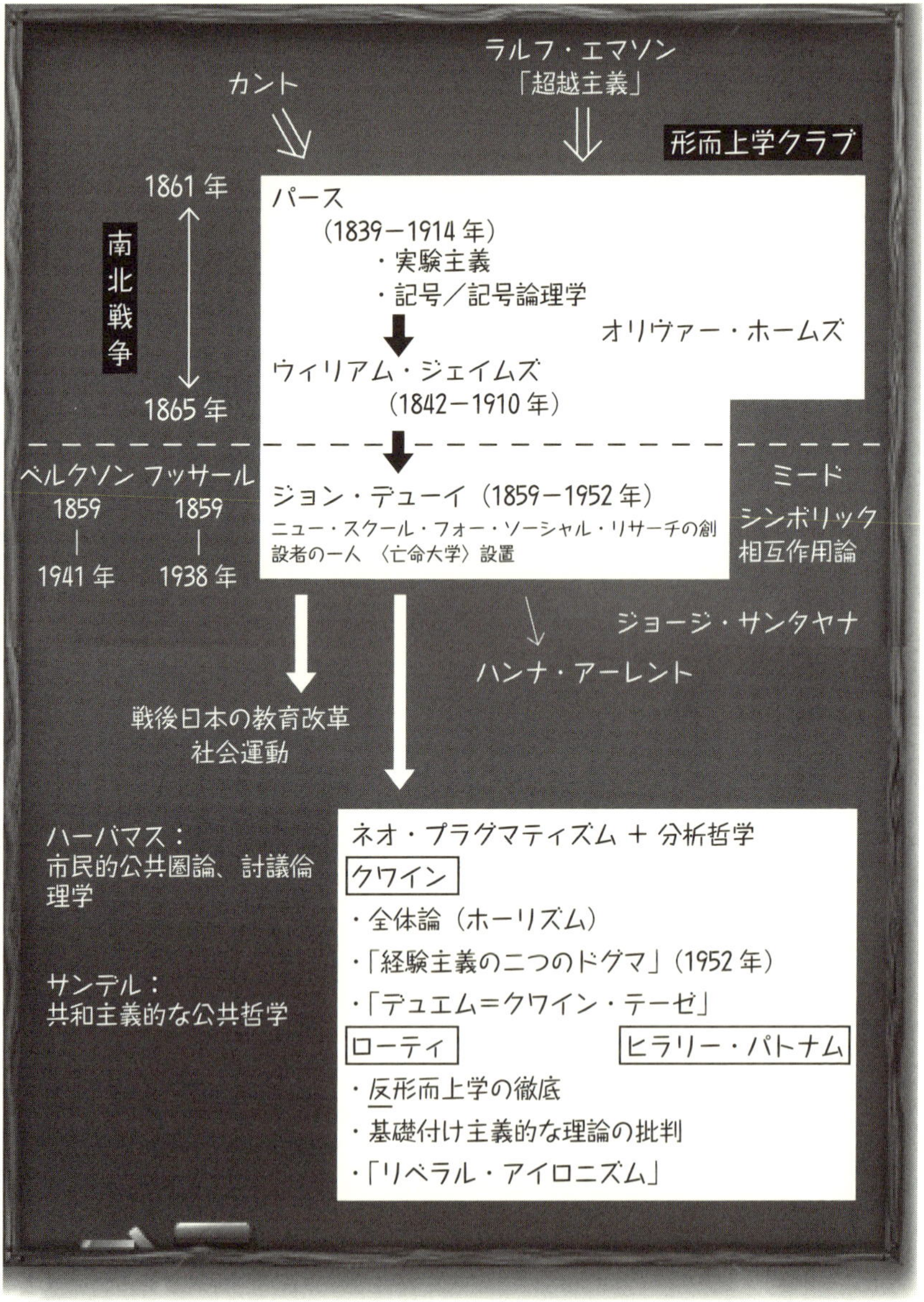

「プラグマティズム」と「ネオ・プラグマティズム」を本格的に勉強したい人のための読書案内

パース／伊藤邦武編『連続性の哲学』岩波書店

パースが一八九八年にマサチューセッツ州ケンブリッジで行った、八回の連続講演の記録論集『推論と事物の論理』から訳者が六回分を選んで訳したもの。帰納、演繹と並ぶ第三の推論としての仮説形成（アブダクション）や、論理学を図表的に表現する関係項の論理学、ランダムな分布、観念連合の原理、連続性の視点からの宇宙進化論など、パース独特の科学哲学のエッセンスが詰め込められている。数学、論理学、物理学の基礎的知識を必要とするかなり難解なテクストであるが、合理性を追求する科学者であると共に形而上学者でもあるパースの発想のユニークさが窺える。

ジェイムズ
『宗教的経験の諸相』
岩波書店

宗教を個人の経験、特に「回心」に焦点を当てる形で論じたジェイムズの最も代表的な著作。パウロ、マルクス・アウレリウス、ルター、イグナティウス・デ・ロヨラ、バニヤン、ジョージ・フォックス、エマソン、ホイットマン、トルストイなどの歴史上の人物の告白や、宗教心理学者が収集した資料に基づいて、宗教的経験を構成する様々な要素を類型的に整理している。宗教的な経験をする人の気質を「健全な心」と「病める魂」に分けて、それぞれの経験の違いを詳述していること、意識的生活に対する潜在意識的自己の介入によって宗教的経験を説明していることに特徴がある。最終的に、各人の世界経験に与える影響という点から宗教を評価する、プラグマティック的宗教観を呈示している。

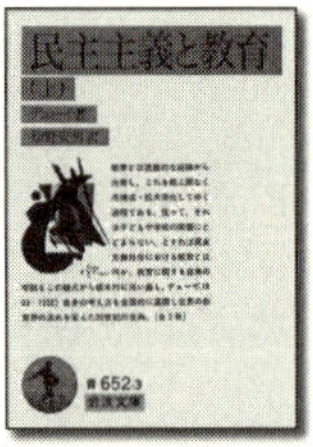

デューイ
『民主主義と教育』
岩波書店

教育哲学者としてのデューイの主要著作。古代ギリシアに始まる西欧の教育思想の歴史を、その時々の社会の身分制や職業の問題と関連付けて解釈したうえで、現代教育の課題は、「精神／物質」の二元論と結び付いてきた「教養教育／職業教育」の分離を克服したうえで、民主化された社会に相応しい、社会的協働に参加する市民としての能力を培う教育へと転換すべきことを提唱している。「教育」の視点から、デューイの「哲学」観や「民主主義」観を知ることができる。

デューイ
『公衆とその諸問題』
筑摩書房

「公衆」との関係で「国家」の本質を論じた政治哲学的な著作。諸個人間の「トランザクション（他人への影響を伴う行為）」の帰結によって自分たちが同様の影響を蒙ること、それへの組織的配慮の必要を認識している人たちの集合体として「公衆」を定義したうえで、「公衆」を代表して、彼らの利益を守る「公職者」の存在を「国家」の存在条件と見なす。「公職者」の選出と彼らの行動を規制するための特殊な慣行として「民主主義」を捉えている。科学とテクノロジーの飛躍的発達に生まれた、近代の「大社会」において、「公衆」が存在することは可能かという問いに、コミュニケーション論的な視点から答えることが試みられている。デューイがこの本を書くきっかけになった、リップマンの『世論』（岩波文庫）を合わせて読むと、二〇世紀初頭のアメリカの知識人が大衆社会における民主主義に対してどのような危惧と希望を抱いていたのかが見えてくる。

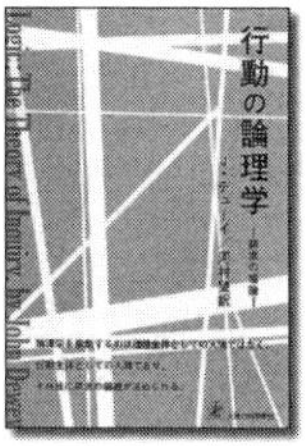

デューイ
『行動の倫理学』
人間の科学新社

プラグマティズム的な「論理学」を体系的に叙述しようとする試み。従来の論理学が、「論理」と（その応用としての）「探究」を区別することを前提にしていたのに対し、生物としての人間が周囲の状況の中に生じた問題を解決しようとする探究過程の中で、概念的な操作としての論理が形成された、という立場を取る。論理的な諸概念や命題はアプリオリに固定した本質を持つものではなく、更なる探究を遂行するための「道具」であるという視点から、現代科学から遊離した抽象的な理論と化しつつある論理学をプラグマティックに再編することを目指す。アリストテレスやミルの論理学が徹底的に批判されている。原子命題やアプリオリな必然性のみによって成り立つ純論理学的命題の存在を否定するなど、クワインの「経験主義の二つのドグマ」に通じる全体論的な視点も示されている。

ミード
『精神・自我・社会』
人間の科学新社

ミードの死後、彼の弟子である記号学者モリスによって編集刊行された講義録。外的な行動だけを問題にしていたワトソンの行動主義心理学に対し、（社会的に構成される）内的意識過程に対しても行動主義の方法が適用可能であると主張し、社会的行動主義の立場を打ち出している。身振りやシンボルによるコミュニケーション（相互行為）を通して、各人の内に「精神」が発生する過程を記述する。社会の中に共に存在する他者の視点を客観的に代表する〈Me〉と、それに主体的に反応しようとする〈I〉の二極構造で、「自我」を捉える、社会的自我論が展開されている。社会学におけるシンボリック相互作用論の原点とも言うべき著作。

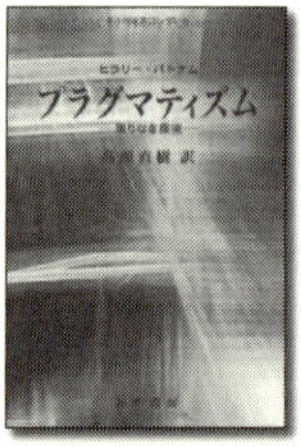

パトナム
『プラグマティズム』
晃洋書房

クワイン、デイヴィドソンと共に分析哲学を牽引してきたパトナムによるプラグマティズム論。ジェイムズの真理論を、「デュエム＝クワイン・テーゼ」に通じる全体論的な視点を持つものとして解釈したうえで、後期ウィトゲンシュタインの言語ゲーム論との類縁性を示している。事実／価値をめぐる今日の科学哲学的論議に、プラグマティズムの視点からアプローチすることも試みられている。

ローティ
『哲学と自然の鏡』
産業図書

自我もしくはその代替物としての（論理的）言語を「自然」を映し出す「鏡」であるかのように扱い、［主体―客体］図式に執着する近代の認識論哲学の不毛さを指摘したうえで、デューイ、クワイン、セラーズ、デイヴィドソン等の仕事によって、新しい方向性が開示されつつあることを示唆する。認識論哲学の「基礎付け主義」を否定し、「解釈学」に根ざした文化的対話の促進を「哲学」の新たな使命にすべきとするローティ独自の主張が展開されている。分析哲学とプラグマティズムの本質的な繋がりを明らかにし、ネオ・プラグマティズムの存在意義を示した記念碑的な著作。

ローティ
『アメリカ　未完のプロジェクト』
晃洋書房

アメリカ独自の左派である「改良主義左翼」の歴史を、ホイットマンとデューイに代表される、アメリカという国家に誇りを持つプラグマティズム的左翼の歴史として読み解く試み。一九〇〇年から、ベトナム戦争への対応をめぐって左翼学生運動が分裂し、新左翼が急速に台頭した六四年までを、「改良主義左翼」の時代と見なす。『ニュー・リパブリック』を創刊したハーバート・クローリー、社会問題にコミットした経済学者リチャード・イリー、ローティの母方の祖父で社会福音運動に従事したウォルター・ラウシェンブッシュ等に焦点が当てられている。六〇年代後半以降に台頭し、フロイトやフーコーの影響を受けて、文化的「他者」の問題にのみ拘る「文化左翼」については厳しい評価を下している。分析哲学者の中で最もポストモダンに通じていたとされるローティのそれまでのイメージと、本書での「文化左翼」批判には、ギャップが感じられる。

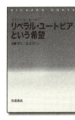

ローティ
『リベラル・ユートピアという希望』
岩波書店

グローバルでコスモポリタンな民主主義に対するローティのプラグマティックな希望に関連する論考を集めた論文集。冒頭の自伝的論文「トロツキーと野生の蘭」では、父親の影響でのトロツキーとの出会いから始まって、プラトンやヘーゲルの傾倒を経て、デューイに自らの思想的居場所を見出す過程が描き出されている。ニーチェやフロイトと絡めながら、プラグマティズム的な倫理の可能性を論じた「原理なき倫理」や、ジェイムズの宗教論を立ち入って論じた「宗教的信仰、知的責任、ロマンス」も収められている。

メナンド
『メタフィジカル・クラブ』
みすず書房

プラグマティズムの三大巨頭＋ホームズ判事の四人を、「形而上学クラブ」を中心とした北米の知識人のネットワークの中に位置付け、四人の視点から、プラグマティズムが誕生した前後のアメリカ社会の変化を描き出している。ホームズの南北戦争への従軍、アガシのブラジル探検が若きジェイムズに与えた影響、デューイのシカゴ大学就任前に遭遇したプルマン・ストライキの背景などが詳細に描かれている。ジェイムズの父のスウェーデンボルク思想、アガシの人類学、パース父子の共通のテーマであった誤差の法則など、当時の知識人たちの動向がピンポイントで紹介されている。形而上学クラブの中心的メンバーであったチョンシー・ライトの存在にも光が当てられている。

William James, *The Principles of Psychology* (Amazon Services International, Inc.)

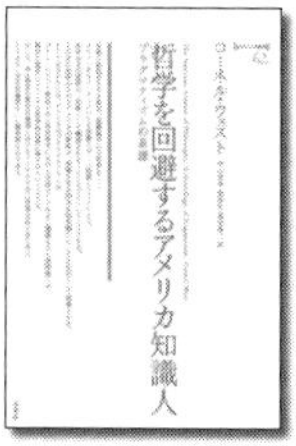

コーネル・ウェスト
『哲学を回避するアメリカ知識人』
未來社

人種問題にコミットする哲学者・活動家として知られるコーネル・ウェストによる、左派的な視点からのプラグマティズム論。認識論中心の近代哲学の中心的問題系を避けながら、資本主義化していくアメリカの中で人格の高潔性という理想を追求しようとしたエマソンの思想を、プラグマティズムの原点として明確に位置付けていること、シドニー・フック、ライト・ミルズ、デュボイス、ラインホルト・ニーバー、ライオネル・トリリングの五人の〝左派〟知識人をプラグマティズムの正統の継承者として扱っていることなどが、（常識的なプラグマティズム史には見られない）特徴である。プラグマティズムの知識人たちの活動を、グラムシの「有機的知識人」という概念によって捉えようとしていること、デューイとグラムシを左翼ロマン主義の第三波の源泉としたうえで、アメリカの批判法学に大きな影響を与えたブラジルの社会理論家・政治家ロベルト・アンガーを両者の中間に位置付けていることなどから読み取れる、ウェスト自身の社会哲学的スタンスも興味深い。

一九世紀の実験心理学の諸成果を体系的に整理した、心理学史における記念碑的な著作。脳の機能、習慣、自己意識、注意、連合、記憶、推論、空間知覚、感情、意志、催眠など広範なテーマを扱っている。人間の意識は、静的に固定化された諸部分の決まった配列によって構成されているわけではなく、生成変化するイメージや観念の連続的な流れであるとする「意識の流れ」論が有名。西田幾太郎の「純粋経験」論に影響を与えた著作であり、『善の研究』で何度か参照されている。

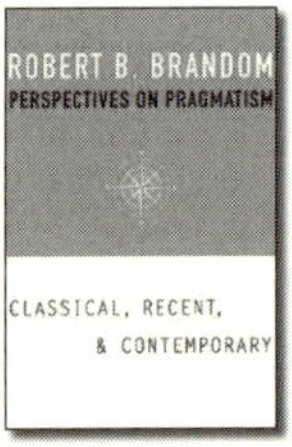

Robert B. Brandom,
Perspectives on Pragmatism
(Harvard University Press)

ローティ亡き後のネオ・プラグマティズムの旗手によるプラグマティズム論。カントの認識・判断論における「規範的転回」と「方法論的プラグマティズム」、及び、それを歴史的プロセスとして捉え直したヘーゲルの「経験」論を継承する思想の系譜として、プラグマティズム／ネオ・プラグマティズムを位置付けているところに特徴がある。プラグマティズムを一方的に称賛しているわけではなく、道具主義的なヴァージョンのプラグマティズムの誤りを指摘している。「プラグマティズム」の語用論的な言語分析としての側面をクローズアップする形で、分析哲学の中心的な問題系へと組み込む、「分析的プラグマティズム」の立場を表明している。著者ブランダムは、ローティ哲学をめぐる、ローティ自身と、ハーバマス、デイヴィドソン、パトナム、デネット、マクダウェル等の間の批判的対話をまとめた論集《Rorty and His Critics》(Blackwell Publishers) の編者でもある。

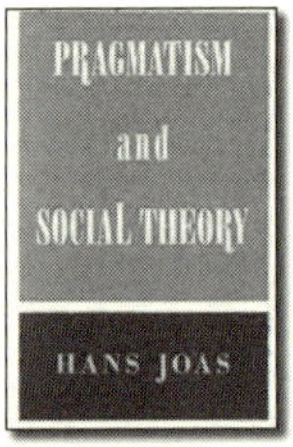

Hans Joas,
Pragmatism and Social Theory
(The University of Chicago Press)

ドイツの社会学者・社会哲学者で、ドイツ版のプラグマティズムの代表と見なされるハンス・ヨアスによるプラグマティズム論。プラグマティズムの歴史と受容が、行為や間主観性をめぐる社会学の基礎理論の発展と絡める形で記述されている。デューイやミードとアメリカの社会学のシカゴ学派との関係から始まって、デュルケム、初期フランクフルト学派、ハーバマス、カストリアディス、ギデンズ等の理論と、プラグマティズムの関係がネガティヴな側面も含めて詳細に描き出されている。プラグマティズムを、人間の集団的行為を改善するための合理的かつ実践的な方法を見出そうとする知的な営みとして、社会科学と密接に関係付ける見方を示しており、デューイの哲学を「ポストモダン・ブルジョワ・リベラリズム」と呼んで、「ハイデガー化」しようとするローティの路線とははっきり一線を画している。ヨアスにはこの他、ミードの間主観性論を批判的社会理論として読み解く、《Praktische Intersubjektivität: Die Entwicklung des Werkes von George Herbert Mead》(Suhrkamp) がある。

1963	アーレント『革命について』
1964	人種・宗教・性別等による差別を禁じる公民権法制定
1967	ローティ編『言語論的転回』
1971	ロールズ『正義論』
1979	ローティ『哲学と自然の鏡』
1981	ハーバマス『コミュニケーション的行為の理論』
1985	ロールズ「公正としての正義：形而上学的ではなく政治的な」
1988	ローティ「哲学に対する民主主義の優先」
1989	ローティ『偶然性・アイロニー・連帯』 「ベルリンの壁」崩壊
1991	湾岸戦争 ソ連解体
1994	マクダウェル『心と世界』
1995	パトナム『プラグマティズム』
1998	ローティ『アメリカ　未完のプロジェクト』
1999	ローティ『リベラル・ユートピアという希望』
2000	ブランダム編『ローティと批判者たち』
2001	九・一一同時多発テロ
2003	イラク戦争

	デューイ、ニュー・スクール・フォー・ソーシャル・リサーチの創設に参加
1920	デューイ、アメリカ自由人権協会（ACLU）の設立に参加
1925	デューイ『経験と自然』 リップマン『幻の公衆』
1927	デューイ『公衆とその問題』
1928	デューイ『経験と教育』 デューイ、ソ連訪問
1929	デューイ『確実性の探究』 ブラックマンデー→世界恐慌
1930	デューイ『古い個人主義と新しい個人主義』
1931	ミード死去
1933	ニューディール政策開始 ニュー・スクール・フォー・ソーシャル・リサーチ内に「亡命大学」を創設
1934	デューイ『経験としての芸術』『誰でもの信仰』 ミード『精神・自我・社会』
1935	デューイ『自由主義と社会的活動』 ホームズ死去
1937	デューイ、ソ連政府によるトロツキー裁判の当否を調査する調査委員会の委員長を引き受け、調査のためメキシコを訪問
1938	デューイ『行動の論理学』 トロツキー裁判調査委員会（デューイ委員会）の報告書『無罪』出版
1939～45	第2次世界大戦
1940	デューイ、バートランド・ラッセル事件（性道徳に関する意見を理由にしたラッセルのニューヨーク市立大学教授任命が取り消された問題）に関連して、取り消し不当を訴える言論活動を展開する
1947	トルーマン・ドクトリン発表
1949	デューイ『知ることと知られるもの』
1950	朝鮮戦争勃発
1951	クワイン「経験主義の2つのドグマ」
1952	デューイ死去
1954	人種分離を違憲とするブラウン判決
1956	セラーズ『経験論と心の哲学』
1958	アーレント『人間の条件』
1961	アメリカがベトナム戦争に本格介入
1962	ハーバマス『公共性の構造転換』 キューバ危機

1881	ホームズ『コモン・ロー』
1883	グリーン『倫理学序説』
1884	W・ジェイムズ、アメリカ心霊現象研究協会の創設に参加
1890	W・ジェイムズ『心理学の諸原理』
1891	パース、雑誌『モニスト』に6編の連続論文を掲載（～93） F・C・S・シラー『スフィンクスの謎』
1893	ブラッドレー『現象と実在』
1894	W・ジェイムズ、心霊現象研究協会会長に就任
1895	グリーン『政治的義務の原理』
1896	デューイ、シカゴ大学付属実験学校を設立
1897	W・ジェイムズ『信ずる意志』
1898	W・ジェイムズ「哲学の概念と実際の結果」 パース、ケンブリッジで「連続性」をテーマにした連続講演 H・ジェイムズ『ねじの回転』 アメリカがハワイを併合した他、米西戦争の勝利でグアム、フィリピン、プエルトリコを植民地化、キューバを保護国化する
1899	デューイ『学校と社会』
1901	W・ジェイムズ『宗教的経験の諸相』
1902	ホームズ、連邦最高裁判事に就任
1903	F・C・S・シラー『ヒューマニズム』
1904	W・ジェイムズ『純粋経験の世界』
1905	パース「プラグマティズムとは何か」 サンタヤナ『理性の生活』（～06） ロックナー判決
1907	W・ジェイムズ『プラグマティズム』 F・C・S・シラー『ヒューマニズム研究』
1910	W・ジェイムズ死去
1911	西田幾多郎『善の研究』
1912	W・ジェイムズ『根本的経験主義』
1914	パース死去
1914	第1次世界大戦（～18）
1916	デューイ『民主主義と教育』 H・ジェイムズ死去
1917	ロシア革命
1918	ウィルソン大統領、14ヶ条の平和原則を発表
1919	デューイ『哲学の改造』

[プラグマティズム年表]

1835	トクヴィル『アメリカの民主主義』第1巻
1836	エマソンを中心とする超越クラブの結成 エマソン『自然』
1837	エマソン『アメリカの学者』
1838	エマソン『神学校講演』
1839	パース誕生
1840	トクヴィル『アメリカの民主主義』第2巻
1841	ホームズ誕生
1842	W・ジェイムズ誕生 エマソン『エッセイズ：第1シリーズ』
1843	H・ジェイムズ誕生 ミル『論理学体系』
1844	エマソン『エッセイズ：第2シリーズ』
1845	テキサスのアメリカへの併合
1848	フランスで二月革命、ドイツ・オーストリアで三月革命 マルクス＋エンゲルス『共産党宣言』
1849	ソロー『市民政府への反抗』（後に『市民的不服従』と改題）
1851	スペンサー『社会静学』
1854	ソロー『ウォールデン：森の生活』
1855	ホイットマン『草の葉』 スペンサー『心理学原理』
1859	デューイ誕生　ベルクソン誕生　フッサール誕生 ミル『自由論』 ダーウィン『種の起源』
1861	パース、沿岸測量局に助手として就職 南北戦争（～65） ミル『功利主義』
1863	ミード誕生
1865	W・ジェイムズ、アガシのブラジル探検旅行に参加
1867	アメリカ、ロシアからアラスカを購入 マルクス『資本論』
1872	パース、W・ジェイムズ、ホームズ等がマサチューセッツ州ケンブリッジで形而上学クラブを結成
1878	パース「私たちの観念を明晰にする方法」
1878	H・ジェイムズ『デイジー・ミラー』
1879	パースを中心にジョンズ・ホプキンス大学で第2の形而上学クラブ結成

rengoDMS

本書は、連合設計社市谷建築事務所でおこなわれた、著者が主催する勉強会の講義を収録し編集・制作しました。

【著者紹介】

仲正昌樹（なかまさ・まさき）

1963年広島生まれ。東京大学総合文化研究科地域文化研究専攻博士課程修了（学術博士）。現在、金沢大学法学類教授。

専門は、法哲学、政治思想史、ドイツ文学。古典を最も分かりやすく読み解くことで定評がある。また、近年は、ベンヤミンを題材とした『純粋言語を巡る物語―バベルの塔Ⅰ―』（あごうさとし作・演出）などで、ドラマトゥルクを担当。演劇などを通じて精力的に思想を紹介している。

・最近の主な著作に、『今こそアーレントを読み直す』（講談社現代新書）、『いまこそロールズに学べ』（春秋社）、『＜ネ申＞の民主主義』（明月堂書店）、『精神論ぬきの保守主義』（新潮選書）、『マックス・ウェーバーを読む』（講談社現代新書）

・最近の主な編・共著に、『政治思想の知恵』、『現代社会思想の海図』（ともに法律文化社）

・最近の主な翻訳に、ハンナ・アーレント著 ロナルド・ベイナー編『完訳カント政治哲学講義録』（明月堂書店）

プラグマティズム入門講義

2015年2月25日第1刷印刷
2015年2月28日第1刷発行

著　者　仲正昌樹

発行者　和田 肇
発行所　株式会社作品社
〒102-0072　東京都千代田区飯田橋2-7-4
Tel 03-3262-9753 Fax 03-3262-9757
http://www.sakuhinsha.com
振替口座 00160-3-27183

装　幀　小川惟久
本文組版　有限会社閏月社
印刷・製本　シナノ印刷(株)

Printed in Japan
落丁・乱丁本はお取替えいたします
定価はカバーに表示してあります
ISBN978-4-86182-522-4 C0010

Walter Benjamin

ヴァルター・ベンヤミン

「危機」の時代の思想家を読む

Nakamasa Masaki

仲正昌樹

現代思想の〈始原〉を熟読する

暴力と正義、言語、情報とメディア、表象文化、都市空間論……あらゆる思考の出発点、ヴァルター・ベンヤミン（1892-1940）の主要作品群『翻訳者の課題』『暴力批判論』『歴史の概念について』『複製技術時代における芸術作品』を徹底的に読み解く。

《日本の思想》講義
ネット時代に、丸山眞男を熟読する

Nakamasa Masaki
仲正昌樹

破滅する政治、蔓延する無責任、
加速するイメージ支配……
そして、"なんでも"「2.0」でいいのか?

戦後の古典を、今一度紐解き、なぜ、この国では、「熟議」「公共性」「自由」「正義」「民主主義」などが、本当の"意味"で根付かないのか?を徹底分析、〈思想する〉ことを鍛える集中授業!

カール・シュミット 入門講義

Nakamasa Masaki
仲正昌樹

現代思想の第一人者による、本邦初の"本格的"入門書!

２１世紀最も重要、かつ《危ない》思想家の主要著作と原文を徹底読解し、《危うく》理解され続けるキーターム「決断主義」、「敵/味方」、「例外状態」などを、その思想の背景にある彼が生きた時代と独特な世界観を探りながら、丁寧に解説。